高等院校财经系列规划教材·财会系列

会 计 学

（第五版）

胡国强　主编

中国财经出版传媒集团
经济科学出版社
Economic Science Press
·北京·

图书在版编目（CIP）数据

会计学 / 胡国强主编. -- 5 版. -- 北京：经济科学出版社, 2025.4. -- （高等院校财经系列规划教材）. -- ISBN 978-7-5218-6965-1

Ⅰ.F230

中国国家版本馆 CIP 数据核字第 2025AF9474 号

责任编辑：张　蕾
责任校对：靳玉环
责任印制：邱　天

会计学（第五版）

KUAIJIXUE (DI-WU BAN)

胡国强　主编

经济科学出版社出版、发行　新华书店经销
社址：北京市海淀区阜成路甲 28 号　邮编：100142
编辑工作室电话：010-88191375　发行部电话：010-88191522
网址：www.esp.com.cn
电子邮箱：esp@esp.com.cn
天猫网店：经济科学出版社旗舰店
网址：http://jjkxcbs.tmall.com
固安华明印业有限公司印装
787×1092　16 开　27 印张　590000 字
2025 年 4 月第 5 版　2025 年 4 月第 1 次印刷
ISBN 978-7-5218-6965-1　定价：59.80 元
(图书出现印装问题，本社负责调换。电话：010-88191545)
(版权所有　侵权必究　打击盗版　举报热线：010-88191661
QQ：2242791300　营销中心电话：010-88191537
电子邮箱：dbts@esp.com.cn)

第五版前言

为适应我国社会主义市场经济发展需要，保持与国际财务报告准则持续趋同，财政部在2014年修订和新增8项会计准则、1项准则解释基础上，近几年又陆续发布了11项企业会计准则解释、9项会计处理规定及10项新增和修订的企业会计准则。为适应会计准则的要求，及时将会计处理与会计实务中最新成果融入教材，我们在本书第四版的基础上，重新进行了修订。

本书将会计基础和财务会计有机地结合在一起，会计基础部分以会计基本理论、基本概念、基本方法为主线，财务会计部分以会计要素为主线，系统、完整地阐述了会计要素的确认、计量、记录和报告。此外，为了提高学生的分析问题、解决问题的能力和动手能力，方便学生学习和自我检测，本书还配有练习题和模拟题，并附有参考答案。本书是为天津财经大学全校本科非会计专业开设的必修课"会计学"和为MBA开设的必修课"会计学"的指定教材，并可以作为高等院校非会计专业本科及研究生教材使用，也可作为各级经济管理人员的培训教材和社会助学考试的参考资料。本教材配套课件可在经济科学出版社官网（http://www.esp.com.cn）下载。

本书由天津财经大学具有丰富教学和实务经验的教师编写，会计学院博士生导师胡国强博士、教授担任主编。本书第一章由胡国强教授编写，第二章由樊丽莉博士编写，第三章由博士生导师毕晓方博士、教授编写，第四章由博士生导师吴娜博士、教授编写，第五章由李晓琳博士编写，第六章由杨雅楠博士编写，第七章由刘朋博士编写，第八章由刘彤阳博士编写，第九章由杨金坤博士、副教授编写，第十章由徐成凯博士编写。虽然我们竭尽全力，但囿于作者水平所限，书中可能存在疏漏和不当之处，恳请读者批评斧正，以求不断进取。

本书在编写过程中得到韩传模教授、张俊民教授、田昆如教授的指导，在此表示感谢！对前四版的主编张云教授、孟茜副教授、张孝光副教授，以及参与编写的高敬忠教授、邢维全博士、袁士彤老师的辛勤付出表示感谢！

天津财经大学《会计学》编写组
2024年11月30日

目　　录

上编　会计基础编

第一章　总论 …………………………………………………………… 3

第一节　会计含义、职能与目标 ………………………………………… 3
第二节　会计对象与会计要素 …………………………………………… 7
第三节　会计基本假设 …………………………………………………… 16
第四节　会计信息质量要求 ……………………………………………… 17
第五节　会计方法 ………………………………………………………… 20
第六节　会计确认与计量 ………………………………………………… 24
第七节　会计法规 ………………………………………………………… 26

第二章　会计科目与账户 ………………………………………………… 32

第一节　会计科目 ………………………………………………………… 32
第二节　账户 ……………………………………………………………… 35

第三章　借贷记账法 ……………………………………………………… 43

第一节　复式记账的原理 ………………………………………………… 43
第二节　借贷记账法 ……………………………………………………… 49
第三节　借贷记账法的应用 ……………………………………………… 56

第四章　会计循环 …… 64

第一节　会计循环概述 …… 64
第二节　经济业务与会计凭证 …… 65
第三节　账簿 …… 76
第四节　财产清查 …… 92
第五节　财务报告 …… 98
第六节　会计核算程序 …… 103

下编　财务会计编

第五章　流动资产 …… 111

第一节　货币资金 …… 111
第二节　应收款项 …… 118
第三节　存货 …… 126
第四节　交易性金融资产 …… 137

第六章　非流动资产 …… 140

第一节　固定资产 …… 140
第二节　无形资产 …… 154
第三节　长期股权投资 …… 162

第七章　负债 …… 169

第一节　负债概述 …… 169
第二节　流动负债 …… 171
第三节　长期负债 …… 181

第八章　所有者权益 · 194

- 第一节　所有者权益概述 · 194
- 第二节　实收资本和其他权益工具 · 195
- 第三节　资本公积及其他综合收益 · 202
- 第四节　留存收益 · 205

第九章　收入、费用和利润 · 208

- 第一节　收入 · 208
- 第二节　成本与费用 · 218
- 第三节　利润 · 228
- 第四节　所得税 · 232
- 第五节　利润分配 · 234

第十章　财务报告编制与分析 · 240

- 第一节　财务报告的目标与作用 · 240
- 第二节　财务报告的编制要求 · 242
- 第三节　财务报告的编制 · 244
- 第四节　财务报告分析 · 263

练习题及模拟试卷 · 274

参考文献 · 420

上 编

会计基础编

第一章

总　论

【学习目的】

通过本章的学习，掌握会计含义、职能与目标、会计基本假设、会计信息质量要求、会计对象与会计要素、会计核算方法、熟悉会计确认与计量，了解会计法规体系。

第一节　会计含义、职能与目标

一、会计产生与发展

物质资料的生产是人类赖以生存和发展的基础，也是人类最基本的实践活动。会计是伴随着社会生产力的发展而产生并不断发展起来的。

会计的产生与发展经历了一个漫长的历程。随着生产活动的日益纷繁复杂，人类靠大脑记忆已无法满足需要，于是就采用一些简单的方法来进行计量与记录，如"结绳记事""垒石计数""刻竹为书"等。但此阶段的会计只是生产职能的附带部分，还没有形成专门的会计职业与机构，通常称为会计的萌芽阶段。

会计的发展可以分为三个重要阶段：

第一阶段是古代会计阶段。其标志是会计人员和机构的产生、会计名词的出现等。这一阶段生产力十分低下，生产的规模很小。官厅会计和庄园会计为古代会计的主要形式，其任务主要是对财产的保管和记录。这一阶段会计核算方法比较简单，大多数以实物、少量以货币作为计量单位，通过文字叙述的方式对财富和经济活动进行记录，采用单式记账。

第二阶段为近代会计阶段。其标志是复式记账法的诞生、计量单位的演变等。1494年，意大利数学家卢卡·帕乔利的著作《算术、几何、比及比例概要》问世，标志着近代会计的开端。这一阶段生产力水平有所提高，企业的规模不断扩大。会计从生产过程附带的职能逐步形成了独立的职能，会计开始以货币作为主要计量单位，采用复式记账，开始形成一套完整的财务会计核算方法。复式记账法的诞生是对单式记账法的重大变革，被称为"会计发展史上的第一个里程碑"。

第三阶段为现代会计阶段。这一阶段生产力水平得到较大发展，科学技术迅猛发展，企业的规模越来越大，企业之间的竞争越来越激烈。从20世纪30年代起，股份有限公司这一新型企业组织出现，其服务重心转向企业外部，企业财务会计目标发生了重大变化。会计理论和方法逐渐分为财务会计和管理会计两大领域；审计基本理论创立；电子计算机、互联网等科学技术成果在会计上的运用，推动了会计记账手段的重大变革，会计记账由手工处理记账逐步过渡到电子计算机处理记账，会计电算化产生。会计逐步发展成为具有完整方法体系的一门综合性学科。

新中国成立后，我国会计改革与发展适应了经济建设与发展的需要，会计理论与实务主要学习和借鉴了苏联的模式。改革开放以后，我国与全球经济日益紧密，原有的会计模式、会计制度已经成为国际上交流和对话的障碍，1992年经国务院批准，财政部发布了《企业会计准则》和一系列具体准则。为便于操作，2001年财政部又颁布了《企业会计制度》，这些都适应了当时我国改革开放的需要，在很大程度上解决了国内外会计信息交流与沟通的问题。随着经济全球化进程的加快，世界经济融为一体，引起了会计准则的全球趋同。中国加入WTO后国际贸易不断扩大，中国企业参与海外上市与并购不断增加，为适应我国经济国际化快速发展需要，2006年财政部发布了包括1项基本准则和38项具体准则在内的与国际财务报告准则实质性趋同的会计准则体系。为适应我国社会主义市场经济发展需要，保持与国际财务报告准则持续趋同，财政部在2014年修订和新增8项具体准则基础上，近些年又修订或新增了10余项会计准则。

会计的产生与发展的历史证明，会计是适应生产活动发展的需要产生的，并随着生产的发展而发展。经济越发展，会计越重要。

二、会计概念

（一）会计的概念

会计（accounting）是以货币为主要计量单位，以凭证为依据，运用一系列专门方法，对一定主体的经济活动进行全面、连续、系统的核算与监督，并在此基础上对经济活动进行分析、预测和控制，向有关方面提供会计信息的一种经济管理活动。

（二）会计学科分类

（1）按其研究的内容划分，可分为基础会计学、财务会计学、高级财务会计学、管理会计学、成本会计学、会计史学等。

（2）按其报告的对象划分，可分为财务会计和管理会计。财务会计也称对外报告会计，其主要目的是通过财务会计报告向企业外部有关方面提供企业的财务状况、经营成果及现金流量等信息。管理会计也称对内报告会计，其主要目的是向经营者和企业内部管理人员提供进行经营决策、管理、预测等方面的信息。

（3）按一定主体从事活动的目的划分，可分为营利组织会计和非营利组织会计。营利组织会计是以营利为目的的单位或组织的会计，一般称为企业会计。非营利组织会计是以非营利为目的的单位或组织的会计，一般称为非企业会计或预算会计。

（4）按会计对象的范围划分，可分为宏观会计和微观会计。宏观会计是以整个社会经济活动作为会计对象，进行核算和监督，包括社会责任会计、环境会计等方面。微观会计是以特定单位或组织的经济活动为会计对象进行核算和监督，包括企业会计、非营利组织会计。

三、会计职能

会计的职能是指会计在经济管理过程中所具有的功能或能够发挥的作用。会计的基本职能为：会计核算与会计监督。

（一）会计核算

会计核算贯穿经济活动的全过程，是会计的首要职能，也是会计最基本的职能，也称为反映职能。会计核算职能是指会计以货币为主要计量单位，按照准则的要求，通过确认、记录、计量和报告等环节，对特定对象的经济活动进行记账、算账、报账，并为各有关方面提供会计信息的功能。

会计核算职能的特点：

（1）以货币为主要计量单位。通常记录经济活动的量度有实物量度、劳动量度和货币量度。但由于实物量度具有差异性的特点，而劳动量度具有复杂性的特点，这两种量度都不能综合地表明一个特定单位经营的规模。货币量度是运用统一量度综合核算各种经济活动，能够克服实物量度和劳动量度的缺陷。因此，会计在进行核算和监督时，以货币为主要的计量单位，同时使用实物量度和劳动量度作为辅助量度。

（2）以凭证为依据。会计的任何记录和计量都必须以会计凭证为依据，这就使会计信息具有真实性和可验证性。只有经过审核无误的原始凭证，才能据以编制记账凭证、登记账簿并进行加工处理。这一特征也是其他经济管理活动所不具备的。

（3）具有系统、完整的专门方法。会计核算反映的是生产经营活动过程的每一项经济业务，并对其进行综合计价，然后在逐项做出记录的基础上，逐步系统归类，综合汇总，以取得各项会计指标，形成一系列专门方法。会计核算方法包括设置账户、复式记账、填制和审核凭证、登记账簿、成本计算、财产清查和编制会计报表。这些专门方法的互相配合与综合利用，就构成了计量和记录、控制和监督经济活动的一整套完整的会计核算方法体系。

（4）对经济活动的核算具有全面性、连续性、系统性和综合性。全面性是指会计对一定主体过去发生的能够用货币表现的经济活动进行核算；连续性是指会计对一定主体所发生的经济业务实施的核算是连续的；系统性是指会计采用专门的方法对一定主体的经济活动既要进行相互联系的记录，又要进行科学的分类，提供总括及详细的会计信息；综合性是指会计对各项经济活动均以货币量度进行综合反映，求得经营管理所需要的总括性价值指标。

（二）会计监督

会计监督是会计的另一个基本职能。会计监督是指会计人员按照一定的目的和要求，利用会计信息，对会计主体的经济活动进行监督，促使经济活动按照有关的法规和计划进行，以达到预期的目标。

会计监督职能的特点：

（1）会计监督是依据国家的有关法律法规、行业组织颁布的会计准则和会计惯例进行的。

（2）会计监督是通过价值指标进行的。会计核算通过价值指标综合地反映会计主体经济活动的过程及其结果，会计监督主要就是利用这些价值指标，监督和控制会计主体的经济活动。会计监督通过价值指标可以全面、及时、有效地控制各个会计主体的经济活动。

（3）会计监督具有完整性。会计监督的完整性体现在要对会计主体经济活动的全过程进行监督，它包括事前监督、事中监督及事后监督。事前监督是在经济活动开始前进行的监督，即审查未来的经济活动是否符合有关法规、政策的规定，在经济上是否可行；事中监督是指在日常会计工作中，随时审查正在发生的经济业务，并以此及时纠正经济活动进程中的偏差及失误，促使有关部门或人员采取措施予以改正；事后监督是利用会计反映取得的资料对已经完成的经济活动进行审查、分析和评价。

（三）会计两大基本职能的关系

会计核算和会计监督的基本职能是相辅相成、辩证统一的关系。会计核算是会计监督的基础，只有在对经济业务活动进行正确核算的基础上，才可能提供可靠、完整的会计资料作为会计监督的依据。会计监督又是会计核算质量的保障，只有核算没有监督，难以为会计信息的真实性和可靠性提供有力的保证，就不能发挥会计管理的作用，会计核算也就失去了存在的意义。

（四）会计基本职能的扩展

随着社会经济的发展，技术的进步，会计工作的内容不断丰富，范围也在不断扩大，会计的基本职能得到不断的发展和完善。除了基本职能外，会计职能可扩展为预测、决策、分析、考评的职能。

会计的各种职能既相互联系，又相互区别，从不同方面发挥其作用。

四、会计目标

会计目标是会计理论研究中的一个重要问题，在会计学界占有重要地位。会计目标是会计工作所要达到的终极目的。关于会计目标，学术界存在以下两种主要观点：

（一）决策有用观

决策有用观认为，会计的目标就是向会计信息使用者提供对其进行决策有用的信息。财务报告提供的信息应当包括企业所拥有或控制的经济资源、对经济资源的要求权及其变动的信息；企业的各项收入、费用、利得和损失的信息；企业在经营活动、投资活动、筹资活动中形成的现金流入和流出的信息等，从而满足投资者或潜在的投资者进行决策的需要。

（二）受托责任观

受托责任观认为，会计的主要目标是管理当局向资源的提供者报告受托责任的履行情况，即评价受托经济责任。资源的受托方接受委托，管理委托方所交付的资源，受托方承担有效地管理与应用受托资源，并使其保值增值的责任。由于所有权和经营权的分离，资源的受托者就负有了对资源的委托者解释、说明其活动及结果的义务。

我国《企业会计准则——基本准则》第四条规定：企业应当编制财务会计报告。财务会计报告的目标是向财务会计报告使用者提供与企业财务状况、经营成果和现金流量等有关的会计信息，反映企业管理层受托责任履行情况，有助于财务会计报告使用者作出经济决策。财务会计报告使用者包括投资者、债权人、政府及其有关部门和社会公众等。我国的财务报告目标要求有助于财务会计报告使用者作出经济决策，体现了决策有用观，同时要求反映企业管理层受托责任履行情况，这体现了受托责任观。

第二节　会计对象与会计要素

一、会计对象

会计对象也就是会计核算和监督的客体，即会计核算和监督的内容。具体地说，会计对象是企事业单位能以货币形式表现的经济活动,即资金运动。由于会计是以货币为主要计量单位,对特定会计主体的经济活动进行核算和监督,所以,并非所有的经济活动都是会计对象,凡是能以货币表现的经济活动才是会计对象。

任何一个企业单位从事生产经营活动,必须拥有一定的物质基础,如制造业企业生产制造产品,必须拥有厂房、机器设备、原材料等各项财产物资。各项财产物资用货币来表现其价值时,就是资金。资金是社会再生产过程中各项财产物资的货币表现。

企业单位所拥有的资金在生产经营活动中的运用也称为资金的循环和周转。制造业企业的生产经营过程分为供应过程、生产过程和销售过程。在生产经营过程中,用货币购买原材料等物资的时候,货币资金转化为储备资金,车间生产产品领用原材料等物资时,储备资金又转化为生产资金,将车间生产完工的产品经验收转到产成品库后,生产资金又转化为成品资金,将产成品出售又收回货币资金时,成品资金又转化为货币资金。我们把资金从货币形态开始,依次经过储备资金、生产资金、成品资金,最后又回到货币资金的这一运动过程叫作资金循环,周而复始的资金循环叫作资金周转。工业企业的资金是不断循环周转的,具体情况如图1-1所示。

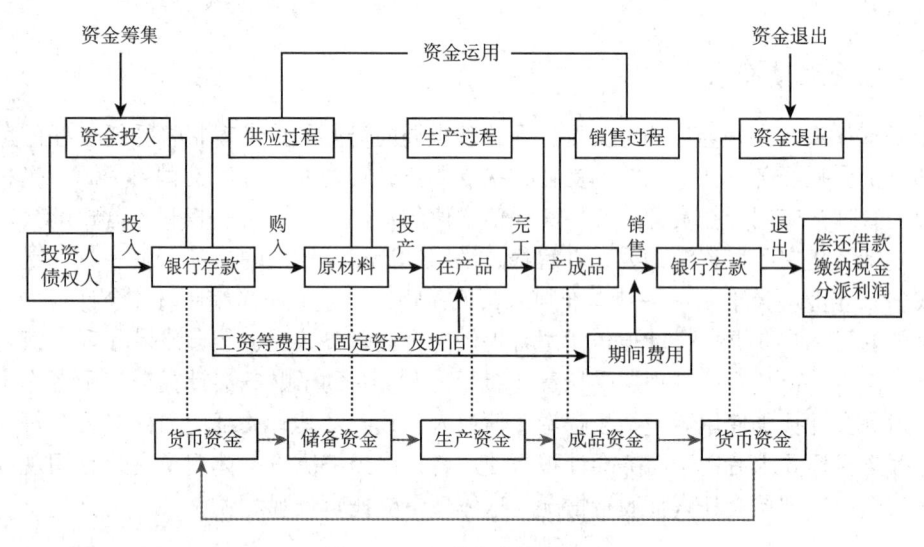

图1-1 工业企业资金运动

工业企业的资金在供、产、销三个阶段不断地循环周转,这些资金在空间序列上同时并存,在时间序列上依次继起。就整个资金运动而言,还应包括资金的筹集和资金的退出。

资金的筹集包括所有者投入的资金和债权人投入的资金。所有者投入的资金构成了企业的所有者权益,债权人投入的资金构成了企业的债权人权益,即企业的负债。投入企业的资金一部分形成流动资产，另一部分形成企业的固定资产等非流动资产。

资金的退出包括偿还各项债务及向所有者分配利润等内容，这使一部分资金离开企业，游离于企业资金运动以外。

综上所述，工业企业因资金的筹集、循环周转和退出等经济活动而引起的各项资源的增减变化、各项成本费用的形成和支出、各项收入的取得以及损益实现和分配，共同构成了会计对象的内容。

商品流通企业的经营过程分为商品购进和商品销售两个过程。在购进过程，主要是采购商品，货币资金转换为商品资金；在销售过程，主要是销售商品，资金又由商品资金转换为货币资金。在商业企业经营过程中，需要消耗一定的人力、物力和财力，表现为商品流通费用。在销售过程中，主要是获得销售收入。因此，商品流通企业的资金是沿着"货币资金—商品资金—货币资金"的方式运动。

综上所述，无论是工业企业、商品流通企业，还是行政、事业单位都是社会再生产过程中的基本单位，会计反映和监督的对象都是资金及其运动过程，正因为如此，我们把会计对象概括为社会再生产过程中的资金运动。

二、会计要素

会计要素是根据交易或者事项的经济特征所确定的会计对象的基本分类，是会计核算对象的具体化。企业会计要素是反映企业财务状况和经营成果的基本单位，也是财务报表的基本框架。

我国的《企业会计准则——基本准则》严格定义了资产、负债、所有者权益、收入、费用和利润六大会计要素。这六大要素可划分为两类，即反映财务状况的会计要素（又称资产负债表要素）和反映经营成果的会计要素（又称利润表要素）。

（一）反映财务状况的会计要素

财务状况是指企业的资产、负债和所有者权益在特定时点的金额，是资金运动相对静止的状态，反映财务状况的要素包括资产、负债、所有者权益。

1. 资产

（1）资产的概念和特征。资产（assets）是指过去的交易或事项形成的，由企业拥有或控制的，预期会给企业带来经济利益的资源。资产具有如下特征：

① 资产是由企业过去发生的交易或事项形成的。过去发生的交易或事项包括购买、生产、建造行为或者其他交易或事项。这里强调，资产必须是现实存在的，而不是预期的。资产是过去已经发生的交易或事项所产生的结果，预期在未来发生的交易或者事项不

作为资产。

② 资产是企业拥有或控制的资源。由企业拥有或控制是指企业享有某项资源的所有权，或者虽然不享有某项资源的所有权，但该资源能被企业所控制。企业享有资产的所有权，通常表明企业能够排他性地从资产中获得经济利益。这是通常在判断资产所有权是否存在时考虑的首要因素。但对于一些特殊方式形成的资产，企业虽然对其不拥有所有权，但能够实际控制的，也应将其作为企业的资产予以确认。例如，企业租入的一项固定资产，尽管企业并不拥有其所有权，但是能够控制该资产的使用及其所能带来的经济利益，应当确认为使用权资产。

③ 资产预期会给企业带来经济利益。资产预期能为企业带来经济利益，是指资产直接或间接导致现金和现金等价物流入企业的潜力。这种潜力可以来自企业的日常活动，也可以是非日常活动。资产所带来的经济利益，可以是现金或现金等价物形式，也可以是能够转化为现金或现金等价物形式，或者是可以减少现金或现金等价物流出的形式。

（2）资产确认的条件。《企业会计准则——基本准则》规定，将一项资源确认为资产，需要符合资产的定义，还应同时满足以下两个条件：

① 与该项资源有关的经济利益很可能流入企业。在实务中，与一项资源有关的经济利益能否流入企业实际上带有很大的不确定性。因此，资产的确认还应与经济利益流入不确定性程度的判断结合起来。如果有证据表明，与一项资源有关的经济利益很可能流入企业，就应将其确认为资产；反之，不能确认为资产。

② 该项资源的成本或者价值能够可靠计量。可计量性是所有会计要素确认的重要前提。在实务中，只有当有关资源的成本或者价值能够可靠计量时，资产才能予以确认。

当一项资源符合资产定义，同时又满足上述两个条件的，企业就应将其确认为一项资产。

（3）资产项目的构成。企业的资产按其流动性的不同可以划分为流动资产和非流动资产。流动资产是指主要为交易目的而持有的，预期在1年（含1年）或者超过1年的一个营业周期内变现或者耗用的资产，主要包括库存现金、银行存款、应收及预付款、存货等。非流动资产是指不能在1年（含1年）或者超过1年的一个营业周期内变现或者耗用的资产，主要包括长期股权投资、固定资产、无形资产等。

2. 负债

（1）负债的概念和特征。负债（liabilities）是指企业通过过去的交易或者事项形成的，预期会导致经济利益流出企业的现时义务。负债有以下特征：

① 负债是企业承担的现时义务。现时义务是指企业在现行条件下已经承担的义务，未来发生的交易或者事项形成的义务不属于现时义务，不应当确认为负债。负债是企业承担的一种现时义务，这是负债的基本特征。

② 负债预期会导致经济利益流出企业。无论负债以何种形式出现，其作为一种现时义务，最终在履行义务时均会导致经济利益流出企业，具体表现为交付资产、提供劳务、将一部分股权转让给债权人等。预期会导致经济利益流出是负债的本质特征。

③ 负债是由企业过去发生的交易或事项形成的。只有过去的交易或者事项才能形成负债，企业将在未来发生的承诺、签订的合同等交易或者事项，不能形成企业的负债。

（2）负债确认的条件。将一项现时义务确认为负债，需要符合负债定义，还应当同时满足以下两个条件：

① 与该义务有关的经济利益很可能流出企业。在实务中，履行义务所需流出的经济利益带有不确定性，因此，负债确认应当与经济利益流出的不确定性程度的判断结合起来。如果有证据表明，与现时义务有关的经济利益很可能流出企业，就应当将其作为负债予以确认；反之，就不应当将其确认为负债。

② 未来流出的经济利益的金额能够可靠地计量。负债确认在考虑经济利益流出企业的同时，对于未来流出的经济利益的金额应能够可靠计量。

一项义务符合负债定义，同时又满足上述两个条件的，企业就应将其确认为一项负债。

（3）负债项目的构成。与资产的划分类似，企业的负债按其流动性的不同可以划分为流动负债和非流动负债。这样分类的目的在于了解企业流动资产和流动负债的相对比例，大致反映出企业的短期偿债能力，从而向债权人揭示其债权的相对安全程度。

流动负债是指主要为交易目的而持有，将在1年（含1年）或者超过1年的一个营业周期内偿还的债务，包括短期借款、应付票据、应付账款、预提费用等。

非流动负债是指偿还期超过1年（含1年）或者超过1年的一个营业周期以上的债务，包括长期借款、应付债券、长期应付款等。

3. 所有者权益

（1）所有者权益的概念和特征。所有者权益（owner's equity）是指企业资产扣除负债后由所有者享有的剩余收益。公司的所有者权益又称为股东权益，其金额为资产减去负债后的余额。

所有者权益的特征主要体现在所有者对企业资产的剩余索取权，它是企业资产中扣除债权人权益后应由所有者享有的部分，表明企业的产权关系，即企业归谁所有。从法律的视角来看，当企业破产或清算时，债权人权益优先于所有者权益。即只有当企业完全清偿负债之后，才能以"剩余"财产对投资者进行分配。因此，在所有者权益的概念中强调它是一种"剩余"权益。

（2）所有者权益确认条件。所有者权益体现所有者在企业中的剩余权益，因此，所有者权益的确认主要依赖于其他会计要素，尤其是资产和负债的确认。所有者权益金额的确定也主要取决于资产和负债的计量。

（3）所有者权益项目的构成。所有者权益的来源包括所有者投入的资本、直接计入所有者权益的利得和损失、留存收益等，通常由实收资本（或股本）、资本公积、其他综合收益、盈余公积和未分配利润构成。其中，盈余公积和未分配利润属于留存收益。

直接计入所有者权益的利得和损失是指，不应计入当期损益、会导致所有者权益发生增减变动的、与所有者投入资本或者向所有者分配利润无关的利得或损失。

利得是指由企业非日常活动所形成的、会导致所有者权益增加的、与所有者投入资本无关的经济利益的流入。损失是指由企业非日常活动所形成的、会导致所有者权益减少的、与向所有者分配利润无关的经济利益的流出。它是企业除了费用或分配给所有者之外的一些边缘性或偶发性支出。

（二）反映经营成果的会计要素

经营成果是指企业在一定时期内从事生产经营活动的结果，它是指企业生产经营过程中取得的收入与耗费相比较的差额，一般通过利润表来反映，所以，反映经营成果的要素包括收入、费用和利润三项。

1. 收入

（1）收入的概念和特征。收入（revenues）是指企业在日常活动中形成的、会导致所有者权益增加的、与所有者投入资本无关的经济利益的总流入。收入有以下特征：

① 收入是企业日常活动中形成的。日常活动是指企业为完成其经营目标所从事的经常性活动以及与之相关的活动。企业的日常活动可以是制造企业生产和销售产品、商品流通企业销售商品、保险公司签发保单、咨询公司提供咨询活动等，这些都属于企业日常发生的经营活动。明确界定日常活动和非日常活动是为了将收入与利得进行区分。企业日常经营活动中产生的经济利益，符合条件的将其确认为收入；非日常活动产生的经济利益应作为利得处理，如报废固定资产或无形资产产生的净收益，不是收入，而是利得。利得（gain）是指企业在非日常活动中形成的、会导致所有者权益增加的、与所有者投入资本无关的经济利益的总流入。

② 收入将使所有者权益增加。与收入相关的经济利益的流入会导致所有者权益的增加。不会导致所有者权益增加的经济利益不符合收入的定义，不应确认为收入。

③ 收入是与所有者投入资本无关的经济利益的总流入。收入应当会导致经济利益的流入，从而导致资产的增加或负债的减少。所有者投入资本的增加不应当确认为收入，应当将其直接确认为所有者权益。

（2）收入项目的构成。收入有狭义和广义两种理解。狭义的收入是指企业日常活动中所取得的收入，包括营业收入（即主营业务收入和其他业务收入）、投资收益、其他收益。广义的收入还包括直接计入当期利润的利得，包括公允价值变动收益、资产处置收益、营业外收入。公允价值变动收益是指企业持有的交易性金融资产等公允价值变动所形成的应计入当期损益的利得。资产处置收益是指企业出售或转让固定资产、无形资产等长期资产时产生的利得。营业外收入是指企业发生的与其日常活动无直接关系的各项利得，包括报废非流动资产的净收益、政府补助、盘盈利得、捐赠利得、罚款收入等。会计上所指的收入通常是狭义上的收入。

2. 费用

（1）费用的概念和特征。费用（expenses）是指企业在日常活动中发生的、会导致所有者权益减少的、与向所有者分配利润无关的经济利益的总流出。费用具有以下特征：

① 费用是企业的日常活动中形成的。费用必须是企业在其日常活动中所形成的，这些日常活动的界定与收入定义中涉及的日常活动的界定相一致。因日常活动所产生的费用通常包括销售成本（营业成本）、管理费用、销售费用等。将费用界定为日常活动所形成的，目的是与损失相区分。非日常活动所形成的经济利益从企业流出是偶然发生的，不能确认为费用，而应属于损失，如报废固定资产清理损失。损失（loss）是指企业在非日常活动中发生的、会导致所有者权益减少、与向所有者分配利润无关的经济利益的总流出。

② 费用能导致企业所有者权益的减少。与费用相关的经济利益的流出会导致所有者权益的减少，不会导致所有者权益减少的经济利益的流出不符合费用的定义，不应确认为费用。

③ 费用是与向所有者分配利润无关的经济利益的总流出。费用的发生应当会导致经济利益的流出，从而使资产减少或者负债增加。其表现形式包括现金或者现金等价物的流出，存货、固定资产和无形资产等的流出或者消耗等。企业向投资者分配利润也会导致经济利益的流出，但是该经济利益的流出显然属于所有者权益的抵减项目，不应确认为费用，应当将其排除在费用的定义之外。

（2）费用确认的条件。费用的确认除了应当符合定义外，至少应当符合以下条件：

① 与费用相关的经济利益很可能流出企业；

② 经济利益流出企业的结果会导致资产的减少或者负债的增加；

③ 经济利益的流出额能够可靠计量。

（3）费用项目的构成。费用可分为计入成本的费用和计入损益的费用。

① 计入成本的费用是指费用中能予以对象化的部分，是为生产产品、提供劳务而发生的各种耗费，包括直接费用和间接费用。直接费用包括直接材料、直接人工和其他直接费用。间接费用一般指发生时无法确定成本计算对象的费用，通常指制造费用。计入成本的费用通常通过期末在产品和当期完工的产品把当期的生产费用从本期递延到以后各期。计入成本的费用最终反映在资产负债表项目中。

② 计入损益的费用也称为期间费用，是费用中不能对象化的部分。具体包括管理费

用、财务费用和销售费用。其特点是所发生的费用与会计期间相关，所以，当期发生的费用无论其金额大小应全部从收入中扣除，不得递延到以后各期。计入损益的费用最终反映在利润表项目中。

上面所定义的费用是狭义上的概念。广义的费用还包括直接计入当期利润的损失和所得税费用。其中，直接计入当期利润的损失包括公允价值变动损失、资产减值损失、信用减值损失、资产处置损失、营业外支出。公允价值变动损失是指企业持有的交易性金融资产等公允价值变动形成的应计入当期损益的损失。资产减值损失是指企业计提有关资产减值准备所形成的损失。信用减值损失是指企业计提各项金融工具信用减值准备所确认的信用损失。资产处置损失是指企业出售或转让固定资产、无形资产等长期资产时产生的损失。营业外支出是指企业发生的与其日常活动无直接关系的各项损失，包括报废非流动资产的净损失、捐赠支出、盘亏损失、罚款支出等。

3. 利润

（1）利润的概念。利润（income）是指企业在一定会计期间的经营成果，包括收入减去费用后的净额、直接计入当期利润的利得和损失等。利润是一定时期的收入与费用配比的结果，是反映经营成果的最终要素。利润的实现，会相应地表现为资产的增加或负债的减少，其结果是所有者权益的增值。

（2）利润确认的条件。利润反映的是收入减去费用、利得减去损失后的净额。因此，利润的确认主要依赖于收入和费用以及利得和损失的确认，其金额的确定也主要取决于收入、费用、利得、损失的金额的计量。

（3）利润项目的构成。利润包括营业利润、利润总额、净利润。营业利润是企业在一定时期内，通过销售商品、提供服务等日常活动所获得的经营利润，主要是狭义收入与狭义费用配比后的结果。营业利润加总企业非日常活动产生的营业外收入与营业外支出则为利润总额。利润总额扣除所得税费用后，即为净利润。

三、会计等式

会计等式（accounting equation）也称为会计平衡公式、会计方程式，是指表明各会计要素之间基本关系的恒等式。它用数学方程式来表示各项会计要素之间客观存在的数量恒等关系。从形式上看，会计等式反映了会计对象的具体内容即会计要素之间的内在联系。从实质上看，会计等式揭示了会计主体的产权关系和基本财务状况。

（一）基本会计等式

企业要从事生产经营活动必须筹措一定数额的资金，而取得的经营资金有不同的占用形态和来源渠道。从占用形态上看，企业取得的经营资金表现为一定数量的资源即资产，反映了企业的资金是以什么形式占用的；从资金来源上看，这些资金要么来源于债权人，从而形成企业的负债；要么来源于投资者，从而形成企业的所有者权益。由此可见，资产与负债和所有者权益，实际上是同一资金运动的两个方面。从数量来说，其资金的来源必然等于资金的占用，即资产总额必然等于负债与所有者权益金额的总和。因此，这一恒等关系用公式表示出来就是：

$$资产 = 负债 + 所有者权益$$

这一会计等式是最基本的会计等式，也称为静态会计等式，它既反映了企业经营过程中，某一会计主体在某一特定时点所拥有的各种资产，同时也反映了这些资产的归属关系。基本会计等式是设置账户、复式记账方法及编制会计报表的理论依据，也是会计核算方法体系的基础。

企业在正常的生产经营过程中会发生各种经济业务，这些经济业务的发生，可能仅涉及资产与负债和所有者权益中的一方，也可能涉及双方，但无论如何，结果一定是基本会计等式的恒等关系保持不变。

一项经济业务的发生，如果仅涉及资产与负债和所有者权益中的一方，则既不会影响到双方的恒等关系，也不会使双方的总额发生变动。

一项经济业务的发生，如果涉及资产与负债和所有者权益中的双方，虽然不会影响到双方的恒等关系，但会使双方的总额发生同增或同减变动。

（二）动态会计等式

企业的经营目标是实现盈利。随着生产经营活动的开展，企业陆续取得了收入并发生了相应的费用，当一定时期取得的收入大于所发生的费用才能实现盈利；反之收入小于所发生的费用便发生了亏损。因此，收入、费用和利润三个要素之间的关系可用公式表示为：

$$收入 - 费用 = 利润$$

这一等式揭示了在某一特定期间内收入、费用和利润的关系，表明了企业在某一会计期间所取得的经营成果，是编制利润表的理论依据。

收入一般表现为资产的增加或负债的减少；费用则一般表现为资产的减少或负债的增加。当收入大于相应的费用实现利润时，会导致所有者权益的增加；当收入小于相应的费用发生亏损时，会导致所有者权益的减少。于是会计等式会演变为：

$$资产 = 负债 + 所有者权益 + 收入 - 费用$$
$$= 负债 + 所有者权益 + 利润$$

或：
$$资产 + 费用 = 负债 + 所有者权益 + 收入$$

企业实现了利润，要确认应交所得税，从而形成了一项负债；企业应计算净利润并按规定的比例提取盈余公积金，这一部分利润就形成了所有者权益；提取盈余公积金之后企业还应向投资者分配利润，这一部分利润就形成了一项负债；剩余的未分配利润形成了企业的所有者权益。经过利润分配之后，利润中的一部分转化为负债，另一部分转化为所有者权益。会计等式又还原为"资产＝负债＋所有者权益"。

第三节 会计基本假设

由于会计核算是在一定的经济环境下进行的，而特定的经济环境中必然存在着各种不确定因素，会计基本假设就是针对这些不确定因素，为了保证会计工作的正常进行和会计信息的质量，对会计核算所处的时间、空间环境等所做的合理设定。会计基本假设也称为会计核算的基本前提，是进行会计核算时必须遵循的先决条件。我国《企业会计准则——基本准则》规定，会计基本假设主要包括会计主体、持续经营、会计分期和货币计量。

一、会计主体

会计主体（accounting entity）也称为会计实体或会计个体，是指企业会计确认、计量和报告的空间范围。其主要意义在于界定了从事会计工作和提供会计信息的空间范围。在会计主体假设下，企业应当对其本身发生的交易或者事项进行会计确认、计量和报告，反映企业本身所从事的各项生产经营活动。明确界定会计主体是开展会计确认、计量和报告工作的重要前提。

应当注意的是，会计主体不等于法律主体。一般来说，法律主体必然是会计主体，会计主体则不一定是法律主体。会计主体可以是一个有法人资格的企业，也可以是由若干家企业通过控股关系组织起来的集团公司，还可以是企业、单位下属的二级核算单位。独资、合伙形式的企业都可以作为会计主体，但都不是法律主体。

二、持续经营

持续经营（going concern）是指在可以预见的将来，作为会计主体的企业将会按既定的发展目标不断地经营下去，不会停业，也不会大规模地削减业务。也就是说，企业拥有的各项资产在正常的经营过程中耗用、出售或转换，承担的债务也在正常的经营过程中清偿，经营成果不断形成。持续经营假设会计的核算与监督建立在非清算基础上，从而解决了资产计价、负债清偿和收益确认的问题，保持了会计信息处理的一致性和稳定性。如果企业在经营过程中一旦被宣告破产或进行了清算，持续经营前提将被清算的规则所代替。持续经营假设明确了会计工作的时间范围。

三、会计分期

会计分期（accounting period）是指将企业持续的生产经营活动划分为若干个连续的、长短相同的会计期间、分期结算账目和编制财务会计报告。会计分期这一前提是从持续经营的基本前提引申出来的，也可以说是持续经营的客观要求。这一基本假设的主要意义是界定了会计核算的时间范围。

会计期间一般按照日历时间划分，分为年、季、月。会计期间的划分是一种人为的划分，实际的经济活动周期可能与该期间不一致，有的经济活动可以持续在多个会计期间。我国《企业会计准则》规定，我国会计年度与财政年度相一致，按公历年度确定，其起止日期为1月1日至12月31日。半年度、季度、月度均称为会计中期，并均按公历起止日期确定。

四、货币计量

货币计量（monetary measurement）是指会计主体在会计核算过程中，以货币为基本计量单位，记录和反映其生产经营活动。

在我国，要求企业对所有经济业务采用同一种货币作为统一尺度来进行计量。若企业的经济业务有两种以上的货币计量，应该选用一种作为基准，称为记账本位币。记账本位币以外的货币则称为外币。我国有关会计法规规定，企业会计核算以人民币为记账本位币。业务收支以人民币以外的其他货币为主的企业，也可以选定该种货币作为记账本位币，但编制的会计报表应当折算为人民币反映。

会计核算的四个基本前提具有相互依存、相互补充的关系。会计主体确立了会计核算的空间范围；持续经营与会计分期确立了会计核算的时间范围；货币计量为会计核算提供了必要的手段。

第四节　会计信息质量要求

一、会计信息质量要求概述

会计信息质量要求也称为会计信息质量特征、会计信息质量标准，是对企业财务会计报告所提供的会计信息的基本质量要求,是确保财务报告所提供的会计信息对信息使用者来说决策有用的基本特征。根据《企业会计准则——基本准则》的规定,会计信息质量要求包括以下八项:可靠性、相关性、可理解性、可比性、实质重于形式、重要性、谨慎性和及时性。这些质量特征要求企业会计人员在处理会计业务、提供会计信息时,严格遵循会计信息质量要求,以便更好地服务于企业的利益相关者。

二、会计信息质量要求

(一) 可靠性

可靠性,也称为客观性、真实性,是对会计信息质量的一项基本要求。它要求企业以实际发生的交易或者事项为依据进行会计确认、计量和报告,如实反映符合确认和计量要求的各项会计要素及其他相关信息,保证会计信息真实可靠、内容完整。

(二) 相关性

相关性,也称为有用性,要求企业提供的会计信息应当与投资者、债权人等财务会计报告使用者的经济决策需求相关,有助于会计信息使用者对企业过去、现在或者未来的情况做出评价或者预测。

企业的会计信息主要集中于财务会计报告。财务会计报告是会计部门工作的最终成果和产品。然而,实际上,决策者真正需要的并不仅仅是财务报告这种形式,而是从中可以获得在经济决策中可用的会计信息。

信息要成为有用的,就必须与使用者的决策需要相关。当信息通过帮助使用者评估过去、现在或未来的事项或者通过确证或纠正使用者过去的评价,影响到使用者的经济决策时,信息就具有相关性。这就要求信息不但应具有反馈价值还应具有预测价值。

(三) 可理解性

可理解性,也称为明晰性,要求企业提供的会计信息应当清晰明了,便于财务会计报告使用者理解和使用。

会计信息的可理解性也是相关性的前提条件。提供会计信息的目的在于使用,要使用就必须了解会计信息的内涵、明确会计信息的内容,如果无法做到这一点,就谈不上对决策有用。因此,不具备可理解性的信息是无用的信息。

(四) 可比性

可比性要求企业提供的会计信息应当具有可比性。为了确保会计信息有助于决策,不同企业同一时期之间、同一企业不同时期之间的会计信息必须可比。因此，对不同企业同一时期以及同一企业不同时期而言，同类交易或其他事项的计量和报告，都必须采用一致的方法，不得随意变更。确实须变更的，应当在附注中说明，并且披露这一变化对企业财务状况和经营成果的累计影响。不同企业发生的相同或者相似的交易或者事项，应当采用规定的会计政策，确保会计信息口径一致、相互可比。

（五）实质重于形式

实质重于形式要求企业应当按照交易或者事项的经济实质进行会计确认、计量和报告，而不应仅以交易或者事项的法律形式为依据。

如果要真实地反映交易或者事项，那就必须根据它们的实质和经济现实，而不是仅仅根据它们的法律形式进行核算和反映。实质重于形式就是要求在对会计要素进行确认和计量时，应重视交易的实质。例如，在企业租赁业务中，根据合同的规定，企业作为承租方在租赁期间内拥有租赁资产的使用权和控制权，出租方仍享有租赁资产的所有权。因此，从法律形式看，租赁资产不能作为企业的自有资产。但是，从经济实质看，由于企业在租赁期间有权主导租赁资产的使用，并获得因使用该租赁资产所产生的几乎全部经济利益，企业会计准则要求企业将该项租赁资产视为自有资产（即使用权资产）加以核算。

（六）重要性

重要性要求企业提供的会计信息应当反映与企业财务状况、经营成果和现金流量等有关的所有重要交易或者事项。

对会计信息使用者来说，对经营决策有重要影响的会计信息是最需要的，如果会计信息不分主次，反而会影响会计信息使用者的决策。而且，对不重要的经济业务简化核算或合并反映，可以节省人力、物力和财力，符合成本效益原则。

重要性具有相对性，对某项会计事项判断其重要性，在很大程度上取决于会计人员的职业判断。企业应当根据其实际情况，如果某会计事项发生可能对决策产生重大影响，则该事项属于具有重要性的事项；如果某会计事项的发生达到一定数量或比例可能对决策产生重大影响，则该事项属于具有重要性的事项。因此，财务报告在全面反映企业的财务状况和经营成果的同时，应当区别经济业务的重要程度，采用不同的会计处理程序和方法。对于重要的经济业务，应严格核算、单独反映、充分报告、准确披露；对于不重要的经济业务，在不影响会计信息真实性的情况下，可适当地简化会计核算、合并反映。

（七）谨慎性

谨慎性，又称为稳健性，要求企业对交易或者事项进行会计确认、计量和报告应当保持应有的谨慎，不应高估资产或收益、低估负债或费用。

在处理不确定性经济业务时，企业应持谨慎态度：如果一项经济业务有多种处理方法可供选择时，应选择一种不会导致夸大资产、虚增利润的方法。在进行会计核算时，应当合理预计可能发生的损失和费用，而不应预计可能发生的收入和过高估计资产的价值。

谨慎性这一质量特征，要求注意做到：对不确定的因素作出判断，对于可能发生的损失和费用，应当加以合理估计，不高估资产或收益、不低估负债和费用，定期检查资产，对可能发生的资产减值损失计提减值准备，但不得计提秘密准备。

（八）及时性

及时性要求企业对于已经发生的交易或者事项，应当及时进行会计确认、计量和报告，不得提前或者延后。

会计信息的价值在于帮助信息使用者做出经济决策，而只有及时的信息才具备决策价值，因此会计信息除了必须保证真实性、可靠性以外，还应保证信息的时效性。为了保证会计信息的时效性，要求企业应及时收集、加工处理会计信息，保证会计信息与所反映的对象在时间上保持一致，并且按时传递会计信息。

第五节　会计方法

一、会计的方法体系

会计方法是指将经营活动发出的初始信息进行加工，使之转变为对经济决策有用的财务信息所采用的技术和手段。正确运用会计方法是为了实现会计的目标，更好地完成会计任务。

会计方法来源于会计实践，伴随着社会实践的发展、科学技术的进步以及会计职能的扩展和管理要求的提高而不断的发展和完善。由于会计对象具有多样性和复杂性的特点，因而决定了预测、反映、监督、检查和分析会计对象的手段不是单一的，而是由一个方法体系构成的。会计方法包括会计核算方法、会计分析方法以及会计检查方法。

会计核算的方法是对各单位已经发生的经济活动进行连续、系统、完整的反映和监督所应用的方法。

会计分析的方法主要是利用会计核算的资料，考核并说明各单位经济活动的效果，在分析过去的基础上，提出指导未来经济活动的计划、预算和备选方案，并对它们的报告结果进行分析和评价。

会计检查的方法，亦称审计，主要是根据会计核算提供的资料，检查各单位的经济活动是否合理合法，会计核算资料是否真实正确，根据会计核算资料编制的未来时期的计划、预算是否可行、有效等。

二、会计核算方法

会计核算方法是指会计对企业已经发生的经济活动进行连续、系统和全面的反映和监督所采用的方法。会计核算方法包括设置账户、复式记账、填制和审核凭证、登记账簿、成本计算、财产清查和编制财务会计报告七种方法。

（一）设置账户

账户是对会计对象的具体内容分门别类地进行记录、反映的工具。设置账户就是根据国家统一规定的会计科目和经济管理的要求，科学地建立账户体系的过程。进行会计核算之前，首先应将多种多样、错综复杂的会计对象的具体内容进行科学的分类，通过分类反映和监督，才能提供管理所需要的各种指标。每个会计账户只能反映一定的经济内容，将会计对象的具体内容划分为若干项目，即为会计科目。基于此设置若干个会计账户，就可以使所设置的账户既有分工又有联系地反映整个会计对象的内容，提供管理所需要的各种信息。

（二）复式记账

复式记账就是对每笔经济业务，都以相等的金额在相互关联的两个或两个以上有关账户中进行登记的一种专门方法。复式记账有着明显的特点，即它对每项经济业务都必须以相等的金额，在相互关联的两个或两个以上账户中进行登记，使每项经济业务所涉及的两个或两个以上的账户之间产生对应关系，通过账户的对应关系，可以了解经济业务的内容，通过账户的平衡关系，可以检查有关经济业务的记录是否正确。复式记账可以相互联系地反映经济业务的全貌，也便于检查账簿记录是否正确。

（三）填制和审核凭证

填制和审核凭证是指为了审查经济业务是否合理合法，保证账簿记录正确、完整而采用的一种专门方法。会计凭证是记录经济业务，明确经济责任的书面证明，是登记账簿的重要依据。经济业务是否发生、执行和完成，关键看是否取得或填制了会计凭证，

取得或填制了会计凭证，就证明该项经济业务已经发生或完成。对已经完成的经济业务还要经过会计部门、会计人员的严格审核，在保证符合有关法律、制度、规定而又正确无误的情况下，才能据以登记账簿。填制和审核凭证可以为经济管理提供真实、可靠的会计信息。

（四）登记账簿

登记账簿亦称记账，就是把所有的经济业务按其发生的顺序，分门别类地记入有关账簿。账簿是用来全面、连续、系统地记录各项经济业务的簿籍，也是保存会计信息的重要工具。它具有一定的结构、格式，应该根据审核无误的会计凭证序时、分类地进行登记。在账簿中应该开设相应的账户，把所有的经济业务记入账簿中的账户里后，还应定期计算和累计各项核算指标，并定期结账和对账，使账证之间、账账之间、账实之间保持一致。账簿所提供的各种信息，是编制会计报表的主要依据。

（五）成本计算

成本计算是指归集一定计算对象上的全部费用，借以确定该对象的总成本和单位成本的一种专门方法。它通常是指对工业企业生产的产品进行的成本计算。通过成本计算，可以考核和监督企业经营过程中所发生的各项费用是否合理和节约，以便采取措施，降低成本，提高经济效益。

（六）财产清查

财产清查就是通过盘点实物，核对账目来查明各项财产物资和货币资金的实有数，并查明实有数与账存数是否相符的一种专门方法。在日常会计核算过程中，为了保证会计信息真实正确，必须定期或不定期地对各项财产物资、货币资金和往来款项进行清查、盘点和核对。在清查中，如果发现账实不符，应查明原因，调整账簿记录，使账存数额同实存数额保持一致，做到账实相符。通过财产清查，还可以查明各项财产物资的保管和使用情况，以便采取措施挖掘物资潜力和加速资金周转。总之，财产清查对于保证会计核算资料的正确性和监督财产的安全与合理使用等都具有重要的作用。

（七）编制财务会计报告

财务会计报告是指企业对外提供的反映企业某一特定日期财务状况和某一会计期间经营成果、现金流量的文件。编制财务会计报告是对日常会计核算资料的总结，就是将账簿记录的内容定期地加以分类、整理和汇总，形成会计信息使用者所需要的各种指标，并报送给会计信息使用者,以便据此进行决策。财务会计报告所提供的一系列核算指标,是考核和分析财务计划和预算执行情况以及编制下期财务计划和预算的重要依据,也是进行国民经济核算所必不可少的资料。

上述会计核算的七种方法是相互联系、密切配合的,填制和审核凭证是会计核算的首要环节;登记账簿是会计核算的中心环节;编制会计报表是会计核算的最终环节。就其各自的作用来说,填制和审核凭证是信息收集的方法;设置账户、复式记账和登记账簿是信息分类记录和加工储存的方法;财产清查是信息检验的方法;财务报告是信息的总结和报送的方法。会计核算的这七种方法相互联系,缺一不可,形成一个完整的核算方法体系。

三、会计分析方法

会计分析方法是指以会计报表和其他相关资料为依据和起点,采用专门方法进行比较、分析和评价,从而了解企业目前的财务状况和经营业绩,发现企业生产经营中存在的问题,预测企业未来发展趋势,为科学决策提供依据。

会计分析方法是对企业一定时期的经济活动的过程及其结果进行剖析与评价,及时发现经营管理中存在的问题及缺陷,总结经验教训,以便在以后的经营活动中进一步加强管理、提高经济效益所采用的专门方法。其目的主要在于发现问题、总结经验、评价业绩、改进提高。

四、会计检查方法

会计检查方法是根据国家的有关法规及方针政策、制度和规定,利用会计凭证、账簿、报表等资料,对经济业务活动、财务收支的合法性、合理性,对会计资料的真实性与完整性以及财务制度和财经纪律的遵守情况进行检查的方法。

会计检查是充分发挥会计监督职能的一种手段,目的是保证国家财经法规、政策、制度的贯彻执行,保证单位财产、资金的安全完整和合理使用,加强经营管理、提高经济效益。它通过发现问题,查明原因,找出漏洞,进行分析总结,寻求改进。会计检查只有采用有效的检查方法,才能达到预期的目标。

会计核算方法是基础,会计分析方法是会计核算方法的继续和发展,会计检查方法是会计核算方法和会计分析方法的保证。三者紧密联系,相互依存,相辅相成,形成了一个完整的会计方法体系。

第六节 会计确认与计量

一、会计确认与计量含义

(一) 会计确认

《企业会计准则——基本准则》指出,企业在将符合确认条件的会计要素登记入账并列报于会计报表及其附注时,应当按照规定的会计属性进行计量,确定其金额。

会计确认主要解决某一个项目应否确认、如何确认和何时确认三个问题,它包括在会计记录中的初始确认和在财务报表中的最终确认。初始确认的目的是剔除不属于会计核算范围的经济信息,将属于会计核算标准的信息纳入会计核算程序中。最终确认的目的是对已纳入会计核算程序中的会计信息进行整理、分析,最终对外提供会计信息。

《企业会计准则——基本准则》中规定了会计要素的确认条件:
(1) 初始确认条件。会计要素的确认条件主要包括:
① 符合要素的定义。有关经济业务确认为一项要素,首先必须符合该要素的定义。
② 有关的经济利益很可能流入或流出企业。
③ 有关的价值以及流入或流出的经济利益能够可靠地计量。
(2) 在报表中列示的条件。经过确认、计量之后,会计要素应该在报表中列示。资产、负债、所有者权益在资产负债表中列示,而收入、费用、利润在利润表中列示。

根据准则规定,在报表中列示的条件是:符合要素定义和要素确认条件的项目,才能列示在报表中,仅仅符合要素定义而不符合要素确认条件的项目,不能在报表中列示。

(二) 会计计量

会计计量是指根据计量对象的属性,选择一定的计量基础和计量单位,确定应记录项目金额的会计处理过程。会计计量包括计量单位和计量基础两个部分。

计量单位是指计量尺度的量度单位。会计是以货币为主要的计量单位,在计量经济业务时,也不排除使用实物计量单位和劳动计量单位。

计量基础是指所用量度的经济属性。《企业会计准则——基本准则》第四十二条规定,会计计量属性主要包括:
(1) 历史成本。在历史成本计量下,资产按照购置时支付的现金或者现金等价物的金额,或者按照购置资产时所付出的对价的公允价值计量。负债按照因承担现时义务而实际收到的款项或者资产的金额,或者承担现时义务的合同金额,或者按照日常活动中为偿还负债预期需要支付的现金或者现金等价物的金额计量。

（2）重置成本。在重置成本计量下，资产按照现在购买相同或者相似资产所需要支付的现金或者现金等价物的金额计量。负债按照现在偿付该项债务所需要支付的现金或者现金等价物的金额计量。

（3）可变现净值。在可变现净值计量下，资产按照其正常对外销售所能收到现金或者现金等价物的金额扣减该资产至完工时估计将要发生的成本、估计的销售费用以及相关税费后的金额计量。

（4）现值。在现值计量下，资产按照预计从其持续使用和最终处置中所产生的未来净现金流入量的折现金额计量。负债按照预计期限内需要偿还的未来净现金流出量的折现金额计量。

（5）公允价值。在公允价值计量下，市场参与者在计量日发生的有序交易中，出售一项资产所能收到或转移一项负债所需支付的价格。

《企业会计准则——基本准则》第四十三条规定："企业在对会计要素进行计量时，一般应当采用历史成本，采用重置成本、可变现净值、现值、公允价值计量的，应当保证所确定的会计要素金额能够取得并可靠计量。"

二、会计确认与计量基础

会计确认与计量的基础是指会计在进行确认与计量时应遵循的依据或条件。

在实务中，一项交易或经济业务发生的时间与相关货币收支的时间有时并不完全一致，为了更加客观、公允地反映一个企业特定时期的经营成果和特定日期的财务状况，并满足会计信息可比性的质量要求，在会计进行核算过程中要约定处理的依据或标准，这就是确定会计基础。

（一）权责发生制

《企业会计准则——基本准则》第九条规定："企业应当以权责发生制为基础进行会计确认、计量和报告。"

权责发生制，亦称应收应付制，是指企业以收入的权利和支出的义务是否归属于本期为标准来确认收入、费用的一种会计处理基础。也就是以应收应付为标准，而不是以款项的实际收付是否在本期发生为标准来确认本期的收入和费用。在权责发生制下，凡是属于本期实现的收入和发生的费用，不论款项是否实际收到或实际付出，都应作为本期的收入和费用处理；凡是不属于本期的收入和费用，即使款项在本期收到或付出，也不作为本期的收入和费用处理。由于它不以款项的收付为依据，而以收入和费用是否归属本期为依据，所以称为应计制。企业会计将权责发生制作为会计记账时确认、计量和报告的基础，是为了尽可能准确地反映企业的财务状况及其成果。

（二）收付实现制

收付实现制，也称现收现付制，是以款项是否实际收到或付出作为确定本期收入和费用的标准。采用收付实现制会计处理基础，凡是本期实际收到的款项，不论其是否属于本期实现的收入，都作为本期的收入处理；凡是本期付出的款项，不论其是否属于本期负担的费用，都作为本期的费用处理。反之，凡本期没有实际收到款项和付出款项，即使应该归属于本期，但也不作为本期收入和费用处理。这种会计处理基础，由于款项的收付实际上以现金收付为准，所以一般称为现金制。

无论收入的权利和支出的义务归属于哪一期，只要款项的收付在本期，就应确认为本期的收入和费用，不考虑预收收入和预付费用，以及应计收入和应计费用的存在。到会计期末根据账簿记录确定本期的收入和费用，因为实际收到和付出的款项，必然已经登记入账，所以不存在对账簿记录于期末进行调整的问题。这种会计处理基础核算手续简单，但不同时期缺乏可比性，所以它主要适用于行政、事业单位。

第七节 会计法规

会计是一项管理活动，是人类有意识的社会行为，它必须遵循一定规范，按照相应的规则来运行，会计规范是指所有对会计实务起约束作用的原则、准则、法规、条例和道德规范的总和。会计规范以国家机构或民间团体所制定的会计法规、准则和制度的形式体现。

一、会计法律规范

会计法律规范分为狭义和广义两种，狭义的会计法律规范是指由立法机构颁布的会计法律；广义的会计法律规范不仅包括立法机构颁布的法律，还包括由执法机构（各级政府部门）制定和颁布的有关条例、制度和规定以及具有法律效力的惯例等，按照广义的会计法律规范的理解，我国现行的会计法律规范体系包括以下三个层次：

（一）会计法律

会计法律是指由国家最高权力机关——全国人民代表大会及其常务委员会制定的会计法律规范。现行的《中华人民共和国会计法》是在1985年颁布实施的《会计法》的基础上，历经1993年12月29日第八届全国人大常委会第五次会议修正、1999年10月31日第九届全国人大常委会第十二次会议修订、2017年11月4日第十二届全国人大常委会第三十次会议修正、2024年6月28日第十四届全国人大常委会第十次会议修改而形成的。它共分为六章五十一条，主要对立法目的、适用范围、会计工作的管理权限划分等总则，以及在会计核算、会计监督、会计机构和会计人员、法律责任等方面做出了规定。它是会计法规体系中权威性最高、最具法律效力的法律规范，是制定其他各层次会计法规的依据，是一切会计工作的根本大法。

此外，在会计法律规范体系中，还有其他若干法律也涉及会计领域，如《中华人民共和国刑法》《中华人民共和国公司法》《中华人民共和国税法》《中华人民共和国证券法》《中华人民共和国商业银行法》《中华人民共和国保险法》等，其中十分重要的内容就是规定了对违反会计规定的行为的法律责任，包括提供虚假财务报告、伪造会计凭证及会计账簿等。

（二）会计法规

会计法规由国务院根据有关法律的规定制定，或者根据全国人民代表大会及其常务委员会的授权制定。我国会计法规主要包括《企业财务会计报告条例》《总会计师条例》等有关会计工作的条例。《企业财务会计报告条例》是国务院于2000年6月21日发布的，共分为六章四十六条，主要对企业财务会计报告的构成、编制、对外提供和法律责任等做出了规定。《总会计师条例》是国务院于1990年12月31日发布的，共分为五章二十三条，主要对总会计师的职责、权限、任免与奖惩等做出了规定。

此外，根据我国法律的规定，省、自治区、直辖市的人民代表大会及其常务委员会，可以根据本行政区域具体情况和实际需要，在不与现有相关法律、行政法规相抵触的前提下，制定地方性的会计法规。

（三）会计部门规章

会计部门规章是指国家主管会计工作的行政部门——财政部以及其他部委和地方各级国家行政机关及其所属机关制定的法律规范。制定会计部门规章必须依据会计法律和会计法规的规定。

（1）会计准则。会计准则由财政部根据有关法律、法规制定，是处理会计业务时最重要的标准。会计准则包括企业会计准则和非企业会计准则（如政府会计准则）。

企业会计准则是规范企业会计确认、计量、报告的会计准则，它包括企业会计基本准则和企业会计具体准则两个层次。基本会计准则是关于会计业务处理的基本要求，主要用以规范财务报表目标、会计基本假设、会计基础、会计信息质量特征、会计要素及其确认与计量原则、财务会计报告等内容;具体会计准则是对确认、计量和报告某一会计主体的具体业务所作的具体规定,包括一般业务准则、特殊业务准则和报告类准则。二者的关系在于:基本会计准则是制定具体会计准则的理论依据和指导原则;具体会计准则是基本会计准则在处理具体会计业务中的应用。

我国现行《企业会计准则》是 2006 年 2 月 15 日发布的,包括 1 项基本准则和 38 项具体准则。2014 年,财政部新增和修订了 8 项具体准则。随后,财政部于 2017 年再次新增、修订或废止 8 项具体准则,2018 年和 2019 年分别修订了 1 项和 2 项具体准则,2020 年修订、废止 3 项具体准则。具体如表 1-1 所示。与此同时,财政部通过发布各项准则应用指南为准则的落地实施提供更多条款说明和示例指引,并就准则执行中遇到的实际问题随时印发企业会计准则解释公告。截至目前,财政部已累计印发 18 号企业会计准则解释公告。此外,财政部还会根据会计实务的需要,对会计准则中没有规定或者虽有规定但已经不能适应新情况的会计问题,以"会计处理规定"等形式发布,作为会计准则体系的有益补充,满足国家宏观经济管理、国内实务发展需要。例如,《农业保险大灾风险准备金会计处理规定》《金融负债与权益工具的区分及相关会计处理规定》《规范"三去一降一补"有关业务的会计处理规定》《增值税会计处理规定》《企业破产清算有关会计处理规定》《永续债相关会计处理的规定》《碳排放权交易有关会计处理暂行规定》《新冠肺炎疫情相关租金减让会计处理规定》《资产管理产品相关会计处理规定》《企业数据资源相关会计处理暂行规定》等。这些共同构成了当前我国企业会计准则体系。

表 1-1　　　　　　　　我国《企业会计准则》一览

企业会计准则名称	首次颁布时间	修订/废止时间
企业会计准则——基本准则	2006 年 2 月 15 日	2014 年 7 月 23 日修订
企业会计准则第 1 号——存货	2006 年 2 月 15 日	
企业会计准则第 2 号——长期股权投资	2006 年 2 月 15 日	2014 年 3 月 13 日修订
企业会计准则第 3 号——投资性房地产	2006 年 2 月 15 日	
企业会计准则第 4 号——固定资产	2006 年 2 月 15 日	
企业会计准则第 5 号——生物资产	2006 年 2 月 15 日	
企业会计准则第 6 号——无形资产	2006 年 2 月 15 日	
企业会计准则第 7 号——非货币性资产交换	2006 年 2 月 15 日	2019 年 5 月 9 日修订
企业会计准则第 8 号——资产减值	2006 年 2 月 15 日	
企业会计准则第 9 号——职工薪酬	2006 年 2 月 15 日	2014 年 1 月 27 日修订
企业会计准则第 10 号——企业年金基金	2006 年 2 月 15 日	
企业会计准则第 11 号——股份支付	2006 年 2 月 15 日	
企业会计准则第 12 号——债务重组	2006 年 2 月 15 日	2019 年 5 月 16 日修订

续表

企业会计准则名称	首次颁布时间	修订/废止时间
企业会计准则第 13 号——或有事项	2006 年 2 月 15 日	
企业会计准则第 14 号——收入	2006 年 2 月 15 日	2017 年 7 月 5 日修订
企业会计准则第 15 号——建造合同	2006 年 2 月 15 日	2017 年 7 月 5 日废止
企业会计准则第 16 号——政府补助	2006 年 2 月 15 日	2017 年 5 月 10 日修订
企业会计准则第 17 号——借款费用	2006 年 2 月 15 日	
企业会计准则第 18 号——所得税	2006 年 2 月 15 日	
企业会计准则第 19 号——外币折算	2006 年 2 月 15 日	
企业会计准则第 20 号——企业合并	2006 年 2 月 15 日	
企业会计准则第 21 号——租赁	2006 年 2 月 15 日	2018 年 12 月 7 日修订
企业会计准则第 22 号——金融工具确认和计量	2006 年 2 月 15 日	2017 年 3 月 31 日修订
企业会计准则第 23 号——金融资产转移	2006 年 2 月 15 日	2017 年 3 月 31 日修订
企业会计准则第 24 号——套期保值	2006 年 2 月 15 日	2017 年 3 月 31 日修订
企业会计准则第 25 号——原保险合同	2006 年 2 月 15 日	2020 年 12 月 19 日修订,并重命名为《保险合同》
企业会计准则第 26 号——再保险合同	2006 年 2 月 15 日	2020 年 12 月 19 日废除
企业会计准则第 27 号——石油天然气开采	2006 年 2 月 15 日	
企业会计准则第 28 号——会计政策、会计估计变更和差错更正	2006 年 2 月 15 日	
企业会计准则第 29 号——资产负债表日后事项	2006 年 2 月 15 日	
企业会计准则第 30 号——财务报表列报	2006 年 2 月 15 日	2014 年 1 月 26 日修订
企业会计准则第 31 号——现金流量表	2006 年 2 月 15 日	
企业会计准则第 32 号——中期财务报告	2006 年 2 月 15 日	
企业会计准则第 33 号——合并财务报表	2006 年 2 月 15 日	2014 年 2 月 17 日修订
企业会计准则第 34 号——每股收益	2006 年 2 月 15 日	
企业会计准则第 35 号——分部报告	2006 年 2 月 15 日	
企业会计准则第 36 号——关联方披露	2006 年 2 月 15 日	
企业会计准则第 37 号——金融工具列报	2006 年 2 月 15 日	2014 年 6 月 20 日修订 2017 年 5 月 2 日修订
企业会计准则第 38 号——首次执行 CAS	2006 年 2 月 15 日	
企业会计准则第 39 号——公允价值计量	2014 年 1 月 26 日	
企业会计准则第 40 号——合营安排	2014 年 2 月 17 日	
企业会计准则第 41 号——在其他主体中权益的披露	2014 年 3 月 14 日	
企业会计准则第 42 号——持有待售的非流动资产、处置组和终止经营	2017 年 2 月 28 日	

（2）会计制度。自中华人民共和国成立直至会计准则体系建立之前，财政部主要以统一的会计制度来规范会计工作。现行的会计制度主要是从2001年1月1日起开始实施的《企业会计制度》，主要用以规范会计工作的任务、会计制度所应遵循的原则、会计业务核算、财务管理、成本计算、财产清查、会计人员交接和会计档案管理等方面，共包含十四章、一百六十条规定。

自20世纪90年代以来，我国经历着企业会计准则逐步发展并替代企业会计制度的演进过程。1992年，财政部发布《企业会计准则》，首次出现了会计准则的提法，但主要用以规范会计原则、会计要素、会计报告等定义。1997年至2004年底，财政部陆续发布了16项具体准则，并在上市公司中施行。2006年，财政部一次性发布了1项基本准则与38项具体准则，目标适用范围为所有上市公司和大中型企业。2011年2月21日，财政部废止《金融企业会计制度》，金融企业全面执行《企业会计准则》。2011年10月18日，财政部印发《小企业会计准则》，自2013年1月1日起在小企业范围内执行，用以规范小企业会计确认、计量和报告行为，同时废止《小企业会计制度》。随着《企业会计准则》与《小企业会计准则》的颁布实施，2015年2月16日，财政部一次性明确了39项废止或失效的会计制度类文件，标志着我国企业会计制度的大步退出，实现了我国会计规范体系的转型。

二、会计道德规范

会计道德规范是指会计人员的职业道德规范，它是一般社会公德在会计工作中的具体体现，是制约、引导会计人员行为，调整会计人员与社会、与相关利益集团以及会计人员之间关系的社会规范。当前我国会计道德规范建设主要体现在《中华人民共和国会计法》《会计基础工作规范》《中国注册会计师职业道德守则》《会计人员职业道德规范》等文件中，如图1-2所示。

会计人员的"三坚三守"

一、坚持诚信，守法奉公。牢固树立诚信理念，以诚立身、以信立业，严于律己、心存敬畏。学法知法守法，公私分明，克己奉公，树立良好职业形象，维护会计行业声誉。

二、坚持准则，守责敬业。严格执行准则制度，保证会计信息真实完整。勤勉尽责、爱岗敬业，忠于职守、敢于斗争，自觉抵制会计造假行为，维护国家财经纪律和经济秩序。

三、坚持学习，守正创新。始终秉持专业精神，勤于学习、锐意进取，持续提升会计专业能力。不断适应新形势新要求，与时俱进、开拓创新，努力推动会计事业高质量发展。

图1-2 我国《会计人员职业道德规范》

会计道德规范属于非强制性规范，其构成要素有会计职业理想、会计工作态度、会计职业责任、会计职业技能、会计工作纪律、会计工作作风等。

制定会计职业道德守则，加强会计职业道德教育以及会计人员增进会计职业道德修养是形成良好的会计职业道德风尚和改善会计职业环境，并卓有成效地保证会计规范顺利贯彻实施的重要条件。

重要概念： 会计 会计主体 持续经营 会计分期 货币计量 会计对象 会计要素 确认 计量 会计法规

重点与难点： 会计概念 会计核算基本假设 会计信息质量要求 会计对象与会计要素 会计确认与计量 权责发生制 收付实现制

思 考 题

(1) 什么是会计？会计是如何产生和发展的？

(2) 如何理解会计目标？你认为对我国的会计目标应该如何进行定位？

(3) 如何理解会计的基本职能？会计两大基本职能之间的关系如何？

(4) 什么是会计要素？我国企业会计准则中对会计要素是如何划分的？

(5) 什么是资产？资产由哪些项目构成？资产有哪些特征？资产的确认条件是什么？

(6) 什么是负债？负债由哪些项目构成？负债有哪些特征？负债的确认条件是什么？

(7) 什么是所有者权益？所有者权益由哪些项目构成？

(8) 什么是收入？收入有哪些特征？收入的确认条件是什么？

(9) 什么是费用？费用由哪些项目构成？

(10) 什么是利润？怎样确定利润？

(11) 什么是会计等式？其意义何在？

(12) 什么是会计核算的基本前提？会计核算的基本前提包括哪些内容？

(13) 什么是会计信息质量特征？它包括哪些内容？

(14) 会计核算方法包括哪些内容？

(15) 权责发生制与收付实现制在收入与费用的确认与计量方面有何区别？

(16) 会计要素的计量属性有哪些？

(17) 我国会计法律规范的层次、内容是什么？

第二章

会计科目与账户

【学习目的】

通过本章的学习，使学生掌握会计科目的概念、用途、级别；掌握账户的基本结构、账户的发生额、余额及它们之间的关系；掌握会计科目与账户之间的关系；熟悉会计科目的设置、一级会计科目的名称及分类；了解账户的分类。

第一节 会 计 科 目

一、会计科目的概念

对会计主体发生的经济业务进行全面、连续、系统的核算和监督，首先就要对会计要素进行分类，在此基础上才能够进行核算和监督。会计要素是会计对象的具体化，但在会计核算中这六个会计对象要素涵盖的内容还是过于宽泛，不能满足信息使用者对会计信息全面、翔实的需求，因此在进行会计核算时还需要在会计要素的基础上再次进行分类。

会计科目（account title）就是对会计要素按照经济内容的性质进行分类的项目。

按照会计要素分类，会计科目包括资产类会计科目、负债类会计科目、所有者权益类会计科目、收入类会计科目、费用类会计科目和利润类会计科目。《企业会计准则——应用指南》中规定的一级会计科目分为六大类，即资产类、负债类、共同类、所有者权益类、成本类和损益类，其中，共同类包括那些需要根据余额方向判断资产或者负债归属的会计科目；收入类和费用类合称损益类；利润类被纳入所有者权益类。

为了便于运用计算机处理会计信息，《企业会计准则——应用指南》还规定了会计科目的编号。根据《企业会计准则——应用指南》的规定，企业常用的会计科目如表2-1所示。

表 2-1　　　　　　　　　　企业常用会计科目表

一、资产类	1606 固定资产清理	3201 套期工具
1001 库存现金	1611 未担保余值	3202 被套期项目
1002 银行存款	1631 油气资产	四、所有者权益类
1012 其他货币资金	1632 累计折耗	4001 实收资本
1101 交易性金融资产	1701 无形资产	4002 资本公积
1121 应收票据	1702 累计摊销	4003 其他综合收益
1122 应收账款	1703 无形资产减值准备	4101 盈余公积
1123 预付账款	1801 长期待摊费用	4103 本年利润
1131 应收股利	1811 递延所得税资产	4104 利润分配
1132 应收利息	1901 待处理财产损溢	五、成本类
1221 其他应收款	二、负债类	5001 生产成本
1231 坏账准备	2001 短期借款	5101 制造费用
1401 材料采购	2101 交易性金融负债	5301 研发支出
1402 在途物资	2201 应付票据	六、损益类
1403 原材料	2202 应付账款	6001 主营业务收入
1404 材料成本差异	2203 预收账款	6041 租赁收入
1405 库存商品	2211 应付职工薪酬	6051 其他业务收入
1408 委托加工物资	2221 应交税费	6111 投资收益
1411 周转材料	2231 应付利息	6115 资产处置损益
1471 存货跌价准备	2232 应付股利	6301 营业外收入
1511 长期股权投资	2341 其他应付款	6401 主营业务成本
1512 长期股权投资减值准备	2401 递延收益	6402 其他业务成本
1521 投资性房地产	2501 长期借款	6403 税金及附加
1531 长期应收款	2502 应付债券	6601 销售费用
1532 未实现融资收益	2701 长期应付款	6602 管理费用
1601 固定资产	2702 未确认融资费用	6603 财务费用
1602 累计折旧	2801 预计负债	6701 资产减值损失
1603 固定资产减值准备	2901 递延所得税负债	6702 信用减值损失
1604 在建工程	三、共同类	6711 营业外支出
1605 工程物资	3101 衍生工具	6801 所得税费用

二、会计科目的设置

设置会计科目是会计核算的一个专门方法。一个会计主体为了提供全面、系统的会计核算信息,首先要建立会计科目体系,即明确设置几级会计科目以及每级设置哪些会计科目。各会计主体必须设置一级会计科目,同时根据需要设置二级、三级等明细会计科目;其次要确定每级会计科目设置的数量以及每个会计科目的名称及核算的内容。

各级别的会计科目之间是种属关系。它们所反映经济内容的性质是一致的,但提供会计信息的详细程度和范围有所不同。以三级会计科目体系为例,一级会计科目提供某一经济内容总括的会计信息,具有统驭作用;三级会计科目提供某一经济内容最为详细和具体的会计信息;而二级会计科目提供的会计信息则介于一级会计科目和三级会计科目之间,比一级会计科目提供的会计信息较详细和具体,但比三级会计科目提供的会计信息较为宽泛。二级、三级会计科目都从属于一级会计科目。这三个级别的会计科目构成了会计科目体系基本框架。企业还可以根据需要进一步设置四级、五级会计科目。企业规模小,业务量少,也可不设二级会计科目。总之,企业应根据具体情况设置会计科目。

(1)一级会计科目的设置。一级会计科目也称为总分类科目或总账科目。一级会计科目是在会计要素的基础上进行的分类。一级会计科目规定了某一经济内容的性质和范围。一级会计科目规定的核算范围最为宽泛。

在我国为满足会计信息可比性的质量要求,企业会计核算中使用的一级会计科目必须按《企业会计准则——应用指南》中规定的会计科目设置,在不影响会计信息可比性的前提下,可根据企业实际情况自行增加或减少会计科目。

(2)明细分类会计科目的设置。总分类会计科目之外的会计科目也称为明细分类会计科目,简称明细科目。包括二级、三级等明细分类科目。下一级会计科目是上一级会计科目核算内容的具体化。例如,二级会计科目是在一级会计科目规定的范围内做出的进一步较详细的分类,二级会计科目核算的内容比一级会计科目详细具体,二级会计科目从属于一级会计科目。企业根据核算和管理的需要设置明细会计科目。例如,某企业的原材料的类别比较多,需要设置明细会计科目进行核算,一级会计科目为"原材料",该企业在一级科目"原材料"下设置二级会计科目"原料及主要材料""辅助材料""委托加工物资""周转材料"。三级会计科目是在二级会计科目规定的核算范围内做出更详细的分类。例如,某企业原材料核算进行三级核算。该企业设置"原材料"一级会计科目,并设置二级会计科目"原料及主要材料",在二级会计科目下设置了"塑钢型材""玻璃钢板材""碳钢型材"三级会计科目进行核算。四级、五级等级别的会计科目也是根据核算需要进行设置。

会计主体设置会计科目体系首先满足会计信息外部信息使用者的决策需要，通过会计科目统一性实现会计信息可比性；其次会计主体在设置会计科目时考虑其经营管理的需要，增设或减少某些会计科目，形成每个会计主体的会计科目表。

第二节　账　户

一、账户的概念

设置会计科目仅仅是对会计要素按经济内容的性质做出了进一步的分类，并规定了每一个会计科目的名称及具体核算的内容。为了反映经济业务发生引起的特定经济内容的增减变动及变动的结果，还应根据会计科目设置账户。

账户（account）是根据会计科目设置的具有一定格式和结构，用于反映会计对象要素增减变动及其结果的载体。账户是根据会计科目设置的，会计科目就是账户的名称，也称为账户的户头。

二、账户的基本结构

经济业务的发生会引起会计要素发生变化，为了记录这些变化及其变化的结果，账户必须有一定的格式和结构。在会计实务中，账户的结构和格式是根据需要设计的，形式多种多样，但基本结构只有两个金额栏，用来反映某一特定经济内容的增减变化。为了反映某一经济内容的增减变动及其变动的结果，账户分为左、右两方登记金额。一方登记增加额，另一方登记减少额。账户的基本结构如图2-1所示。由于账户的基本结构很像大写的字母"T"或汉字"丁"，所以也称为"T"型账户或"丁"字账。

_____账户

图 2-1　账户的基本结构

三、账户余额的计算

账户能提供动态和静态两种指标。

本期发生的增加额和减少额称为本期发生额（total amount accounted for current period），

表示本期某一特定经济内容发生的增减变动。本期发生额是动态的指标。

余额是某一特定经济内容发生增减变动的结果。余额是静态指标。账户的余额按表示的时间不同,又分为期初余额(opening balance)和期末余额(closing balance)。期末余额是本期增加额变动的结果,同时也是下一期的期初余额。账户期末余额的计算公式如下:

$$期末余额 = 期初余额 + 本期增加额 - 本期减少额$$

为了更明确地表现发生额、余额在账户中的关系,三栏式账户的格式如图2-2所示。与双栏的丁字账相比,三栏式账户前两栏为发生额栏,一方记录增加的发生额,另一方记录减少的发生额,最后一栏为余额栏。

图 2-2 三栏式账户的格式

【例 2-1】以账户"库存现金"为例,假设在第一个会计期间内,增加的发生额等于 1 000 元(因为出售商品取得),减少的发生额 800 元(用于支付办公费用),余额 200 元。这些数据在三栏式账户中表现如图 2-3 所示。

库存现金　　单位:元

增加的发生额	减少的发生额	账户余额
1 000		1 000
	800	200

图 2-3 "库存现金"三栏式账户

图 2-3 中的金额"200"是账户"库存现金"第一个会计期间的期末余额。

【例 2-2】续前例。以账户"库存现金"为例,假设在第二个会计期间内,减少的发生额等于 110 元,增加的发生额 300 元,余额 390 元。这些数据在三栏式账户中表现如图 2-4 所示。

库存现金   单位：元

增加的发生额	减少的发生额	账户余额
1 000		1 000
	800	200
	110	90
300		390

图 2-4 "库存现金"三栏式账户

图 2-4 中的金额"200"是账户"库存现金"第二个会计期间的期初余额。"390"是账户"库存现金"第二个会计期间的期末余额。

四、账户的设置

账户应按会计科目体系设置。就企业来讲，为了提供某一经济内容的总括情况，必须根据《企业会计准则——应用指南》规定的一级会计科目设置总分类账户，也称总账账户，用来总括反映某一特定经济内容的增减变化及其结果。企业可根据需要按明细分类会计科目设置明细分类账户，用来反映某一特定经济内容较为详细和具体的信息。

会计科目与账户是相互联系的。会计科目与账户都是对会计要素具体内容进行的分类。会计科目是账户的名称，也是设置账户的依据，会计科目决定着账户核算内容的性质，因此，两者核算内容的性质是一致的，账户是会计科目的具体运用。会计科目与账户是有区别的。会计科目没有结构，只规定了核算的经济内容的性质；而账户具有一定的格式和结构，用来记录某一特定经济内容的增减变化及其变化的结果。通过账户的记录，能提供动态和静态的指标。

五、账户的分类

为了全面、系统地反映会计主体的财务状况和经营成果，企业应根据会计科目设置账户。企业设置的总分类账户、明细分类账户构成了账户体系。账户可按不同的标志进行分类。

（一）账户按提供指标的详细程度分类

按提供指标的详细程度分类，可将账户分为总分类账户和明细分类账户：

（1）总分类账户。总分类账户也称总账账户，是根据《企业会计准则——应用指南》规定的一级会计科目设置的，总括反映某一经济内容的账户。总分类账户具有统驭作用。

（2）明细分类账户。明细分类账户是根据需要按明细分类会计科目设置的，较详细地反映某一经济内容的账户，从属于总分类账户。

总之，总分类账户与明细分类账户的关系与各级别的会计科目之间的关系一样。总分类账户提供总括的信息，具有统驭的功能；明细分类账户从属于总分类账户，提供的是详细和具体的信息，是对总分类账户的补充和说明。总分类账户与其所属的明细分类账户构成了企业的账户体系。

（二）账户按经济内容的性质分类

按经济内容的性质分类，可将账户分为以下六类：

（1）资产类账户。资产类账户是用来核算企业各项资产的账户，如"库存现金""应收账款""固定资产"账户等。

（2）负债类账户。负债类账户是用来核算企业各项负债的账户，如"短期借款""应交税费""应付职工薪酬""应付债券"账户等。

（3）共同类账户。共同类账户是特殊的资产、负债账户，账户余额究竟代表的是资产，还是负债，需要通过账户余额的方向来进行判断。举例来说，"衍生工具"记录了会计主体的衍生品公允价值的变化，如果投资获得收益，净额结算时将获得经济利益流入，此时账户余额代表资产，反之就是负债。

（4）所有者权益账户。所有者权益类账户是用来核算企业所有者权益的账户，如"实收资本""资本公积""盈余公积""本年利润""利润分配"账户等。

（5）成本类账户。成本类账户是用来核算产品成本的账户，如"生产成本""制造费用"账户等。

（6）损益类账户。损益类账户是用来核算收入、费用、支出的账户，如"主营业务收入""主营业务成本""税金及附加""管理费用""财务费用""销售费用""投资收益""营业外收入""营业外支出""所得税费用"账户等。

（三）账户按用途分类

按用途分类，可将账户分为以下十类：

（1）盘存类账户。盘存类账户是用来核算各种财产物资、现金增减变动及其结存状况的账户。这类账户是核算通过盘点确定结存数量的资产账户。如"库存现金""原材料""库存商品""固定资产"账户等。

（2）结算类账户。结算类账户是用来核算企业和其他单位或个人之间发生的债权债务结算情况的账户。结算类账户还可按经济业务的性质分为三类：

① 资产结算类账户。资产结算类账户是反映企业债权的资产账户，如"应收账款""其他应收款""应收票据"等账户。

② 负债结算类账户。负债结算类账户是反映企业负债的账户，如"应付账款""应付票据""应付职工薪酬""应交税费""应付利润"账户等。

③ 双重性质结算类账户。双重性质结算类账户是在一个账户中既反映债权的金额，又反映债务的金额的账户，如"预收账款""预付账款"账户等。

（3）权益类账户。权益类账户是用来核算企业的所有者权益的账户，如"实收资本""资本公积""盈余公积"账户。

（4）跨期摊提类账户。跨期摊提类账户核算是由几个会计期间共同负担的费用，并将这些费用按权责发生制会计基础进行划分，分别计入各期的费用，如"长期待摊费用"账户。

（5）计价对比类账户。计价对比类账户是对某项经济业务按两种不同的计价标准进行核算并计算其差额，以便确定业务成果的账户，如制造业原材料按计划价格核算设置的"材料采购"账户。

（6）收入类账户。收入类账户是用来核算企业取得的各项收入和利得的账户，如"主营业务收入""其他业务收入""投资收益""营业外收入"账户等。

（7）费用类账户。费用类账户是用来核算企业在日常生产经营活动中发生的各种耗费、支出和损失的账户，如"主营业务成本""管理费用""营业外支出"账户等。

（8）成本计算类账户。成本计算类账户是用来归集费用计算成本的账户，如"生产成本""制造费用"账户。

（9）集合分配类账户。集合分配类账户一方面归集所发生的费用；另一方面将归集的费用采用一定的方法进行分配，如"制造费用"账户。

（10）调整类账户。调整类账户是为了调整某个反映原始数据账户余额而设置的账户。反映原始数据的账户称为被调整账户。被调整类账户的余额与调整类账户的余额相加减，通过调整后，反映新的内容。调整类账户按调整的方式不同分为以下三种：

① 抵减调整类账户。抵减调整类账户是用来抵减被调整账户金额的账户，两者之间是相减的关系。例如，"固定资产"账户属于被调整类账户，"固定资产"账户用原值计价，"累计折旧"是抵减调整类账户，两个账户的余额相减后的结果反映固定资产账面计值[1]。又如，"长期应付款"是被调整类账户，"未确认融资费用"是抵减调整类账户，两

---

[1] 如果该固定资产计提过减值准备，在计算账面价值时还需减去"固定资产减值准备"账户的余额。也就是说，"固定资产减值准备"也是"固定资产"账户的抵减调整类账户。

个账户的金额相减后的结果反映企业长期应付款的净值。调整计算公式如下：

调整后的金额＝被调整类账户的余额－调整类账户的余额

② 附加调整类账户。附加调整类账户是用来调增被调整账户金额的账户，两者之间是相加的关系。例如，溢价发行公司债券时，"应付债券——面值"账户属于被调整类账户，记录应付债券的面值；"应付债券——利息调整"记录债券发行溢价，是附加调整类账户，两个账户的余额相加后的结果反映应付债券账面价值。调整计算公式如下：

调整后的金额＝被调整类账户的余额＋调整类账户的余额

③ 双重性质的调整类账户。这类调整类账户有时是抵减调整类账户，有时是附加调整类账户。这类调整账户的性质需根据被调整类账户和调整类账户之间的关系来判断。如果两者是相加的关系，属于附加调整类账户；如果两者是相减的关系，属于抵减调整类账户。如制造业原材料按计划成本进行核算时，设置的"材料成本差异"账户就是双重性质的调整类账户。当"材料成本差异"账户反映的是超支额，与被调整类账户"原材料"账户的余额是相加的关系，属于附加调整类账户；当"材料成本差异"账户反映的是节约额，与被调整类账户"原材料"账户的余额是相减的关系，"材料成本差异"属于抵减调整类账户。

【例2-3】企业支付10 000元购入原材料，那么原材料的实际成本是10 000元。该企业对原材料实施计划成本管理（通过比较实际成本和计划成本得出材料成本差异：如果前者大于后者，得出的差异额属于超支差；如果小于，属于节约差）。按计划成本计算的原材料成本是10 500元，因此该批材料采购成本差异属于节约差，金额为500元。企业在账户中记录原材料的数据如图2-5和图2-6所示。

原材料　　　　　　　　　　　　　　　单位：元

增加的发生额	减少的发生额	账户余额
10 500		10 500

图2-5　按计划成本核算的"原材料"账户

材料成本差异　　　　　　　　　　　　单位：元

增加的发生额（超支差）	减少的发生额（节约差）	账户余额
	500	500

图2-6　按计划成本核算的"材料成本差异"账户

计算原材料的实际成本时,需要从"原材料"账户余额 10 500 元中减去"材料成本差异"账户余额 500 元,才能得到实际成本 10 000 元。在此情况下,"材料成本差异"账户就是"原材料"账户的抵减调整账户。

【例 2-4】 企业支付 10 000 元购入原材料,原材料的实际成本是 10 000 元。该企业对原材料实施计划成本管理。该批原材料按计划成本是 9 800 元,因此该批材料采购成本差异属于超支差,金额为 200 元。企业在账户中记录原材料的数据如图 2-7 和图 2-8 所示。

原材料   单位:元

增加的发生额	减少的发生额	账户余额
9 800		9 800

图 2-7 按计划成本核算的"原材料"账户

材料成本差异   单位:元

增加的发生额(超支差)	减少的发生额(节约差)	账户余额
200		200

图 2-8 按计划成本核算的"材料成本差异"账户

计算原材料的实际成本时,需要在"原材料"账户余额基础上再增加"材料成本差异"账户余额,得到实际成本 10 000 元。在此情况下,"材料成本差异"账户就是"原材料"账户的附加调整账户。

综合以上两个例题,"材料成本差异"账户是"原材料(按计划成本法核算)"的双重性质调整账户。

重要概念: 会计科目 账户 本期发生额 期初余额 期末余额

重点与难点: 会计科目的设置 会计科目的分类 账户的设置 账户期末余额的计算 会计科目与账户的关系

思 考 题

(1) 什么是会计科目?

（2）企业如何设置会计科目？
（3）根据《企业会计准则——应用指南》的规定，一级会计科目分为哪六类？
（4）什么是账户？账户的基本结构是怎样的？企业如何设置账户？
（5）账户提供哪些指标？
（6）账户的期末余额如何计算？
（7）账户提供的动态指标指的是什么？
（8）账户提供的静态指标指的是什么？
（9）调整类账户的作用是什么？调整类账户有哪些？
（10）结算类账户有哪些？如何分类？
（11）跨期摊提类账户的作用是什么？
（12）计价对比类账户的特点是什么？
（13）盘存类账户有哪些？其特点是什么？
（14）账户按用途分类，"制造费用"账户属于哪一类？
（15）调整类账户如何进行分类？
（16）会计科目与账户的关系是怎样的？

第三章

借贷记账法

【学习目的】

通过本章的学习,掌握借贷记账法账户的基本结构、借贷记账法的记账规则、会计分录的编制、试算平衡公式;熟悉复式记账法的概念及其原理、会计分录的概念、编制会计分录的意义、会计分录的种类;了解单式记账法。

第一节 复式记账的原理

一、记账方法的概念和分类

企业在设置了会计科目和账户以后,应采用科学的记账方法对企业发生的经济业务进行确认、计量、记录和报告。记账方法是利用一定的方式和技术,借助会计科目和账户,在账簿中记录经济业务的方法。记账方法可分为单式记账法和复式记账法。

(1) 单式记账法。单式记账法(single entry bookkeeping)是指一项经济业务发生以后,一般只在一个账户中进行登记的方法。这种方法的主要特征是:对于每项经济业务,通常只登记现金和银行存款的收付业务,以及应收、应付款的结算业务,而不登记实物收付的业务。实物性资产的结存数额,只能从定期的实地盘存得到。例如,用 1 000 元现金购买一批材料,仅在库存现金账上记录 1 000 元库存现金的减少。单式记账法下,对于有关应收、应付款产生的现金收付业务,虽然在记现金账的同时也记往来账,但现金账与往来账是各记各的,彼此没有直接的联系。

单式记账法是人类早期使用的记账方法,是在原始记录方法的基础上适应自然经济的需要而产生并发展起来的。由于单式记账法没有完整的账簿体系,账户之间没有直接的联系和相互平衡的关系,这种记账方法不能全面、系统地反映经济业务的来龙去脉,也不便于检查账簿记录的正确性,因此不能适应复杂的商品生产和交换的需要,逐渐被复式记账方法所取代。

（2）复式记账法。复式记账法（double entry bookkeeping）是指一项经济业务发生以后，同时在两个或两个以上相互联系的账户中以相等的金额进行登记的方法。复式记账法需要设置完整的账簿体系，在发生经济业务时，必然在两个或两个以上的相互联系的账户中进行登记。例如，用 1 000 元现金购买一批材料，采用复式记账法，这项经济业务除了在库存现金账上记录一笔 1 000 元库存现金的减少外，还要在有关的材料账户中做增加 1 000 元的记录，使得现金的支付与材料的购进两者之间的关系一目了然。

复式记账法的主要特征是：①由于对每一项经济业务都在相互联系的两个或两个以上的账户中做记录，根据账户记录的结果，不仅可以了解每一项经济业务的来龙去脉，而且可以通过会计要素的增减变动全面、系统地了解经济活动的过程和结果；②由于复式记账要求以相等的金额在两个以上的账户同时记账，账户之间具有直接的对应关系和数字的平衡关系，因此可以对账户记录的结果进行试算平衡，以检查账户记录的正确性。正因如此，复式记账法作为一种科学的记账方法，一直得到广泛的运用。

二、复式记账法的原理

企业生产经营过程中发生的能够引起会计要素发生变化的事项，会计上称为经济业务或会计事项。复式记账法的理论依据是会计要素的关系式。

在记录经济业务时，复式记账法原理就是对发生的每一项经济业务，都要在两个或两个以上相互联系的账户以相等的金额进行登记，并且经济业务的发生不会影响会计等式的恒等关系。

企业的一项经济业务发生后，对会计要素的影响有多种情况，归纳起来主要有以下几种类型：

（1）经济业务涉及资产类和所有者权益类的项目同时增加。
（2）经济业务涉及资产类和负债类的项目同时增加。
（3）经济业务涉及资产类和所有者权益类的项目同时减少。
（4）经济业务涉及资产类和负债类的项目同时减少。
（5）经济业务涉及资产类内部一个项目增加，另一个项目减少。
（6）经济业务涉及负债类内部一个项目增加，另一个项目减少。
（7）经济业务涉及所有者权益类内部一个项目增加，另一个项目减少。
（8）经济业务涉及负债类和所有者权益类之间一个项目增加，另一个项目减少。
（9）经济业务涉及资产类和收入类的项目同时增加。
（10）经济业务涉及费用类项目增加和资产类项目减少。

经济业务对会计等式的影响见表 3-1。

表 3-1　　　　　　　　　　　　经济业务对会计等式的影响

资产 = 负债 + 所有者权益 + 收入 – 费用

资　产	负　债	所有者权益	收　入	费　用
①增加		①增加		
②增加	②增加			
③减少		③减少		
④减少	④减少			
⑤一项增加				
⑤一项减少				
	⑥一项增加			
	⑥一项减少			
		⑦一项增加		
		⑦一项减少		
	⑧一项增加	⑧一项减少		
	⑧一项减少	⑧一项增加		
⑨增加			⑨增加	
⑩减少				⑩增加

下面举例说明复式记账法原理：一项经济业务发生以后必然涉及两个或两个以上账户，并且经济业务的发生不会影响会计等式的恒等关系。

【例 3-1】科通公司投资人投入了 7 000 000 元，款项已存入银行。

这项经济业务属于第一种类型，该项经济业务涉及资产类和所有者权益类的项目同时增加。

投资人进行了投资，使该企业的资产类的银行存款增加了 7 000 000 元；所有者权益类中的实收资本增加了 7 000 000 元。这项业务发生后，该企业的资产总额为 7 000 000 元，所有者权益的金额为 7 000 000 元。会计要素之间的关系满足"资产 = 负债 + 所有者权益"这一等式，具体过程见表 3-2。

表 3-2　　　　　　　　　　　　　计算表　　　　　　　　　　　　　单位：元

资产 = 负债 + 所有者权益			
银行存款	7 000 000	实收资本	7 000 000
总　计	7 000 000	总　计	7 000 000

【例3-2】科通公司购入一批价值200 000元的商品,货款未付,商品已验收入库。

这项经济业务属于第二种类型,涉及资产类和负债类的项目同时增加。

由于购买商品未支付货款,该企业资产类中的库存商品增加了200 000元,负债类中的应付账款增加了200 000元。该项经济业务发生后,企业资产增加了库存商品200 000元,银行存款依然是7 000 000元,资产总额为7 200 000元;同时该企业形成了一项负债,应付账款增加了200 000元,所有者权益类中的实收资本没有发生变化,依然是7 000 000元。会计要素之间的关系满足"资产=负债+所有者权益"这一等式,具体过程见表3-3。

表3-3　　　　　　　　　　　　　　计算表　　　　　　　　　　　　　　单位:元

资产	= 负债 + 所有者权益		
银行存款	7 000 000	应付账款	200 000
库存商品	200 000	实收资本	7 000 000
总　　计	7 200 000	总　　计	7 200 000

【例3-3】科通公司用银行存款偿还了前欠货款200 000元。

这项经济业务属于第四种类型,涉及资产类和负债类的项目同时减少。

由于偿还了一部分应付账款,该企业资产类中的银行存款就减少了200 000元,同时负债类中的应付账款也减少了200 000元。该项经济业务发生后,该企业资产总额为7 000 000元,其中银行存款6 800 000元,库存商品200 000元。负债的金额为0元,所有者权益类中实收资本金额不变,依然是7 000 000元。负债与所有者权益之和为7 000 000元。会计要素之间的关系满足"资产=负债+所有者权益"这一等式,具体过程见表3-4。

表3-4　　　　　　　　　　　　　　计算表　　　　　　　　　　　　　　单位:元

资产	= 负债 + 所有者权益		
银行存款	6 800 000	实收资本	7 000 000
库存商品	200 000		
总　　计	7 000 000	总　　计	7 000 000

【例3-4】科通公司购买商品一批,价值300 000元,以银行存款支付。

这项经济业务属于第五种类型,涉及资产类内部一个项目增加,而另一个项目减少。

由于企业购买了商品,使该企业资产类中的库存商品又增加了 300 000 元,同时使资产类中的银行存款减少了 300 000 元。发生了该项业务后,该企业银行存款的金额为 6 500 000 元,库存商品的金额为 500 000 元,资产总额为 7 000 000 元;而所有者权益类总额未发生变化,仍然是 7 000 000 元。"资产 = 负债 + 所有者权益"这一等式成立,要素之间的具体关系见表 3-5。

表 3-5　　　　　　　　　　　　计算表　　　　　　　　　　　　单位:元

资产 = 负债 + 所有者权益			
银行存款	6 500 000	实收资本	7 000 000
库存商品	500 000		
总　　计	7 000 000	总　　计	7 000 000

【例 3-5】科通公司销售商品一批,销售收入 600 000 元货款尚未收到。

这项经济业务属于第九种类型,涉及资产类项目和收入类项目同时增加。

由于企业销售商品取得了收入,虽然企业没有收取货币,但发生的这项经济业务使该企业形成了一项债权,从而增加了资产总额。该企业资产类中的应收账款增加了 600 000 元,同时企业的销售收入增加了 600 000 元。该项经济业务发生以后,虽然资产总额发生了变化,但同时也增加了收入,会计要素之间的具体关系见表 3-6。

表 3-6　　　　　　　　　　　　计算表　　　　　　　　　　　　单位:元

资产 = 负债 + 所有者权益 + 收入			
银行存款	6 500 000	实收资本	7 000 000
应收账款	600 000	主营业务收入	600 000
库存商品	500 000		
总　　计	7 600 000	总　　计	7 600 000

【例 3-6】科通公司用银行存款 100 000 元支付广告费。

这项经济业务属于第十种类型,涉及费用类项目增加和资产类项目减少。

由于企业用银行存款支付了费用,该企业资产类中的银行存款减少了 100 000 元,费用类中的销售费用增加了 100 000 元。这项业务发生以后,资产总额减少了 100 000 元,费用类的金额增加了 100 000 元，会计要素之间的具体关系见表 3-7。

表 3-7　　　　　　　　　　　　　计算表　　　　　　　　　　　　　单位：元

资产 + 费用 = 负债 + 所有者权益 + 收入			
银行存款	6 400 000	实收资本	7 000 000
应收账款	600 000	主营业务收入	600 000
库存商品	500 000		
销售费用	100 000		
总　　计	7 600 000	总　　计	7 600 000

【例 3-7】 科通公司向银行申请并获得期限为一年的贷款 500 000 元。

这项经济业务属于第二种类型，涉及资产类项目和负债类项目同时增加。

企业通过获得短期借款，银行存款增加了 500 000 元，短期借款增加了 500 000 元。这项业务发生以后，资产总额增加了 500 000 元，负债类的金额增加了 500 000 元，会计要素之间的具体关系见表 3-8。

表 3-8　　　　　　　　　　　　　计算表　　　　　　　　　　　　　单位：元

资产 + 费用 = 负债 + 所有者权益 + 收入			
银行存款	6 900 000	短期借款	500 000
应收账款	600 000	实收资本	7 000 000
库存商品	500 000	主营业务收入	600 000
销售费用	100 000		
总　　计	8 100 000	总　　计	8 100 000

【例 3-8】 科通公司将已销售商品的成本 300 000 元结转为主营业务成本。

这项经济业务属于第十种类型，涉及费用类项目增加和资产类项目减少。

在【例 3-5】中，科通公司销售出去了商品，增加了收入 600 000 元。为了计算此次销售对企业利润的影响，需要将企业销售转移出去的商品作减少的处理。这批商品是公司以 300 000 元价格购进的，因此该笔销售的影响是使库存商品减少 300 000 元，主营业务成本增加了 300 000 元。这部分资产价值的减少和销售商品收入的增加实现配比，能够提高该商品销售实现的毛利。对这一经济业务进行记录后，资产总额减少了 300 000 元，费用总额增加了 300 000 元，会计要素之间的具体关系见表 3-9。这里需要初学者注意，商品销售取得的收入和商品销售产生的费用是作为两个经济业务分别记录的。

表 3-9　　　　　　　　　　　　　　计算表　　　　　　　　　　　金额单位：元

资产 + 费用 = 负债 + 所有者权益 + 收入

银行存款	6 900 000	短期借款	500 000
应收账款	600 000	实收资本	7 000 000
库存商品	200 000	主营业务收入	600 000
销售费用	100 000		
主营业务成本	300 000		
总　　计	8 100 000	总　　计	8 100 000

通过对以上发生的经济业务进行分析可以看出，一项经济业务发生以后必然要涉及两个或两个以上账户，而且经济业务的发生不会影响会计等式的恒等关系。

第二节　借贷记账法

一、借贷记账法概述

借贷记账法是以"借""贷"为记账符号，记录会计要素增减变动情况的一种复式记账方法。借贷记账法起源于 12~15 世纪的意大利，后在英国、美国等国家得到完善和发展，并于清朝末年经日本传入我国。最早的"借""贷"二字分别表示债权、债务的增减变化，随着经济活动的内容日益复杂，记账对象不再局限于债权、债务关系，而是扩大到要记录财产物资的增减变化和经营损益，"借""贷"二字逐渐脱离了自身的含义，成为纯粹的记账符号，能够反映全部要素的增减变化。

目前，借贷记账法是世界各国普遍采用的记账方法，借贷记账法也是我国法定的记账方法。借贷记账法的广泛应用，使得会计信息成为一种国际商业语言。

二、借贷记账法的基本内容

借贷记账法的基本内容包括记账符号、账户结构、记账规则和试算平衡四个方面。

（一）借贷记账法的记账符号

借贷记账法是以"借""贷"二字作为记账符号。所谓记账符号是指记账的方向。在会计上，作为记账符号的"借""贷"二字只表示记账的方向，而失去了"借""贷"二字在现代汉语中借入和借出的含义。作为记账符号的"借"字表示账户的左方;作为记账符号的"贷"字表示账户的右方。

(二) 借贷记账法的账户结构

账户的基本结构将账户分为左右两块区域,用来记录增加额与减少额。在借贷记账法下,账户的左边区域称为"借方"(debit),账户的右边区域称为"贷方"(credit)。"借方"和"贷方"登记的内容并不必然对应增加或减少,而需要根据账户的性质来确定。

会计科目按其所归属的会计要素不同,分为资产类、负债类、所有者权益类、成本类、损益类五大类,相应地形成了资产类、负债类、所有者权益类、成本类、损益类五大类账户,其中损益类账户可细分为费用类和收入类,分别具有不同的账户结构。

(1) 资产类账户的结构。资产类账户"借方"登记增加额,"贷方"登记减少额,余额在"借方"。资产类账户的基本结构见图3-1。

资产类 账户

借方	贷方
期初余额	
增加额	减少额
本期发生额	本期发生额
期末余额	

图3-1 资产类账户的基本结构

资产类账户期末余额的计算公式如下:

$$\frac{资产类账户}{期末借方余额} = \frac{期初借方}{余额} + \frac{本期借方}{发生额} - \frac{本期贷方}{发生额}$$

(2) 负债类账户的结构。负债作为资产的来源之一,登记的方向与资产类账户的方向相反。负债类账户"贷方"登记增加额,"借方"登记减少额,余额在"贷方"。负债类账户的基本结构见图3-2。

负债类 账户

借方	贷方
	期初余额
减少额	增加额
本期发生额	本期发生额
	期末余额

图3-2 负债类账户的基本结构

负债类账户期末余额的计算公式如下：

$$\text{负债类账户期末贷方余额} = \text{期初贷方余额} + \text{本期贷方发生额} - \text{本期借方发生额}$$

（3）所有者权益类账户的结构。所有者权益作为资产的来源，登记的方向与资产类账户相反，与负债类账户登记的方向相同。所有者权益类账户"贷方"登记增加额，"借方"登记减少额，余额在"贷方"。所有者权益类账户的基本结构见图3-3。

所有者权益类 账户

借方	贷方
减少额	期初余额
	增加额
本期发生额	本期发生额
	期末余额

图3-3 所有者权益类账户

所有者权益类账户期末余额的计算公式如下：

$$\text{所有者权益类账户期末贷方余额} = \text{期初贷方余额} + \text{本期贷方发生额} - \text{本期借方发生额}$$

（4）成本类账户的结构。成本类账户与资产类账户的结构相似。成本类账户的"借方"登记增加额，"贷方"登记结转额，余额在"借方"。所谓结转额是由于核算上的需要，把已经记入账户中的数据结转出来，然后将其登记到另外一个账户中去。成本类账户的基本结构见图3-4。

成本类 账户

借方	贷方
期初余额	
增加额	结转额
本期发生额	本期发生额
期末余额	

图3-4 成本类账户的基本结构

成本类账户期末余额的计算公式如下：

成本类账户借方期末余额 = 期初借方余额 + 本期借方发生额 - 本期贷方发生额

(5) 损益类账户的结构。损益类账户包括费用类账户和收入类账户两大类别。

费用类账户与资产类、成本类账户的结构相似。费用类账户在"借方"登记增加额,"贷方"登记结转额,也可以理解为减少额,由于结转额与增加额相等,费用类账户期末没有余额。这里所说的费用是广义的费用,费用类账户包括"主营业务成本""税金及附加""管理费用""销售费用""财务费用""营业外支出"等账户。费用类账户的基本结构见图3-5。

费用类 账户	
借方	贷方
增加额	结转额
本期发生额	本期发生额

图3-5 费用类账户的基本结构

收入类账户的结构。收入类账户的结构与负债类、所有者权益类账户的结构相似。收入类账户也是在"贷方"登记增加额,收入类账户"借方"登记的是结转额,由于结转额与增加额相等,收入类账户期末没有余额。为了说明借贷记账法账户的基本结构,这里的收入是广义的收入,收入类账户包括"主营业务收入""其他业务收入""营业外收入"等账户。

企业在日常的生产经营过程中会随时取得收入,由于不用每天计算利润,因此平时将取得的各项收入暂时记在收入类相关账户的"贷方"。期末计算利润时,根据核算的需要,分别将已记在收入类各账户中的收入结转出来以确定利润。一定时期计入各账户的收入有多少就转出多少,因此收入类账户期末没有余额。收入类账户的基本结构见图3-6。

收入类 账户	
借方	贷方
结转额	增加额
本期发生额	本期发生额

图3-6 收入类账户的基本结构

(6) "本年利润"账户的结构。在介绍完费用类和收入类账户的结构后,为全面理解会计等式的动态变化如何体现在账户的登记过程中,在此特别介绍"本年利润"账户的结构。"本年利润"属于所有者权益类账户,其账户的"借方""贷方"登记的都是结转额。"贷方"登记的是期末转入的各项收入,"借方"登记的是期末转入的各项费用、支出。期末"贷方余额"是收入大于费用的差额,表示累计实现的净利润导致所有者权益的增加额;"借方余额"是收入小于费用的差额,表示累计发生的亏损导致所有者权益的减少额。

在进行年终决算时，还应将累计实现的净利润或累计发生的亏损额结转至年终决算账户，结转后年末余额为零。

"本年利润"账户的基本结构见图3-7。

<u>本年利润</u> 账户

借方	贷方
转入的费用发生额	转入的收入发生额
累计发生的亏损	累计实现的净利润
转出累计实现的净利润	转出累计发生的亏损

图3-7 "本年利润"账户的基本结构

（三）借贷记账法的记账规则

借贷记账法的记账规则（accounting rule）是"有借必有贷，借贷必相等"。复式记账法原理中强调一项经济业务的发生必然涉及两个或两个以上的相关账户，根据借贷记账法的账户结构，在登记经济业务时，一个账户登记在"借方"，而另一个账户必然登记在"贷方"，并且登记在"借方""贷方"的金额是相等的。

如果一项经济业务较为复杂，涉及两个以上的账户，按照记账规则登记账户的过程称为过账。那么一个账户登记在借方，其他账户则登记在"贷方"，并且登记在"借方""贷方"的金额相等；或者一个账户登记在"贷方"，而其他账户登记在"借方"，并且登记在"借方"和"贷方"的金额相等；再者几个账户登记在"借方"而另外几个账户登记在"贷方"，并且登记在"借方""贷方"的金额相等。下面以企业主要的经济业务类型为例说明借贷记账法的记账规则。

【例3-9】至【例3-18】列举了企业"盛达"本期发生的经济业务：

【例3-9】盛达公司接受了一项投资，投资款500 000元，已存入银行。

这项经济业务属于第一种类型，资产和所有者权益项目同时增加。该项经济业务涉及"银行存款"和"实收资本"两个账户。"银行存款"是资产类的账户，增加额记在该账户的"借方"；"实收资本"是所有者权益类的账户，增加额记入该账户的"贷方"。

该项经济业务涉及两个账户，一个账户记"借方"，而另一个账户记"贷方"，并且"借方"和"贷方"登记的金额相等，均为500 000元。

【例3-10】盛达公司购入不需要安装的设备一台，价值200 000元，价款未付，固定资产已交付使用。

这项经济业务属于第二种类型，该项经济业务涉及资产类和负债类的项目同时增加。该项经济业务涉及"固定资产"和"应付账款"两个账户。"固定资产"是资产类账户，增加额记在该账户的"借方"；"应付账款"是负债类账户，增加额记在该账户的"贷方"。

该项经济业务涉及两个账户,一个账户记"借方",而另一个账户记"贷方",并且"借方"和"贷方"登记的金额相等,均为200 000元。

【例3-11】盛达公司用银行存款偿还了前欠设备价款50 000元。

这项经济业务属于第四种类型,涉及资产类和负债类项目同时减少。

该项经济业务涉及"银行存款"和"应付账款"两个账户。"应付账款"是负债类账户,减少额记在该账户的"借方";"银行存款"是资产类账户,减少额记在该账户的"贷方"。

该项经济业务涉及两个账户,一个账户记"借方",而另一个账户记"贷方",并且"借方"和"贷方"登记的金额相等,均为50 000元。

【例3-12】盛达公司购买商品一批,价值150 000元,其中用银行存款支付了50 000元,其余货款暂欠。

这项经济业务同时属于第二种和第五种混合类型。购入商品未付款的部分,涉及资产和负债同时增加,属于第二种类型;购入商品支付货款的部分,涉及一项资产增加,另一项资产减少,属于第五种类型。

该项经济业务涉及"库存商品""应付账款""银行存款"三个账户。"库存商品"是资产类的账户,增加额记在该账户的"借方";"应付账款"是负债类的账户,增加额记在该账户的"贷方";"银行存款"是资产类的账户,减少额记在该账户的"贷方"。

该项经济业务涉及的三个账户,一个账户记"借方",而另外两个账户记"贷方",而且"借方"和"贷方"登记的金额相等,均为150 000元。

【例3-13】盛达公司开出一张商业汇票抵偿应付账款50 000元。

这项经济业务属于第六种类型,负债类的内部一个项目增加,另一个项目减少。该项经济业务涉及"应付票据"和"应付账款"两个账户。"应付票据"和"应付账款"均为负债类账户,应付账款减少记入该账户的"借方";应付票据增加记入该账户的"贷方"。

该项经济业务涉及两个账户,一个账户记"借方",而另一个账户则记"贷方",而且"借方""贷方"登记的金额相等,均为50 000元。

【例3-14】盛达公司销售商品一批,销售收入200 000元,已收到购货企业支付的50 000元资金,并已存入银行,其余款项购货企业暂欠。

这项经济业务是第九种类型,资产和收入同时增加。该项业务涉及了"银行存款""应收账款""主营业务收入"三个账户。"银行存款"和"应收账款"均为资产类的账户,银行存款的增加额50 000元记在该账户的"借方";应收账款增加了150 000元,记在该账户的"借方"。而"主营业务收入"是收入类账户,增加额200 000元应记在该账户的"贷方"。"银行存款"和"应收账款"两个账户"借方"登记的金额合计是200 000元,"主营业务收入"账户"贷方"登记了200 000元。

该项经济业务涉及三个账户,两个账户登记"借方",一个账户登记"贷方",而且

"借方"和"贷方"登记的金额相等,均为 200 000 元。

【例 3-15】 盛达公司用银行存款支付广告费用 30 000 元。

这项经济业务是第十种类型,一项费用增加,另一项资产减少。该项业务涉及"销售费用"和"银行存款"账户。"销售费用"是费用类账户,增加额记在该账户的"借方";"银行存款"是资产类账户,减少额应记在该账户的"贷方"。

该项经济业务涉及了两个账户,一个账户记"借方",另一个账户记"贷方",而且"借方""贷方"登记的金额相等,均为 30 000 元。

【例 3-16】 盛达公司结转已销商品的成本 100 000 元。

这项经济业务是第十种类型,一项费用增加,另一项资产减少。该项业务涉及"主营业务成本"及"库存商品"两个账户。"主营业务成本"是费用类账户,增加记在该账户的"借方";"库存商品"是资产类账户,减少记在该账户的"贷方"。

该项经济业务涉及两个账户,一个账户记"借方",另一个账户记"贷方",而且"借方""贷方"登记的金额相等,均为 100 000 元。

【例 3-17】 盛达公司将本期实现的销售收入 200 000 元结转到"本年利润"账户。

这项经济业务涉及"主营业务收入"及"本年利润"两个账户。"主营业务收入"是收入类的账户,结转额记在该账户的"借方";"本年利润"是所有者权益类账户,"贷方"登记转入的销售收入,表示所有者权益额的增加。

该项经济业务涉及两个账户,一个账户记"借方",另一个账户记"贷方",而且"借方""贷方"登记的金额相等,均为 200 000 元。

【例 3-18】 盛达公司将销售成本 100 000 元及销售费用 30 000 元结转到本年利润账户。

这项经济业务涉及"主营业务成本""销售费用""本年利润"三个账户。"主营业务成本""销售费用"都属于费用类账户,结转时应记入该账户的"贷方"。"本年利润"是所有者权益类账户,转入的成本费用表示所有者权益的减少,应记入该账户的"借方"。

该项经济业务涉及三个账户,一个账户记"借方",另外两个账户记"贷方",而且"借方""贷方"登记的金额相等,均为 130 000 元。

(四)借贷记账法的试算平衡

所谓试算平衡,就是根据"资产=负债+所有者权益"的平衡关系,按照记账规则的要求,通过汇总计算和比较,检查账户记录的正确性和完整性。

根据借贷记账法的记账规则,每一笔经济业务发生以后都以相等的金额分别在相应的账户中进行记录,并在期末计算出每个账户的本期借方及贷方发生额和期末余额。如果记账是正确的,那么一定时期所有账户的借方发生额合计应该等于贷方发生额合计,所有账户借方余额合计应该等于贷方余额合计。根据这种账户登记的平衡关系编制账户发生额试算平衡表和余额试算平衡表，可以初步检查账户记录的正确性。试算平衡的具体应用将在本章第三节讲解。

第三节 借贷记账法的应用

一、借贷记账法的会计分录

（一）会计分录的相关概念和编制意义

（1）会计分录的概念。对发生的每一项经济业务都要按借贷记账法的记账规则，确定应借、应贷的账户及其记录的金额，这一记录形式简称会计分录（entry）。会计分录的编制是通过登记分录凭证实现的。

会计分录具有规范的格式，每个会计分录都包括记账符号、对应账户和金额三个要素。

（2）对应账户。在借贷记账法下，一项业务发生以后都会涉及至少两个或两个以上的相关账户。当发生了某项经济业务时，就必然涉及与该项业务有关的一些账户，而这些账户之间就形成了一种对应关系。具有这种对应关系的账户称为对应账户。

（3）编制会计分录的意义。为了便于进行对账和查账，以保证记账的正确性，要求在发生经济业务时，先根据审核无误的原始凭证编制会计分录，然后再根据会计分录确定的记账方向、对应账户以及金额，在各相关账户中进行登记。

（二）会计分录的分类

会计分录可分为简单会计分录和复杂会计分录两类。

（1）简单会计分录。简单会计分录是指一项经济业务发生以后涉及两个对应账户，一个账户记"借方"，另一个账户记"贷方"的会计分录。

（2）复杂会计分录。复杂会计分录，亦称复合会计分录，是指一项经济业务涉及两个以上对应账户而编制的会计分录。复杂会计分录还可分为"一借多贷""一贷多借""多借多贷"的形式。复杂会计分录可以将其分解为若干个简单的会计分录。

"一借多贷"的复杂会计分录是指一项经济业务发生后，涉及一个账户的"借方"与多个账户的"贷方"相对应，而且"借方"和"贷方"登记的金额相等。

"一贷多借"的复杂会计分录是指一项经济业务发生后，涉及一个账户的"贷方"与多个账户的"借方"相对应，而且"借方"和"贷方"登记的金额相等。

"多借多贷"的复杂会计分录是指一项经济业务发生以后涉及多个账户的"借方"与

多个账户的"贷方"相对应，而且"借方"和"贷方"登记的金额相等。由于第三种形式的复杂分录中账户之间的对应关系不清楚，应尽可能地采用"一借多贷"或"一贷多借"两种方式编制复杂会计分录。

（三）会计分录的编制

编制会计分录可以按下列步骤进行：

第一步，分析经济业务发生所涉及的账户；

第二步，判断所涉及账户的性质，属于资产类、负债类、所有者权益类的账户，还是属于收入类和费用类账户；

第三步，分析所发生的经济业务对所涉及账户的影响，使账户发生了增加额、减少额还是结转额；

第四步，根据借贷记账法的账户结构、记账规则确定经济业务涉及账户的记账方向；

第五步，根据上述分析的结果，编写会计分录。

下面根据【例3-9】至【例3-18】的经济业务，说明会计分录的编制，其中根据【例3-12】、【例3-14】、【例3-18】编制的会计分录属于复杂分录。

【例3-9】盛达公司接受了一项投资，投资款500 000元，已存入银行。

借：银行存款　　　　　　　　　　　　　　　　　500 000
　　贷：实收资本　　　　　　　　　　　　　　　　500 000

【例3-10】盛达公司购入不需要安装的设备一台价值200 000元，价款未付，固定资产已交付使用。

借：固定资产　　　　　　　　　　　　　　　　　200 000
　　贷：应付账款　　　　　　　　　　　　　　　　200 000

【例3-11】盛达公司用银行存款偿还了部分前欠设备价款50 000元。

借：应付账款　　　　　　　　　　　　　　　　　50 000
　　贷：银行存款　　　　　　　　　　　　　　　　50 000

【例3-12】盛达公司购买商品一批价值150 000元，其中用银行存款支付了50 000元，其余货款暂欠。

借：库存商品　　　　　　　　　　　　　　　　　150 000
　　贷：应付账款　　　　　　　　　　　　　　　　100 000
　　　　银行存款　　　　　　　　　　　　　　　　50 000

该项业务属于复杂会计分录，可以将其分解为以下两个简单的会计分录：

借：库存商品　　　　　　　　　　　　　　　　　100 000
　　贷：应付账款　　　　　　　　　　　　　　　　100 000

借：库存商品 50 000
　　贷：银行存款 50 000

【例3-13】盛达公司开出一张商业汇票抵偿应付账款50 000元。
借：应付账款 50 000
　　贷：应付票据 50 000

【例3-14】盛达公司销售商品一批，销售收入200 000元，其中50 000元货款已收并存入银行，其余款项购货企业暂欠。
借：银行存款 50 000
　　应收账款 150 000
　　贷：主营业务收入 200 000

将复杂分录分解成简单分录：
借：银行存款 50 000
　　贷：主营业务收入 50 000
借：应收账款 150 000
　　贷：主营业务收入 150 000

【例3-15】盛达公司用银行存款支付广告费用30 000元。
借：销售费用 30 000
　　贷：银行存款 30 000

【例3-16】盛达公司结转已销商品的成本100 000元。
借：主营业务成本 100 000
　　贷：库存商品 100 000

【例3-17】盛达公司将本期实现的销售收入200 000元结转到"本年利润"账户。
借：主营业务收入 200 000
　　贷：本年利润 200 000

【例3-18】将销售成本100 000元及销售费用30 000元结转到"本年利润"账户。
借：本年利润 130 000
　　贷：销售费用 30 000
　　　　主营业务成本 100 000

可以将上述复杂会计分录分解成两笔简单会计分录：
借：本年利润 30 000
　　贷：销售费用 30 000
借：本年利润 100 000
　　贷：主营业务成本 100 000

二、过账与结账

（1）过账（posting）。所谓过账就是根据发生的经济业务在账户中进行登记。当发生经济业务时，首先应根据所发生的经济业务编制会计分录，其次根据会计分录确定的记账方向、对应账户及其金额，在各相关账户中进行登记。

（2）结账（closing）。所谓结账就是结算账目。期末结账时，要求计算出每个账户的发生额及期末余额。发生额是本期发生的金额，也就是本期增加额、减少额或结转额的合计数，表示某一特定经济内容本期发生的增减变化。期末余额是某一特定经济内容增减变化的结果。

根据【例3-9】至【例3-18】的经济业务编制的会计分录逐笔登记相关的账户，并计算各账户的发生额和余额，各账户格式见图3-8至图3-18。

银行存款 账户

借方	贷方
期初余额　0	
500 000【例3-9】	50 000【例3-11】
50 000【例3-14】	50 000【例3-12】
	30 000【例3-15】
本期发生额	本期发生额
550 000	130 000
期末余额	
420 000	

图3-8 "银行存款"账户格式

实收资本 账户

借方	贷方
	期初余额　0
	500 000【例3-9】
本期发生额	本期发生额
	500 000
	期末余额
	500 000

图3-9 "实收资本"账户格式

应收账款 账户

借方	贷方
期初余额　0	
150 000【例3-14】	
本期发生额	本期发生额
150 000	
期末余额	
150 000	

图3-10 "应收账款"账户格式

应付账款 账户

借方	贷方
	期初余额　0
50 000【例3-11】	200 000【例3-10】
50 000【例3-13】	100 000【例3-12】
本期发生额	本期发生额
100 000	300 000
	期末余额
	200 000

图3-11 "应付账款"账户格式

库存商品 账户

借方	贷方
期初余额 0	
150 000【例3-12】	100 000【例3-16】
本期发生额 150 000	本期发生额 100 000
期末余额 50 000	

图3-12 "库存商品"账户格式

固定资产 账户

借方	贷方
期初余额 0	
200 000【例3-10】	
本期发生额 200 000	本期发生额
期末余额 200 000	

图3-13 "固定资产"账户格式

应付票据 账户

借方	贷方
	期初余额 0
	50 000【例3-13】
本期发生额	本期发生额 50 000
	期末余额 50 000

图3-14 "应付票据"账户格式

主营业务收入 账户

借方	贷方
	期初余额
200 000【例3-17】	200 000【例3-14】
本期发生额 200 000	本期发生额 200 000
	期末余额 0

图3-15 "主营业务收入"账户格式

主营业务成本 账户

借方	贷方
期初余额 0	
100 000【例3-16】	100 000【例3-18】
本期发生额 100 000	本期发生额 100 000
期末余额 0	

图3-16 "主营业务成本"账户格式

销售费用 账户

借方	贷方
期初余额 0	
30 000【例3-15】	30 000【例3-18】
本期发生额 30 000	本期发生额 30 000
期末余额 0	

图3-17 "销售费用"账户格式

第三章 借贷记账法

本年利润 账户

借方	贷方
	期初余额　0
130 000【例3-18】	200 000【例3-17】
本期发生额	本期发生额
130 000	200 000
	期末余额
	70 000

图3-18 "本年利润"账户格式

三、借贷记账法的试算平衡（trial balance）

根据借贷记账法的记账规则，每一笔经济业务发生以后均编制了会计分录，并且据以登记账户。为了保证账户记录的正确性，期末一般要通过编制"试算平衡表"对账户的记录进行检查。

（1）发生额试算平衡表。根据借贷记账法的记账规则，每一笔经济业务发生以后都以相等的金额分别在相应的账户中进行了记录，如果记账是正确的，那么一定时期的借方发生额合计应该等于贷方发生额合计。发生额试算平衡的作用在于检查账户记录的正确性。发生额试算平衡的公式如下：

全部账户的借方发生额合计 = 全部账户的贷方发生额合计

根据【例3-9】至【例3-18】发生的经济业务涉及相关账户的发生额编制的发生额试算平衡表见表3-10。

表3-10　　　　　　　　　　发生额试算平衡表

××年×月

单位：元

会计科目	借方发生额	贷方发生额
银行存款	550 000	130 000
应收账款	150 000	—
库存商品	150 000	100 000
固定资产	200 000	—
应付账款	100 000	300 000

续表

会计科目	借方发生额	贷方发生额
应付票据	—	50 000
实收资本	—	500 000
主营业务收入	200 000	200 000
主营业务成本	100 000	100 000
销售费用	30 000	30 000
本年利润	130 000	200 000
合　　计	1 610 000	1 610 000

（2）余额试算平衡表。根据借贷记账法的记账规则，每一笔经济业务发生以后都以相等的金额分别在相应的账户中进行了记录，如果记账是正确的，那么所有账户借方余额合计应该等于贷方余额合计。余额试算平衡公式如下：

全部账户的借方余额合计 = 全部账户的贷方余额合计

根据【例3-9】至【例3-18】发生的经济业务涉及相关账户的余额编制的余额试算表见表3-11。

表3-11　　　　　　　　　　余额试算表

××年×月×日　　　　　　　　　　　　　　　单位：元

会计科目	借方余额	贷方余额
银行存款	420 000	—
应收账款	150 000	—
库存商品	50 000	—
固定资产	200 000	—
应付账款	—	200 000
应付票据	—	50 000
实收资本	—	500 000
本年利润	—	70 000
合　　计	820 000	820 000

在进行试算平衡时，如果所有账户的借方发生额合计与所有账户贷方发生额的合计不等或所有账户的借方余额合计与所有账户的贷方余额合计不等，账户的记录肯定有错误，应进一步进行检查。如果借方、贷方发生额合计数相等或借方、贷方余额合计相等，只能

说明账户记录基本上是正确的。因为有一些差错并不影响借贷的平衡关系，例如，在会计期间会计人员漏记或重复登记了某项经济业务、对一项经济业务的记录使用了错误的账户或记录了错误的金额，所以试算平衡相等只能说明账户记录的结果基本正确。

重要概念： 复式记账　借贷记账法　记账规则　会计分录　过账　结账　试算平衡

重点与难点： 复式记账法的原理　借贷记账法的概念　借贷记账法的账户基本结构　借贷记账法的记账规则　会计分录的编制　会计分录的分类　过账　结账　试算表的编制

思 考 题

（1）什么是复式记账方法？
（2）企业经济业务对会计要素的影响类型有哪些？
（3）什么是借贷记账法？
（4）借贷记账法账户的基本结构是怎样的？
（5）如何理解"有借必有贷，借贷必相等"的记账规则？
（6）什么是会计分录？会计分录构成的因素有哪些？
（7）为什么要编制会计分录？
（8）会计分录如何分类？
（9）借贷记账法的试算平衡公式有哪些？
（10）应用借贷记账法时怎样进行试算平衡？
（11）如何判断账户记录是否正确？

第四章

会 计 循 环

【学习目的】

通过本章学习，使学生掌握以下内容：会计循环的步骤；会计凭证的概念；记账凭证的编制；更正错账的方法、对账的内容；银行存款的清查、财产清查结果的账务处理；记账凭证会计核算程序和科目汇总表会计核算程序的特点和记账程序。熟悉会计凭证的分类；账簿的设置、账簿的分类、账簿的登记、结账的要求及结账方法、会计凭证的审核及审核后的处理。了解财务报表列报要求、财务报告的概念及构成、会计报表的种类。

第一节 会计循环概述

会计循环（accounting cycle）是指在一个会计分期内，企业组织的财务会计人员必须完成的工作环节。这些工作环节包括：在经济业务发生时，编制和审核原始凭证，编制记账凭证，并据以登记账簿（包括日记账、明细账和总分类账），试算平衡，期末调整并过账，期末结账并过账，最后编制会计报表等一系列流程。在企业持续经营的过程中，这些流程周而复始，不断循环，形成各个会计期间的标准工作流程（见图4-1）。

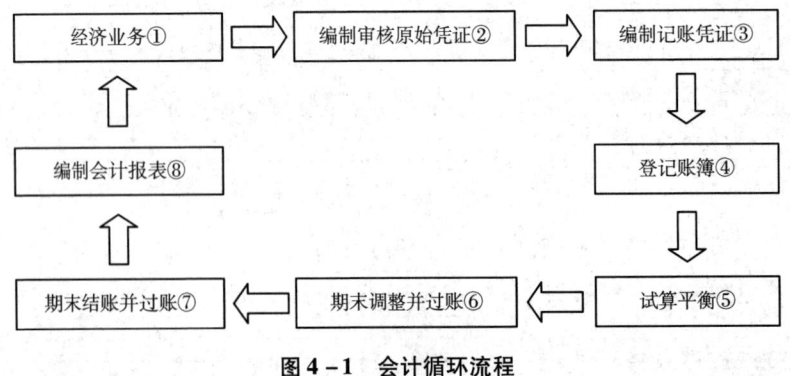

```
经济业务① → 编制审核原始凭证② → 编制记账凭证③
   ↑                                    ↓
编制会计报表⑧                         登记账簿④
   ↑                                    ↓
期末结账并过账⑦ ← 期末调整并过账⑥ ← 试算平衡⑤
```

图 4-1 会计循环流程

如果企业按年编制财务报表，则会计循环历时一年；如果企业按季度编制财务报表，则会计循环历时一个季度；如果企业按月编制财务报表，则会计循环历时一个月。

第二节 经济业务与会计凭证

一、经济业务的概念及分类

经济业务（business transaction）又称为会计事项，是指在经济活动中能引起会计要素发生增减变动的交易或者事项。经济业务可分为对外经济业务和对内经济业务两大类。

对外经济业务是指企业与其他企业或单位发生交易行为而产生的经济事项，也称为交易。如接受投资者投入的资金、向银行借款、向供应商购货、向购货方销货等；对内经济业务是指企业内部有关部门之间发生的成本、费用的耗用，以及因各会计要素之间的调整而产生的价值转移行为，也称为事项。如生产经营过程中领用原材料、计提机器设备折旧、工资的分配及收入与费用的结转等。

这些经济业务在发生时都需要记录其所涉及的业务内容、数量和金额，以便反映经济业务发生的具体情况。为了明确经办单位和人员的经济责任，相关经办人员还需要在这些书面文件上签字盖章，以作为进一步账务处理的依据。

二、会计凭证

（一）会计凭证的概念

会计凭证（accounting documents）是记录经济业务，明确经济责任，据以登记账簿的书面证明文件。根据我国《会计法》的规定，"各单位必须根据实际发生的经济业务事项进行会计核算，填制会计凭证，登记会计账簿，编制财务报告"。由此可见，编制和审核会计凭证是会计核算工作的起点和基础。

会计凭证按照填制程序和用途的不同可分为原始凭证和记账凭证两大类。

（二）原始凭证

1. 原始凭证的概念及类别

原始凭证（source documents）是指在经济业务发生时直接取得或填制的，用以证明经济业务发生或完成情况，并据以编制记账凭证的原始书面证明文件。原始凭证是进行会计核算的原始资料和依据。按照来源的不同可划分为外来原始凭证和自制原始凭证。

（1）外来原始凭证。外来原始凭证是指企业与外部单位发生经济业务时，从外部单位或个人取得的原始凭证。如购货时从外单位取得的发票包括普通发票和增值税发票（见表4-1）；付款时从收款单位取得的收据；银行转来的收款通知单、付款通知单等。

表4-1

上海市增值税专用发票

抵扣联

开票日期：20×3年6月5日　　　　　　　　　　　　　　　　　　No. 06053011

购货单位	名称	上海永胜进出口公司	密码区	
	纳税人识别号	31014667755××		
	地址、电话	上海市中山西路2×号657888××		
	开户银行及账号	中国银行上海分行THY66843213××		

货物或应税劳务名称	规格型号	单位	数量	单价	金额	税率	税额
全棉弹力牛仔女裙		件	18 000	￥50.00	￥900 000.00	13%	117 000.00
合　计			18 000	￥50.00	￥900 000.00	13%	117 000.00

价税合计（大写）	壹佰零壹万柒仟元整		

销货单位	名称	南通服装厂	备注
	纳税人识别码	3104576542××	
	地址、电话	南通市人民路11号	
	开户银行及账号	南通市工商银行人民支行 00861327336××	

（2）自制原始凭证。自制原始凭证是指本单位内部经办业务的部门和人员，在办理某项经济业务时自行填制的原始凭证。自制原始凭证按填制方法的不同分为一次凭证、累计凭证和汇总原始凭证。

一次凭证是指在经济业务发生时一次填制完成的原始凭证，其反映一项经济业务，或同时反映若干项同类业务性质的原始凭证，如表4-2所示的领料单。

表4-2　　　　　　　　　　　　　**领　料　单**

领料部门：
用途：　　　　　　　　　　　　　　　　　　年　月　日

材料类别	材料名称	计量单位	数量		金额	
			请领	实领	单位成本	总成本
备注					合计	

仓库保管员：　　　　　　　　领料部门主管：　　　　　　　　领料人：

累计凭证是指在一定时期内连续记载多项同类经济业务性质的原始凭证,如表4-3所示的制造业的限额领料单。

表4-3 限额领料单

领料部门： 第 号
用途： 年 月 日 发料仓库

材料编号	材料名称规格	计量单位	计划投产量	单位消耗定额	领用限额	实发数量	实发单价(千百十万千百十元角分)	实发金额(千百十万千百十元角分)

日期	领用			退料			限额结余数量
	数量	领料人	发料人	数量	退料人	收料人	

仓库保管： 制单：

汇总原始凭证是根据一定期间发生的所有同类经济业务性质的原始凭证汇总编制的原始凭证。如根据一定时期归集的领料单编制的原材料耗用汇总表（见表4-4），根据收料单编制的收料汇总表等。

表4-4 原材料耗用汇总表

20×3年××月

产品名称	单 位	数 量	单 价	金 额
POM	kg	1 111	17.286	19 204.75
ABS	kg	54	14.025	757.35
尼龙粒（PA）	kg	1 608	23.873	38 387.78
模具	套	1	5 196.51	5 196.51
合 计				63 546.39

2. 原始凭证的填制

(1) 原始凭证的基本要素。经济业务的多样性,使记录经济业务发生和完成情况的原始凭证所包含的具体内容存在一定的差异性。但是,任何原始凭证都要客观、真实地反映经济业务,明确有关单位、部门和经办人员的经济责任,因此,原始凭证必须具备以下几个方面的基本要素,主要包括：

① 凭证的名称；
② 填制凭证的日期；
③ 填制凭证单位名称或者填制人姓名；
④ 经办人员的签名或者盖章；
⑤ 接受凭证单位名称；
⑥ 经济业务事项内容摘要、数量、单价和金额。

（2）填制原始凭证的基本要求。

① 内容真实可靠。即经济业务的发生日期、内容、数量和金额必须在原始凭证上予以如实记录和反映，不得弄虚作假。

② 内容完整。原始凭证中所有项目必须填写齐全，不得遗漏和省略。如年、月、日要按照填制原始凭证的实际日期填写；基本内容和补充内容要逐项填列，名称必须写全称，不得简化；品名和用途要简单明了；有关人员的签章要齐全，表示对该项经济业务的真实性和正确性负责。项目填列不全的原始凭证不能作为编制记账凭证的附件和依据。

③ 填制及时。原始凭证应在经济业务发生时及时填制，不得拖延，并按规定的程序及时送交会计部门，由会计部门审核后及时据以编制记账凭证。

④ 书写规范。纸质原始凭证要用蓝色或黑色墨水或碳素笔填写，套写的凭证应一次套写清楚，不得串行或串格，字迹必须清晰可见，易于辨认。不得使用未经国务院公布的简化汉字，大小写金额必须相符。纸质原始凭证不得涂改、挖补。纸质原始凭证有错误的，应当由开出单位重开或者更正，更正处应加盖开出单位的公章或者发票专用章；金额有错误的，应当由出具单位重开，不得在原始凭证上更正。电子原始凭证有错误的，应当由开出单位重新开具正确的原始凭证。

（3）填制原始凭证的技术要求。

原始凭证的填制除符合以上基本要求外，还必须遵守以下技术要求：

① 数字书写要求。首先，阿拉伯数字应当一个一个地写，不得连笔写。其次，阿拉伯金额数字书写应紧靠横格底线，不得写满格，其上方要留有1/2空白。最后，所有以元为单位的阿拉伯数字，除表示单价情况外，一律填写到角分；无角分的，角位和分位可写"00"，或者符号"——"；有角无分的，分位应当写"0"，不得用符号"——"代替。

② 货币符号书写要求。阿拉伯数字前应书写货币币种符号或者货币名称简写。币种符号与阿拉伯金额数字之间不得留有空白。凡阿拉伯数字前写有币种符号的，数字后面不再写货币单位。

③ 大写数字书写要求。

首先，汉字大写数字金额一律用正楷或者行书体书写，如壹、贰、叁、肆、伍、陆、柒、捌、玖、拾、佰、仟、万、亿、元（或圆）、角、分、零、整等，不得使用一、二、

三、四、五、六、七、八、九、十等简化字代替。

其次，填写大写金额时，如大写金额数字前未印有货币名称的，应当加填货币名称（如"人民币"），货币名称与大写数字之间不得留有空白。

最后，大写金额数字到元或角为止的，应在其后书写"整"字，如到分位为止的，后面不写"整"字；阿拉伯数字中间有"0"时，汉字大写金额要对应书写"零"字。阿拉伯金额数字中间连续有几个"0"时，汉字大写金额中可以只写一个"零"字，如￥1 005.88，汉字大写金额应写成人民币壹仟零伍元捌角捌分。阿拉伯金额数字元位是"0"，或数字之间连续有几个"0"，元位也是"0"，但角分不是"0"时，汉字大写金额可只写一个"零"字，也可不写"零"字。如￥4 560.56，汉字大写金额应写成人民币肆仟伍佰陆拾元伍角陆分或人民币肆仟伍佰陆拾元伍角陆分；又如￥2 000.56，汉字大写金额应写成人民币贰仟元零伍角陆分或人民币贰仟元伍角陆分。

3. 原始凭证的审核

为了保证会计信息的真实准确，会计部门必须对原始凭证进行严格的审核，经审核无误的原始凭证才能据以编制记账凭证和登记会计账簿。

（1）审核原始凭证的真实性。原始凭证必须如实地反映经济业务的真实情况，经办人员应注意审核原始凭证的日期、业务内容是否真实，数量和金额是否计算正确；外来原始凭证是否有单位公章和填制人员签字；自制原始凭证是否有经办人员的签名或盖章；是否存在凭证联次不符、污染、抹擦、刀刮和挖补等痕迹，对于不真实的原始凭证会计人员不予以接受，并及时向单位负责人报告。

（2）审核原始凭证的合法性和合规性。审核原始凭证所反映的经济业务是否符合国家颁布的现行财经法规、财会制度和本单位的计划、预算、合同等规定，有无违法违规行为。对于在审核中出现的不真实、不合法的原始凭证，会计人员有权拒绝受理，并及时向单位负责人汇报，请求查明原因。对弄虚作假、严重违法的原始凭证，在不予受理的同时，应当予以扣留，并及时向单位领导人报告，请求查明原因，追究当事人的责任。

（3）审核原始凭证的完整性和正确性。审核原始凭证各个项目是否填写齐全，手续是否完备，有关经办人员是否都已签字或盖章，主管人员是否审核、批准。审核原始凭证的摘要和其他项目是否填写正确，数量、单价、金额、合计数是否正确，大小写金额是否相符。对于不完整或不准确的原始凭证会计人员应将原始凭证退还经办人员，待其补充完整，修改正确或重开后再予以受理。

（三）记账凭证

1. 记账凭证的概念及类别

记账凭证（accounting voucher）是指会计人员依据审核无误的原始凭证或原始凭证汇

总表记录的经济内容编制会计分录,直接作为记账依据的会计凭证。在实际会计工作中,编制会计分录是通过填制记账凭证来实现的。

记账凭证按其反映经济业务内容的不同可分为专用记账凭证和通用记账凭证。

(1) 专用记账凭证是指专门记录某一特定种类经济业务的记账凭证。按照其与货币资金收付的关系,可分为收款凭证、付款凭证和转账凭证。收款凭证和付款凭证是出纳员办理收、付款项的依据,也是据以登记库存现金日记账、银行存款日记账和有关明细账的依据。收款凭证是记录库存现金、银行存款收款业务的分录凭证,如果企业库存现金、银行存款业务多,且对库存现金、银行存款的收支设专人分管,也可将企业使用的分录凭证划分为五种,即现金收款凭证、现金付款凭证、银行存款收款凭证、银行存款付款凭证和转账凭证。

(2) 通用记账凭证是指对所有经济业务统一编号,采用统一格式进行编制的记账凭证,企业在选用记账凭证时,要根据本企业发生会计事项的多少、会计人员的分工情况和会计核算形式,选用一种或数种记账凭证。企业的记账凭证多种多样,为了便于识别,对不同种类的记账凭证,可以选用不同颜色印制,如收款凭证用红色、付款凭证用蓝色、转账凭证用绿色等。

2. 记账凭证的填制

(1) 记账凭证的基本要素。虽然记账凭证的种类不同,同一种类的记账凭证的格式也不尽相同,但是所有的记账凭证必须具备以下基本要素:

① 记账凭证的名称;

② 填制凭证的日期;

③ 记账凭证的编号;

④ 经济业务的内容摘要;

⑤ 借方和贷方账户名称;

⑥ 金额;

⑦ 所附原始凭证张数;

⑧ 填制凭证人员、稽核人员、记账人员、会计机构负责人、会计主管人员签名或者盖章。

以自制的原始凭证或者原始凭证汇总表代替记账凭证的,也必须具备记账凭证应有的项目。

(2) 记账凭证的填制要求。

① 内容要完整。填制记账凭证时,记账凭证的日期、摘要、会计科目(包括明细分类科目)、金额、编号、附件和责任人员签字等内容必须填写完整,不得漏填或错填。

② 依据要正确。填制记账凭证时,必须依据审核无误的原始凭证或原始凭证汇总表。除结账和更正错误的记账凭证可以不附原始凭证外,其他记账凭证必须附有原始凭证。记账

凭证可以根据每一张原始凭证填制，或者根据若干张同类原始凭证汇总填制，也可以根据原始凭证汇总表填制。但不得将不同内容和类别的原始凭证汇总填制在一张记账凭证上。

③ 编制日期要一致。记账凭证的日期一般应填写记账凭证编制时的日期。

④ 摘要要简明扼要。记账凭证的摘要应真实准确、简明扼要地说明经济业务的内容。

⑤ 会计科目要准确。必须按照我国统一规定的会计科目名称和编号进行填写，不得简写会计科目或只填写会计科目的编号。

⑥ 金额填写要规范正确。记账凭证的金额必须与原始凭证的金额相符；阿拉伯数字金额要填写规范；合计金额前要填写货币符号，非合计金额前不填写货币符号；一笔经济业务如涉及多张记账凭证，合计金额只需在最后一张记账凭证上填写。

⑦ 所附原始凭证的张数要注明。除更正错账、编制结账分录和调整分录的记账凭证不需附原始凭证以外，其他记账凭证都应附有原始凭证，并注明所附原始凭证的张数，以便核查。

如果一张原始凭证涉及几张记账凭证时，应将原始凭证附在一张主要的记账凭证后，在摘要栏注明"本凭证附件包括××号记账凭证业务"，在未附原始凭证的记账凭证上注明"原始凭证在××号记账凭证后面"。

一张原始凭证所列支出如需几个单位共同负担的，应按每个单位负担的部分分别开出原始凭证分割单，交予各个单位进行结算。原始凭证分割单的基本内容包括：凭证名称、填制凭证日期、填制凭证单位名称或者填制人姓名、经办人的签名或者盖章、接受凭证单位名称、经济业务的内容、数量、单价、金额和费用分摊情况等。

⑧ 记账凭证要连续编号。为了便于账簿的登记和记账凭证与会计账簿的核对，在填制记账凭证时，应对记账凭证进行连续编号：采用收款凭证、付款凭证和转账凭证的企业可以采用"字号编号法"分类编号，即每月分别按"收字第×号、付字第×号、转字第×号"三类从1号开始顺序编号。一笔经济业务如需要填制多张记账凭证可以采用"分数编号法"进行编号，如一笔会计分录要编制三张收款记账凭证，凭证的顺序号为5时，这三张收款凭证的编号分别为"收字第5 1/3号、收字第5 2/3号、收字第5 3/3号"。当企业使用通用记账凭证时，可按编制凭证的先后顺序分月按自然数1，2，3，…顺序编号。月末，最后一张凭证的编号旁要加注"全"字，以防凭证丢失。

⑨ 空行应画线。记账凭证填写不能跳行，填写完毕后如有未填写的空行，应在空行金额栏自金额最高位的左下角向最低位的右上角画一斜线注销。

⑩ 记账凭证发生错误应重新填制。对于未登记入账的记账凭证如发现错误，直接撕掉重新填制即可；对于已经登记入账的记账凭证，如果在年内发现填写错误时，可以用红字填写一张与原内容相同的记账凭证，在摘要栏注明"注销某月某日某号凭证"字样，同时再用蓝字重新填制一张正确的记账凭证，注明"订正某月某日某号凭证"字样。如果会

计科目没有错误,只是金额错误,也可以将正确数字与错误数字之间的差额,另编一张调整的记账凭证,调增金额用蓝字,调减金额用红字。发现以前年度记账凭证有错误的,应当用蓝字填制一张更正的记账凭证。

(3) 记账凭证的填制方法。

① 收款凭证的编制。收款凭证是用来记录库存现金和银行存款等货币资金收款业务的凭证,它是根据审核无误的加盖"收讫"戳记的收款原始凭证填制的。收款凭证的左上方的"借方科目"处,应按收款的性质选填"库存现金"或"银行存款"科目;凭证上方的"年、月、日"处,填写会计部门受理该经济业务事项的制证日期;凭证右上角的"字第 号"处,填写"收"字和已填制凭证的顺序编号;在凭证"附件 张"处需填写所附原始凭证的张数;"摘要"栏填写能反映经济业务性质和特征的简要说明;"贷方总账科目"和"明细科目"栏填写与"库存现金"或"银行存款"科目相对应的一级科目和二级科目;"金额"栏填写经济业务发生的实际数额;"合计"栏填写各发生额的合计数;凭证下方的财务主管、记账、出纳等处,分别由相关人员签字或盖章;"记账"栏则应在已经登记账簿后画"√"符号,表示已经入账,以免发生漏记或重记错误。

【例4-1】20×3年6月1日,某有限责任公司收到股东投入资本金人民币500 000元,存入银行。根据该项经济业务,会计处理如下:

借:银行存款　　　　　　　　　　　　　　　　　　　500 000
　　贷:实收资本　　　　　　　　　　　　　　　　　　500 000

在实际工作中,该分录在收款凭证上编制如表4-5所示。

表4-5　　　　　　　　　　　收 款 凭 证

借方科目:银行存款　　　　　20×3年6月1日　　　　　收字1号　附件2张

摘　要	总账科目	明细科目	百	十	万	千	百	十	元	角	分	记　账
接受股东投资	实收资本	股东投资		5	0	0	0	0	0	0	0	√
合 计 金 额			¥	5	0	0	0	0	0	0	0	

会计主管:张丽　　　记账:王芳　　　复核:王欣　　　制单:李华　　　出纳:聂平

② 付款凭证的编制。付款凭证用来记录库存现金和银行存款等货币资金付款业务的凭证,它是根据审核无误的加盖"付讫"戳记的付款原始凭证填制的。在付款凭证左上方的"贷方"科目处应根据付款的性质选填"库存现金"或"银行存款";凭证上方的"年、月、日"处,填写实际付款的日期;凭证右上角的" 字第　号"处,填写"付"

字和已填制凭证的顺序编号;"借方总账"科目和"明细"科目栏填写与"库存现金"或"银行存款"科目相对应的一级科目和二级科目;其他填制内容与收款凭证相同。

【例4-2】某公司于20×3年6月1日购入甲材料一批,价款10 000元,增值税款1 300元,通过银行付款,材料未到。根据该项经济业务,会计处理如下:

借:在途物资——甲材料　　　　　　　　　　　　　　　　10 000
　　应交税费——应交增值税(进项税额)　　　　　　　　　1 300
　　贷:银行存款　　　　　　　　　　　　　　　　　　　　　　11 300

在实际工作中,该分录在付款凭证上编制如表4-6所示。

表4-6　　　　　　　　　　　　付款凭证
贷方科目:银行存款　　　　　20×3年6月1日　　　　　付字1号　附件4张

摘　要	总账科目	明细科目	金额(百十万千百十元角分)	记账
购买原材料	在途物资	甲材料	1 0 0 0 0 0 0	√
	应交税费	应交增值税	1 3 0 0 0 0	√
合计金额			¥ 1 1 3 0 0 0 0	

会计主管:张丽　　记账:王芳　　复核:王欣　　制单:李华　　出纳:聂平

注意事项:当企业使用收款、付款和转账三种记账凭证时,如果发生库存现金与银行存款之间的收付业务,如将现金存入银行或从银行提取现金,为了避免重复记录,一律编制付款凭证,以加强对付款业务的审核与检查。

③转账凭证的编制。转账凭证是财务人员根据审核无误的不涉及库存现金和银行存款收付业务的原始凭证或原始凭证汇总表填制的记账凭证,即转账凭证用以编制借贷方都不涉及"库存现金"和"银行存款"科目的会计分录,是登记有关明细账与总分类账的依据。它将经济业务所涉及的会计科目全部填列在凭证内,按照借方科目在先,贷方科目在后的顺序,将各会计科目所记应借应贷的金额填列在"借方金额"或"贷方金额"栏内。借、贷方金额合计数应该相等。其他内容的填制与收款凭证和付款凭证相同。

【例4-3】20×3年6月6日,上述甲材料验收入库,结转其实际成本。根据上述经济业务,会计处理如下:

借:原材料——甲材料　　　　　　　　　　　　　　　　　10 000
　　贷:在途物资——甲材料　　　　　　　　　　　　　　　　　10 000

在实际工作中,该分录在转账凭证上编制如表4-7所示。

表 4-7

转 账 凭 证

20×3年6月6日　　　　　　　　　　　　　　　　　　　转字1号　附件3张

摘要	科目名称		借方金额							贷方金额							记账符号
	总账科目	明细科目	十	万	千	百	十	元	角	分	十	万	千	百	十	元	角	分	
甲材料入库	原材料	甲材料		1	0	0	0	0	0	0									√
在途物资		甲材料										1	0	0	0	0	0	0	√
	合计		¥	1	0	0	0	0	0	0	¥	1	0	0	0	0	0	0	

会计主管：张丽　　　　　记账：王芳　　　　　复核：王欣　　　　　制单：李华

3. 记账凭证的审核

记账凭证是登记账簿的直接依据，为了保证账簿记录的正确性，在登记账簿前，记账凭证必须进行认真审核。审核的内容有：

（1）审核记账凭证的真实性。审核记账凭证是否附有原始凭证，所附原始凭证是否真实，记账凭证内容与原始凭证记载的内容是否一致，有无涂改、伪造记账凭证现象。

（2）审核记账凭证的正确性。审核记账凭证中的会计分录、金额、日期、凭证编号、摘要、附件张数和有关人员签章是否正确。

（3）审核记账凭证的完整性。审核记账凭证中的各项内容是否填写齐全，有关人员的签名盖章是否完备。

（4）审核记账凭证的规范性。审核记账凭证中的数字大、小写书写是否规范，摘要是否简明扼要。

经过审核，符合要求的记账凭证才能作为记账的依据；不符合要求的记账凭证，在未登记账簿前，需要重新编制；如果已登记账簿，则按规定的方法更正错误。

三、会计凭证的传递与保管

（一）会计凭证的传递

会计凭证的传递是指会计凭证在编制、审核、记账、装订到归档保管的过程中，在单位内部各有关部门和人员之间按规定的程序、时间和手续进行传送的过程。正确、及时、合理地组织会计凭证的传递,对于有关部门及时掌握经济业务信息、有效地组织经济活动、加强相关部门的经济责任、提高会计工作质量、实行会计监督具有重要的意义。

会计凭证的传递主要包括传递程序、传递时间和传递手续三个方面的要求:

(1) 传递的程序要合理。会计凭证的传递程序应根据各个单位经济业务的特点、机构设置和人员分工情况进行设置。保证会计凭证既经过各个必要的环节进行编制和审核,同时也沿着最简捷的路径进行传递,使经办业务的部门和人员之间形成一种相互牵制、相互监督的关系。

(2) 传递的时间要及时。会计凭证的传递时间是指会计凭证在各个经办部门或环节停留的最长时间。会计凭证的传递和处理要及时、避免积压,以免影响会计工作的正常秩序。

(3) 传递的手续要严密。会计凭证的传递手续是指会计凭证在传递过程中的衔接手续。会计凭证的传递手续要简便易行,同时要完备严密,以便明确责任,确保凭证的安全和完整。

各单位会计凭证的传递程序应当科学、合理,具体办法由各单位根据会计业务的需要及时修订。

(二) 会计凭证的装订与保管

(1) 会计凭证的装订。记账凭证应当连同所附的原始凭证或者原始凭证汇总表,按照编号顺序,折叠整齐,按期装订成册,并加具封面,注明单位名称、年度、月份和起讫日期、凭证种类、起讫号码,由装订人在装订线封签处签名或者盖章。

因为原始凭证的纸张面积与记账凭证的纸张面积大小不一定相等,所以对于纸张面积大于记账凭证的原始凭证,应首先将所有凭证的上边和左边对齐,其次将原始凭证右边和下边多出的部分,先自右向左,再自下向上按照记账凭证的大小折叠。

对于纸张面积过小的原始凭证,应将同类单据按照一定的次序错开排列粘贴在一张与记账凭证大小相同的粘贴单上。

对于数量过多的原始凭证,可以单独装订保管,在封面上注明记账凭证日期、编号、种类,同时在记账凭证上注明"附件另订"和原始凭证名称及编号。各种经济合同、存出保证金收据以及涉外文件等重要原始凭证,应当另编目录,单独登记保管,并在有关的记账凭证和原始凭证上相互注明日期和编号。

电子记账凭证涉及的纸质原始凭证,可以单独装订保管,在封面上注明记账凭证日期、编号、种类,同时在电子记账凭证上建立与纸质原始凭证的检索关系。

(2) 会计凭证的保管。会计凭证是重要的经济档案和历史资料,会计机构、会计人员要妥善保管会计凭证,以备日后查考或有关部门的检查。

① 会计凭证编制完毕后,应进行分类和编号顺序保管,不得散乱丢失。

② 原始凭证不得外借，其他单位如因特殊原因需要使用原始凭证时，需经过本单位会计机构负责人、会计主管人员的批准予以复制。向外单位提供的原始凭证复制件，应当在专设的登记簿上登记，并由提供人员和收取人员共同签名或者盖章。

③ 从外单位取得的原始凭证如有遗失，应当取得原开出单位盖有公章的证明，并注明原来凭证的编号、金额和内容等，由经办单位会计机构负责人、会计主管人员和单位领导人批准后，才能代作原始凭证。如果确实无法取得证明的，由当事人写明详细情况，由经办单位会计机构负责人、会计主管人员和单位领导人批准后，代作原始凭证。

④ 会计凭证的归档保管规定。年度终了，应将会计凭证装订成册并归档保管。企业的原始凭证、记账凭证和汇总凭证保管期为30年，涉及外事和对私改造的会计凭证要永久保管。银行对账单和银行存款余额调节表保管期为10年。保管期满需要销毁的，应经企业领导审查，报经上级主管单位批准后进行。

第三节 账　　簿

由于记账凭证所记录的经济业务代表的是一笔经济业务的发生，它不能全面、系统、连续地反映企业整体的经济业务活动，因此，必须将记账凭证上反映的分散的信息进行归总，按照一定的规则记录在会计账簿上，以反映企业经济活动的整体概况。

一、会计账簿概述

（一）会计账簿的概念

会计账簿（account books）简称账簿，是指以审核无误的会计凭证为依据，根据会计科目开设的具有一定格式账页组成的，用以全面、系统、连续地记录各种经济业务的簿籍。会计账簿是企业编制财务报表的依据。

（二）会计账簿的作用

会计账簿对于全面反映企业经济活动、加强经济核算、提高企业经济效益具有极为重要的作用，主要表现为：首先，可以为企业的经营管理提供系统、全面和连续的会计信息。通过对明细分类账、明细账、日记账和总账的登记，既能提供有关经济业务的具体会计信息，又能系统、全面地提供经济业务的综合会计信息，为监督企业的生产经营活动、进行会计预测和决策提供资料准备。其次，可以保护企业财产物资的安全与完整。通过对财产物资的账簿登记，可以反映出这些财产物资的增减变化和结存情况；通过账簿资料与各项财产物资的实存情况进行核对,在检查财产账簿记录正确性的同时,保护了企业财产的安全与完整。再次,通过会计账簿的设置和登记,可以明确并加强有关部门、单位或个人的经济责任。促使相关人员改进工作,提高工作效率,加强资产管理。最后,为定期编制会计报表提供依据。由于会计账簿是编制会计报表的依据,会计报表能否真实、完整、及时地反映经济业务,关键在于会计账簿,会计账簿直接决定了会计报表的质量。

二、会计账簿的种类

会计账簿按用途、外表形式和账页格式的不同可分为以下几类:

(一) 按用途分类

会计账簿按其用途不同可分为:日记账、分类账和备查账。

(1) 日记账。日记账(journal)亦称序时账,是指按经济业务发生时间的先后顺序逐日逐笔顺序登记的账簿。日记账按是否区分经济业务的性质又划分为普通日记账和特种日记账。

普通日记账(general journal)是指将企业发生的全部经济业务按照时间的先后顺序记录在一本账簿中。设置普通日记账的企业为了避免重复设置,一般不再单独设置特种日记账。

特种日记账(special journal)是指专门用来记录性质相同的经济业务的日记账。如我国要求企业必须设置的库存现金日记账和银行存款日记账。

(2) 分类账。分类账(ledger)是按照账户的类别登记的账簿。分类账按反映内容详细程度的不同,又分为总分类账、明细分类账和明细账。

①总分类账(general ledger)。总分类账简称总账,是根据一级会计科目设置的,可以总括记录全部经济业务的分类账簿。所有单位都要根据规定设置总分类账。

②明细分类账(subsidiary ledger)。明细分类账是根据二级会计科目设置账户的,用以分类记录某一类经济业务的分类账。

③明细账(detail account)。明细账是根据三级会计科目设置账户的,用以具体反映某项经济业务明细核算资料的账簿。

(3) 备查账。备查账(memorandum)亦称辅助账簿或备查登记簿,是对某些日记账和分类账中未记录或记录不全的事项进行补充登记的一种账簿。备查账是一种辅助性的账簿,可以对某些经济业务的内容提供必要的参考资料,备查账与其他账簿不存在依存和勾稽关系。备查账的设置应根据实际需要而定,并非一定要设,而且没有固定格式。如"租入固定资产登记簿""委托加工材料登记簿"等。

(二) 按外表形式分类

会计账簿按其外表形式分类可分为:订本账、活页账和卡片账。

（1）订本账。订本账是指在启用前就已将一定数量的账页进行连续编号并装订在一起的账簿。它的优点是通过固定账页，可以防止账页散失或任意抽换，保证账簿记录的完整性和安全性。缺点是预留账页与实际使用账页张数不一定一致，预留账页不足会影响账户的连续登记，预留账页过多又造成浪费。总分类账、库存现金日记账和银行存款日记账等重要账簿均采用订本账形式。

（2）活页账。活页账是在账簿登记完毕之前，由一定数量零散的具有一定格式的账页按一定顺序装在账夹内，并根据需要可随时抽取的账簿。这种账簿的优点在于可以根据经济业务的需要，随时增加或减少账页，防止浪费；便于记账人员在同一时间进行分类核算。缺点是这种账页容易丢失或抽换，因此空白账页在使用时必须事前编号，并由使用人员在账页上盖章，会计年度终了应装订成册，妥善保管。各种明细分类账和明细账往往采用活页账形式。

（3）卡片账。卡片账是将一定数量零散的具有一定格式的硬卡片，按一定顺序存放在卡片箱内进行保管的账簿。这种账簿的实质是一种活页账，优缺点与活页账相同。固定资产明细账常采用卡片账形式。

（三）按账页格式分类

会计账簿按账页格式分类可分为：三栏式、多栏式和数量金额式。

（1）三栏式。三栏式账簿是在账页中设立"借方""贷方""余额"三个栏目的账簿。它只提供金额信息，不提供数量信息。总分类账、特种日记账和结算类明细账均采用三栏式账簿（其账页格式见表4-9）。

（2）多栏式。多栏式账簿是指在账页中借方栏、贷方栏或借贷双栏下开设若干栏的账簿。为了反映经济业务的发生和完成的详细情况以及它们之间的相互联系会设置多栏式账簿。如各种成本、费用的明细账等（其账页格式见表4-13）。

（3）数量金额式。数量金额式账簿在"借方""贷方""余额"三个栏目下分别设置"数量""单价""金额"三小栏，以反映该账户的实物数量和金额。该账页形式适用于既需要提供金额信息，又需要提供数量信息的账簿，如原材料和库存商品明细账等（其账页格式见表4-12）。

三、会计账簿的登记

（一）会计账簿的结构

会计账簿种类繁多，但其结构主要包括以下三个部分：

（1）封面。封面主要注明账簿名称、记账单位名称和使用年度等内容。

(2) 扉页。扉页设在封面后,主要列示"账簿启用及交接表"和账簿目录。"账簿启用及交接表"用来登记账簿的使用单位、账簿名称、编号、使用起讫日期、经管人员和交接记录等。账簿启用及交接记录表的格式如表4–8所示。

表4–8　　　　　　　　　　　账簿启用及交接表

单位名称				印　鉴	
账簿名称	（第　册）				
账簿编号					
账簿页数	本账簿共计　　页（本账簿页数 检点人盖章）				
启用日期	公元　　年　月　日				
经管人员	负责人		主办会计		复核		记账	
	姓名	盖章	姓名	盖章	姓名	盖章	姓名	盖章
接交记录	经管人员		接管		交出		
	职别	姓名	年	月	日	年	月	日	盖章
备注									

(3) 账页。账页是会计账簿的主要组成部分。一般应包含以下基本内容:
① 账户名称,记录该账页所设立的账户的名称;
② 日期栏,记录据以记账的记账凭证的日期;
③ 凭证种类及号数栏,记录所依据的记账凭证的种类及号数;
④ 摘要栏,记录经济业务的简要说明;
⑤ 金额栏,记录经济业务的资金数量的增减变动;
⑥ 总页次和分户页次,记录该账页的页次。

(二) 会计账簿启用与登记规则

(1) 会计账簿启用与交接规则。启用会计账簿时,应当在账簿封面上注明单位名称和账簿名称,并填写账簿扉页上的"账簿启用及交接表",注明启用日期、账簿页数、记账人员和会计机构负责人、会计主管人员的姓名,并加盖名章和单位公章。当记账人员或者会计机构负责人、会计主管人员调动工作时，应当在该表上注明交接日期、接办人员或者监交人员姓名，并由交接双方人员签名或者盖章，以明确相关人员的责任，确保会计核算资料的安全。

启用订本式账簿，应当从第一页到最后一页顺序编排页码，不得跳页或缺号；启用总账时，还需按所设账户的页码填写目录表；使用活页式账页，应按账户顺序编号，并定期装订成册，装订后再按实际使用的账页顺序编排页码，并附加目录，注明每个账户的名称和页次。

（2）会计账簿的登记依据。会计账簿的登记也称为记账或过账，会计人员应当根据审核无误的会计凭证登记会计账簿。由于登记总分类账、明细账和日记账的要求不同，不同账簿的依据也不尽相同。总分类账应根据企业所采用的会计核算形式及时记账；明细账应根据原始凭证、原始凭证汇总表和记账凭证每日登记；库存现金日记账和银行存款日记账应根据办理完毕的收付款凭证，逐日逐笔顺序登记。

（3）会计账簿的登记规则。会计账簿是企业完整、系统、全面的会计信息的记录载体，也是信息使用者经常使用和查阅的重要会计资料。因此，会计账簿的登记必须遵循一定的规则，以保证账簿记录的真实、准确和完整。

① 内容完整正确。登记会计账簿时，应当将会计凭证日期、编号、业务内容摘要、金额和其他有关资料逐项记入账内，做到数字准确、摘要清楚、登记及时、字迹工整。登记完毕后，要在记账凭证上签名或者盖章，并注明已记账的符号（如打"√"）。

② 书写规范。账簿中书写的文字和数字要紧贴底线书写，不能满格，上面要留有适当空格，一般应占格距的1/2左右，为改错留有空间。

③ 使用蓝黑墨水或碳素墨水记账。不得使用铅笔或圆珠笔（银行的复写账簿除外）书写。

④ 特殊情况使用红色墨水记账。主要包括以下几种情况：一是按照红字冲账的记账凭证，冲销错误记录；二是在不设借贷等栏的多栏式账页中，登记减少数；三是在三栏式账户的余额栏前，如未印明余额方向的，在余额栏内登记负数余额；四是根据国家统一会计制度的规定可以用红字登记的其他会计记录。

⑤ 按页次顺序连续登记。不得跳行、隔页。如果发生跳行、隔页，应当将空行、空页划线注销，或者注明"此行空白""此页空白"字样，并由记账人员签名或者盖章。

⑥ 余额的填写。结出余额后，应当在"借或贷"等栏内写明"借"或者"贷"等字样。没有余额的账户，应当在"借或贷"等栏内写"平"字，并在余额栏内用"θ"标示在"元"位。库存现金日记账和银行存款日记账必须逐日结出余额。

⑦ 转页规则。每一账页登记完毕结转下页时，应当结出本页合计数及余额，写在本页最后一行和下页第一行有关栏内，并在摘要栏内注明"过次页"和"承前页"字样。

对需要结计本月发生额的账户，结计"过次页"的本页合计数应当为自本月初起至本页末止的发生额合计数；对需要结计本年累计发生额的账户，结计"过次页"的本页合计数应当为自年初起至本页末止的累计数；对既不需要结计本月发生额也不需要结计本年累计发生额的账户，可以只将每页末的余额结转次页。

⑧ 定期打印。实行会计电算化的企业，总账和明细账应当定期打印。发生收款和付款业务的，在输入收款凭证和付款凭证的当天必须打印出库存现金日记账和银行存款日记账，并与库存现金核对无误。

（三）日记账的设置与登记

日记账簿包括特种日记账和普通日记账两类，企业常用的特种日记账为库存现金日记账和银行存款日记账。

（1）特种日记账的设置与登记。

① 特种日记账的设置。根据财政部《会计基础工作规范》的规定，各单位应设置库存现金日记账和银行存款日记账，以便逐日核对、监督库存现金和银行存款的收入、支出和结存情况。对于拥有外币现金和银行存款的单位，还需根据不同币种分别设置相应的库存现金日记账和银行存款日记账，以核算和监督不同币种的库存现金和银行存款的收付和结存情况。库存现金日记账和银行存款日记账必须采用订本式账簿，实际工作中库存现金日记账和银行存款日记账广泛采用三栏式账簿形式。

实行电算化的单位，对所发生的收款和付款业务，在输入收款凭证和付款凭证的当日必须打印出库存现金日记账和银行存款日记账，并与库存现金进行核对，用计算机打印的会计账簿必须连续编号，经审核无误后装订成册，并由记账人员、会计机构负责人、会计主管人员签字或者盖章，以防止账页的散失和被抽换，保证会计资料的完整。

② 特种日记账的登记。库存现金日记账和银行存款日记账一般由出纳人员依据当日审核无误的收款凭证和付款凭证逐笔登记。登记库存现金日记账和银行存款日记账时，"日期"栏登记记账凭证的日期；"凭证"栏登记收付款凭证的种类和编号；"摘要"栏注明库存现金或银行存款收入的来源和支出的用途；"借方"栏根据库存现金或银行存款收款凭证填列，"贷方"栏根据库存现金和银行存款付款凭证填列。每日终了，应及时结出当日发生额和余额，在最后一笔业务的下方划一条通栏红线，并在下一行的"摘要"栏填入"本日合计"字样，将本日借贷双方发生额汇总无误后分别填入"借方"和"贷方"金额栏，并将计算出来的当日余额填入该行的"余额"栏，以便当日的实际发生额和余额进行核对。次日的经济业务则从合计行的下一行依次连续登记。实际工作中，当单位每日的收付业务较少时，为简化记账手续，也可不计算当日发生额合计，而只结算当日余额并记入当日最后一笔业务的余额栏。需要注意的是，银行存款日记账与库存现金日记账的

区别在于银行存款日记账设有"结算凭证"栏,以便银行存款日记账和银行对账单之间的核对。

三栏式库存现金日记账如表4-9所示。

表4-9　　　　　　　　　　　　　库存现金日记账

20×3年		凭证		摘　　要	对方科目	借　方	贷　方	借或贷	余　额
月	日	字	号						
6	1			承前页				借	5 000
	2	付	1	提取备用金	银行存款	7 000		借	12 000
	10	付	4	王鹏借差旅费	其他应收款		5 000	借	7 000
	15	付	5	购办公用品	管理费用		500	借	6 500
	26	付	7	支付市内材料运费	销售费用		60	借	6 440
				本月合计		7 000	5 560	借	6 440

企业持有的外币现金和银行存款,应按外币种类的不同分设不同的外币库存现金日记账和银行存款日记账,其账页格式为复币式,即在三栏式日记账的基础上,将"借方""贷方""余额"三个金额栏分别设立"外币金额"、"兑换率"和"人民币金额(记账本位币)"栏目,以明确反映各种外币及折合人民币(记账本位币)的增减变化和结存情况。

外币日记账的账页格式及登记方法如表4-10所示。

表4-10　　　　　　　　　　　　外币银行存款日记账

××年		凭证编号	摘要	借　方			贷　方			借或贷	余　额		
月	日			外币	兑换率	人民币	外币	兑换率	人民币		外币	兑换率	人民币

(2)普通日记账的设置与登记。普通日记账又称会计分录簿,是根据每张原始凭证或记账凭证的先后顺序逐日逐笔进行登记的日记账。由于普通日记账与记账凭证在内容上有所重复,大部分企业不再单独设置普通日记账,但实行会计电算化的企业通过生成普通日记账,可以充分反映和监督单位经济业务和生产计划的执行情况。普通日记账的账页格式及登记举例如表4-11所示。

表 4-11　　　　　　　　　　　普通日记账

20×3年		凭证		摘　要	账户名称	借方金额	贷方金额	过账备注
月	日	字	号					
6	1	付	1	提现	库存现金	2 000		√
					银行存款		2 000	√
	6	转	1	维修设备领用材料	制造费用	3 000		√
					原材料		3 000	√
	8	转	2	赊购原材料	原材料	1 000		√
					应交税费——应交增值税（进项税额）	130		√
					应付账款——新立公司		1 130	√
	15	付	2	购买办公用品	管理费用	600		√
					库存现金		600	√
	20	收	1	销售产品	银行存款	226 000		√
					主营业务收入		200 000	√
					应交税费——应交增值税（销项税额）		26 000	√
	25	付	3	支付市内运费	销售费用	100		√
					库存现金		100	√

（四）总分类账的设置与登记

（1）总分类账的设置。总分类账是根据一级会计科目设置的账簿。它既能提供总括经济指标，为编制会计报表提供依据，又能统驭日记账、明细分类账和明细账，以保证会计账簿记录的正确性。每个单位都必须设置总分类账，以反映资金运动的整体情况。总分类账一般采用"三栏式"的订本账，也可采用多栏式或棋盘式。

（2）总分类账的登记。总分类账的登记方法取决于企业所采用的账务处理方法，根据不同的账务处理方法，三栏式总分类账的登记方法有以下两种：

① 逐笔登记。根据记账凭证直接逐笔登记总分类账。采用这种方法登记的总分类账省去了编制汇总记账凭证，手续简便，适用于经济业务较少的小型企业。

② 汇总登记。根据汇总记账凭证或多栏式日记账的汇总结果登记总分类账。采用这

种方法登记总分类账应对一定时期的经济业务进行汇总，按汇总结果登记总分类账，该方法适合于经济业务较多的大中型企业。

（五）明细分类账和明细账的设置与登记

（1）明细分类账和明细账的设置。明细分类账是根据二级会计科目设置的账簿。明细账是根据明细科目设置的账簿。它们为总分类账簿提供了一种明细分类补充。企业应根据实际会计核算和管理的需要设置明细分类账和明细账。

明细分类账一般采用三栏式活页账簿。明细分类账的账页格式主要包括三栏式、数量金额式和多栏式。

（2）明细分类账和明细账的登记方法。

① 三栏式明细分类账。三栏式明细分类账在账页中设有"借方""贷方""余额"三个金额栏。这种格式适用于只进行金额核算，不需要提供数量信息的账户，如各种债权债务类明细账，包括应收账款、应付账款、其他应收款、其他应付款、预收账款、预付账款等账户的明细分类核算。

三栏式明细账的登记方法是：根据有关记账凭证逐笔进行借方、贷方金额登记，而后结出余额。如为借方余额，在"借或贷"栏目中填写"借"字，如为贷方余额，则填写"贷"字。

② 数量金额式明细账。数量金额式明细账是在账页的"借方""贷方""余额"三栏中分设数量栏和金额栏的明细账。它既提供货币信息，同时也提供实物信息，适用于财产物资类明细账如"原材料""库存商品"等账户的明细核算。

登记数量金额式明细账时，要根据记账凭证或其所附原始凭证逐笔进行登记，同时记录其增加（或减少）的数量、单价和金额，结存栏记录存货的结存数量、单价及金额。数量金额式明细账的账页格式如表4-12所示。

③ 多栏式明细分类账。多栏式明细分类账是指在账页中按照明细科目或项目设置三个以上金额栏的明细账簿。多栏式明细账金额的栏次由明细账的内容决定，按照登记经济业务内容的不同，多栏式明细账分为：借方多栏式明细账、贷方多栏式明细账和借方、贷方多栏式明细账。多栏式明细账的账页格式如表4-13所示。

④ 复币式明细账。复币式明细账也称外币往来明细账，是指在账页的借方、贷方和余额三栏中分别开设外币、汇率、人民币三个小栏，以便对所发生的外币业务进行对照记录的明细账。有外币业务的单位，都要设置复币式明细账；发生多种外币业务的，要按币种分设明细账，以便核算和监督不同币种的往来结算情况。

表4-12

明细分类账

总第＿＿页
分第＿＿页
编号＿＿

年		凭证	摘要	数量	平均单价	借（增加）方 金额								数量	平均单价	贷（减少）方 金额								√	数量	平均单价	金额							
月	日	字号				百	十	万	千	百	十	元	角	分			百	十	万	千	百	十	元	角	分			百	十	万	千	百	十	元	角	分

表4-13

应交税费

编制单位：

总第＿＿页
分第＿＿页

年		凭证	摘要	应交消费税										应交城建税										应交教育费附加										贷方									
月	日	字号		万	千	百	十	元	角	分	……			万	千	百	十	元	角	分	……			万	千	百	十	元	角	分	……			万	千	百	十	元	角	分

(六) 会计账簿的平行登记

（1）总分类账与明细分类账和明细账的区别。

① 反映经济业务内容的详细程度不同。总分类账是根据总分类账户设置的账簿，是对经济内容的总括核算，提供的是总括指标；明细分类账是根据总账所属的明细分类账户设置的账簿，提供的是某类经济业务详细的核算指标；明细账是根据明细账户设置的账簿，提供的是经济业务某一方面的详细指标。

② 作用不同。总分类账是明细账资料的总和，对明细分类账、明细账和日记账起到的是统驭和控制的作用；而明细分类账、明细账和日记账对总账起到的是一种补充说明作用。

（2）总分类账与明细分类账和明细账的联系。

① 反映的经济内容相同。尽管总账、明细分类账、明细账和日记账提供的核算指标的详细程度不同，但它们反映的经济内容是相同的。

② 总分类账的借方（或贷方）本期发生额等于所属明细分类账、明细账、日记账的借方（或贷方）本期发生额之和；总分类账期末余额等于所属明细分类账、明细账、日记账的期末余额之和。

（3）账簿的平行登记。账簿的平行登记（parallel registration account books）即总分类账与日记账、明细分类账和明细账的平行登记，是指根据会计凭证，将一项经济业务一方面登记总分类账，另一方面登记有关明细分类账、明细账、日记账。其要点包括以下四个方面：

① 记录对象一致。对于每一项经济业务，在过账时，既要登记与其相关的总分类账户，同时也要登记所属的明细分类账、明细账、日记账，即记录对象一致。

② 记账期间一致。登记总分类账账户和明细分类账、明细账、日记账账户必须在同一会计期间完成，即登记总分类账账户的经济业务归属于哪一个会计期间，登记明细账账户的经济业务也应属于同一期间。

③ 方向相同。方向相同指的是变动方向相同，而不仅仅是指账户的借贷方向相同。在一般情况下，一笔经济业务根据会计凭证登记有关总分类账账户和明细分类账账户、明细账账户、日记账账户的记账方向必须相同，当在总分类账账户记入的是借方，在明细分类账账户、明细账账户、日记账账户也记入借方；当在总分类账账户记入贷方，明细分类账账户、明细账账户、日记账账户也应记入贷方。

④ 金额一致。登记在总分类账上的金额必须与其所属的各明细分类账、明细账和日记账账户金额的合计数相等。

总分类账与明细分类账、明细账、日记账之间只有进行平行登记，才能使总账控制明细分类账、明细账、日记账，使明细分类账、明细账具有补充说明总账的作用；另外，通过平行登记，总分类账与明细分类账、明细账、日记账之间进行核对，可以检验账户登记是否正确。

（七）备查簿的使用与登记

备查登记簿也称辅助账或补充登记簿，是对日记账或明细账中未登记的事项进行补充登记的账簿。备查登记簿与其他账簿之间不存在严密的勾稽关系，它为某些经济业务的分析和管理提供了参考资料，以便加强对单位财产的管理。

四、对账与结账

（一）对账

为了保证账簿记录的正确性，对企业单位一定会计期间（月份、季度、半年、年度）的经济活动的发生情况进行总结，企业必须定期进行账目核对与结算，即进行对账与结账工作。

1. 对账的概念

对账（reconciliation）即核对账目，是指在一定会计期间（月度、季度、年度）终了时，将账簿记录同其他会计核算资料进行核对的过程。根据会计核算资料之间的内在联系，通过对账可以保证会计账簿记录的正确无误。企业应当定期对会计账簿记录与库存实物、货币资金、有价证券、往来单位或者个人等进行相互核对，以保证账证相符、账账相符、账实相符，对账工作每年至少进行一次。

2. 对账的内容

（1）账证核对。账证核对是指月终将会计账簿记录与会计凭证进行核对，做到账证相符。账证核对是保证账账核对、账实核对的基础。

（2）账账核对。账账核对是指对不同会计账簿之间的账簿记录进行核对。通过账账核对，可以使账簿之间的记录保持一致，账账相符。账账核对的具体内容包括：

① 总分类账的核对。主要核对总分类账各账户借方期末余额合计数与贷方期末余额合计数是否相等，借方本期发生额合计数与贷方本期发生额合计数是否相等，相等说明总分类账的记录是正确的，才能据以核对其他账簿记录。

② 总分类账与明细分类账、明细账的核对。对总分类账各账户的期末余额（本期发生额）与所属各明细分类账户、明细账账户的期末余额（本期发生额）之和进行核对，看其是否相等，相等则表明总分类账和明细分类账、明细账账户的记录是正确的。

③ 总分类账与日记账的核对。将总分类账的"库存现金"和"银行存款"账户的期

末余额与库存现金日记账、银行存款日记账的期末余额进行核对，看其是否相等，相等则表明日记账与总分类账的有关记录是正确的。

④ 会计部门的财产物资明细账与财产物资保管和使用部门的有关明细账核对。主要指对会计部门的财产物资明细账期末余额与财产物资保管和使用部门的有关财产物资明细账的期末余额进行核对。

(3) 账实核对。账实核对是指将会计账簿记录与各种财产物资、库存现金、银行存款等各种往来账项的实存数额进行核对，看其是否相符，主要包括：

① 库存现金日记账账面余额与库存现金实际库存数的核对；

② 银行存款日记账账面发生额和余额与银行对账单的核对；

③ 固定资产、材料、产成品等各种财产物资明细账账面余额与财物实存数额的核对；

④ 各种应收、应付款明细账账面余额与有关债务、债权单位或者个人的核对。

（二）结账

1. 结账的概念

结账（closing accounts）是指在将一定时期发生的所有经济业务全部登记入账的基础上，按照规定的方法对本期内的账簿记录结算出本期发生额合计和期末余额，并将余额结转至下期或者转入新账的一种会计核算工作。各单位必须在期末进行结账，不得提前或推后结账。

通过结账，可以反映企业一定时期内的资产、负债和所有者权益的增减变动情况及结果和一定时期内的财务成果，有利于企业会计报表的编制。

2. 结账的方法

(1) 检查期间内发生的经济业务是否都已登记入账，有无漏记现象。

(2) 结账时，结出每个账户的期末余额。根据不同的账户记录，分别采用不同的方法：对不需要按月结计本期发生额的账户，如各项应收应付款明细账和各项财产物资明细账等，每次记账以后，都要随时结出余额，每月最后一笔余额即为月末余额。也就是说，月末余额就是本月最后一笔经济业务记录的同一行内的余额。月末结账时，只需要在最后一笔经济业务记录下的通栏内划单红线，不需要再结记一次余额。划线的目的，是突出有关数字，表示本期的会计记录已经截止或者结束，并将本期与下期的记录明显分开。

库存现金、银行存款日记账和需要按月结计发生额的收入、成本费用等明细账，每月结账时，要在最后一笔经济业务记录下面的通栏内划单红线，结出本月发生额和余额，在摘要栏内注明"本月合计"字样，在下面的通栏内划单红线。

(3) 需要结计本年累计发生额的某些明细账户，每月结账时，应在"本月合计"行下结出自年初起至本月末止的累计数额，登记在月份发生额下面，在摘要栏内注明"本年累计"字样，并在下面通栏划单红线。12月末的"本年累计"就是全年累计发生额，并在全年累计发生额下的通栏划双红线。

（4）总账账户平时只需结出月末余额。年终结账时，为了总括反映本年各项资金运动情况的全貌，经核对账目后，要结出所有总账账户的全年发生额和年末余额，在摘要栏内注明"本年累计"字样，并在合计数下通栏划双红线。

（5）年度终了，有余额的账户，要将其余额结转到下一会计年度，结转的方法是在摘要栏注明"结转下年"字样；在下一会计年度新建的有关会计账簿的第一行余额栏内填写上年结转的金额，并在摘要栏注明"上年结转"字样。将有余额的账户的余额直接记入新账余额栏内，不需要编制记账凭证，也不必将余额再记入本年账户的借方或者贷方，使本年有余额的账户的余额变为零。

年终，在账簿中要进行年结，并且封账。年结要在月结和季结后进行，年结时在季结的下一行"摘要"栏记入"年结"或"本年合计""本年累计"的字样，并将本年度借贷方发生额分别记入借方和贷方栏内，年结结束后在该行下划一红线。然后，对账簿的全年记录进行试算，在保证账户记录准确无误后，进行封账，封账时，在"总计"的下一行，划两条通栏红线，表示该账户的记录到此结束，两条红线下不得记录任何经济业务。

五、错账的更正方法

会计人员在记账过程中难免出现错误，一般包括编制记账凭证的错误和登记账簿的错误。在未登记账簿前如发现记账凭证的错误，只需将错误的凭证撕掉重新编制正确的凭证即可；在登记账簿后，如果发现记账凭证没有错误，而账簿出现错误，或者记账凭证和账簿同时出现错误，需要采用以下三种更正错误的方法进行更正：

（一）划线更正法

划线更正法也叫红线更正法。该方法适用于在结账前发现账簿所依据的记账凭证没有错误，但账簿记录中的文字、数字有错误的情况。

更正的方法是：先在错误的数字或文字上划一条红色横线以示注销，划线后必须使原有字迹清晰可辨；然后在错误数字或文字上方的空白处填写正确的数字或文字，并由记账人员在更正处盖章，以明确责任。对于文字错误，可只划去错误的字并进行更正；对于错误的数字，必须全部划销，不能只划销整个数字中的个别错误数字。

【例4-4】记账时将记账凭证的金额5 060元在账簿中误记为5 006元，更正举例如下：

5 060
~~5 006~~　　（错误处由记账人员盖章）

（二）红字更正法

红字更正法又称红字冲销法。该方法适用于以下两种情况：

（1）记账凭证有误造成账簿登记错误。主要是指记账凭证中的会计账户或记账方向存在错误而造成的账簿登记出现错误；更正方法是用红字填写一张与错误凭证会计分录一模一样的记账凭证，在"摘要"栏注明"冲销×月×日错账"字样，并用红字予以记账，冲销错账；再用蓝字编制一张正确的记账凭证，在"摘要"栏注明"补记×月×日账"字样，并据以记入有关账簿。

（2）记账凭证所记金额大于应记金额造成账簿登记金额错误。记账凭证中会计科目、记账方向正确，但所记金额大于应记金额造成账簿登记金额出现错误的更正方法是：只需将多记的金额，用红字填制一张与原记账凭证一样的记账凭证并以红字登记入账即可。

【例4-5】甲公司购入原材料1 000 000元，款项暂未支付。在编制记账凭证时会计分录发生如下错误并已入账。

借：原材料　　　　　　　　　　　　　　　　　　　1 000 000
　　贷：银行存款　　　　　　　　　　　　　　　　　　　1 000 000

发现错误后，先用红字金额编制一张与错误凭证相同的记账凭证如下，并据以记账。

借：原材料　　　　　　　　　　　　　　　　　　　1 000 000
　　贷：银行存款　　　　　　　　　　　　　　　　　　　1 000 000

然后用蓝字金额编制正确的记账凭证如下，并据以登记账簿。

借：原材料　　　　　　　　　　　　　　　　　　　1 000 000
　　贷：应付账款　　　　　　　　　　　　　　　　　　　1 000 000

（三）补充登记法

这种方法适用于记账以后，记账凭证和账簿的会计科目以及记账方向没有错误，但记账凭证所记金额小于应记金额，导致账簿金额出现错误的情况。

更正时，将少记金额，用蓝字填制一张与原记账凭证的会计账户、对应关系相同的记账凭证，在"摘要"栏注明"补记×月×日错账"字样，并据以记账。

【例4-6】某有限责任公司收到投资者投入的款项80 000元，误记为30 000元，并编制错误凭证如下：

借：银行存款　　　　　　　　　　　　　　　　　　　30 000
　　贷：实收资本　　　　　　　　　　　　　　　　　　　30 000

发现上述少记金额错误，更正时，将少记金额50 000元用蓝字编制一张记账凭证进行补充更正,并据以记账。

  借:银行存款   50 000
    贷:实收资本   50 000

  需要注意的是,采用电子计算机进行会计核算的企业,记账的过程由电子计算机自动完成,不存在抄录错误,所以,无须使用划线更正法。其他更正方法与手工记账相同,只是记账凭证或账簿中的红字金额在计算机中用负数表示。

六、账簿的更换与保管

(一)账簿的更换

  为了保证账簿记录的连续性,按照会计制度的规定,每个会计年度结束后,要结束本年度会计账簿的记录,对原有各种账簿的账户进行年结并封账。总分类账、库存现金日记账和银行存款日记账,以及各种应收账款、应付账款等明细账的记账人员,要在其经管的账簿的"结转下年余额"处盖章,以明确经济责任。在新的会计年度开始,进行会计账簿的更换。在新账的扉页填写单位名称、账簿名称、启用日期、账簿目录等内容,并由记账人员签章,然后再将上年余额转入新账。

  结转上年余额的方法有直接结转和余额表结转两种。

  (1)账簿余额直接结转。根据上年度账簿"结转下年余额"资料,在新账簿首页的第一行"摘要"栏注明"上年结转"字样,然后记入上年转入余额,并注明余额的性质是借或贷。这种方法简便易行,但不易发现上年转入余额的错误。

  (2)余额表结转。根据上年度账簿"结转下年余额"资料,编制"年终账户余额表",通过"年终账户余额表",检验总分类账的期初余额是否平衡,总分类账与明细分类账、明细账是否相符,然后再以"年终账户余额表"作为记账凭证登记新账。采用这种方法可有效地防止年初余额出现错误。

  一般来说,总账、日记账和多数明细账应每年更换一次;财产物资明细账和债权债务明细账,由于材料品种、规格和往来单位较多,更换新账,重抄一遍工作量较大,因此,可以跨年度使用,不必每年度更换一次。有些明细账如果年度内变化不大,年度结束可以不更换账簿,直接在年度结束后的双红线下记账,如"固定资产明细账"等;各种备查簿也可以连续使用。

(二)账簿的保管

  会计账簿是企业重要的经济资料,会计人员必须根据有关制度妥善保管账簿,账簿保管包括:

（1）账簿的日常保管。根据会计人员岗位责任制的要求，负责登记某会计账簿的会计人员，同时负责该账簿的保管。会计账簿不得随意交由其他人员管理，防止任意涂改账簿等问题的发生；不得外借，以防丢失；其他部门或有关人员需要查阅本单位账簿的，须经单位负责人或会计主管人员批准，未经批准，非经管人员不得随意翻阅会计账簿；会计账簿除需要与外单位进行核对外，一般不得携带外出。

（2）账簿的归档保管。年终结账后，更换下来的会计账簿要进行归档保管。归档前应检查和补齐应办的手续，活页账要抽出空白账页，再装订成册，并注明各页页码。装订时，活页账按不同账户分类装订成册，某些账页较少的账户，也可以合并装订。装订后由经办人员、装订人员、会计主管在封口处签字盖章，并填写目录和移交清单，按期进行归档管理。

会计账簿的保管期限为：总分类账、明细分类账、辅助账和一般日记账要保管30年；库存现金日记账和银行存款日记账要保管30年；固定资产卡片在固定资产报废清理后保管5年；涉及外事和对私改造的会计账簿要永久保存。

第四节 财产清查

一、财产清查概述

财产清查（checking property）是通过对货币资金、实物资产和往来账项进行实地盘点、核对，以确定其实存数额，并查明实存数与账存数是否相符以及账实不符的主要原因的一种专门的会计核算方法。

通过财产清查有利于保证企业会计信息的真实性与正确性、保证企业财产的安全性与完整性、提高财产物资的利用效率和建立健全企业内部控制制度。

二、财产清查的种类

（一）按清查的范围分类

财产清查按清查的范围分类，可分为全面清查和局部清查两类。

（1）全面清查。全面清查是指对企业所有的财产和往来账项进行全面的盘点与核对。由于全面清查的范围广、内容多、工作量大，企业一般在年终决算前对企业的财产进行全面清查，以保证年度决算报表的正确性和真实性。此外，单位撤销、合并或改变隶属关系以及合资、国有企业股份制改造应按规定进行全面的财产清查。

（2）局部清查。局部清查也称重点清查，是指根据需要对某些重点部分的财产物资进行的盘点与核对。局部清查范围小、内容少、工作量小，但专用性较强。如贵重的物资应每月清查一次；库存现金应由出纳人员每日清点一次；银行存款和各种短期借款、长期借款每月与银行核对一次；各种债权债务每年至少核对三次；各项存货除年终的全面清查外，年内应进行重点抽查。

（二）按清查的时间分类

财产清查按清查的时间分类，可分为定期清查和不定期清查两类。

（1）定期清查。定期清查是指根据预先计划的时间对财产物资所进行的清查。定期清查一般在月末、季末和年末进行，清查的范围可以是全面清查，也可以是局部清查。

（2）不定期清查。不定期清查是根据实际需要对财产物资进行的临时性清查。不定期清查可以是全面清查，也可以是局部清查。如更换财产物资或库存现金的保管人员而进行的相关财产的清查；发生灾害或意外损失时进行的清查；配合有关部门进行的临时性检查和进行临时性清产核资等。

（三）按清查的执行单位分类

财产清查按执行单位分类，可分为内部清查和外部清查两类。

（1）内部清查。内部清查是指由本单位内部人员组成的清查小组所进行的财产清查。内部清查可以是全面清查，也可以是局部清查；可以是定期清查，也可以是不定期清查。

（2）外部清查。外部清查是指由本单位以外的相关部门或人员组成的清查小组所进行的清查。外部清查一般是局部清查。如会计师事务所、税务机关和司法机关等对企业进行的财产清查。

三、财产清查的方法及会计处理

（一）库存现金清查

每日终了结算现金收支、进行财产清查等发现的有待查明原因的现金溢余或短缺，应通过"待处理财产损溢"科目核算。属于现金溢余的，按实际溢余金额，借记"库存现金"科目，贷记"待处理财产损溢——待处理流动资产损溢"科目。属于现金短缺的，应按实际短缺的金额借记"待处理财产损溢——待处理流动资产损溢"科目，贷记"库存现金"科目。

（1）如为现金溢余，属于应支付给有关人员和单位的，记入"其他应付款"科目；属于无法查明原因的，记入"营业外收入"科目。

【例4-7】阳光股份有限公司20×1年8月31日对库存现金进行清查时，发现溢余200元。

  借：库存现金   200
    贷：待处理财产损溢——待处理流动资产损溢   200

现金溢余原因不明，经批准计入营业外收入：

  借：待处理财产损溢——待处理流动资产损溢   200
    贷：营业外收入   200

（2）如为现金短缺，属于应由责任人赔偿或保险公司赔偿的部分，记入"其他应收款"科目；属于无法查明的其他原因，记入"管理费用"科目。

【例4-8】阳光股份有限公司20×1年5月31日对现金进行清查时，发现短缺300元。

  借：待处理财产损溢——待处理流动资产损溢   300
    贷：库存现金   300

经调查，现金短缺是出纳人员的失职所致：

  借：其他应收款——××出纳人员   300
    贷：待处理财产损溢——待处理流动资产损溢   300

（二）存货清查

企业发生存货盘盈时，借记"原材料""库存商品"等科目，贷记"待处理财产损溢——待处理流动资产损溢"科目；按管理权限报经批准后，一般冲减管理费用，即借记"待处理财产损溢"科目，贷记"管理费用"科目。

【例4-9】阳光股份有限公司进行存货清查时，发现甲材料盘盈100千克，单位成本为19.5元，计1 950元。经查该项盘盈是由于收发计量错误引起的，报经批准予以处理。

发现甲材料盘盈时的相关会计处理如下：

  借：原材料——甲材料   1 950
    贷：待处理财产损溢——待处理流动资产损溢   1 950

报经批准处理时的相关会计处理如下：

  借：待处理财产损溢——待处理流动资产损溢   1 950
    贷：管理费用   1 950

存货发生的盘亏或毁损，借记"待处理财产损溢——待处理流动资产损溢"科目，贷记"原材料""库存商品"等科目。按管理权限报经批准后，根据造成存货盘亏或毁损的原因，分别以下情况进行处理：

（1）属于计量收发差错和管理不善等原因造成的存货短缺，应先扣除残料价值、可以收回的保险赔偿和过失人赔偿,将净损失记入"管理费用"科目。

(2) 属于自然灾害等非常原因造成的存货毁损,应先扣除处置收入(如残料价值)、可以收回的保险赔偿和过失人赔偿,将净损失记入"营业外支出"科目。

【例 4-10】阳光股份有限公司进行存货清查时,发现材料短缺 5 000 千克,单位成本为 3.6 元,计 18 000 元。相关会计处理如下:

借:待处理财产损溢——待处理流动资产损溢　　　　　18 000
　　贷:原材料　　　　　　　　　　　　　　　　　　　　　　　　18 000

经查,该短缺由多种原因造成,经批准,分别进行会计处理如下:

材料短缺中属于责任人张某过失造成的损失为 2 000 元,应由其进行赔偿。会计处理如下:

借:其他应收款——张某　　　　　　　　　　　　　　　2 000
　　贷:待处理财产损溢——待处理流动资产损溢　　　　　　　2 000

材料短缺中属于非常损失的部分,价值 16 000 元,其中收回残料 1 000 元,保险公司赔偿 10 000 元,剩余部分经批准作为营业外支出处理。会计处理如下:

借:原材料　　　　　　　　　　　　　　　　　　　　　1 000
　　其他应收款——保险公司　　　　　　　　　　　　　　10 000
　　营业外支出　　　　　　　　　　　　　　　　　　　　5 000
　　贷:待处理财产损溢——待处理流动资产损溢　　　　　　　16 000

(三) 固定资产清查

(1) 固定资产清查的概念。固定资产清查是指对企业拥有的固定资产进行实物核查,并与固定资产账簿进行核对,以确定盘盈、毁损、报废及盘亏的固定资产。固定资产清查的范围主要包括土地、房屋及建筑物、通用设备、专用设备、交通运输设备等。企业应定期或者至少于每年年末对固定资产进行全面清查。

(2) 固定资产清查的程序。

① 在清查前,将企业固定资产总账的期末余额与固定资产明细账(固定资产卡片)进行核对,保证固定资产总账余额与明细账余额一致。

② 对企业所拥有的固定资产进行实地盘点,将实物按固定资产明细账所列示的品种、数量、型号等逐一进行核对,保证账实相符。

③ 根据盘点结果,在查明原因后,编制"固定资产清查盘盈、盘亏报告单",并按照管理权限上报有关情况,根据批复进行账务处理。

(3) 固定资产清查结果的账务处理。企业在财产清查中盘亏的固定资产,按盘亏固定资产的账面价值,借记"待处理财产损溢——固定资产盘亏"科目,按已计提的累计折旧，借记"累计折旧"科目，按已计提的减值准备，借记"固定资产减值准备"科目，按固定资产的原值，贷记"固定资产"科目。按管理权限报经批准后处理时，按可收回的保险赔偿或过失人赔偿，借记"其他应收款"科目，按应计入营业外支出的金额，借记"营业外支出"科目，贷记"待处理财产损溢"科目。

① 盘亏固定资产时：
借：待处理财产损溢——固定资产盘亏
　　累计折旧
　　固定资产减值准备
贷：固定资产

② 报经批准转销时：
借：营业外支出——固定资产盘亏
　　其他应收款——××保险公司
贷：待处理财产损溢——固定资产盘亏

企业在财产清查中盘盈的固定资产，应作为前期差错处理。

（四）银行存款的清查

（1）银行存款清查的概念。银行存款清查是指通过企业编制的银行存款日记账与开户行转来的对账单进行逐笔核对，以确定银行存款的实际结存数是否正确。

（2）未达账项的概念和分类。经过对账，企业银行存款日记账的金额与开户银行转来的对账单的金额很可能会不一致，其原因主要有两个方面：

一是发生了记账错误，如错记和漏记，企业要及时按照会计更正错误的方法予以更正；二是存在未达账项的影响。未达账项（outstanding entry）是指由于企业与银行在取得相关凭证时存在时间差，而发生的一方已取得凭证并据以入账，而另一方未取得凭证而尚未入账的款项。对未达账项企业应通过编制"银行存款余额调节表"进行调整。

企业与银行之间的未达账项主要有以下四种情况：

① 企业已收银行未收的款项。企业已收银行未收的款项是指企业已根据收到的有关收款原始凭证编制了记账凭证，并据以登记了银行存款日记账，使企业的银行存款日记账增加；但银行未收到有关原始凭证，因此银行未予以记账而形成的银行未达账项。该未达账项使企业银行存款日记账上的金额大于银行对账单上的金额。

② 企业已付银行未付的款项。企业已付银行未付的款项是指企业已根据有关付款原始凭证编制了记账凭证，并据以登记了银行存款日记账，使企业的银行存款日记账金额减少；但银行未收到有关原始凭证，因此银行未记账而形成的银行未达账项。该未达账项使企业银行存款日记账的金额小于银行对账单的金额。

③ 银行已收企业未收的款项。银行已收企业未收款项是指银行已根据有关收款原始凭证进行了登记，但因为企业未收到有关原始凭证，所以企业未进行登记而形成的企业未达账项。该未达账项使企业银行存款日记账的金额小于银行对账单上的金额。

④ 银行已付企业未付的款项。银行已付企业未付款项是指银行已根据有关付款凭证进行了登记，但因为企业没有收到有关的原始凭证，所以企业未进行登记而形成的企业未达账项。该未达账项使企业银行存款日记账金额大于银行对账单上的金额。

（3）银行存款余额调节表的编制。企业通过编制"银行存款余额调节表"来消除未达账项的影响，"银行存款余额调节表"的格式如表4-14所示，一般采用左右平衡式，调节方法为补记法。即出纳员在编制银行存款余额调节表时，应将未达账项看作是已达账项进行调整：首先将调整前企业银行存款日记账余额列示在左边，将调整前银行对账单余额列示在右边，在双方账面余额的基础上，分别加上对方已收款入账而己方未收款入账的金额，减去对方已付款入账而己方未入账的金额，然后分别计算出双方调整后的余额。如果不存在记账错误，银行存款余额调节表调整后的左右两边余额应该相等。

【例4-11】某企业月末终了时银行存款日记账余额为500 000元，银行转来对账单余额520 000元，经核对发现有下列未达账项：

① 企业收到转账支票一张，金额5 000元，企业已记账，银行尚未记账。

② 企业开出转账支票一张，金额8 000元，用于购买原材料，企业已记账银行尚未记账。

③ 企业委托银行收款20 000元，银行已收妥入账，企业未接到银行的收款通知。

④ 银行代企业支付电话费3 000元，银行已记账，企业尚未登记。

根据以上未达账项，编制银行存款余额调节如表4-14所示。

表4-14 银行存款余额调节表

年 月 日　　　　　　　　　　　　　　　　　　　　　　　　　　　　单位：元

项 目	金 额	项 目	金 额
企业银行存款日记账余额	500 000	银行对账单余额	520 000
加：银行已收企业未收	20 000	加：企业已收银行未收	5 000
减：银行已付企业未付	3 000	减：企业已付银行未付	8 000
调整后余额	517 000	调整后余额	517 000

需注意的是，银行存款余额调节表不能作为企业调整银行存款日记账账面余额的原始凭证，编制它的目的主要是核对账目。对于企业的未达账项，必须等到有关凭证到达企业审核后才能进行相应的账务处理。

（五）往来款项的清查

企业的往来款项是指企业的各种应收账款、应付账款、预收账款、预付账款和暂收暂付款项。对往来款项的清查，应采用查询法。

首先，在核对本单位总分类账、明细分类账、各明细分类账的余额正确完整的基础上，编制"往来结算款项对账单"，并通过发函与对方单位进行核对。对账单一般一式两联，其中一联为回单，对方单位应根据对账单进行核对，核对相符后应在回单上盖章并退回发函单位；如果核对后出现数字不符，应将不符的原因在回单上予以注明，或另抄一份对账单退回发函企业，以做进一步核对。

企业收到回单后，应填制"往来款项清查表"，及时催收应收回的款项和各种坏账。

第五节 财务报告

一、财务报告概述

（一）财务报告的概念

财务报告（financial report）是指企业对外提供的反映企业某一特定日期财务状况和某一会计期间经营成果、现金流量等会计信息的文件。通过为企业外部的投资者、债权人、政府及其有关部门和社会公众等使用者提供决策有用的信息，财务报告系统地反映了企业一定日期的财务状况和一定时期的经营成果、现金流量等信息。

（二）财务报告的构成

财务报告由财务报表和其他应当在财务报告中披露的相关信息和资料构成，其中，财务报表又由财务报表本身及其附注两个部分构成。会计报表是财务会计报告的主体和核心。

（1）财务报表。财务报表（financial statements）是对企业财务状况、经营成果和现金流量的结构性表述。财务报表是企业根据日常会计核算资料归集、加工整理、定期编制的表式报告。按照《企业会计准则第 30 号——财务报表列报》的规定，企业的财务报表至少应当包括"四表一注"，即资产负债表、利润表、现金流量表、所有者权益变动表以及附注。

（2）附注。附注（notes）是为了便于会计报表使用者理解会计报表的内容而对财务报表中列示项目的文字描述或明细资料，以及对未能在资产负债表、利润表、现金流量表、所有者权益变动表中列示项目的说明等。附注是财务报表的重要组成部分，是财务报表使用者了解企业财务状况、经营成果和现金流量的重要内容。附注一般应当按照下列顺序披露有关内容：

① 企业的基本情况，包括企业的注册地、组织形式和总部地址；企业的业务性质和主要经营活动；财务报告的批准报出者和财务报告批准报出日等。

② 财务报表的编制基础，即企业是持续经营还是非持续经营。

③ 遵循企业会计准则的声明。

④ 重要会计政策的说明，包括财务报表项目的计量基础和会计政策的确定依据等。

⑤ 重要会计估计的说明，包括下一会计期间内很可能导致资产、负债账面价值重大调整的会计估计的确定依据等。

⑥ 会计政策和会计估计变更以及差错更正的说明。

⑦ 对已在资产负债表、利润表、现金流量表和所有者权益变动表中列示的重要项目的进一步说明，包括终止经营税后利润的金额及其构成情况等。

⑧ 或有和承诺事项、资产负债表日后非调整事项、关联方关系及其交易等需要说明的事项。

（三）财务报表的分类

（1）按财务报表反映的内容分类。财务报表按反映的内容不同，可分为反映财务状况的财务报表和反映经营成果的财务报表。反映财务状况的财务报表有资产负债表、现金流量表、所有者权益变动表及其相关的附注；反映经营成果的财务报表有利润表及其相关的附注。

（2）按财务报表编报的时间分。财务报表按编报时间不同，可分为年度财务报表和中期财务报表。年度财务报表是指年度终了编报的财务报表。中期财务报表是以短于一个完整会计年度的报告期间为基础编制的财务报表，包括月度、季度和半年度财务报表。月度财务报表是指月度终了编报的财务报表；季度财务报表是指季度终了编报的财务报表；半年度财务报表是指在每个会计年度的前6个月结束后编报的财务报表。

（3）按财务报表编制的会计主体分。财务报表按编制的会计主体不同，可分为个别财务报表、汇总财务报表和合并财务报表。个别财务报表是指由独立核算的会计主体按照会计制度统一规范的格式、内容和要求，根据自身的会计核算资料，汇总、加工、整理编制的财务报表。汇总财务报表是指由企业的上级主管部门或上级单位将所属单位报送的财务报表连同本单位财务报表的相同指标汇集、加总编制的财务报表。合并财务报表是指以母公司和子公司组成的企业集团为一会计主体，以母公司和子公司单独编制的个别财务报表为基础，由母公司编制的综合反映企业集团财务状况、经营成果及现金流量的财务报表。

（4）按财务报表报送的对象分。财务报表按报送的对象不同，可分为对外财务报表和对内财务报表。对外财务报表是指向企业外部的信息使用者提供的，以利于其作出决策的财务报表。包括"资产负债表""利润表""现金流量表""所有者权益变动表"。这些财务报表在对外报送的同时，企业也需留存。因此，对外财务报表同时也是对内财务报表。企业对内财务报表是指为适应企业内部成本计算、经营管理等需要而编制的报表。如"制造费用分配表""期间费用表""产品成本计算表"等，但是这些报表不属于财务报告的范畴。

（5）按财务报表反映的资金运动状态分。财务报表按反映资金运动的状态不同，可分为静态财务报表和动态财务报表。静态财务报表是指反映企业某一特定时点资产、负债、所有者权益状况的报告，如"资产负债表"。动态财务报表是指反映企业一定时期内利润形成及分配情况、现金及现金等价物流入流出情况、所有者权益增减变动情况的财务报表，如"利润表""现金流量表""所有者权益变动表"等。

（四）财务报表列报的基本要求

企业应当按照《企业财务会计报告条例》的规定，编制和提供真实、完整的财务会计报告。企业对外提供的财务报表的内容、财务报表的种类和格式、财务报表附注的主要内容等，应按《企业会计准则第30号——财务报表列报》的规定执行，企业内部管理需要的会计报表由企业自行规定。财务报表列报的基本要求有：

（1）以持续经营为基础列报。企业应当根据实际发生的交易和事项，按照《企业会计准则——基本准则》和其他各项会计准则的规定进行确认和计量，在此基础上编制财务报表。企业不应以附注披露代替确认和计量。以持续经营为基础编制财务报表不再合理时，企业应当采用其他基础编制财务报表，并在附注中披露企业未以持续经营为基础的原因以及财务报表的编制基础。

（2）不同会计期间一致列报。财务报表项目的列报应当在各个会计期间保持一致，不得随意变更。

（3）重要项目单独列报。财务报表项目在表中是单独列报还是合并列报，应当依据重要性原则来判断。性质或功能不同的项目，应当在财务报表中单独列报，但不具有重要性的项目除外。性质或功能类似的项目，其所属类别具有重要性的，应当按其类别在财务报表中单独列报。

（4）项目金额不得相互抵销。财务报表项目应当以总额列报，表中的资产项目和负债项目的金额、收入项目和费用项目的金额不得相互抵销，但其他会计准则另有规定的除外。但是，资产项目按扣除减值准备后的净额列示，不属于抵销。非日常活动产生的损益，以收入扣减费用后的净额列示，不属于抵销。

（5）提供比较信息列报。企业在列报当期财务报表时，至少应当提供所有列报项目上同一可比会计期间的比较数据，以及与理解当期财务报表相关的说明，但其他会计准则另有规定的除外。

（6）显著位置列报的内容。企业应当在财务报表的显著位置至少披露编报企业的名称、资产负债表日或财务报表涵盖的会计期间、人民币金额单位。

（7）报告期间。企业至少应当按年编制财务报表。年度财务报表涵盖的期间短于一年的，应当披露年度财务报表的涵盖期间，以及短于一年的原因。

企业对外提供的财务报表应当依照法律、行政法规和国家统一的会计制度的要求，在规定的时间内报出。年度财务报表应当于年度终了后4个月内（节假日顺延，下同）对外提供；半年度中期财务报表应当于年度中期结束后60天内（相当于两个连续的月份）对外提供；季度中期财务报表应当于季度终了后15天内对外提供；月度中期财务报表应当于月度终了后6天内对外提供。

企业对外提供的财务报表应当依次编定页数，加具封面，装订成册，加盖公章。封面上应注明：企业名称、企业统一代码、组织形式、地址、报表所属年度或者月份、报出日期，并由企业负责人和主管会计工作的负责人、会计机构负责人（会计主管人员）签名并盖章，设置总会计师的企业，还应当由总会计师签名并盖章。

二、资产负债表

资产负债表（balance sheet）是反映企业在某一特定日期财务状况的报表。它反映企业在某一特定时点（如20××年12月31日）的资产、负债和所有者权益的状况，又称为静态报表。它是企业财务状况在某一特定时点的"快照"，在该特定时点之前或之后的资产负债表的各个项目都有可能发生变化。

任何企业从事经济活动，都必须具备一定的资金，这些资金主要来源于两个部分：一部分来自投资者（股东）的投入，形成了企业的所有者权益；另一部分是向债权人借入的资金，形成了企业的负债。所有者权益和负债的合计数构成了企业资金的来源。企业的资金来源以各种资产作为表现形式，从而形成了企业资金的占用。由于资金的来源＝资金的占用，其中资金的来源＝负债＋所有者权益，资金的占用＝资产，所以产生了编制资产负债表的一个会计恒等式，即"资产＝负债＋所有者权益"。

三、利润表

利润表（income statement）是反映企业在一定会计期间（如月度、季度或者年度）的经营成果的报表。由于它反映的是企业在一定的会计期间的经营成果，而不是某一时点，因此又称为动态报表。利润表根据企业在一定会计期间所取得的全部收入减去该期间所发生的全部费用进行编制。即"收入－费用＝利润"。如果收入大于费用为盈利；如果收入小于费用为亏损。

利润表向信息的使用者提供了会计主体在一定会计期间取得的收入和利得、会计主体在一定期间发生的成本、费用和损失的构成情况以及会计主体在一定期间实现的净利润或发生的净亏损。

四、现金流量表

（一）现金流量表的概念

现金流量表（statement of cash flows）是反映企业在一定会计期间现金和现金等价物流入和流出的报表。现金流量表的编制基础是现金。

（1）现金是指企业库存现金及可以随时用于支付的存款。主要包括库存现金、银行存款和其他货币资金。需注意的是，银行存款和其他货币资金中包含的不能随时支取的存款，不能作为现金流量表中的现金，但提前通知金融企业便可支取的定期存款，应包括在现金流量表中的现金范围内。

（2）现金等价物。现金等价物是指企业持有的期限短、流动性强、易于转换为已知金额的现金、价值变动风险很小的投资。期限短是指从购买日起在3个月内到期。

现金流量表是以往的财务状况变动表的替代表。它详细地反映了公司经营活动、投资活动和筹资活动对企业现金流入流出的影响，提供了企业经营是否健康的证据。如果企业经营活动产生的现金流无法支付股利和保持股本的生产能力，说明该企业只能用借款来满足这方面的需求，从长期来看该企业将无法维持正常支出，从而揭示了企业发展的内在问题。

（二）现金流量的分类

现金流量表中将现金流量分为三类：

（1）筹资活动现金流量。筹资活动现金流量，是指导致企业资本及债务规模和构成发生变化活动产生的现金流量。

（2）投资活动现金流量。投资活动现金流量，是指企业长期资产的购建和不包括在现金等价物范围内的投资及其处置活动产生的现金流量。

（3）经营活动产生的现金流量。经营活动现金流量是指企业投资活动和筹资活动以外的所有交易和事项产生的现金流量。

五、所有者权益变动表

所有者权益变动表（statement of changes in owners' equity）是反映企业在一定的会计期间所有者权益的各个项目增减变动情况的报表。所有者权益变动表向信息的使用者提供了企业的所有者权益在一定时期总量的增减变动情况；企业的所有者权益重要结构的增减变动情况以及企业当期的损益和直接计入所有者权益的利得和损失情况。

第六节 会计核算程序

一、会计核算程序概述

（一）会计核算程序的概念

会计核算程序（accounting procedure）又称账务处理程序、记账程序或会计核算形式，是指从编制原始凭证开始到编制会计凭证、登记账簿和编制会计报表的一系列步骤和方法。

（二）会计核算程序与会计循环的关系

会计核算程序与会计循环的关系表现为：会计核算程序是会计循环的组成部分；会计循环不仅是对记录载体之间的衔接和记录程序的描述，而且还要说明按照会计准则的要求如何进行调整处理。

（三）会计核算程序的分类

由于会计凭证、会计账簿、会计报表相互组合方式的不同，形成了不同的会计核算程序。会计核算程序一般分为：记账凭证会计核算程序、科目汇总表会计核算程序、汇总记账凭证会计核算程序和多栏式日记账会计核算程序。目前最常用的是记账凭证会计核算程序和科目汇总表会计核算程序。

二、记账凭证会计核算程序

（一）记账凭证会计核算程序的概念

记账凭证会计核算程序是指对企业发生的每项经济业务，直接根据记账凭证逐笔登记总分类账的一种账务处理程序。记账凭证会计核算程序是最基本的会计核算程序，其他会计核算程序都是在记账凭证会计核算程序的基础上演变而来的。

（二）记账凭证会计核算程序下记账凭证和账簿的设置

（1）记账凭证会计核算程序下记账凭证的设置。在记账凭证会计核算程序下，企业设置的记账凭证为收款凭证、付款凭证和转账凭证，也可设置现金收款凭证、银行收款凭证、现金付款凭证、银行付款凭证、转账凭证，还可采用通用记账凭证。

（2）记账凭证会计核算程序下账簿的设置。在记账凭证会计核算程序下，企业应设置库存现金日记账、银行存款日记账、总分类账和明细分类账。总账、库存现金日记账和银行存款日记账一般采用三栏式账簿；明细分类账可根据经济业务内容的需要，选择三栏式、多栏式和数量金额栏式账簿。

（三）记账凭证会计核算程序的操作流程

（1）根据原始凭证编制原始凭证汇总表；
（2）根据原始凭证或原始凭证汇总表，编制记账凭证；
（3）根据收款凭证、付款凭证逐笔登记库存现金日记账和银行存款日记账；
（4）根据记账凭证和所附原始凭证、原始凭证汇总表登记明细分类账；
（5）根据记账凭证逐笔登记总分类账；
（6）期末，将库存现金日记账、银行存款日记账以及各种明细分类账户余额分别与总分类账中有关账户的余额进行核对；
（7）期末，根据总分类账和各种明细分类账的记录编制会计报表。

记账凭证会计核算程序如图4-2所示。

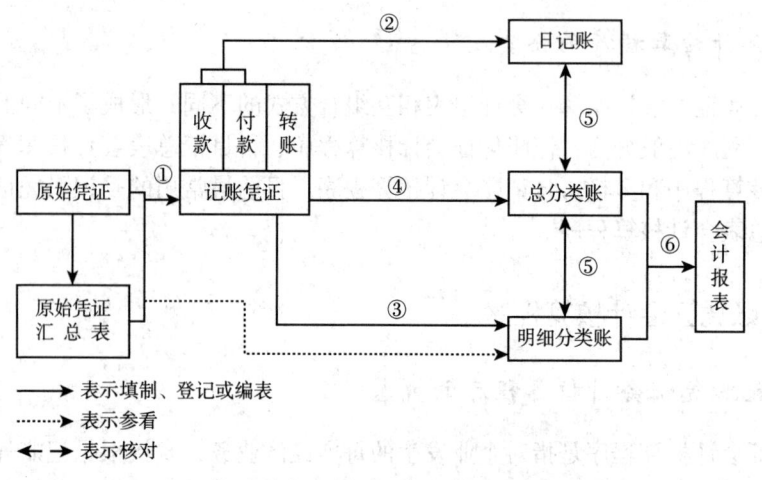

图4-2 记账凭证账务处理程序

（四）记账凭证会计核算程序的优缺点和适用范围

记账凭证会计核算程序简单明了，易于理解，便于操作。总分类账簿较详细地记录和反映了经济业务的来龙去脉。但其缺点是登记账簿的工作量较大。该账务处理程序适用于规模较小、经济业务较少的企业。

三、科目汇总表会计核算程序

（一）科目汇总表会计核算程序的概念

科目汇总表会计核算程序，是指根据记账凭证定期编制科目汇总表，再根据科目汇总表登记总分类账的一种账务处理程序。

（二）科目汇总表会计核算程序下凭证和账簿的设置

（1）科目汇总表会计核算程序下记账凭证的设置。在科目汇总表会计核算程序下记账凭证的设置与记账凭证会计核算程序下记账凭证的设置基本相同。唯一不同的是增设了科目汇总表这一汇总记账凭证作为登记总账的依据。

（2）科目汇总表会计核算程序下账簿的设置。在科目汇总表会计核算程序下账簿的设置与记账凭证会计核算程序下账簿的设置相同。

（三）科目汇总表会计核算程序的操作流程

（1）根据原始凭证编制原始凭证汇总表；
（2）根据原始凭证或原始凭证汇总表编制记账凭证；
（3）根据收款凭证、付款凭证逐笔登记库存现金日记账和银行存款日记账；
（4）根据原始凭证、原始凭证汇总表和记账凭证登记明细分类账；
（5）根据记账凭证编制科目汇总表；
（6）根据科目汇总表登记总分类账；
（7）期末，将库存现金日记账、银行存款日记账以及各种明细分类账户余额分别与总分类账中有关账户的余额进行核对；
（8）期末，根据总分类账和明细分类账的记录编制会计报表。

科目汇总表会计核算程序如图 4-3 所示。

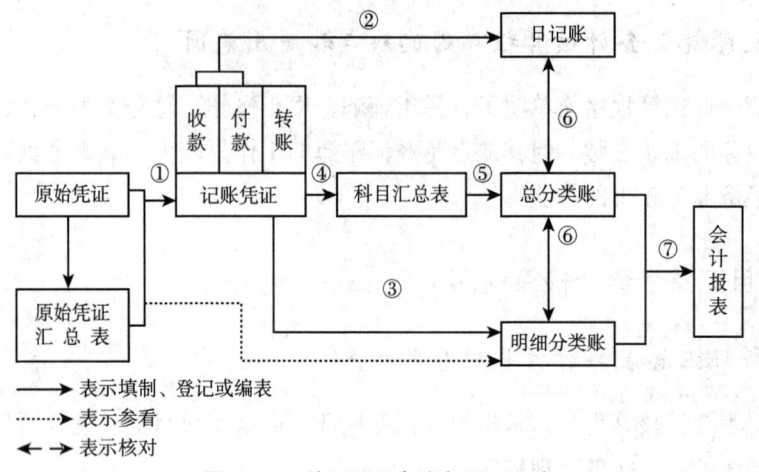

图 4-3 科目汇总表账务处理程序

(四) 科目汇总表会计核算程序的优点和适用范围

科目汇总表会计核算程序的优点是：其通过科目汇总表集中反映了一定时期经济业务的发生情况，减轻了登记总账的工作量。缺点是：科目汇总表按总账科目汇总编制，不能如实地反映账户的一一对应关系，不便于核对账目。科目汇总表会计核算程序适用于经济业务较多的企业。

重要概念：会计循环　会计凭证　原始凭证　记账凭证　收款凭证　付款凭证　转账凭证　日记账　总分类账　明细分类账　特种日记账　试算平衡　结账　财务会计报告　资产负债表　利润表　现金流量表　报表附注　会计核算程序　记账凭证会计核算程序　科目汇总表会计核算程序

重点与难点：会计循环的步骤　会计凭证的概念　会计凭证的分类　原始凭证的填制　原始凭证的审核及审核后的处理　分录记账凭证的编制　分录记账凭证的审核　账簿的分类　账簿的设置与登记　账簿的平行登记　记账错误的更正方法　对账与结账　库存现金的清查　银行存款的清查　财产清查的会计处理　记账凭证会计核算程序的特点及程序　科目汇总表会计核算程序的特点及程序

思 考 题

(1) 什么是会计循环？会计循环的基本步骤包括哪些？

(2) 什么是会计凭证？它具有哪些作用？
(3) 会计凭证有哪些种类？
(4) 什么是原始凭证？原始凭证的作用是什么？
(5) 原始凭证审核的内容包括哪些？对审核结果如何处理？
(6) 什么是记账凭证？
(7) 记账凭证和原始凭证有怎样的关系？
(8) 记账凭证有哪些种类？它们之间有怎样的关系？
(9) 记账凭证如何审核？
(10) 如何进行记账凭证的传递与保管？
(11) 什么是会计账簿？为什么要设置会计账簿？
(12) 会计账簿有哪些种类？
(13) 库存现金日记账和银行存款日记账的内容和记账方法是什么？
(14) 什么是总分类账？总分类账如何登记？
(15) 什么是明细分类账？明细分类账如何登记？
(16) 什么是账簿的平行登记？账簿的平行登记有哪些要求？
(17) 记账错误的更正方法有哪些？它们之间有什么不同？
(18) 如何对账？如何结账？
(19) 如何更换和保管会计账簿？
(20) 什么是财产清查？财产清查的作用有哪些？
(21) 未达账项的发生有哪几种情况？
(22) 如何编制银行存款余额调节表？
(23) 什么是财务会计报告？
(24) 财务会计报告由哪些内容构成？
(25) 什么是资产负债表？
(26) 什么是利润表？
(27) 什么是现金流量表？现金流量如何分类？
(28) 什么是会计核算程序？会计核算程序的种类及主要特点是什么？
(29) 记账凭证会计核算程序的记账步骤是什么？
(30) 科目汇总表会计核算程序的记账步骤是什么？

下 编

财务会计编

第五章

流动资产

【学习目的】

通过本章的学习，使学生掌握货币资金、应收款项的内容及会计处理；掌握应收款项减值的会计处理；掌握存货的会计处理，包括存货的取得、发出以及存货的期末计价；熟悉存货跌价准备的会计处理；熟悉存货可变现净值的含义及确定方法；了解货币资金的管理和相关内部控制；了解交易性金融资产取得成本的初始确认及后续计量方法。

第一节 货币资金

货币资金是指企业在生产经营过程中处于货币形态的那部分资金，可以随时作为支付手段。货币资金按照存放地点和用途不同，分为库存现金、银行存款和其他货币资金。库存现金是指存放在企业财务部门、由出纳人员管理的货币资金。银行存款是指企业存放于银行或其他金融机构的货币资金。其他货币资金是指与库存现金和银行存款存放地点和用途不同，且属于货币资金的款项，主要包括企业的外埠存款、银行汇票存款、银行本票存款、信用证保证金存款、信用卡存款、存出投资款等。企业必须严格遵守国家有关货币资金的管理制度，加强货币资金管理。

一、库存现金

现金概念有广义和狭义之分。狭义的现金是指企业的库存现金，即存放在企业财会部门、由出纳人员管理的货币资金，包括人民币现金和外币现金；广义的现金除库存现金外，还包括银行存款和其他符合现金定义的票证。本章所述现金指狭义的现金。

（一）库存现金（cash in hand）的管理

在我国，库存现金主要依据《中华人民共和国现金管理暂行条例》（以下简称《现金管理暂行条例》）进行管理。该条例第二条规定：凡在银行和其他金融机构（以下简称"开户银行"）开立科目的机关、团体、部队、企业、事业单位和其他单位（以下简称"开户单位"），必须依照本条例的规定收支和使用现金，接受开户银行的监督。国家鼓励开户单位和个人在经济活动中，采取转账方式进行结算，减少使用现金。

（1）库存现金的使用范围。《现金管理暂行条例》第五条规定："开户单位可在下列范围内使用现金：

① 职工工资津贴；

② 个人劳务报酬；

③ 根据国家规定颁发给个人的科学技术、文化艺术、体育等各种奖金；

④ 各种劳保、福利费用以及国家规定的对个人的其他支出；

⑤ 向个人收购农副产品和其他物资的价款；

⑥ 出差人员必须随身携带的差旅费；

⑦ 结算起点以下的零星支出（结算起点为1 000元）；

⑧ 中国人民银行确定需要支付现金的其他支出。"

除上述第⑤、第⑥项外，开户单位支付给个人的款项，超过使用现金限额的部分，应当以支票或者银行本票支付；确需全额支付现金的，经开户银行审核后，予以支付现金。

（2）库存现金的限额。库存现金的限额是指为保证各单位日常零星支出按规定允许留存现金的最高数额。库存现金的限额由开户银行核定。《现金管理暂行条例》第九条规定：开户银行应当根据实际需要，核定开户单位三天至五天的日常零星开支所需的库存现金限额。边远地区和交通不便地区的开户单位的库存现金限额，可以多于五天，但不得超过十五天的日常零星开支。第十条规定：经核定的库存现金限额，开户单位必须严格遵守。需要增加或者减少库存现金限额的，应当向开户银行提出申请，由开户银行核定。

（3）库存现金的收支管理。《现金管理暂行条例》第十一条规定，开户单位现金收支应当依照下列规定办理：

① 开户单位现金收入应当于当日送存开户银行。当日送存确有困难的，由开户银行确定送存时间。

② 开户单位支付现金，可以从本单位库存现金限额中支付或者从开户银行提取，不得从本单位的现金收入中直接支付（即坐支）。因特殊情况需要坐支现金的，应当事先报经开户银行审查批准，由开户银行核定坐支范围和限额。坐支单位应当定期向开户银行报送坐支金额和使用情况。

③ 开户单位根据规定，从开户银行提取现金，应当写明用途，由本单位财会部门负责人签字盖章，经开户银行审核后，予以支付现金。

④ 因采购地点不固定，交通不便，生产或者市场急需，抢险救灾以及其他特殊情况

必须使用现金的,开户单位应当向开户银行提出申请,由本单位财会部门负责人签字盖章,经开户银行审核后,予以支付现金。

开户单位应当建立健全现金账目,逐笔记载现金支付。账目应当日清月结,账实相符。

(二) 库存现金的会计处理

企业应当设置"库存现金"科目进行会计处理。同时,为加强对现金的管理,掌握现金收付和库存情况,企业应设置"库存现金日记账",根据收付款凭证,按照现金业务发生的先后顺序逐笔登记。每日终了应当计算当日的现金收入合计额、现金支出合计额和余额,并将"库存现金日记账"结余金额与库存现金数额进行核对,做到账实相符;月份终了要将"库存现金日记账"余额与"库存现金"总账余额进行核对,做到账账相符。

库存现金的会计处理主要涉及日常现金收支、现金溢余和短缺、内部周转使用备用金等业务。

(1) 库存现金收支的会计处理。在发生现金收入和支出业务时,会计人员根据审核无误的原始凭证记账。收到现金时,借记"库存现金"科目,贷记有关科目;支出现金时,借记有关科目,贷记"库存现金"科目。有外币现金业务的企业,应当按照人民币现金、外币现金的币种分别设置科目进行明细核算。

【例 5-1】某企业发生以下现金收支业务,会计处理如下:

① 从银行提取 500 元现金备用。

借:库存现金　　　　　　　　　　　　　　　　　500
　　贷:银行存款　　　　　　　　　　　　　　　　　　500

② 用现金 300 元购买行政管理部门办公用品。

借:管理费用　　　　　　　　　　　　　　　　　300
　　贷:库存现金　　　　　　　　　　　　　　　　　　300

(2) 内部周转使用备用金的会计处理。备用金是指企业拨给各所属部门或报账单位收购商品、开支费用和销货找零用的款项以及其他业务上必需的周转资金。企业有内部周转使用备用金的,可以单独设置"备用金"科目核算。单独设置"备用金"科目的企业,由企业财务部门单独拨给企业内部各单位周转使用的备用金,借记"备用金"科目,贷记"库存现金"或"银行存款"科目。自备用金中支付零星支出,应根据有关的支出凭单,定期编制备用金报销清单,财务部门根据内部各单位提供的备用金报销清单,定期补足备用金,借记"管理费用"等科目,贷记"库存现金"或"银行存款"科目。除增加或减少拨入的备用金外,使用或报销有关备用金支出时不再通过"备用金"科目核算。

【例 5-2】 阳光股份有限公司对供应部门实行定额备用金制度。根据核定的金额，付给定额备用金 2 000 元。其会计处理如下：

借：备用金——供应部门　　　　　　　　　　　　　　　　　2 000
　　贷：库存现金　　　　　　　　　　　　　　　　　　　　　　2 000

供应部门在一段时间内共发生备用金支出 1 500 元，持相关开支凭证到会计部门报销。会计部门审核后付给现金、补足定额。其会计处理如下：

借：管理费用　　　　　　　　　　　　　　　　　　　　　　1 500
　　贷：库存现金　　　　　　　　　　　　　　　　　　　　　　1 500

二、银行存款

（一）银行存款的管理

（1）银行存款账户管理的有关规定。我国的《支付结算办法》（1997 年 9 月 19 日由中国人民银行发布，自 1997 年 12 月 1 日起施行）规定，银行是支付结算和资金清算的中介机构。根据 2003 年 4 月 10 日中国人民银行发布，并于同年 9 月 1 日起实施的《人民币银行结算账户管理办法》的规定，企事业单位的结算账户分类为基本存款账户、一般存款账户、临时存款账户和专用存款账户。相关定义和使用范围详见表 5-1。

表 5-1　　　　　　　　　　存款账户类型、定义及使用范围

账户类型	定　　义	使用范围
基本存款账户	企业办理日常转账结算和现金收付业务的银行结算户头	日常经营活动的资金收付及工资、奖金和现金的支取
一般存款账户	企业因借款或其他结算的需要，在基本存款账户开户银行以外的银行营业机构开立的银行结算账户	办理企业借款转存、借款归还和其他结算的资金收付。该账户可以办理现金缴存，但不能支取现金
临时存款账户	企业因临时需要并在规定期限内使用而开立的银行结算账户	办理转账结算和根据国家现金管理的规定办理现金收付。该账户的有效期最长不得超过 2 年
专用存款账户	企业按照法律、行政法规和规章，对其特定用途资金进行专项管理和使用而开立的银行结算账户	基本建设资金，更新改造资金，粮、棉、油收购资金，证券交易结算资金，期货交易保证金，单位银行卡备用金等专项资金

一个企业只能在银行开立一个基本存款账户。企业办理存款账户后，在使用时应严格执行银行结算管理办法的规定。

（2）银行结算方式。企业在银行开设账户之后，除按核定限额留存库存现金以外，其

余的货币资金都必须存入银行。企业与其他单位之间的一切货币收支业务，除在规定的范围内可以使用现金支付外，都必须通过银行办理转账结算。转账结算是指企业之间的款项收付不是动用现金，而是由银行从付款企业的存款账户划到收款企业的存款账户的货币清算行为。《支付结算办法》规定，企业可以采取以下几种方式办理银行转账结算。

① 支票。支票是出票人签发的，委托办理支票存款业务的银行在见票时无条件支付确定金额给收款人或持票人的票据。支票上印有"现金"字样的为现金支票，现金支票只能用于支取现金。支票上印有"转账"字样的为转账支票，转账支票只能用于转账。支票上未印有"现金"或"转账"字样的为普通支票，普通支票可以用于现金支取，也可以用于转账。在普通支票左上角划两条平行线的，为划线支票，划线支票只能用于转账，不得支取现金。

单位和个人在同一票据交换区域的各种款项结算，均可以使用支票。支票的出票人签发支票的金额不得超过付款时在付款人处实有的存款金额。禁止签发空头支票。支票的提示付款期限自出票日起10日，但中国人民银行另有规定的除外。超过提示付款期限提示付款的，持票人开户银行不予受理，付款人不予付款。

支票是同城结算中应用比较广泛的一种结算方式。采用支票结算方式，手续简便，收付款及时，但结算的监督性较弱。

② 银行汇票。银行汇票是汇款人将款项交存当地出票银行，由出票银行签发的，由其在见票时，按照实际结算金额无条件支付给收款人或持票人的票据。银行汇票的出票银行为银行汇票的付款人。单位和个人各种款项结算，均可使用银行汇票。银行汇票可用于转账，填明"现金"字样的银行汇票也可以用于支取现金。银行汇票的提示付款期限自出票日起1个月。持票人超过付款期限提示付款的，代理付款人不予受理。

银行汇票有使用灵活、票随人到、兑现性强等特点，适用于先收款后发货或钱货两清的商品交易。单位或个人向异地支付各种款项时都可以使用。

③ 商业汇票。商业汇票是出票人签发的，委托付款人在指定日期无条件支付确定的金额给收款人或持票人的票据。商业汇票分为商业承兑汇票和银行承兑汇票。商业承兑汇票由银行以外的付款人承兑，银行承兑汇票由银行承兑。商业汇票的付款人为承兑人。商业承兑汇票可以由付款人签发并承兑，也可以由收款人签发并交由付款人承兑。银行承兑汇票应由在承兑银行开立存款账户的存款人签发。在银行开立存款账户的法人以及其他组织之间，必须具有真实的交易关系或债权债务关系，才能使用商业汇票。商业汇票一律记名，允许背书转让，在同城和异地都能使用，付款期限由交易双方商定，但最长不得超过6个月。

采用商业汇票结算方式，可以使企业之间的债权债务关系表现为外在的票据，使商业信用票据化，加强约束力。商业汇票经过承兑，信用较高，可以按期收回货款，防止拖欠，在急需资金时还可以向银行申请贴现，比较灵活。

④ 银行本票。银行本票是银行签发的，承诺自己在见票时无条件支付确定的金额给收款人或持票人的票据。单位和个人在同一票据交换区域需要支付各种款项，均可使用银行本票。银行本票可用于转账，注明"现金"字样的银行本票可以用于支取现金。银行本票分为定额本票和不定额本票，定额本票面值分别为 1 000 元、5 000 元、10 000 元和 50 000 元，不定额本票的金额起点为 100 元。银行本票的提示付款期限自出票日起最长不超过 2 个月。持票人超过付款期限提示付款的，代理付款人不予受理。银行本票的代理付款人是代理出票银行审核支付银行本票款项的银行。

银行本票由银行签发并保证兑付，而且见票即付，具有信誉高、支付功能强等特点，在同城范围内商品交易和劳务供应以及其他款项结算中都可以使用。

⑤ 信用卡。信用卡是指商业银行向个人和单位发行的，凭其可以向特约单位购物、消费和向银行存取现金，且具有消费信用的特制载体卡片。信用卡按使用对象分为单位卡和个人卡；按信用等级分为金卡和普通卡。凡在中国境内金融机构开立基本存款账户的单位均可申领单位卡。单位卡可申领若干张，持卡人资格由申领单位法定代表人或其委托的代理人书面指定或注销。单位卡资金科目的资金一律从其基本存款账户转账存入，不得交存现金，不得将销货收入的款项存入单位卡账户。单位卡不得用于 10 万元以上的商品交易、劳务供应款项的结算。

⑥ 汇兑。汇兑是指汇款人委托银行将其款项支付给异地收款人的结算方式。汇兑分为信汇、电汇两种方式，由汇款人选择使用。它适用于单位和个人的各种款项结算。

⑦ 托收承付。托收承付是指根据购销合同由收款人发货后委托银行向异地付款人收取款项，由付款人向银行承认付款的结算方式。使用托收承付结算方式的收款单位和付款单位，必须是国有企业、供销合作社以及经营管理较好，并经开户银行审查同意的城乡集体所有制工业企业。办理托收承付结算的款项，必须是商品交易，以及因商品交易而产生的劳务供应的款项。代销、寄销、赊销商品的款项，不得办理托收承付结算。收付双方使用托收承付结算必须签有符合《中华人民共和国民法典》的买卖合同，并在合同上注明使用托收承付结算方式。

收付双方办理托收承付结算，必须重合同、守信用。收款人对同一付款人发货托收累计 3 次收不回货款的，收款人开户银行应暂停收款人向该付款人办理托收；付款人累计 3 次提出无理拒付的，付款人开户银行应暂停其向外办理托收。

托收承付结算方式适合于签有合同的商品交易和劳务供应的款项结算，同城和异地均可采用这种结算方式。

⑧ 委托收款。委托收款是收款人委托银行向付款人收取款项的结算方式。单位和个人凭已承兑商业汇票、债券、存单等付款人债务证明办理款项的结算，均可以使用委托收

款结算方式。委托收款在同城、异地均可以使用。委托收款结算款项的划回方式，分邮寄和电报两种，由收款人选用。

⑨ 信用证。信用证是一种由银行依照客户的要求和指示开立的有条件承诺付款的书面文件。一般为不可撤销的跟单信用证。我国国内企业与国外企业间的贸易业务基本上都是采用这种结算方式。

（二）银行存款收支的会计处理

为加强银行存款的管理，随时掌握银行存款的收支情况，企业需设置"银行存款"科目，并设置和登记银行存款总账和银行存款日记账，反映和监督银行存款的变化情况。

企业将款项存入银行等金融机构时，借记"银行存款"科目，贷记"库存现金"等有关科目；提取和支付在银行等金融机构的存款时，借记"库存现金"等科目，贷记"银行存款"科目。企业的外埠存款、银行本票存款、银行汇票存款、信用卡存款、信用证保证金存款等，在"其他货币资金"科目核算，不通过"银行存款"科目核算。

企业应加强对银行存款的管理，并定期检查，如有确凿证据表明存入银行或其他金融机构的款项已经全部或部分不能收回，应当作为当期损失，借记"营业外支出"科目，贷记"银行存款"科目。

三、其他货币资金

企业有些货币资金的存放地点和用途与库存现金和银行存款不同，如外埠存款、银行汇票存款、银行本票存款、信用证保证金存款、信用卡存款、存出投资款等，该类资金称为其他货币资金。其中，外埠存款是指企业到外地进行临时零星采购时，汇往采购地银行开立采购专户的款项。银行汇票存款是指企业为取得银行汇票，按照规定存入银行的款项。银行本票存款是指企业为取得银行本票，按照规定存入银行的款项。信用证保证金存款是指采用信用证结算方式的企业为开立信用证而存入银行信用证保证金专户的款项。信用卡存款是指企业为取得信用卡而存入银行信用卡专户的款项。存出投资款是指企业存入证券公司但尚未进行短期投资的现金。

企业应当设置"其他货币资金"核算所有的其他货币资金，并分别设立"外埠存款""银行汇票""银行本票""信用证保证金""信用卡存款""存出投资款"等进行明细核算。企业增加其他货币资金，借记"其他货币资金"科目，贷记"银行存款"科目；减少其他货币资金，借记有关科目，贷记"其他货币资金"科目。

【例5-3】阳光股份有限公司申请开出100 000元的银行汇票用于异地采购。缴存该笔款项时：

借：其他货币资金——银行汇票　　　　　　　　　　　　　　100 000
　　贷：银行存款　　　　　　　　　　　　　　　　　　　　　100 000

第二节　应　收　款　项

一、应收款项概述

企业的应收款项范围广泛，凡应当收取但尚未取得的款项都可以统称为应收款项，如应收票据、应收账款、应收利息、应收股利、其他应收款等。《企业会计准则第22号——金融工具确认和计量》将应收款项归为金融资产。具体来讲，应收款项属于企业从其他单位收取现金或其他金融资产的合同权利。

应收款项按照其产生的原因分为商业应收款项和非商业应收款项。商业应收款项是指企业在正常经营过程中赊销货物或者劳务所形成的在未来收取款项的权利，包括应收票据和应收账款。非商业应收款项是指企业在销售商品或提供劳务以外的其他活动中形成的向其他单位或个人收取款项的权利，包括应收利息、应收股利和其他应收款等。本节主要介绍应收票据、应收账款、预付账款和其他应收款及应收款项减值的会计处理。

二、应收票据

应收票据（notes receivable）是指企业因销售商品、提供劳务等而收到的商业汇票。商业汇票是一种由出票人签发、付款人在指定日期无条件支付确定金额给收款人或持票人的票据。

（一）应收票据的分类

根据承兑人不同，商业汇票分为商业承兑汇票和银行承兑汇票。商业承兑汇票是指由付款人签发并承兑或由收款人签发由付款人承兑的汇票；银行承兑汇票是指由在承兑银行开立存款账户的存款人（同时作为出票人）签发、由承兑银行承兑的票据。

根据是否带息，应收票据可分为带息应收票据和不带息应收票据。带息应收票据到期时除收到票据面额外，还按票面规定的利率收取利息；不带息应收票据到期时只收到票据面额。

(二) 应收票据到期日的确定及到期值的计算

(1) 到期日的确定。应收票据的到期日应按约定的商业汇票期限的计算方式来确定。如约定按日计算,则应以足日为准,计算时按算头不算尾或者算尾不算头的方式确定,即在票据签发承兑日和票据到期日这两天中,只计算其中的一天。例如,一张 1 月 31 日(假定当年 2 月有 28 天)开出的期限为 30 天的商业汇票,其到期日为 3 月 2 日。如约定按月计算,则以足月为标准,在计算时按到期日月份的对日确定,到期月份无此对日,应按到期月份的最后日确定。例如,8 月 31 日开出的期限为 1 个月的商业汇票,其到期日应当为 9 月 30 日。

(2) 到期值的确定。应收票据的到期价值即商业汇票到期时的全部应收款项,要根据票据是否带息的不同来确定。若为不带息票据,到期价值就是票面金额即本金。若为带息票据,到期价值为票据面值加上应计利息,计算公式为:

$$票据到期值 = 票据面值 \times (1 + 票面利率 \times 票据期限)$$

上式中,利率一般以年利率表示;票据期限则用月或日表示,在实务中,为计算方便,常把一年定为 360 天。例如,一张面值为 1 000 元,期限为 90 天,票面利率为 10% 的商业汇票,到期价值为:票据到期值 = 1 000 × (1 + 10% × 90 ÷ 360) = 1 025 (元)。

(三) 应收票据的会计处理

(1) 不带息应收票据的会计处理。不带息应收票据的到期价值等于应收票据的面值。企业应当设立"应收票据"科目核算应收票据的票面金额增减变动及结余情况。收到商业汇票时,借记"应收票据"科目,贷记"应收账款""主营业务收入"等科目。应收票据到期、收回票面金额时,借记"银行存款"科目,贷记"应收票据"科目。若商业承兑汇票到期,承兑人违约拒付或无力偿还票据款,收款企业则应将到期票据的票面金额转入"应收账款"科目。

【例 5-4】阳光股份有限公司向乙公司销售产品一批,收到乙公司开来的一张 2 个月到期的商业承兑汇票,面值为 56 500 元,适用的增值税税率为 13%。该公司的会计处理如下:

借:应收票据——乙公司　　　　　　　　　　　　　　　　56 500
　　贷:主营业务收入　　　　　　　　　　　　　　　　　　50 000
　　　　应交税费——应交增值税(销项税额)　　　　　　　 6 500

2 个月后,应收票据到期,收回 56 500 元存入银行。该公司的会计处理如下:

借:银行存款　　　　　　　　　　　　　　　　　　　　　56 500
　　贷:应收票据——乙公司　　　　　　　　　　　　　　　56 500

若票据到期，乙公司无力偿还，则阳光公司应将到期票据转入"应收账款"科目，会计处理如下：

借：应收账款——乙公司　　　　　　　　　　　　　　　　　56 500
　　贷：应收票据——乙公司　　　　　　　　　　　　　　　　　56 500

(2) 带息应收票据的会计处理。对于带息应收票据，应当计算票据利息。企业应于中期期末、年度终了和票据到期时计算票据利息，增加应收票据账面价值，同时冲减财务费用。其计算公式如下：

$$应收票据利息 = 应收票据票面金额 \times 利率 \times 期限$$

上式中，"利率"指票据载明的利率，一般以年利率表示。"期限"指签发日至计息期末的时间间隔。票据的期限一般用月或日表示。在计算中，"利率"应根据"期限"的口径做相应的调整。例如，若"期限"用月表示，则计算利息使用的利率要相应换算为月利率（年利率÷12）。

【例5-5】阳光股份有限公司20×2年9月1日销售一批产品给A公司，货已发出，增值税专用发票上注明的价款为100 000元，增值税为13 000元。收到A公司交来的当日开出并承兑的商业汇票一张，期限为6个月，票面利率为10%。其相关会计处理如下：

① 收到票据时：

借：应收票据——A公司　　　　　　　　　　　　　　　　　113 000
　　贷：主营业务收入　　　　　　　　　　　　　　　　　　　100 000
　　　　应交税费——应交增值税（销项税额）　　　　　　　　13 000

② 年度终了（20×2年12月31日）计提票据利息：

票据利息 = 113 000 × 10% × 4 ÷ 12 = 3 766.67（元）

借：应收票据——A公司　　　　　　　　　　　　　　　　　3 766.67
　　贷：财务费用　　　　　　　　　　　　　　　　　　　　　3 766.67

③ 票据到期收回货款：

票据到期值 = 113 000 × (1 + 10% ÷ 12 × 6) = 118 650（元）

借：银行存款　　　　　　　　　　　　　　　　　　　　　　118 650
　　贷：应收票据——A公司　　　　　　　　　　　　　　　　116 766.67
　　　　财务费用　　　　　　　　　　　　　　　　　　　　　1 883.33

(3) 应收票据贴现的会计处理。应收票据的贴现是指持票人因急需资金，将未到期的票据背书转让给银行，银行受理后扣除按银行贴现率计算确定的贴现息后，将余额付给贴现企业的业务活动。企业将持有的未到期商业票据向银行贴现，属于金融资产转移。金融资产转移涉及的会计处理，核心是金融资产转移是否符合终止确认条件。其中，终止确认是指将金融资产或金融负债从企业的账户和资产负债表内予以转销。如相关情况表明企业已将金融资产所有权上几乎所有风险和报酬转移给了转入方,就应当终止确认相关金融资产。

企业持有未到期的应收票据向银行进行贴现,应按实际收到的金额(即减去贴现息后的净额),借记"银行存款"科目;按贴现息部分,借记"财务费用"等科目;按商业汇票的票面金额,贷记"应收票据"(适用满足金融资产转移准则规定的金融资产终止确认条件的情形)或"短期借款"科目(适用不满足金融资产转移准则规定的金融资产终止确认条件的情形)。

应收票据贴现的贴现息和贴现净额可按下列公式计算:

$$贴现息 = 票据到期值 \times 贴现率 \times 贴现期$$
$$贴现净额 = 票据到期值 - 贴现息$$
$$票据到期值 = 票据面值 \times (1 + 票据利率 \times 票据期限)$$

其中,贴现期是贴现日至票据到期前一日的天数。

【例 5-6】 阳光股份有限公司 20×2 年 7 月 1 日将一张出票日为 20×2 年 6 月 11 日、期限为 6 个月、票面利率为 6%、面值为 100 000 元的商业承兑汇票向银行贴现。如果银行不拥有追索权,则表明甲企业的应收票据贴现符合金融资产终止确认条件。银行年贴现率为 10%。有关计算和会计处理如下:

票据到期日为 20×2 年 12 月 11 日,因此,其贴现期为 163 天。

票据到期值 = 100 000 × (1 + 6% × 6 ÷ 12) = 103 000(元)

票据贴现息 = 103 000 × 10% × 163 ÷ 360 = 4 663.61(元)

票据贴现净额 = 103 000 - 4 663.61 = 98 336.39(元)

借:银行存款	98 336.39
财务费用	1 663.61
贷:应收票据	100 000

如果银行拥有追索权,则表明该企业的应收票据贴现不符合金融资产终止确认条件,应将贴现所得确认为一项金融负债(短期借款)。

借:银行存款	98 336.39
短期借款——利息调整	1 663.61
贷:短期借款——成本	100 000

(4)应收票据背书转让的会计处理。应收票据的转让是指持票人因偿还货款等原因,将未到期的商业汇票背书转让给其他单位或个人的业务活动。背书是指在票据背面或者粘单上记载有关事项并签章的票据行为。票据转让的背书人应当承担票据责任。企业将持有的不带息商业汇票背书转让以取得所需物资时,按应计入取得物资成本的金额,借记"材料采购""原材料""库存商品"等科目,按专用发票上注明的可抵扣的增值税,借记

"应交税费——应交增值税（进项税额）"科目，按商业汇票的票面金额，贷记"应收票据"科目，如有差额，借记或贷记"银行存款"等科目。如为带息应收票据，还应将尚未计提的利息冲减"财务费用"。

【例5-7】20×2年3月1日，阳光股份有限公司将所持有的乙公司承兑的不带息商业汇票背书转让给丙企业以换取原材料，取得的增值税专用发票列明原材料购入价格为42 000元，增值税税额为5 460元。商业汇票票面金额为50 000元，已收到丙企业支付的票据款差额并存入银行。该公司的会计处理如下：

借：材料采购　　　　　　　　　　　　　　　　　　　　　42 000
　　应交税费——应交增值税（进项税额）　　　　　　　　　5 460
　　银行存款　　　　　　　　　　　　　　　　　　　　　　2 540
　贷：应收票据——乙公司　　　　　　　　　　　　　　　　50 000

三、应收账款

（一）应收账款的含义及内容

应收账款（accounts receivable）是指企业因销售商品、提供劳务等经营活动，应向购货单位或接受劳务单位收取的款项，主要包括企业销售商品或提供劳务等应向有关债务人收取的价款、增值税以及代购货单位垫付的包装费、运杂费等。

应收账款的入账价值包括因销售商品或提供劳务从购货方或接受劳务方应收的合同或协议价款、增值税销项税额，以及代购货单位垫付的包装费和运杂费等。

（二）应收账款的相关会计处理

为反映和监督应收账款的增减变动及其结存情况，企业应当设置"应收账款"科目，该科目属于资产类科目，借方登记应收账款的增加，贷方登记应收账款的收回及确认的坏账损失，期末余额应当在借方，反映企业尚未收回的应收账款。在"应收账款"科目下，应按不同的购货单位或接受劳务的单位或个人名称设置明细账。

【例5-8】阳光股份有限公司向甲公司销售商品一批，货款300 000元，增值税39 000元，以银行存款代垫运杂费6 000元，货款尚未收到。该公司会计处理如下：

借：应收账款——甲公司　　　　　　　　　　　　　　　　345 000
　贷：主营业务收入　　　　　　　　　　　　　　　　　　　300 000
　　　应交税费——应交增值税（销项税额）　　　　　　　　　39 000
　　　银行存款　　　　　　　　　　　　　　　　　　　　　　6 000

阳光公司实际收到货款时，应做如下会计处理：

借：银行存款　　　　　　　　　　　　　　　　　　345 000
　　贷：应收账款——甲公司　　　　　　　　　　　　　　345 000

四、预付账款

预付账款是企业按照购货合同或劳务合同规定，预先支付给供货方或提供劳务方的账款。预付账款也是商业信用的一种形式，代表企业将来从供应单位取得货物等的债权。

企业一般应当设置"预付账款"科目对预付账款进行单独核算。预付账款不多的企业，也可将预付账款记入"应付账款"科目的借方，但在编制会计报表时，仍要将"预付账款"和"应付账款"分开报告。企业因购货而预付的款项，借记"预付账款"科目，贷记"银行存款"等科目。收到所购物资，按应计入购入物资成本的金额，借记"材料采购""原材料""库存商品"等科目，按应支付的金额，贷记"预付账款"科目。补付的款项，按应补付的金额贷记"银行存款"等科目；退回多付的款项作相反的会计分录。涉及增值税进项税额的，还应进行相应的会计处理。

【例 5-9】 阳光股份有限公司向甲公司购买材料，根据购货合同，阳光公司用银行存款预付货款 20 000 元。该公司的会计处理为：

借：预付账款——甲公司　　　　　　　　　　　　　　20 000
　　贷：银行存款　　　　　　　　　　　　　　　　　　　20 000

收到材料时，发票金额为 22 000 元，增值税税率为 13%。此时阳光公司应补付货款 4 860 元，会计处理为：

借：原材料　　　　　　　　　　　　　　　　　　　　22 000
　　应交税费——应交增值税（进项税额）　　　　　　　 2 860
　　贷：预付账款——甲公司　　　　　　　　　　　　　　20 000
　　　　银行存款　　　　　　　　　　　　　　　　　　 4 860

五、应收股利与应收利息

企业设"应收股利"科目核算企业应收取的现金股利和应收取的被投资单位分配的利润。该科目可按被投资单位进行明细核算。该科目的期末余额在借方，反映企业应收未收的现金股利或利润。投资方在被投资单位宣告发放现金股利或利润时，按应享有的份额，借记"应收股利"科目，贷记"投资收益"等科目；实际收到现金股利或利润时，借记"银行存款"等科目，贷记"应收股利"科目。

企业应设"应收利息"科目核算期应收取的利息。该科目可按借款人或被投资单位进行明细核算。记录应收利息时,借记"应收利息"科目,贷记相关科目(如"投资收益"等);实际收到时,借记"银行存款"等科目,贷记"应收利息"科目。该科目期末借方余额反映企业尚未收回的利息。

六、其他应收款

其他应收款是指除应收票据、应收账款、预付账款等以外的其他各种应收及暂付款项。如企业应收的各种赔款和罚款、应收的出租包装物租金、应向职工收取的各种垫付款项等。

其他应收款应按实际发生的金额入账。企业发生其他应收款时,借记"其他应收款"科目,贷记"库存现金""银行存款""营业外收入"等科目,收回或转销其他应收款时,借记"库存现金""银行存款"等科目,贷记"其他应收款"科目。

【例5-10】阳光股份有限公司租入包装物一批,以银行存款向出租方支付押金10 000元。其会计处理如下:

借:其他应收款——存出保证金　　　　　　　　　　　　10 000
　　贷:银行存款　　　　　　　　　　　　　　　　　　　　　10 000

七、应收款项的减值

企业的各项应收款项,可能因债务人发生严重债务困难、破产、拒付等原因而无法收回。这类企业无法收回或收回可能性极小的应收款项称为坏账,由于发生坏账而给企业造成的损失,称为坏账损失或减值损失。对于坏账损失的核算会计上曾经有两种方法可以选择,即直接转销法和备抵法。按照我国现行会计制度的要求,我国企业单位应该采用备抵法核算坏账损失,计提坏账准备。计提坏账准备的应收款项包括应收账款、应收票据、应收股利、应收利息、其他应收款等。

(一) 应收款项减值的确认和计量

企业应当在资产负债表日以预期信用损失为基础,对应收款项进行减值会计处理并确认损失准备。对于企业向客户转让商品或提供服务等交易形成的应收款项,可以采用简化的方法,始终按照相当于整个存续期内预期信用损失的金额计量其损失准备,不必采用预期信用损失的三阶段模型。同时,由于应收款项通常属于短期债权,预计未来现金流量与其现值相差很小,在确定应收款项的预期信用损失时,可以不对预计未来现金流量进行折现。因此,预期信用损失金额可以按照应收取的合同现金流量与预期收取的现金流量二者之间的差额计量，即按照预期不能收回的应收款项金额计量。实务中，企业可以根据自身应收款项的特征，选择使用应收款项余额百分比法或账龄分析法确定应收款项的预期信用损失。

（二）应收款项减值的会计处理

企业设"信用减值损失"科目核算其按照《企业会计准则第 22 号——金融工具确认与计量》的要求计提的各项金融工具减值准备所形成的预期信用损失。该科目借方登记发生额（增加额），贷方登记结转额（减少额）。期末结转后，该科目无余额。企业设"坏账准备"科目核算其各种应收款项的坏账准备。该科目可按应收款项的类别进行明细核算，期末贷方余额反映企业已计提但尚未转销的坏账准备。

（1）坏账准备的提取。资产负债表日，企业根据金融工具确认与计量准则确定应收账款发生减值的，按应减记的金额，借记"信用减值损失——计提的坏账准备"科目，贷记"坏账准备"科目。本期应计提的坏账准备大于其原有账面余额的，应按其差额计提；应计提的金额小于其原有账面余额的，按其差额做相反的会计分录。

（2）坏账损失的确认。对于确实无法收回的应收账款，按管理权限报经批准后作为坏账损失，转销应收账款，借记"坏账准备"科目，贷记"应收账款""应收票据""其他应收款"等科目。

（3）已核销坏账又重新收回。已确认并转销的应收账款以后又收回的，应按实际收回的金额，借记"应收账款""应收票据""其他应收款"等科目，贷记"坏账准备"科目，同时，借记"银行存款"科目，贷记"应收账款""应收票据""其他应收款"等科目。也可以按实际收回的金额，借记"银行存款"科目，贷记"坏账准备"科目。

【例 5 – 11】 20 ×1 年 12 月 31 日阳光股份有限公司对应收丙公司的账款进行减值测试。应收账款余额合计为 1 000 000 元，该公司根据丙公司的资信情况确定的预期坏账损失率为10％。20 ×1 年末计提坏账准备的会计分录为：

借：信用减值损失——计提的坏账准备　　　　　　　　　　　　100 000
　　贷：坏账准备——应收账款　　　　　　　　　　　　　　　　　　100 000

【例 5 – 12】 承上例，阳光股份有限公司 20 ×2 年对丙公司的应收账款实际发生坏账损失 30 000 元。20 ×2 年末应收丙公司的账款余额为 1 200 000 元，经减值测试，阳光公司确定的预期坏账损失率为10％。其有关会计处理如下：

① 确认坏账损失时，阳光公司的会计处理如下：

借：坏账准备——应收账款　　　　　　　　　　　　　　　　　　30 000
　　贷：应收账款——丙公司　　　　　　　　　　　　　　　　　　　　30 000

② 根据阳光公司所采用的坏账核算方法，其"坏账准备"科目应保持贷方余额为120 000 元（1 200 000 ×10％）；计提坏账准备前，"坏账准备——应收账款"科目的实际

余额为贷方 70 000 元（100 000 - 30 000），因此本年末应计提的坏账准备金额为 50 000 元（120 000 - 70 000）。阳光公司 20×2 年末应作如下会计处理：

  借：信用减值损失——计提的坏账准备   50 000
    贷：坏账准备——应收账款   50 000

【例 5-13】承上例，阳光股份有限公司 20×3 年 3 月 30 日收到 20×2 年已转销的坏账 20 000 元，已存入银行。阳光公司应作如下会计处理：

  借：应收账款——丙公司   20 000
    贷：坏账准备——应收账款   20 000
  借：银行存款   20 000
    贷：应收账款——丙公司   20 000

  或者：
  借：银行存款   20 000
    贷：坏账准备——应收账款   20 000

第三节 存 货

一、存货的概念及确认条件

（一）存货的概念

存货（inventory）是指企业在日常活动中持有以备出售的产成品或商品、处在生产过程中的在产品、在生产过程或提供劳务过程中耗用的材料、物料等。

存货区别于固定资产等非流动资产的最基本的特征是，企业持有存货的最终目的是出售，包括可供直接出售的产成品、商品等以及需经过进一步加工后出售的原料等。

企业的存货通常包括以下内容：

（1）原材料，指企业在生产过程中经加工改变其形态或性质并构成产品主要实体的各种原料及主要材料、辅助材料、外购半成品、修理用备件、包装材料、燃料等。为建造固定资产等各项工程而储备的各种材料，虽然同属于材料，但是由于用于建造固定资产等各项工程不符合存货的定义，因此不能作为企业的存货进行核算。

（2）在产品，指企业正在制造尚未完工的产品，包括正在各个生产工序加工的产品和已加工完毕但尚未检验或已检验但尚未办理入库手续的产品。

（3）半成品，指经过一定生产过程并已检验合格交付半成品仓库保管，但尚未制造完工成为产成品，仍需进一步加工的中间产品。

(4) 产成品，指工业企业已经完成全部生产过程并验收入库，可以按照合同规定的条件送交订货单位或者可以作为商品对外销售的产品。

(5) 商品，指商品流通企业外购或委托加工完成验收入库用于销售的各种商品。

(6) 周转材料，指企业能够多次使用但不符合固定资产定义的材料，如为了包装本企业商品而储备的各种包装物，各种工具、管理用具、玻璃器皿、劳动保护用品以及在经营过程中周转使用的容器等低值易耗品和建造承包商的其他周转材料。

（二）存货的确认条件

存货必须在符合定义的前提下，同时满足下列两个条件，才能予以确认。

(1) 与该存货有关的经济利益很可能流入企业。资产最重要的特征是预期会给企业带来经济利益。如果某一项目预期不能给企业带来经济利益，就不能确认为企业的资产。存货是企业的一项重要的流动资产，因此，对存货的确认，关键是判断其是否很可能给企业带来经济利益或其所包含的经济利益是否很可能流入企业。通常，拥有存货的所有权是与该存货有关的经济利益很可能流入本企业的一个重要标志。一般情况下，根据销售合同已经售出（取得现金或收取现金的权利），所有权已经转移的存货，因其所含经济利益已不能流入本企业，因而不能再作为企业的存货进行核算，即使该存货尚未运离企业。企业在判断与该存货有关的经济利益能否流入企业时，通常应结合考虑该存货所有权的归属，而不应当仅仅看其存放的地点等。

(2) 该存货的成本能够可靠地计量。成本或者价值能够可靠地计量是资产确认的一项基本条件。存货作为企业资产的组成部分，要予以确认也必须能够对其成本进行可靠的计量。存货的成本能够可靠地计量必须以取得的确凿证据为依据。如果存货成本不能可靠地计量，则不能确认为一项存货。如企业承诺的订货合同，由于并未实际发生，不能可靠确定其成本，因此就不能确认为购买企业的存货。

二、取得存货的计量及会计处理

企业取得存货应当按照成本进行计量。存货成本包括采购成本、加工成本和使存货达到目前场所和状态所发生的其他成本三个组成部分。企业存货的取得主要是通过外购和自制两个途径。

（一）外购存货的成本

企业外购存货主要包括原材料和商品。外购存货的成本即存货的采购成本，指企业物资从采购到入库前所发生的合理必要支出，包括购买价款、相关税费、运输费、装卸费、保险费以及其他可归属于存货采购成本的费用。

企业应当设置"在途物资""原材料""库存商品"等科目对外购存货进行会计处理。企业购入材料、商品,按应计入材料、商品采购成本的金额,借记"在途物资"科目,按实际支付或应支付的金额,贷记"银行存款""应付账款""应付票据"等科目。涉及增值税进项税额的,还应进行相应处理。所购材料、商品到达并验收入库,借记"原材料""库存商品"等科目,贷记"在途物资"科目。

【例 5 – 14】 阳光股份有限公司是一家制造业企业,为增值税一般纳税人。公司按照实际成本核算存货。20×2 年 10 月 1 日公司购入原材料一批,总价款 100 000 元,公司收到增值税专用发票上注明的增值税税额为 13 000 元。货款已用银行存款支付。此外,阳光公司还支付了 2 000 元的包装费。10 月 5 日,该批材料验收入库。

本例中,该批原材料的采购成本为购买价款加包装费,但不包括增值税,即采购成本为 102 000 元。该公司相关会计处理如下:

10 月 1 日,购入原材料,但尚未验收入库时:

借:在途物资　　　　　　　　　　　　　　　　　　　　　　　　　102 000
　　应交税费——应交增值税(进项税额)　　　　　　　　　　　　 13 000
　　贷:银行存款　　　　　　　　　　　　　　　　　　　　　　　115 000

10 月 5 日,原材料验收入库时:

借:原材料　　　　　　　　　　　　　　　　　　　　　　　　　　102 000
　　贷:在途物资　　　　　　　　　　　　　　　　　　　　　　　102 000

(二) 其他方式取得存货的成本

(1) 加工取得存货的成本。企业通过进一步加工取得的存货,主要包括产成品、在产品、半成品、委托加工物资等,其成本由采购成本、加工成本构成。某些存货还包括使存货达到目前场所和状态所发生的其他成本,如可直接认定的产品设计费用等。

(2) 投资者投入存货的成本。投资者投入存货的成本,应当按照投资合同或协议约定的价值确定,但合同或协议约定价值不公允的除外。在投资合同或协议约定价值不公允的情况下,按照该项存货的公允价值(fair value)作为其入账价值。

【例 5 – 15】 20×2 年 1 月 1 日,阳光股份有限公司收到投资者投入原材料一批,收到的增值税专用发票上注明的增值税额为 16 900 元,双方协议的约定价值为 130 000 元。当日,阳光公司的股本总额为 300 000 元,该投资者投入原材料获得阳光公司 40% 的持股比例。该公司相关会计处理如下:

借:原材料　　　　　　　　　　　　　　　　　　　　　　　　　　130 000
　　应交税费——应交增值税(进项税额)　　　　　　　　　　　　 16 900

贷：股本 120 000
　　资本公积——股本溢价 26 900

三、发出存货的计量及会计处理

(一) 发出存货成本的计量方法

在实务工作中，本期销售的货物可能是以前分批次以不同价格采购的，那么，在计算销售成本时就存在多种计算方法。计算方法的不同，将会直接影响到所计算出的销售成本，当期利润和期末结存存货的账面价值。企业应当根据各类存货的实物流转方式、企业管理的要求、存货的性质等实际情况，合理地选择发出存货成本的计算方法，以合理确定当期发出存货的实际成本。

《企业会计准则第1号——存货》规定，对于性质和用途相似的存货，应当采用相同的成本计算方法确定发出存货的成本，企业在确定发出存货的成本时，可以采用先进先出法、移动加权平均法、月末一次加权平均法或个别计价法等方法。

(1) 先进先出法。先进先出法是以先购入的存货应先发出（销售或耗用）这样一种存货实物流转假设为前提，对发出存货进行计价。采用这种方法，先购入的存货成本在后购入存货成本之前转出，据此确定发出存货和期末存货的成本。

(2) 移动加权平均法。移动加权平均法，是指以每次进货的成本加上原有库存存货的成本，除以每次进货数量与原有库存存货的数量之和，据以计算加权平均单位成本，作为在下次进货前计算各次发出存货成本的依据。计算公式如下：

$$存货单位成本 = \frac{原有库存存货的实际成本 + 本次进货的实际成本}{原有库存存货数量 + 本次进货数量}$$

$$本次发出存货的成本 = 本次发出存货数量 \times 本次发货前的存货单位成本$$

$$本月月末库存存货成本 = 月末库存存货的数量 \times 本月月末存货单位成本$$

(3) 月末一次加权平均法。月末一次加权平均法，是指以当月全部进货数量加上月初存货数量作为权数，去除当月全部进货成本加上月初存货成本，计算出存货的加权平均单位成本，以此为基础计算当月发出存货的成本和期末存货成本的一种方法。

$$存货单位成本 = \frac{\left(\begin{array}{c}月初库存存货\\的实际成本\end{array}\right) + \sum\left[\left(\begin{array}{c}本月某批进货\\的实际单位成本\end{array}\right) \times \left(\begin{array}{c}本月某批\\进货的数量\end{array}\right)\right]}{月初库存存货数量 + 本月各批进货数量之和}$$

$$本月发出存货的成本 = 本月发出存货的数量 \times 存货单位成本$$

$$本月月末库存存货成本 = 月末库存存货的数量 \times 存货单位成本$$

(4) 个别计价法。个别计价法，亦称个别认定法、具体辨认法、分批实际法，其特征是注重所发出存货具体项目的实物流转与成本流转之间的联系，逐一辨认各批发出存货和期末存货所属的购进批别或生产批别，分别按其购入或生产时所确定的单位成本计算各批发出存货和期末存货的成本。即把每一种存货的实际成本作为计算发出存货成本和期末存货成本的基础。对于不能替代使用的存货、为特定项目专门购入或制造的存货以及提供的劳务，通常采用个别计价法确定发出存货的成本。在实际工作中，越来越多的企业采用计算机信息系统进行会计处理，个别计价法可以广泛应用于发出存货的计价，并且该方法确定的存货成本最为准确。

【例5-16】阳光股份有限公司20×2年5月某种原材料的购入和发出情况如表5-2所示（假设本月发出的原材料均投入生产过程，用于生产产品）。

在上述不同的发出存货计量方法下，阳光公司对该原材料发出单价和金额、结存单价和金额的计量结果是不同的。

表5-2　　　　　　　　　　　　原材料购入和发出情况　　　　　　　　数量单位：千克
20×2年5月　　　　　　　　　　　　　　金额单位：元

日期		摘要	购入			发出			结存		
月	日		数量	单价	金额	数量	单价	金额	数量	单价	金额
5	1	期初余额							200	20	4 000
	3	购入	400	24	9 600				600		
	6	发出				300			300		
	17	购入	300	26	7 800				600		
	25	发出				400			200		
	26	购入	400	28	11 200				600		
	27	发出				500			100		
	31	本月合计	1 100		28 600	1 200			100		

第一，先进先出法。在先进先出法下，先购入的存货先发出，因此：

① 5月6日发出原材料300千克时，先把5月1日期初的原材料全部领用，单位成本20元，再领用5月3日购入的原材料100千克，单位成本为24元。因此，5月6日发出原材料300千克，其成本为6 400元（200×20+100×24）。5月6日结存的原材料300千克，是5月3日购入的，其成本为7 200元（300×24）。

② 5月25日发出原材料400千克时，先把5月3日购入的剩余原材料300千克全部领用，单位成本为24元，再领用5月17日购入原材料100千克，单位成本26元。因此，

5月25日发出原材料400千克，其对应的成本为9 800元（300×24+100×26）。5月25日结存的原材料是5月17日购入的，其对应的成本为5 200元（200×26）。

③5月27日发出原材料500千克时，先把5月17日购入的剩余原材料200千克全部领用完毕，单位成本26元，再领用5月26日购入的原材料300千克，单位成本28元。因此，5月27日发出原材料500千克，其对应的成本为13 600元（200×26+300×28）。5月27日结存的原材料100千克，是5月26日购入的，其对应的成本为2 800元（100×28）。

因此，阳光公司5月份发出原材料成本合计为29 800元（6 400+9 800+13 600），期末原材料结存金额为2 800元（100×28）。

上述结果如表5-3所示。

表5-3　　　　　　　　　　原材料明细账（先进先出法）　　　　　　数量单位：千克
20×2年5月　　　　　　　　　　　　　　　金额单位：元

日期		摘要	购入			发出			结存		
月	日		数量	单价	金额	数量	单价	金额	数量	单价	金额
5	1	期初余额							200	20	4 000
	3	购入	400	24	9 600				600		15 000
	6	发出				200	20	4 000	300	24	7 200
						100	24	2 400			
	17	购入	300	26	7 800				600		15 000
	25	发出				300	24	7 200	200	26	5 200
						100	26	2 600			
	26	购入	400	28	11 200				600		16 400
	27	发出				200	26	5 200	100	28	2 800
						300	28	8 400			
	31	本月合计	1 100		28 600	1 200		29 800	100	28	2 800

第二，移动加权平均法。在移动加权平均法下，每次进货时应计算加权平均单位成本，作为在下次进货前计算各次发出存货成本的依据。

①5月3日购入原材料400千克后，加权平均单位成本为22.67元/千克$\left(\frac{4\ 000+9\ 600}{200+400}\right)$。因此，5月6日发出原材料300千克，其对应的成本为6 801元（300×22.67），5月6日

原材料的结存额为 6 799 元（4 000 + 9 600 - 6 801）。

② 5 月 17 日购入原材料 300 千克后，加权平均单位成本为 24.33 元/千克 $\left(\frac{6\ 799 + 7\ 800}{300 + 300}\right)$。因此，5 月 25 日发出原材料 400 千克，对应的成本为 9 732 元（400 × 24.33），5 月 25 日原材料的结存额为 4 867 元（6 799 + 7 800 - 9 732）。

③ 5 月 26 日购入原材料 400 千克后，加权平均单位成本为 26.78 元/千克 $\left(\frac{4\ 867 + 11\ 200}{200 + 400}\right)$。因此，5 月 27 日发出原材料 500 千克对应的成本为 13 390 千克（500 × 26.78），5 月 27 日原材料的结存额为 2 677 元（4 000 + 28 600 - 29 923）。

上述计算过程如表 5 - 4 所示。

表 5 - 4　　　　　　　　原材料明细账（移动加权平均法）　　　　　数量单位：千克
20 × 2 年 5 月　　　　　　　　　　　　金额单位：元

| 日期 | | 摘要 | 购入 | | | 发出 | | | 结存 | | |
月	日		数量	单价	金额	数量	单价	金额	数量	单价	金额
5	1	期初余额							200	20	4 000
	3	购入	400	24	9 600				600	22.67	13 600
	6	发出				300	22.67	6 801	300	22.67	6 799
	17	购入	300	26	7 800				600	24.33	14 599
	25	发出				400	24.33	9 732	200	24.33	4 867
	26	购入	400	28	11 200				600	26.78	16 067
	27	发出				500	26.78	13 390	100	26.78	2 677*
	31	本月合计	1 100		28 600	1 200		29 923	100	26.78	2 677*

注：*尾数调整。

第三，月末一次加权平均法。在月末一次加权平均法下，月末一次性计算出存货的加权平均单位成本，以此为基础计算当月发出存货的成本和期末存货的成本。

5 月份的加权平均单位成本 =（4 000 + 28 600）÷（200 + 1 100）= 25.08（元/千克）

5 月份共发出原材料 1 200 千克，所以发出原材料的成本为 30 096 元（25.08 × 1 200），期末原材料结存额为 2 504 元（4 000 + 28 600 - 30 096）。

第四，个别计价法。在个别计价法下，需要逐一辨认各批发出存货和期末存货所属的购进批次和生产批次，分别按期所属批次计算各批发出存货和期末存货的成本。

假设阳光公司 20 × 2 年 5 月发出原材料所属批次如表 5 - 5 所示。

表 5-5　　　　　　　　　　　原材料发出批次

发出日期		发出数量（千克）	所属批次
月	日		
5	6	300	5月3日购入
	25	300	5月17日购入
		100	期初库存
	27	400	5月26日购入
		100	期初库存

根据表 5-5 的数据，可以得到 5 月 6 日发出原材料的成本为 7 200 元（300×24）；5 月 25 日发出原材料的成本为 9 800 元（300×26+100×20）；5 月 27 日发出原材料的成本为 13 200 元（400×28+100×20）。因此，5 月份发出原材料成本合计为 30 200 元（7 200 + 9 800 + 13 200），期末原材料结存额为 2 400 元（4 000 + 28 600 - 30 200）。

用于生产领域的原材料，应根据按照上述方法确定的发出成本借记"生产成本""制造费用"等科目，贷记"原材料"等科目。

（二）存货成本的结转

企业销售存货，应当将已售存货的成本结转为当期损益，计入营业成本。这就是说，企业在确认存货销售收入的当期，应当将已经销售存货的成本结转为当期营业成本。

存货为商品、产成品的，企业应采用先进先出法、移动加权平均法、月末一次加权平均法或个别计价法确定已销售商品的实际成本。存货为非商品存货的，如材料等，应将已出售的材料的实际成本予以结转，计入当期其他业务成本。这里所讲的材料销售不构成企业的主营业务。如果材料销售构成了企业的主营业务，则该材料为企业的商品存货，而不是非商品存货。

对于已销售的属于企业主营业务的商品或产成品，应当按照所确定的实际成本，借记"主营业务成本"科目，贷记"库存商品"科目。如果所售存货属于其他业务，应当借记"其他业务成本"科目，贷记"原材料"等科目。

【例 5-17】阳光股份有限公司 20×2 年 6 月 1 日销售一批产品，属于企业的主营业务，销售价格为 600 000 元，增值税税率为 13%。这批完工产品的实际成本为 500 000 元。公司已经开出了相关的销售发票，并已收到了货款。该公司的相关会计处理如下：

借：银行存款　　　　　　　　　　　　　　　　　　　　　678 000
　　贷：主营业务收入　　　　　　　　　　　　　　　　　　600 000
　　　　应交税费——应交增值税（销项税额）　　　　　　　78 000

借：主营业务成本　　　　　　　　　　　　　　　　　　　　　　500 000
　　贷：库存商品　　　　　　　　　　　　　　　　　　　　　　　　500 000

企业的周转材料（如包装物和低值易耗品）符合存货定义和确认条件的，按照使用次数分次计入成本费用。金额较小的，可在领用时一次计入成本费用，以简化核算，但为加强实物管理，应当在备查簿上进行登记。周转材料一般采用一次转销法、五五摊销法或分次摊销法进行摊销。

一次转销法，是指低值易耗品或包装物在领用时就将其全部账面价值计入相关资产成本或当期损益的方法。一次转销法通常适用于价值较低或业务不频繁的低值易耗品或包装物。五五摊销法，是指低值易耗品在领用时或出租、出借包装物时先摊销其成本的一半，在报废时再摊销其成本的另一半，即低值易耗品或包装物分两次各按50%进行摊销。分次摊销法，是指周转材料的成本应当按照使用次数分次摊入相关资产成本或当期损益的方法。

企业应当设置"周转材料"进行相关会计处理。企业的包装物、低值易耗品，也可以单独设置"包装物""低值易耗品"科目。企业摊销周转材料时，应按其账面价值，借记"管理费用""生产成本""销售费用"等科目，贷记"周转材料"科目。

四、期末存货的计量及会计处理

（一）存货期末计量原则

资产负债表日，存货应当按照成本与可变现净值孰低计量。

当存货成本低于可变现净值时，存货按成本计量；当存货成本高于可变现净值时，存货按可变现净值计量，同时按照成本高于可变现净值的差额计提存货跌价准备，计入当期损益。

成本与可变现净值孰低计量的理论基础主要是使存货符合资产的定义。当存货的可变现净值下跌至成本以下时，表明该存货会给企业带来的未来经济利益低于其账面成本，因而应将这部分损失从资产价值中扣除，计入当期损益。否则，存货的可变现净值低于成本时，如果仍然以其成本计量，就会出现虚计资产的现象。

（二）存货的可变现净值

可变现净值，是指在日常活动中，存货的估计售价减去至完工时估计将要发生的成本、估计的销售费用以及相关税费后的金额。存货的可变现净值由存货的估计售价、至完工时将要发生的成本、估计的销售费用和估计的相关税费等内容构成。

具体而言，对于产成品、商品和用于出售的材料等可直接对外出售的商品存货，应当以该存货的估计售价减去估计的销售费用和相关税费后的金额确认其可变现净值；对于需要经过加工的材料存货，应当以该存货所生产的产成品的估计售价减去至完工时估计将要发生的成本、估计的销售费用和相关税费后的金额确定其可变现净值。

企业在确认存货的可变现净值时应当以取得确凿证据为基础，并且考虑持有存货的目的、资产负债表日后事项的影响等因素。这里所讲的"确凿证据"是指对确定存货的可变现净值和成本有直接影响的客观证明。存货的采购成本、加工成本和其他成本及以其他方式取得存货的成本，应当以取得外来原始凭证、生产成本账簿记录等作为确凿证据。对确认存货的可变现净值有直接影响的确凿证明，例如，有产成品或商品的市场销售价格、与产成品或商品相同或类似商品的市场销售价格、销货方提供的有关资料和生产成本资料等。

(三) 存货期末的会计处理

企业设置"资产减值损失"科目核算其计提各项资产减值准备所形成的损失。该科目可按照发生资产减值损失的项目进行明细核算。该科目借方登记发生额（增加额），贷方登记结转额（减少额），期末结转后，该科目无余额。

企业应当设置"存货跌价准备"科目进行相关核算。该科目是存货项目的备抵科目，可按照存货项目或类别进行明细核算。该科目贷方登记计提额，借方登记转回额或转销额，期末余额在贷方，反映企业已计提但尚未转销的存货跌价准备。在具体计提存货跌价准备时，首先应按本期存货可变现净值低于成本的金额，确定本期存货的减值金额，其次将本期存货的减值金额与"存货跌价准备"科目的余额进行比较，按下列公式计算确定本期应计提的存货递减准备金额：

$$\text{某期应计提的存货跌价准备} = \text{当期可变现净值低于成本的差额} - \text{"存货跌价准备"科目原有贷方余额}$$

根据上述公式，如果本期存货减值的金额与"存货跌价准备"科目原有贷方余额相等，则本期末不需要计提存货跌价准备；如果本期存货减值的金额大于"存货跌价准备"科目原有贷方余额，应按二者之差补提存货跌价准备，借记"资产减值损失——计提的存货跌价准备"科目，贷记"存货跌价准备"科目；如果本期存货减值的金额小于"存货跌价准备"科目原有贷方余额，表明以前引起存货减值的影响因素已经部分消失，存货的价值得以部分恢复，企业应当相应地部分恢复存货的账面价值，按二者的差额冲减已计提的存货跌价准备，借记"存货跌价准备"科目，贷记"资产减值损失——计提的存货跌价准备"科目；如果本期末存货的可变现净值不低于其成本，表明以前引起存货减值的影响因素已经完全消失，存货的价值得以全部恢复，企业应将存货的账面价值恢复至账面成本，即将已计提的存货跌价准备全部转回，借记"存货跌价准备"科目，贷记"资产减值损失——计提的存货跌价准备"科目。

【例5-18】 阳光股份有限公司20×1年12月31日存货的账面价值为92 000元,该公司根据确凿证据计算的该批存货可变现净值为77 600元,"存货跌价准备"科目原有贷方余额为10 000元,则其会计处理如下:

借:资产减值损失——计提的存货跌价准备　　　　　　　　4 400
　　贷:存货跌价准备　　　　　　　　　　　　　　　　　　4 400

如果"存货跌价准备"科目原有贷方余额为20 000元,则其会计处理如下:

借:存货跌价准备　　　　　　　　　　　　　　　　　　　5 600
　　贷:资产减值损失——计提的存货跌价准备　　　　　　　5 600

如果20×2年12月31日存货的可变现净值总计数变为93 000元,此时应当全额转回"存货跌价准备"的原有贷方余额,其会计处理如下:

借:存货跌价准备　　　　　　　　　　　　　　　　　　　14 400
　　贷:资产减值损失——计提的存货跌价准备　　　　　　　14 400

(四)存货的盘存及相关会计处理

企业应当定期对存货进行盘存,以确定实有存货的数量和金额。存货的盘存方法主要有定期盘存制和永续盘存制。

(1)定期盘存制。在定期盘存制下,企业只是定期(一般在会计期末)对全部存货进行盘点,按照盘点结果确定存货数量,从而倒算出本期存货的发出数量。具体地说,企业每期只登记购入的存货数量和金额,而不登记发出及结余存货的数量和金额。在会计期末,通过实地盘点来确定期末存货的成本,从而计算出本期发出存货的成本。其依据的基本等式是:

本期发出存货成本 = 期初存货成本 + 本期购入存货成本 - 期末存货成本
本期发出存货数量 = 期初存货数量 + 本期购入存货数量 - 期末存货数量

可见,在定期盘存制下,日常的会计核算比较简单,但这种核算实际上是"以存计耗",不能反映存货收入、发出、结存的整个动态过程,无法及时、有效地发现存货被滥用、挪用、盗窃等风险,从而不利于存货的日常控制。

(2)永续盘存制。在永续盘存制下,对存货的每一笔收发业务都要进行登记,并随时结出账面余额。具体来讲,企业详细记录每一笔存货的收入、发出及结存的日期、数量、金额、规格等。在这种方法下,企业还需定期盘点存货,以确定账实(账面记录与实际盘存)是否相符。如果存货实际盘存数量大于账面记录,则称为"盘盈";如果存货实际盘存数量小于账面记录,则称为"盘亏"。

第四节　交易性金融资产

一、金融资产的概念及其分类

金融资产属于企业资产的重要组成部分，主要包括：库存现金、银行存款、应收账款、应收票据，其他应收款项、股权投资、债权投资和衍生金融工具形成的资产等。

企业应当根据其管理金融资产的业务模式和金融资产的合同现金流量特征，对金融资产进行合理的分类。金融资产一般划分为以下三类：(1) 以摊余成本计量的金融资产。(2) 以公允价值计量且变动计入其他综合收益的金融资产。(3) 以公允价值计量且变动计入当期损益的金融资产。对金融资产的分类一经确定，不得随意变更。

企业应当设置"交易性金融资产"科目核算以公允价值计量且变动计入当期损益的金融资产。企业持有的直接指定为以公允价值计量且其变动计入当期损益的金融资产也在"交易性金融资产"科目核算。本部分主要针对交易性金融资产的确认和计量进行介绍。

二、交易性金融资产的确认与计量

交易性金融资产主要是指企业为了近期内出售而持有的金融资产，例如，企业以赚取差价为目的从二级市场购入的股票、债券、基金等。为了核算交易性金融资产的取得、收取现金股利或利息、处置等业务，企业应当设置"交易性金融资产""公允价值变动损益""投资收益"等科目。

"交易性金融资产"科目核算企业为交易目的所持有的债券投资、股票投资、基金投资等交易性金融资产的公允价值。"交易性金融资产"科目的借方登记交易性金融资产的取得成本、资产负债表日其公允价值高于账面余额的差额等；贷方登记资产负债表日其公允价值低于账面余额的差额，以及企业出售交易性金融资产时结转的成本和公允价值变动损益。企业应当按照交易性金融资产的类别和品种，分别设置"成本""公允价值变动"等明细科目进行核算。

"公允价值变动损益"科目核算企业交易性金融资产等公允价值变动而形成的应计入当期损益的利得或损失，贷方登记资产负债表日企业持有的交易性金融资产等的公允价值高于账面余额的差额；借方登记资产负债表日企业持有的交易性金融资产等的公允价值低于账面余额的差额。

"投资收益"科目核算企业持有交易性金融资产等期间取得的投资收益以及处置交易

性金融资产等实现的投资收益或投资损失，贷方登记企业出售交易性金融资产等实现的投资收益；借方登记企业出售交易性金融资产等发生的投资损失。

交易性金融资产的会计处理分为初始计量和后续计量两个阶段。

交易性金融资产在初始确认时，应按公允价值计量，相关交易费用应当直接计入当期损益。其中，交易费用是指可直接归属于购买、发行或处置金融工具的增量费用。所谓增量费用，是指企业没有发生购买、发行或处置相关金融工具的情形就不会发生的费用，包括支付给代理机构、咨询公司、券商、证券交易所、政府有关部门等的手续费、佣金、相关税费及其他必要支出，不包括债券溢价、折价、融资费用、内部管理成本和持有成本等与交易不直接相关的费用。

企业取得交易性金融资产时，应当按照该金融资产取得时的公允价值作为其初始确认金额，记入"交易性金融资产——成本"科目。取得交易性金融资产所支付价款中包含了已宣告但尚未发放的现金股利或已到付息期但尚未领取的债券利息的，应当单独确认为应收项目，记入"应收股利"或"应收利息"科目。取得交易性金融资产所发生的相关交易费用应当在发生时计入投资收益。

交易性金融资产的后续计量包括持有期间的现金股利和现金利息的核算，资产负债表日的核算和交易性金融资产出售的核算三个环节。

企业持有交易性金融资产期间对于被投资单位宣告发放的现金股利或企业在资产负债表日按分期付息、一次还本债券投资的票面利率计算的利息收入，应当确认为应收项目，记入"应收股利"或"应收利息"科目，并计入投资收益。

资产负债表日，交易性金融资产应当按照公允价值计量，公允价值与账面余额之间的差额计入当期损益。企业应当在资产负债表日按照交易性金融资产公允价值与其账面余额的差额，借记或贷记"交易性金融资产——公允价值变动"科目，贷记或借记"公允价值变动损益"科目。

【例5-19】 20×2年5月13日，阳光股份有限公司支付价款1 060 000元从二级市场购入乙公司发行的股票100 000股，每股价格10.60元（含已宣告但尚未发放的现金股利0.60元），另支付交易费用1 000元。甲公司将持有的乙公司股权划分为以公允价值计量且变动计入当期损益的金融资产，且持有乙公司股权后对其无重大影响。

甲公司的其他相关资料如下：

① 5月23日，收到乙公司发放的现金股利；

② 6月30日，乙公司股票价格涨到每股13元；

③ 8月15日，将持有的乙公司股票全部售出，每股售价15元。

假定不考虑其他因素，甲公司的账务处理如下：

① 5月13日，购入乙公司股票：

借：交易性金融资产——成本 　　　　　　　　　　　　　　1 000 000
　　　应收股利　　　　　　　　　　　　　　　　　　　　　　60 000
　　　投资收益　　　　　　　　　　　　　　　　　　　　　　 1 000
　　　　贷：银行存款　　　　　　　　　　　　　　　　　　　　　　1 061 000

② 5月23日，收到乙公司发放的现金股利：
借：银行存款　　　　　　　　　　　　　　　　　　　　　　60 000
　　　贷：应收股利　　　　　　　　　　　　　　　　　　　　　　60 000

③ 6月30日，确认股票价格变动：
借：交易性金融资产——公允价值变动　　　　　　　　　　　300 000
　　　贷：公允价值变动损益　　　　　　　　　　　　　　　　　　300 000

④ 8月15日，乙公司股票全部售出：
借：银行存款　　　　　　　　　　　　　　　　　　　　　1 500 000
　　公允价值变动损益　　　　　　　　　　　　　　　　　　300 000
　　　贷：交易性金融资产——成本　　　　　　　　　　　　　　1 000 000
　　　　　　　　　　　　——公允价值变动　　　　　　　　　　300 000
　　　　投资收益　　　　　　　　　　　　　　　　　　　　　　500 000

重要概念： 货币资金　应收账款　存货的可变现净值　金融资产

重点与难点： 应收款项减值　存货的发出计价与期末计量

思 考 题

（1）库存现金的使用范围及日常管理都包括哪些内容？
（2）银行结算方式主要包括哪几种？
（3）什么是存货？如何确定外购存货的采购成本？
（4）发出存货的计价方法有哪些？
（5）什么是存货的可变现净值？确定存货的可变现净值应考虑哪些因素？
（6）什么是存货的盘盈和盘亏？
（7）金融资产分为哪几类？其分类依据是什么？

第六章

非流动资产

【学习目的】

通过本章的学习，使学生掌握固定资产的确认标准，固定资产的初始计量，固定资产取得、折旧和处置的会计处理；无形资产的确认标准，无形资产的初始计量，无形资产取得、出售和出租的会计处理。熟悉固定资产的计价方法、后续支出的会计处理；长期股权投资的会计处理。了解无形资产的特征及其包括的内容。

第一节 固定资产

一、固定资产概述

（一）固定资产的概念

固定资产（fixed assets），是指同时具有下列特征的有形资产：一是为生产商品、提供劳务、出租或经营管理而持有的；二是使用寿命超过一个会计年度。如企业的房屋建筑物、机器设备、运输工具等。固定资产的基本特点是：

（1）持有目的是使用而非直接出售。即在企业生产商品、提供劳务、出租或经营管理方面使用。因此，不包括企业生产耗用（如原材料、包装物等）或供出售（如库存商品等）的流动资产。也不包括以经营租赁方式出租的建筑物，以经营租赁方式出租的建筑物应当作为投资性房地产。

（2）使用年限超过一个会计年度。即固定资产提供服务期限通常超过一个经营周期或会计期间，从而明显区别于流动资产，但是固定资产使用寿命并非无限，最终要废弃或重置。

（二）固定资产的确认

固定资产的确认是指符合怎样的条件才能将固定资产予以入账。企业将一项资产确认

为固定资产,该资产在符合固定资产定义的同时满足以下两个条件,才能加以确认:

(1) 与该固定资产有关的经济利益很可能流入企业。判断固定资产包含的经济利益是否很可能流入企业,主要依据与该固定资产所有权相关的风险和报酬是否转移到企业。

"与资产所有权有关的风险",是指由于经营情况变化造成相关收益的变动,以及由于资产闲置或技术陈旧而发生的损失等;"与资产所有权相关的报酬",是指在资产可使用年限内直接使用资产而获得的经济利益、资产增值,以及处置资产所实现的收益等。

(2) 该固定资产的成本能够可靠地计量。固定资产成本为企业为取得该固定资产而发生的必要支出,其可靠计量关系到企业资产价值、成本费用等相关信息的可靠性。

对于企业的环保设备和安全设备等资产,虽然不能直接为企业带来经济利益,却有助于企业从相关资产获得经济利益,也应当确认为固定资产,但这类资产与相关资产的账面价值之和不能超过这两类资产可收回金额总额。

(三) 固定资产的分类

(1) 按经济用途分类。按固定资产的经济用途分类,可分为生产经营用固定资产和非生产经营用固定资产。

(2) 按使用情况分类。按固定资产的使用情况分类,可分为使用中的固定资产、未使用的固定资产和不需用的固定资产。

(3) 按所有权分类。按固定资产的所有权分类,可分为自有固定资产和租入固定资产。

(4) 按经济用途和使用情况综合分类。按固定资产的经济用途和使用情况综合分类,可分为:

① 生产经营用固定资产。生产经营用固定资产,是指直接服务于企业生产经营过程的各种固定资产,如厂房、仓库、办公楼;生产经营使用的机器、设备、器具、工具;汽车等。

② 非生产经营用固定资产。非生产经营用固定资产,是指不直接服务于企业生产经营过程的各种固定资产,如职工宿舍、浴室、食堂、托儿所等使用的房屋、设备和其他固定资产。

③ 出租固定资产。出租固定资产,是指在经营性租赁方式下出租给外单位使用的固定资产。但是不包括出租的房屋建筑物。

④ 未使用固定资产。未使用固定资产,是指已完工或已购建的尚未交付使用的新增固定资产。

⑤ 不需用固定资产。不需用固定资产，是指本企业多余或不适用，准备进行处理的固定资产。

⑥ 土地。土地，是指企业过去已估价单独入账的土地。

⑦ 融资租入固定资产。融资租入固定资产，是指企业以融资租赁方式租入的固定资产，根据实质重于形式的原则在租赁期内视同自有固定资产进行管理。

（四）固定资产的计量

固定资产计量包括初始计量、后续计量。固定资产的初始计量是指固定资产取得时入账价值的确定，固定资产的后续计量是指对固定资产的使用寿命、预计净残值、各期折旧额及减值的确定。

（1）固定资产的初始计量。《企业会计准则第4号——固定资产》规定："固定资产应当按照成本进行初始计量。"由于固定资产的取得途径不同，固定资产初始成本应当区别确定。

① 外购固定资产初始成本的计量。企业外购固定资产的成本，包括购买价款、相关税费、使固定资产达到预定可使用状态前所发生的可归属于该项资产的运输费、装卸费、安装费和专业人员服务费等。

② 自行建造固定资产初始成本的计量。企业自行建造固定资产的成本，由建造该项资产达到预定可使用状态前所发生的必要支出构成。

③ 投资者投入的固定资产初始成本的计量。投资者投入固定资产的成本，应当按照投资合同或协议约定的价值确定，但合同或协议约定价值不公允的除外。

企业的固定资产还可以通过债务重组、非货币性资产交换、融资租赁、合并等方式取得，本教材不再赘述。

（2）固定资产后续计量。固定资产后续计量包括固定资产后续支出的计量和固定资产折旧的计量。

二、固定资产核算设置的主要账户

（一）固定资产取得时设置的主要账户

固定资产取得时的核算，应设置"固定资产"和"在建工程"等账户。

（1）"固定资产"账户。该账户核算企业持有的固定资产原价。借方登记增加的固定资产原价；贷方登记减少的固定资产原价。期末余额在借方，反映企业现有固定资产的原价。该账户可按固定资产类别和项目设置明细账户。

（2）"在建工程"账户。该账户核算企业基建、更新改造等在建工程发生的支出。借方登记企业出包或自营基建工程达到预定可使用状态前所发生的全部净支出;贷方登记基建工程达到预定使用状态转出的实际工程成本。期末余额在借方,反映企业尚未完工的基建工程发生的各项实际支出。该账户应按工程项目设置"建筑工程""安装工程""在安装设备"等明细账户。

(3)"工程物资"账户。该账户核算企业为在建工程准备的各种物资的成本,包括工程用材料、尚未安装的设备以及生产准备的工器具等。借方登记企业购入为工程准备的物资的成本,贷方登记领用工程物资的成本。期末余额在借方,反映企业为在建工程准备、尚未领用的各种物资的成本。该账户应设置"专用材料""专用设备""工器具"等明细账户。

(4)"预计负债"。本科目核算企业根据或有事项等相关准则确认的各项预计负债,包括:对外提供担保、未决诉讼、产品质量保证、重组义务以及固定资产和矿区权益弃置义务等产生的预计负债。该账户贷方登记根据固定资产准则或石油天然气开采准则确认的由弃置义务应确定的金额,以及在固定资产或油气资产的使用寿命内,按弃置费用计算确定各期应负担的利息费用。借方登记企业实际清偿的金额。

(二) 固定资产后续核算时设置的主要账户

固定资产后续核算,应设置"累计折旧"等账户。该账户核算企业固定资产的累计折旧。借方登记因处置固定资产而转出的累计折旧;贷方登记按期(月)计提的固定资产折旧。期末余额在贷方,反映企业的固定资产累计折旧额。该账户可按固定资产类别和项目设置明细账户。

"固定资产减值准备"账户。该账户核算企业固定资产的减值准备。资产负债表日,固定资产发生减值的,按应减记的金额,借记"资产减值损失"科目,贷本科目。处置固定资产还应同时结转已计提的减值准备。本科目期末贷方余额,反映企业已计提但尚未转销的固定资产减值准备。本科目可按固定资产项目进行明细核算。

(三) 固定资产处置核算时设置的主要账户

固定资产处置核算应设置"固定资产清理"。该账户核算企业因出售、报废和毁损等原因转出的固定资产价值及其在清理过程中所发生的清理费用和清理收入等。借方登记转入清理的固定资产账面价值、清理过程中发生的清理费用和应缴的税金以及结转的固定资产清理后的净收益;贷方登记收回出售固定资产的价款、残料价值和变价收入、应由保险公司或过失人赔偿的损失以及结转的固定资产清理后的净损失。期末余额在借方,反映尚未清理完毕固定资产的清理净损失,期末余额在贷方,反映尚未清理完毕固定资产的清理净收益。该账户可按被清理的固定资产项目设置明细账户。

三、固定资产取得时的核算举例

(一) 外购固定资产的核算

企业外购的固定资产一般有两种情况：一是购入的固定资产不需要经过安装过程，可以直接使用。二是购入的固定资产需要经过安装过程，才能使用。两种情况应当区别进行会计处理。

(1) 购入不需要安装的固定资产。企业购入不需要安装而直接交付使用的固定资产，应按照购买价款、相关税费、使固定资产达到预定可使用状态前所发生的可归属于该项资产的运输费、装卸费和专业人员服务费等作为计入固定资产的初始成本，直接记入"固定资产"账户，借记"固定资产"账户，贷记"银行存款"账户。

【例6-1】顺达公司以银行存款购入一台生产用不需安装的新设备，发票价格10 000元，增值税额1 300元，支付的包装费800元，运输费400元，设备交付使用。假设不考虑包装费、运输费可以进行增值税进项税额抵扣的金额，根据该项经济业务，会计处理如下：

借：固定资产　　　　　　　　　　　　　　　　　　　　　　　　11 200
　　应交税费——应交增值税（进项税额）　　　　　　　　　　　　1 300
　　贷：银行存款　　　　　　　　　　　　　　　　　　　　　　　12 500

(2) 购入需要安装的固定资产。企业购入需要安装调试后方能交付使用的固定资产，应按购买价款、相关税费、使固定资产达到预定可使用状态前所发生的可归属于该项资产的运输费、装卸费、安装费和专业人员服务费等作为计入固定资产的初始成本。在会计核算上应先将发生的支出记入"在建工程"账户，待资产安装完毕达到预定可使用状态时，再由"在建工程"账户转入"固定资产"账户。

【例6-2】顺达公司购入生产用需要安装的设备一台，发票价格15 000元，增值税额为1 950元，包装费240元，运杂费160元。交付安装时发生安装费400元。全部款项均已通过银行结算。假设不考虑包装费、运输费可以进行增值税进项税额抵扣的金额，根据该项经济业务，会计处理如下：

① 购入机器时，记：

借：在建工程——在安装设备　　　　　　　　　　　　　　　　　15 400
　　应交税费——应交增值税（进项税额）　　　　　　　　　　　　1 950
　　贷：银行存款　　　　　　　　　　　　　　　　　　　　　　　17 350

② 发生安装费用时，记：

借：在建工程——在安装设备　　　　　　　　　　　　　　　400
　　贷：银行存款　　　　　　　　　　　　　　　　　　　　　　　400
③ 设备安装完毕达到预定可使用状态时，记：
借：固定资产　　　　　　　　　　　　　　　　　　　　　15 800
　　贷：在建工程　　　　　　　　　　　　　　　　　　　　　15 800

（二）自行建造固定资产的核算

自行建造的固定资产按其实施方式不同，可分为自营建造和出包两种方式。

（1）自营方式建造固定资产的核算。企业以自营方式建造固定资产，是指企业自行采购工程物资、自行组织工程人员、自行建造房屋、建筑物、各种设施的新建工程、大型机器设备的安装工程等。企业以自营方式建造的固定资产，其成本由该资产达到预定可使用状态前所发生的必要支出构成。其成本包括直接材料、直接人工、直接机械使用费、应缴纳的税金及资本化费用等。

企业购入为工程准备的物资，借记"工程物资"，贷记"银行存款""其他应付款"等科目。企业自营的在建工程领用工程物资、原材料或库存商品的，借记"在建工程"，贷记"工程物资""原材料""库存商品"等科目。涉及增值税的，还应进行相应的处理。

在建工程应负担的职工薪酬，借记"在建工程"科目，贷记"应付职工薪酬"科目。辅助生产部门为工程提供的水、电、设备安装、修理、运输等劳务，借记"在建工程"科目，贷记"生产成本—辅助生产成本"等科目。

在建工程达到预定可使用状态时，结转在建工程成本，借记"固定资产"等科目，贷记"在建工程（XX 工程）"科目。

【例6-3】 顺达公司采用自营方式建造仓库一幢，为此发生下列经济业务。

① 购入工程准备用的物资一批，买价460 000元，增值税额为59 800元，运杂费2 000元，已通过银行结算。根据该项经济业务，会计处理如下：

借：工程物资——专用材料　　　　　　　　　　　　　　462 000
　　应交税费——应交增值税（进项税额）　　　　　　　　59 800
　　贷：银行存款　　　　　　　　　　　　　　　　　　　　521 800

② 仓库工程领用全部工程材料。根据该项经济业务，会计处理如下：

借：在建工程——仓库　　　　　　　　　　　　　　　　462 000
　　贷：工程物资——专用材料　　　　　　　　　　　　　　462 000

③ 仓库工程领用原材料60 000元，根据该项经济业务，会计处理如下：

借：在建工程——仓库 60 000
　　贷：原材料 60 000

④ 仓库工程计算应付自营工程人员薪酬 60 000 元。根据该项经济业务，会计处理如下：

借：在建工程——仓库 60 000
　　贷：应付职工薪酬 60 000

⑤ 分配并结转辅助生产部门提供的水、电、运输、劳务等费用 34 000 元，根据该项经济业务，会计处理如下：

借：在建工程——仓库 34 000
　　贷：生产成本——辅助生产成本 34 000

⑥ 工程实体建造已全部完工，经验收合格，达到预定可使用状态。根据该项经济业务，会计处理如下：

借：固定资产——生产经营用固定资产（仓库） 616 000
　　贷：在建工程——仓库 616 000

（2）以出包方式建造固定资产的核算。企业以出包方式建造固定资产，是指企业通过招标方式将工程项目发包给承包商，由承包商组织工程项目施工。企业以出包方式建造固定资产，其成本由为建造该项资产达到预定可使用状态前所发生的必要支出构成，包括应支付给承包商的建筑工程支出、安装工程支出以及需分摊的其他支出等。企业预付给承包商的工程价款，应作为预付账款先记入"预付账款"账户；待办理工程价款结算时，按结算的工程价款记入"在建工程"账户；待该资产达到预定可使用状态时，再由"在建工程"账户转入"固定资产"账户。

（三）投资者投入的固定资产的核算

投资者投入的固定资产，在投资合同或协议约定价值不公允的情况下，按照该项固定资产的公允价值作为入账价值，固定资产的公允价值与投资合同或协议约定的价值之间的差额计入资本公积。

【例 6-4】顺达公司接受甲公司设备作为投资，投资合同约定的价值为 200 000 元，公允价值为 230 000 元，假设不考虑税费，根据该项经济业务，会计处理如下：

借：固定资产 230 000
　　贷：实收资本——甲公司 200 000
　　　　资本公积 30 000

四、固定资产折旧

(一) 固定资产折旧概述

(1) 固定资产折旧的概念。固定资产折旧，是指在固定资产使用寿命内，按照确定的方法对应计折旧额进行系统分摊。应计折旧总额，是指应当计提折旧的固定资产的原价扣除其预计净残值后的金额。已计提减值准备的固定资产，还应当扣除已计提的固定资产减值准备的累计金额。

从本质上讲，折旧是一种费用，是固定资产在使用过程中由于逐渐消耗而减少的那部分价值。固定资产的损耗，分为有形损耗和无形损耗两种。有形损耗是指固定资产由于使用和自然力的影响而引起的使用价值和价值的损失；无形损耗是指固定资产由于科学技术的进步而引起的在价值上的损失。根据配比的原则，对固定资产损耗的价值，应在固定资产的预计有效使用期内，以计提折旧的方式计入各期成本费用，从各期营业收入中逐步得到补偿。

(2) 固定资产折旧的范围。确定固定资产的折旧范围，有以下两个方面的规定。

① 固定资产折旧的空间范围。以计提折旧方式补偿固定资产损耗的价值，首先应正确确定固定资产折旧的空间范围，固定资产准则规定：企业应当对所有固定资产计提折旧。但是，已提足折旧仍继续使用的固定资产和单独计价入账的土地除外。

② 固定资产折旧的时间范围。固定资产应自达到预定可使用状态时开始计提折旧，终止确认时或划分为持有待售非流动资产时停止计提折旧。企业应当按月计提固定资产折旧，在实际计提折旧时，应以月初应计提折旧的固定资产账面价值为依据，当月增加的固定资产，当月不提折旧，从下月起计提折旧；当月减少的固定资产，当月照提折旧，从下月起停止计提折旧。固定资产提足折旧后，不论能否继续使用，均不再计提折旧；提前报废的固定资产，也不再补提折旧。

(二) 固定资产折旧的计算

(1) 影响固定资产折旧的基本因素。固定资产的原价，即为取得固定资产时的入账价值或原价。

固定资产的预计净残值，是指假定固定资产预计使用寿命已满并处于使用寿命终了时的预期状态，企业目前从该项资产处置中获得的扣除预计处置费用后的金额。

固定资产的使用寿命，是指企业使用固定资产的预计期间，或者该固定资产所能生产产品或提供劳务的数量。固定资产使用寿命的长短，直接影响到各期应计提的折旧额。企业确定固定资产使用寿命时间，应当考虑下列因素：①预计生产能力或实物产量；②预计有形损耗和无形损耗。如设备使用中发生磨损、房屋建筑物受到自然侵蚀等有形损耗，如因新技术的出现而使得资产技术水平相对陈旧、市场需求变化使产品过时等无形损耗；③法律或类似规定对资产使用的限制。

（2）固定资产折旧的计算方法。我国《企业会计准则第4号——固定资产》规定，企业应当根据与固定资产有关的经济利益的预期实现方式，合理选择固定资产折旧方法。可选用的折旧方法包括年限平均法、工作量法、双倍余额递减法与年数总和法等。固定资产的折旧方法一经确定，不得随意变更。企业至少应当于每年年度终了，对固定资产的折旧方法进行复核。与固定资产有关的经济利益预期实现方式有重大改变的，应当改变固定资产折旧方法。

① 年限平均法。年限平均法亦称直线法，是指将固定资产应计折旧额在固定资产预计使用寿命内平均分摊的一种方法。这种折旧方法的特点是，在固定资产没有增减变化的情况下，每期折旧额相等。这种方法适用于在各个会计期间使用程度比较均衡的固定资产。

年限平均法的折旧额计算公式如下：

$$固定资产年折旧额 = \frac{固定资产原价 - 预计净残值}{固定资产预计使用年限}$$

或：

$$固定资产年折旧额 = \frac{固定资产原价 - (预计残值收入 - 预计清理费用)}{固定资产预计使用年限}$$

或：

$$固定资产年折旧额 = \frac{固定资产原价 \times (1 - 预计净残值率)}{固定资产预计使用年限}$$

$$固定资产月折旧额 = \frac{固定资产年折旧额}{12}$$

$$固定资产年折旧率 = \frac{固定资产年折旧额}{固定资产原价} \times 100\%$$

$$固定资产年折旧率 = \frac{1 - 预计净残值率}{固定资产预计使用年限} \times 100\%$$

$$固定资产月折旧率 = 固定资产年折旧率 \div 12$$

【例6-5】顺达公司拥有设备一台，原价16 000元，预计使用10年，预计残值收入为580元，预计清理费用为180元，则：

固定资产净残值率 = [(580 - 180) ÷ 16 000] = 2.5%
设备的年折旧率 = (1 - 2.5%) ÷ 10 = 9.75%
设备的月折旧率 = 9.75% ÷ 12 = 0.8125%
设备的年折旧额 = 16 000 × 9.75% = 1 560（元）

或：

设备的年折旧额 = [16 000 - (580 - 180)] ÷ 10 = 1 560（元）
设备的月折旧额 = 1 560 ÷ 12 = 130（元）

② 工作量法。工作量法又称作业量法，是根据固定资产在使用期间完成的总的工作量平均计算折旧的方法。工作量法和平均年限法都是平均计算折旧的方法，都属于直线法。工作量法的折旧计算公式如下：

单位工作量折旧额 = （固定资产原值 - 预计净残值）/预计总工作量
= [固定资产原值 × （1 - 预计净残值率）]/预计总工作量

月折旧额 = 单位工作量折旧额 × 当月实际完成工作量

【例6-6】 顺达公司拥有新汽车一辆，原值200 000元，预计净残值率为5%，预计行驶500 000千米，本月实际行驶10 000千米，本月计提折旧额计算如下：

汽车单位里程折旧额 = 200 000 × （1 - 5%）÷ 500 000 = 0.38（元）
汽车本月折旧额 = 0.38 × 10 000 = 3 800（元）

③ 双倍余额递减法。双倍余额递减法，是指以年初固定资产账面净值为基数，以直线折旧率的两倍为定率，计算各年固定资产折旧额的一种方法。这种方法的特点是，确定双倍直线折旧率时，不考虑固定资产净残值的因素，各年折旧率是固定的，但各年计提固定资产折旧的基数呈递减趋势，故各年折旧额呈递减趋势。其计算公式如下：

$$双倍直线年折旧率 = 2 × \left(\frac{1}{预计使用年限} × 100\%\right)$$

年折旧额 = 年初固定资产账面净值 × 双倍直线年折旧率

在采用双倍余额递减法计算固定资产折旧的情况下，每年年初固定资产净值没有扣除预计净残值，双倍直线折旧率也没有考虑固定资产净残值的因素，将会导致在固定资产预计使用寿命内，企业实际计提的折旧额超过应计折旧额。因此，采用双倍余额递减法在连续计算各年折旧额时必须注意两个问题：一是各年计提折旧后，固定资产账面净值不能降低到固定资产预计净残值以下；二是由于每年的折旧额是递减的，因而可能出现某年按双倍余额递减法所提折旧额小于按照年限平均法的折旧额。

为简化计算，在固定资产使用寿命期限的最后两年，应将固定资产净值扣除预计净残值后的余额平均摊销。即改为年限平均法计提折旧。

【例6-7】顺达公司有设备一台，原值6万元，预计净残值率为3%，预计使用5年，采用双倍余额递减法计算固定资产折旧。该设备年折旧率、净残值及各年折旧额计算如下：

双倍直线年折旧率 = 2 ÷ 5 × 100% = 40%

预计净残值 = 60 000 × 3% = 1 800（元）

各年折旧额的计算见表6-1。

表6-1　　　　　　　　　　固定资产折旧计算表

（双倍余额递减法）　　　　　　　　　　单位：元

年限	年初账面净值	折旧率（%）	折旧额	累计折旧额	期末账面净值
1	60 000	40	24 000	24 000	36 000
2	36 000	40	14 400	38 400	21 600
3	21 600	40	8 640	47 040	12 960
4	12 960	—	5 580	52 620	7 380
5	7 380	—	5 580	58 200	1 800

设备第4、第5年改用年限平均法。其年折旧额计算为：

设备最后两年的年折旧额 = (12 960 - 1 800) ÷ 2 = 5 580(元)

④ 年数总和法。年数总和法，是指以固定资产的原值减去预计净残值后的净额为基数，以一个逐年递减的分数为折旧率，计算各年固定资产折旧额的一种方法。这种方法的特点是，计提折旧的基数是固定不变的，折旧率依据固定资产的使用年限来确定，且各年折旧率呈递减趋势，故以此计算出的年折旧额也呈递减趋势。

采用年数总和法确定固定资产各年折旧率，是以固定资产尚可使用的年限做分子，以固定资产使用年限的逐年数字之和做分母。假定固定资产使用年限为 n 年，分母即为 $1+2+3+4+\cdots+n=n(n+1)/2$，其计算公式如下：

$$年折旧率 = \frac{预计使用年限 - 已使用年数}{预计使用年限 \times (1 + 预计使用年限) \div 2} \times 100\%$$

月折旧率 = 年折旧率 ÷ 12

年折旧额 = (固定资产原值 - 预计净残值) × 年折旧率

月折旧额 = (固定资产原值 - 预计净残值) × 月折旧率

【例6-8】顺达公司拥有设备一台，原值6万元，预计净残值率为3%，预计使用5

年，采用年数总和法计算固定资产折旧。该项资产各年计提折旧基数为 $60\,000 \times (1-3\%) = 58\,200$（元），其年折旧率的分母计算为 $1+2+3+4+5=15$ 或根据公式 $5\times(1+5)\div 2=15$；其折旧率的分子从第 1~5 年分别为 5、4、3、2、1。该项资产各年折旧额的计算见表 6-2。

表 6-2 固定资产折旧计算表

（年数总和法） 单位：元

年限	原值-净残值	折旧率	折旧额	累计折旧额	期末账面净值
1	58 200	5/15	19 400	19 400	40 600
2	58 200	4/15	15 520	34 920	25 080
3	58 200	3/15	11 640	46 560	13 440
4	58 200	2/15	7 760	54 320	5 680
5	58 200	1/15	3 880	58 200	1 800

（三）固定资产折旧的核算

固定资产折旧贷方通过"累计折旧"账户核算，该账户属于资产类账户，是"固定资产"账户的备抵账户。按固定资产提供服务的部门，借记"制造费用""销售费用""管理费用""其他业务成本"等账户，贷记"累计折旧"账户。各月固定资产折旧额的计算，可通过编制折旧计算表进行。

在采用年限平均法计提固定资产折旧的情况下，折旧计算表是在上月份计提折旧的基础上，调整上月增减固定资产应计折旧额对本月的影响而确定本月折旧额。其计算公式如下：

本月应提折旧额 = 上月计提折旧额 + 上月增加固定资产应计折旧额 −
上月减少固定资产计提折旧额

固定资产折旧计算表可以由会计部门编制，也可以由各使用部门编制，最后由会计部门按固定资产服务的部门和单位进行汇总编制固定资产折旧计算汇总表，据以编制记账凭证。

【例 6-9】顺达公司采用年限平均法计提固定资产折旧。会计部门根据各使用部门编报的 20×1 年 1 月份固定资产折旧计算表，汇总编制的某企业折旧额计算表，见表 6-3。

表 6-3　　　　　　　　　　　　固定资产折旧额计算汇总表
20×1 年 1 月　　　　　　　　　　　　　　单位：元

使用部门		上月计提折旧额	上月增加固定资产应计折旧额	上月减少固定资产应计折旧额	本月应计提折旧额
生产车间	生产用	400 000	35 000	15 000	420 000
	管理用	120 000	15 000	12 000	123 000
	合计	520 000	50 000	27 000	543 000
行政管理部门用		60 000	20 000	13 000	67 000
销售部门用		50 000	16 000	1 000	65 000
总　计		630 000	86 000	41 000	675 000

根据表 6-3，记：
借：制造费用　　　　　　　　　　　　　　　　　　　　　543 000
　　管理费用　　　　　　　　　　　　　　　　　　　　　　67 000
　　销售费用　　　　　　　　　　　　　　　　　　　　　　65 000
　　贷：累计折旧　　　　　　　　　　　　　　　　　　　　675 000

五、固定资产的处置核算

固定资产处置包括出售、报废、毁损等。企业出售、转让划归为持有待售类别的，按照持有待售非流动资产处置组的要求处理，除此以外，企业因出售、报废或毁损而处置固定资产，应通过"固定资产清理"账户核算，其核算的程序如下：

（1）注销固定资产的账面价值。企业处置固定资产时，首先应注销其账面价值。按处置固定资产的账面净额，借记"固定资产清理"账户，按处置固定资产已计提的累计折旧，借记"累计折旧"账户，按处置固定资产计提的减值准备，借记"固定资产减值准备"账户，按处置固定资产账面余额，贷记"固定资产"账户。

（2）发生的清理费用。企业在处置固定资产过程中发生的清理费用以及应支付的相关税金，借记"固定资产清理"账户，贷记"银行存款""应交税费"等账户。

（3）出售收入和残料的处理。企业因出售固定资产获得的价款收入、因固定资产报废或毁损而收回的残料价值和变价收入等应结转记入"固定资产清理"账户的贷方。按处置固定资产过程中获得的出售价款、残料价值、变价收入等，借记"银行存款""原材料"等账户，贷记"固定资产清理"账户。

（4）保险赔偿。企业收到保险公司或过失人赔偿的，应贷记"固定资产清理"账户，借记"其他应收款""银行存款"账户。

（5）清理净损益。一是出售固定资产。取得的价款记入"固定资产清理"账户，其与转让的该资产账面价值及发生的清理过程中的税费之差额，即清理净损益，最终记入"资产处置损益"账户。二是报废、毁损固定资产。取得的残料价值或变价收入，以及获得的保险和过失人赔偿款记入"固定资产清理"账户，其与处置的该资产账面价值及发生的清理过程中的税费之差额，即清理净损益，清理结束时分别记入"营业外收入"或"营业外支出"账户。

【例6-10】顺达公司经批准将不需用的一幢建筑物出售，该固定资产原价为1 200 000元，已提折旧700 000元，出售取得收入940 000元，款项存入银行，增值税税率为9%，已办妥资产交接手续。根据该项经济业务，会计处理如下：

① 注销出售建筑物的原价和累计折旧。

借：固定资产清理	500 000
累计折旧	700 000
贷：固定资产	1 200 000

② 取得转让收入。

借：银行存款	1 024 600
贷：固定资产清理	940 000
应交税费——应交增值税（销项税）	84 600

③ 结转出售仓库的净收益。

净收益 = 940 000 - 500 000 = 440 000（元）

| 借：固定资产清理 | 440 000 |
| 贷：资产处置损益 | 440 000 |

【例6-11】某企业有旧仓库一座，原价1 100 000元，已提折旧1 075 500元，因使用期满经批准报废。清理过程中以银行存款支付拆除费1 500元，残值变价收入3 000元存入银行，该资产已清理完毕。根据该项经济业务，会计处理如下：

① 注销报废的固定资产原价和累计折旧时，记：

借：固定资产清理	24 500
累计折旧	1 075 500
贷：固定资产	1 100 000

② 支付拆除费时，记：

| 借：固定资产清理 | 1 500 |
| 贷：银行存款 | 1 500 |

③ 收到残值收入时，记：
借：银行存款   3 000
    贷：固定资产清理   3 000
④ 结转仓库清理净损失时，记：
借：营业外支出   23 000
    贷：固定资产清理   23 000

第二节　无形资产

一、无形资产概述

（一）无形资产的概念和特征

无形资产（intangible assets）是企业拥有或控制的没有实物形态的可辨认非货币资产。无形资产一般具有以下特征：

（1）属于资产中的可辨认资产。资产满足下列条件之一的，符合无形资产定义中的可辨认性标准：①能够从企业中分离或者划分出来，并能单独或者与相关合同、资产或负债一起，用于出售、转移、授予许可、租赁或者交换。②源自合同性权利或其他法定权利，无论这些权利是否可以从企业或其他权利和义务中转移或分离。

（2）不具有实物形态。无形资产通常表现为某种权利、技术。如土地使用权、非专利技术等。它没有实物形态，却能够为企业带来经济利益，或使企业获得超额收益。不具有实物形态是无形资产区别于其他资产的主要特征。

（3）属于非货币性长期资产。无形资产区别于货币性资产的特征，就在于它属于非货币资产。无形资产由于没有发达的交易市场，一般不容易转化成现金，在持有过程中为企业带来未来经济利益的情况不确定，不属于以固定或可确定的金额收取的资产，属于非货币性资产。同时，无形资产属于长期资产，能在超过企业的一个经营周期的较长期间内为企业创造经济利益。

（4）为企业使用而非出售的资产。企业持有无形资产的目的不是出售而是生产经营，即利用无形资产来提供商品、提供劳务、出租给他人或为企业生产、经营管理服务。

（5）在创造经济利益方面存在较大不确定性。无形资产创造经济利益的能力在很大程度上受企业外部因素的影响，而且无形资产一般需借助有形资产才能发挥作用，故其预期的获利能力不能准确地加以确定。

(二) 无形资产的内容

无形资产包括专利权、非专利技术、商标权、著作权、土地使用权、特许权等。无形资产可以采用多种方法来分类。

专利权是政府授予持有者独家制造、销售或处置某项发明的权利，专利权向法律机构申请后生效，发明专利法律保护期限一般为 20 年，实用新型的保护期限一般为 10 年。

非专利技术，也称专有技术、技术诀窍或技术秘密，是指在工业生产上使用的先进的未经公开的各种设计图纸、资料、数据、技术规范、工艺流程、原料配方以及经济管理资料等，专有技术一般没有法律意义上的有效期限。

商标权是商标所有者将商标依法注册登记而取得的一种专用权，用来辨认特定的商品或劳务的专用标记的权利。根据我国商标法的规定，经过注册的商标有效年限为 10 年，届满时，企业可以依法申请延长，经批准可以继续享有商标的专用权。

版权又称著作权，是对文学、艺术、学术、音乐、电影、音像等创作或翻译的出版、销售、表演、演唱、广播等权利。著作权一般在作者故去后 50 年后不再享有保护期限。

土地使用权又称场地使用权，是指土地使用者对其使用的土地，按照法律规定，享有利用和取得收益的权利。

特许经营权是指在某一地区经营或销售某种特定商品的权利或是一家企业允许另一家企业使用其商标、商号、技术秘密等的权利。特许经营可以是政府机构授权，准许企业使用或在一定地区享有经营某种业务的特权，也可以是企业间依照签订的合同，有限期或无限期使用另一家企业的某些权利，如连锁店的分店等，会计意义上的特许经营主要是后者。

二、无形资产取得时的核算

(一) 无形资产的确认条件

根据无形资产的特征，企业的资产只有在满足以下条件时，才能确认为无形资产：

（1）该资产产生的经济利益很可能流入企业。这一条件包含两层含义：其一，企业应能够控制无形资产所产生的经济利益，即企业拥有无形资产的法定所有权，或企业与他人签订协议，使得企业的相关权利受到法律的保护；其二，在判断无形资产产生的经济利益是否可能流入企业时，企业应当对无形资产在预计使用寿命内可能存在的各种经济因素作出合理估计，并且应当由明确证据支持。例如，某企业在提供智能财务共享服务过程中涉及客户企业的费用报销、合同台账等数据，分析认为如何取得客户授权并进行脱敏等加工处理，相关数据存在开发潜力，但在尚未构建起清晰的应用场景、无法确认预期能够带来经济利益时，有关支出不能满足"与该无形资产有关的经济利益很可能流入企业"的确认条件，不能作为无形资产予以确认。

（2）该资产的成本能够可靠地计量。例如，一些人才所掌握的高新科学技术知识虽然能够为企业创造经济利益，或通过劳资合同的签订限定人才在规定时间内必须为企业提供服务，但由于其成本难以计量，也不能成为企业的无形资产加以确认。企业自创商誉以及内部产生的品牌、报刊名等，因其成本无法明确区分，不应当确认为无形资产。

综上所述，某个项目要确认为无形资产，首先必须符合无形资产的定义，其次还要符合以上两个条件。

（二）无形资产的初始计量

企业会计准则中规定无形资产应当按照成本进行初始计量。

（1）外购无形资产的成本。外购无形资产的成本，包括购买价款、相关税费以及直接归属于使该项资产达到预定用途所发生的其他支出。

购入的无形资产，按实际支付的价款，借记"无形资产"账户，贷记"银行存款"等账户。

对于与其他资产一起购入的无形资产，其成本按照无形资产和其他资产的公允价值相对比例确定。但采用该方法，必须以该无形资产的相对价值较大为前提。如在购入电脑时随机附送的价值相对较小的软件，就不必单独核算，而直接计入电脑的成本；与地上附着物一同购入的土地使用权也属于类似情况。

【例6-12】20×1年1月5日，A股份有限公司购入一项专利技术，发票上注明的价值为20万元，款项已支付，根据该项经济业务，会计处理如下：

借：无形资产　　　　　　　　　　　　　　　　　　　　　　200 000
　　贷：银行存款　　　　　　　　　　　　　　　　　　　　　　200 000

（2）投资者投入的无形资产。投资者投入的无形资产，应以投资合同或协议约定的价值确定，但合同或协议约定价值不公允的除外。无形资产的公允价值与投资合同或协议约定的价值之间的差额计入资本公积。

投资者投入的无形资产，按投资各方确认的价值，借记"无形资产"账户，贷记"实收资本"或"股本"等账户。

【例6-13】B公司接受一项专利作为注入资本，专利的公允价值为28万元，双方协议的价值为27万元，假设无其他相关税费发生。

根据该项经济业务，会计处理如下：

借：无形资产　　　　　　　　　　　　　　　　　　　　　　280 000
　　贷：实收资本　　　　　　　　　　　　　　　　　　　　　　270 000
　　　　资本公积——资本溢价　　　　　　　　　　　　　　　　10 000

（3）企业内部研究开发项目开发阶段的支出。企业内部研究开发项目开发阶段的支出，应当正确区分研究阶段支出和开发阶段支出。研究阶段具有探索性，其研究是否能在未来形成成果，即通过开发后是否会形成无形资产均有很大的不确定性，企业也无法证明其研究活动一定能够形成带来未来经济利益的无形资产，因此，研究阶段的有关支出在发生时应当费用化计入当期损益。开发阶段相对于研究阶段更进一步，形成成果的可能性较大。开发阶段的支出符合以下条件可以资本化处理，确认为无形资产：

① 从技术上来讲，完成该无形资产以使其能够使用或出售具有可行性；
② 具有完成该无形资产并使用或出售的意图；
③ 无形资产产生未来经济利益的方式，包括能够证明运用该无形资产生产的产品存在市场或无形资产自身存在市场；无形资产将在内部使用的，应当证明其有用性；
④ 有足够的技术、财务资源和其他资源支持，以完成该无形资产的开发，并有能力使用或出售该无形资产；
⑤ 归属于该无形资产开发阶段的支出能够可靠计量。

企业自行开发无形资产发生的研发支出，不满足资本化条件的，借记"研发支出——费用化支出"，满足资本化条件的，借记"研发支出——资本化支出"，贷记"原材料""银行存款""应付职工薪酬"等科目。

研究开发项目达到预定用途形成无形资产的，应按"研发支出——资本化支出"的余额，借记"无形资产"科目，贷记"研发支出——资本化支出"。

期（月）末，应将"研发支出"科目归集的费用化支出金额转入"管理费用"科目，借记"管理费用"科目，贷记"研发支出——费用化支出"。

【例6-14】某企业自行研究开发一项新产品专利技术，在研究开发过程中发生材料费100万元、人工工资70万元，以及其他费用20万元，总计190万元，其中，符合资本化条件的支出为120万元，期末，该专利技术已经达到预定用途。

借：研发支出——资本化支出　　　　　　　　　　　　　　1 200 000
　　　　　　——费用化支出　　　　　　　　　　　　　　　　700 000
　贷：原材料　　　　　　　　　　　　　　　　　　　　　1 000 000
　　　应付职工薪酬　　　　　　　　　　　　　　　　　　　700 000
　　　银行存款　　　　　　　　　　　　　　　　　　　　　200 000
期末：
借：管理费用　　　　　　　　　　　　　　　　　　　　　　700 000
　　无形资产　　　　　　　　　　　　　　　　　　　　　1 200 000
　贷：研发支出——资本化支出　　　　　　　　　　　　　1 200 000
　　　　　　　——费用化支出　　　　　　　　　　　　　　700 000

三、无形资产的摊销

在无形资产使用过程中,根据其损耗情况,应进行价值摊销。无形资产摊销可分使用寿命有限和使用寿命不确定两种情况。

(一)使用寿命有限的无形资产

影响无形资产摊销数额的因素有无形资产的原值、无形资产的使用寿命、无形资产的净残值、无形资产的摊销办法及无形资产的减值准备。

企业持有的无形资产,通常来源于合同性权利或是其他法定权利,而且合同规定或法律规定有明确的使用年限。来源于合同性权利或其他法定权利的无形资产,其使用寿命不应超过合同性权利或其他法定权利的期限;如果合同性权利或其他法定权利能够在到期时因续约等延续,且有证据表明企业续约不需要付出大额成本,续约期应当计入使用寿命。

合同或法律没有规定使用寿命的,企业应当综合各方面情况,聘请相关专家进行论证或与同行业的情况进行比较以及参考历史经验等,来确定无形资产为企业带来未来经济利益的期限。

企业确定无形资产的使用寿命时,应该考虑以下因素:
(1)该资产通常的产品寿命周期、可获得的类似资产使用寿命的信息;
(2)技术、工艺等方面的现实情况及对未来发展的估计;
(3)以该资产生产的产品或服务的市场需求情况;
(4)现在或潜在的竞争者预期采取的行动;
(5)为维持该资产产生未来经济利益的能力预期的维护支出,以及企业预计支付有关支出的能力;
(6)对该资产的控制期限,使用的法律或类似限制,如特许使用期间、租赁期等;
(7)与企业持有的其他资产使用寿命的关联性等。

企业选择的无形资产摊销方法,应当反映企业预期消耗该项无形资产所产生的未来经济利益的方式,无法可靠确定消耗方式的,应当采用直线法摊销。

即: 无形资产每期摊销额 = 无形资产的应摊销金额/期限

无形资产的应摊销金额 = 无形资产入账价值 − 残值 − 无形资产减值准备

除以下任一情况外,使用寿命有限的无形资产,其残值应当视为零。①有第三方承诺在无形资产使用寿命结束时购买该无形资产;②可以根据活跃市场得到残值信息,并且该市场在无形资产使用寿命结束时很可能存在。

无形资产的摊销金额一般应当计入当期损益，摊销无形资产价值时，借记"管理费用——无形资产摊销"账户，贷记"累计摊销"账户。

企业应当至少于每年年度终了，对使用寿命有限的无形资产的使用寿命及未来经济利益消耗方式进行复核。无形资产的预计使用寿命及未来经济利益的预期消耗方式与以前估计不同的，应当改变摊销期限和摊销方法。

【例6-15】A公司按20年平均摊销该专利技术的成本，无形资产原值为10万元，假定无形资产使用寿命结束后没有第三方承诺购买，并从活跃市场上无法得到确凿的残值信息，做出每年摊销的会计处理。根据有关凭证记：

借：管理费用——无形资产摊销　　　　　　　　　　　　　　5 000
　　贷：累计摊销　　　　　　　　　　　　　　　　　　　　　　5 000

（二）使用寿命不确定的无形资产

无法预见无形资产为企业带来未来经济利益的期限的，应当视为使用寿命不确定的无形资产。使用寿命不确定的无形资产不应摊销。企业应当在每个会计期间对使用寿命不确定的无形资产的使用寿命进行复核。如果有证据表明无形资产的使用寿命是有限的，应当估计其使用寿命。

四、无形资产减值

（一）无形资产减值的确定

企业应定期对无形资产的账面价值进行检查，至少于每年年末检查一次。如发现以下一种或数种情况，应对无形资产的可收回金额进行估计，并将该无形资产的账面价值超过可收回金额的部分确认为减值准备：

（1）资产的市价跌幅明显高于正常使用而预计的下跌；
（2）企业经营所处的环境及资产所处的市场发生重大不利变化；
（3）市场投资报酬率在当期已经很高，导致资产可收回金额大幅度降低；
（4）有证据表明资产已经陈旧过时或者其实体已经损坏；
（5）资产已经或者将被闲置、终止使用或者计划提前处置等；
（6）企业内部报告的证据表明资产的经济绩效已经低于或者将低于预计等。

这里所讲的可收回金额是指以下两项金额中的较大者：①无形资产的公允价值减去处置费用后的净额；②预期从无形资产的持续使用中预计产生的现金流入扣除为使资产达到预定可使用状态和资产持续使用过程中所必需的预计现金流出和使用年限结束时的处置中产生的预计未来现金流量的现值。

资产的公允价值应当根据以下三条确定：①公平交易中销售协议价格；②在活跃市场中的买方出价；③如果上述两项都不存在，应当以可获取的最佳信息为基础，估计资产的公允价值减去处置费用后的净额，该净额可以参考同行业类似资产的最近交易价格或者结果进行估计。

（二）无形资产减值的会计处理

企业应设置"无形资产减值准备"账户核算企业计提的无形资产减值准备。期末，企业所持有的无形资产账面价值高于其可收回金额的，按其差额，借记"资产减值损失"账户，贷记"无形资产减值准备"账户，资产减值损失一经确认，在以后会计期间不得转回，以后年度的摊销数值也应该根据无形资产的账面价值重新计算。

【例6-16】20×6年1月1日，A公司购入一项无形资产，实际支付的价款为150万元。根据法律规定，A公司预计其使用年限为15年，按年摊销无形资产价值。20×6年12月31日，由于与该无形资产有关的经济因素发生不利变化，致使该无形资产发生减值。A公司估计其可收回金额为135万元。假定不考虑所得税及其他相关税费的影响。根据有关凭证记：

① 20×6年1月1日购入时，会计处理如下：
   借：无形资产   1 500 000
       贷：银行存款   1 500 000

② 20×6年12月31日，摊销无形资产价值时，会计处理如下：
   借：管理费用   100 000
       贷：累计摊销   100 000

③ 20×6年12月31日计提减值准备时，会计处理如下：
   借：资产减值损失   50 000
       贷：无形资产减值准备   50 000

④ 20×7年12月31日，应摊销金额为(150-10-5)÷(15-1)=9.64（万元），会计处理如下：
   借：管理费用   96 400
       贷：累计摊销   96 400

五、无形资产处置

（一）无形资产出租

企业出租无形资产取得的租金收入，借记"银行存款"等账户，贷记"其他业务收入"等账户;计提出租无形资产的摊销金额时,借记"其他业务成本"账户,贷记"累计摊销"等账户。

【例 6-17】 20×6 年 1 月 1 日,A 股份公司将其专利权出租给 B 公司进行使用,每年的租金为 6 000 元,应交的增值税为 360 元,该专利权的账面余额为 10 000 元,剩余摊销年限为 5 年,则 A 股份有限公司根据该经济业务的会计处理如下:

① 收取租金时:

借:银行存款	6 360
贷:其他业务收入	6 000
应交税费——应交增值税(销项税额)	360

② 摊销无形资产成本:

借:其他业务成本	2 000
贷:累计摊销	2 000

(二)无形资产报废

企业预期无形资产不能为企业带来未来经济利益,则应将其报废并注销账面价值,按该项无形资产已计提的减值准备,借记"无形资产减值准备"账户,按照无形资产摊销的价值,借记"累计摊销"账户,按无形资产的账面余额,贷记"无形资产"账户,按应支付的相关税费,贷记"银行存款""应交税费"等账户,按其差额,贷记"营业外收入——处置非流动资产利得"账户或借记"营业外支出——处置非流动资产损失"账户。

【例 6-18】 A 公司将一项无形资产报废,该无形资产原始价值为 100 万元,累计摊销 20 万元,已经计提减值准备 15 万元,手续费 1 万元。根据该经济业务,会计处理如下:

借:累计摊销	200 000
无形资产减值准备	150 000
营业外支出	660 000
贷:无形资产	1 000 000
银行存款	10 000

(三)无形资产出售

出售无形资产,应按实际收到的金额等,借记"银行存款"等科目,按已计提的累计摊销,借记"累计摊销"科目,按应支付的相关税费及其他费用,贷记"应交税费""银行存款"等科目,按其账面余额,贷记"无形资产"科目,按其差额,贷记或借记"资产处置损益"科目。已计提减值准备的,还应同时结转减值准备。

第三节　长期股权投资

一、长期股权投资概述

投资是指企业为了获得收益或实现资本增值向被投资单位投放资金的经济行为。按性质划分，可以分为债权性投资和权益性投资等。其中，权益性投资按对被投资方的影响程度可划分为对子公司的投资和对合营企业的投资以及对联营企业的投资等。风险投资机构、共同基金以及类似主体因投资而持有的、在初始确认时按金融工具确认和计量准则规定确认的金融资产，不属于长期股权投资规范的范围。

根据会计准则，长期股权投资规范的内容包括：

（1）投资方能够对被投资单位实施控制的权益性投资，即对子公司的投资。

控制是指投资方拥有对被投资单位的权利，通过参与被投资单位的相关活动而享有可变回报，并且有能力运用对被投资单位的权利而影响其回报金额。表明投资方对被投资方拥有权力一般是指下列情况：

① 投资方持有被投资方半数以上表决权的。

② 投资方持有被投资方半数或以下表决权，但通过与其他表决权持有人之间的协议能够控制半数以上表决权的。该条件下，应综合下列事实和情况判断是否有能力主导被投资方相关活动：

第一，投资方持有的表决权相对于其他投资方持有的表决权份额的大小，以及其他投资方持有的表决权的分散程度。

第二，投资方和其他投资方持有的被投资方的潜在表决权，如可转换债券、可执行认股权证等。

第三，其他合同安排产生的权利。

第四，被投资方以往的表决权行使情况等其他相关事实和情况。

某些情况下，投资方难以判断其是否拥有对被投资方的权利。这种情况下，可以考虑以下（不限于）因素：

第一，投资方能否任命或批准被投资方的关键管理人员。

第二，投资方能否出于其自身利益决定或否决被投资方的重大交易。

第三，投资方能否掌控被投资方董事会等类似权力机构成员的任命程序。

第四，投资方与被投资方的关键管理人员或董事会等类似权力机构中的多数成员是否存在关联关系。

（2）投资方与其他合营方一同对被投资单位实施共同控制且对被投资单位净资产享有权利的权益性投资，即对合营企业的投资。

共同控制，是指按照相关约定对某项安排所共有的控制，并且该安排的相关活动必须经过分享控制权的参与方一致同意后才能决策。

（3）投资方对被投资单位具有重大影响的权益性投资，即对联营企业投资。

重大影响，是指对一个企业的财务和经营政策有参与决策的权利，但并不能够控制或者与其他方一起共同控制这些政策的制定。通常，投资方直接或通过子公司间接持有被投资单位20%以上但低于50%的表决权时，一般认为投资方对被投资单位具有重大影响。

二、长期股权投资取得时的核算

（一）长期股权投资取得时设置的主要账户

"长期股权投资"账户。企业取得长期股权投资，应当设置"长期股权投资"账户。该账户核算企业持有的采用成本法和权益法核算的长期股权投资。该账户借方登记企业取得股权时的成本、权益法下根据被投资单位实现的净利润及损益以外的所有者权益变动，按持股比例调增的长期股权投资账面余额的金额；贷方登记股权投资处置的成本、权益法下根据被投资单位发生的净亏损及损益以外的所有者权益变动，按持股比例调减长期股权投资账面余额的金额。期末余额在借方，反映企业持有的长期股权投资的价值。

（二）长期股权投资的初始计量

1. 合并形成的长期股权投资的计量

（1）同一控制下的企业合并。

① 合并方以支付现金、转让非现金资产或承担债务方式作为合并对价的，应当在合并日按照取得被合并方所有者权益在最终控制方合并财务报表中的账面价值的份额作为长期股权投资的初始投资成本。长期股权投资初始投资成本与支付的现金、转让的非现金资产以及所承担债务的账面价值之间的差额，应当调整资本公积，资本公积不足冲减的，调整留存收益。

【例6-19】A、B两公司为S集团控制的全资子公司，A公司用银行存款8 000万元购买了B公司发行在外的全部股份，B公司合并当日所有者权益在最终控制方合并财务报表中的账面价值为8 011万元，根据该经济业务，会计处理如下：

借：长期股权投资   80 110 000
    贷：银行存款   80 000 000
        资本公积   110 000

② 合并方以发行权益性证券作为合并对价的，应当在合并日按照取得被合并方所有者权益在最终控制方合并财务报表中的账面价值的份额作为长期股权投资的初始投资成本。按照发行股份的面值总额作为股本，长期股权投资初始投资成本与所发行股份面值总额之间的差额，应当调整资本公积，资本公积不足冲减的，调整留存收益。

同一控制及非同一控制下的企业合并中，合并方发生的审计、法律服务、评估咨询等中介费用以及其他相关管理费用，应当于发生时计入当期损益。

（2）非同一控制下的企业合并。

① 一次交易实现的企业合并，合并成本为购买方在购买日为取得对被购买方的控制权而付出的资产、发生或承担的负债以及发行的权益性证券的公允价值。

② 通过多次交易分步实现的企业合并，合并成本为原股权投资账面价值加上新增投资成本之和。

【例6-20】A、B两公司在合并前不存在任何关联方关系，A公司用银行存款8 000万元购买了B公司发行在外的全部股份，B公司合并当日的所有者权益账面价值为8 011万元，根据该经济业务，会计处理如下：

借：长期股权投资　　　　　　　　　　　　　　　　　80 000 000
　　贷：银行存款　　　　　　　　　　　　　　　　　　80 000 000

2. 非合并形成的长期股权投资的计量

（1）以现金支付方式取得的长期股权投资，应当按照实际支付的购买价款和发生的直接相关税费之和作为初始投资成本，借记"长期股权投资——成本"账户，按实际支付价款中包含的已宣告但尚未发放的现金股利或利润，借记"应收股利"账户；按实际支付的全部款项，贷记"银行存款"账户。

【例6-21】20×1年1月5日，甲公司从证券市场购买了乙公司发行在外的普通股股票500 000股，持股比例为30%。该股票每股买价为10元，其中0.2元为乙公司已宣告但尚未发放的现金股利，购买中另支付相关税费10 000元。根据该项经济业务的会计处理如下：

借：长期股权投资——乙公司　　　　　　　　　　　　4 910 000
　　应收股利　　　　　　　　　　　　　　　　　　　　100 000
　　贷：银行存款　　　　　　　　　　　　　　　　　　5 010 000

（2）以发行权益性证券方式取得的长期股权投资，应当按照发行权益性证券的公允价值作为初始投资成本。

【例6-22】20×2年2月5日，A公司通过增发9 000万普通股（每股面值1元）取得B公司25%的股权，该股票的公允价值为12 600万元，假设没有其他税费发生，根据上述经济业务的会计处理如下：

借：长期股权投资	126 000 000
贷：股本	90 000 000
资本公积——股本溢价	36 000 000

（3）投资者投入的长期股权投资，应当按照投资合同或协议约定的价值作为初始投资成本，但合同或协议约定价值不公允的除外。

三、长期股权投资的后续核算

长期股权投资的后续核算方法有两种：一是成本法核算；二是权益法核算。

1. 长期股权投资成本法的核算

成本法，是指长期股权投资按投资成本计价的方法。投资方持有的对子公司投资应采用成本法核算。采用成本法核算的长期股权投资，取得投资时应当按照初始投资成本计价。投资持有期间，投资企业应当按照持股比例计算确定的投资后被投资单位宣告分派的现金股利或利润，并确认为当期投资收益。处置长期股权投资时，应将长期股权投资账面价值与实际取得价款的差额，计入当期损益。

【例6-23】20×1年1月5日，甲公司从证券市场购买了乙公司发行在外的普通股股票500 000股，持股比例为60%。该股票每股买价为10元，其中0.2元为乙公司已宣告但尚未发放的现金股利，购买中另支付相关税费10 000元。根据该项经济业务，会计处理如下。1月10日收到现金股利，款项存入银行。20×2年1月5日乙公司宣告股利600 000元，公司收到乙公司发放股利36 000元。根据该项经济业务，会计处理如下：

① 20×1年1月5日，初始投资时，记：

借：长期股权投资——丙公司	4 910 000
应收股利	100 000
贷：银行存款	5 010 000

② 20×1年1月10日，收到现金股利时，记：

| 借：银行存款 | 100 000 |
| 贷：应收股利 | 100 000 |

③ 20×2年1月5日，乙公司宣告股利时，记：

| 借：应收股利 | 36 000 |
| 贷：投资收益 | 36 000 |

2. 长期股权投资权益法的核算

（1）权益法的概念及适用范围。

① 投资企业对被投资单位具有共同控制的长期股权投资，即投资企业对合营企业的

投资；

② 投资企业对被投资单位具有重大影响的长期股权投资，即投资企业对联营企业的投资。

通常情况下，投资企业对被投资单位的投资占单位有表决权资本总额的20%或20%以上；但不超过50%；或虽投资不足20%，但实质上具有重大影响的应当采用权益法核算。

（2）长期股权投资权益法的核算原则。

① 采用权益法核算的长期股权投资，取得投资时应当按照初始投资成本计价。当初始投资成本大于投资时应享有被投资单位可辨认净资产公允价值份额的，不调整已确认的初始投资成本；长期股权投资的初始投资成本小于投资时应享有被投资单位可辨认净资产公允价值份额的，其差额应当计入当期损益，同时调整长期股权投资，按照差额，借记"长期股权投资——成本"账户，贷记"营业外收入"账户。

② 投资持有期间，应当根据被投资单位实现净利润或发生净亏损的处理，按持股比例计算应享有的收益分享额或亏损负担额，确认为当期投资收益或投资损失，并调整长期股权投资的账面余额。获得现金股利或利润时，冲减长期股权投资账面余额。处置长期股权投资时，应将长期股权投资账面价值与实际取得价款的差额，计入当期损益。企业对于被投资单位除净损益以外所有者权益的其他变动，在持股比例不变的情况下，按照持股比例与被投资单位除净损益以外所有者权益的其他变动额计算应享有或承担的部分，调整长期股权投资的账面价值。

【例6-24】甲公司于20×1年1月1日，以每股3元的价格购买乙公司的普通股票1 000 000股，持股比例为40%，准备长期持有，全部款项以银行存款支付，当日乙公司可辨认净资产公允价值为10 000 000元。20×1年乙公司实现净利润600 000元。20×2年2月10日乙公司宣告发放现金股利200 000元。20×2年3月10日收到现金股利，存入银行。20×2年度乙公司发生净亏损100 000元。20×3年5月5日，甲企业将持有的乙公司股票全部出售，获价款4 100 000元，款项存入银行。根据该项经济业务，会计处理如下：

① 20×1年1月1日，购买股票时，记：

借：长期股权投资——乙公司（成本）　　　　　　　　　　3 000 000
　　贷：银行存款　　　　　　　　　　　　　　　　　　　　　3 000 000

② 调整长期股权投资的账面价值，记：

借：长期股权投资——乙公司（成本）　　　　　　　　　　1 000 000
　　贷：营业外收入　　　　　　　　　　　　　　　　　　　　1 000 000

③ 20×1年12月31日，根据乙公司实现的净利润确认收益分享额时，会计处理如下：

20×1年收益分享额 = 600 000 × 40% = 240 000（元）

借：长期股权投资——乙公司（损益调整）　　　　　　　　240 000
　　　　贷：投资收益——长期股权投资　　　　　　　　　　　　　240 000
④ 20×2年2月10日，根据乙公司宣告发放的现金股利，会计处理如下：
应收股利＝200 000×40%＝80 000（元）
　　借：应收股利　　　　　　　　　　　　　　　　　　　　　80 000
　　　　贷：长期股权投资——乙公司（损益调整）　　　　　　　　80 000
⑤ 20×2年3月10日，收到现金股利时，会计处理如下：
　　借：银行存款　　　　　　　　　　　　　　　　　　　　　80 000
　　　　贷：应收股利　　　　　　　　　　　　　　　　　　　　　80 000
⑥ 20×2年12月31日，根据乙公司的净亏损确认收益分享额时，会计处理如下：
20×2年亏损负担额＝100 000×40%＝40 000（元）
　　借：投资收益——长期股权投资　　　　　　　　　　　　　40 000
　　　　贷：长期股权投资——乙公司（损益调整）　　　　　　　　40 000
20×2年12月31日"长期股权投资——乙公司（成本）"账户余额＝4 000 000（元）
20×2年12月31日"长期股权投资——乙公司（损益调整）"账户余额＝240 000－80 000－40 000＝120 000（元）
⑦ 20×3年5月5日，出售乙公司股票时，会计处理如下：
　　借：银行存款　　　　　　　　　　　　　　　　　　　　4 100 000
　　　　投资收益　　　　　　　　　　　　　　　　　　　　　20 000
　　　　贷：长期股权投资——乙公司（成本）　　　　　　　　4 000 000
　　　　　　　　　　——乙公司（损益调整）　　　　　　　　　120 000

重要概念：固定资产　折旧　无形资产　长期股权投资　控制　共同控制　重大影响　成本法　权益法

重点与难点：固定资产初始成本的计量与折旧的计算　自行研究与开发无形资产初始成本的计量与摊销的规定　无形资产减值的核算　长期股权投资权益法的核算

思 考 题

（1）简述固定资产初始成本的计量。
（2）什么是折旧？固定资产的折旧计算方法有哪些？每期计提折旧时，应怎样核算？
（3）简述企业处置固定资产时的步骤和会计处理。

（4）简述无形资产初始成本的计量。
（5）简述无形资产摊销的核算。
（6）简述无形资产处置的核算。
（7）简述无形资产减值的核算。
（8）简述控制、共同控制和重大影响。
（9）长期股权投资成本法的特点、适用范围是什么？怎样进行核算？
（10）长期股权投资权益法的特点、适用范围是什么？怎样进行核算？

第七章

负 债

【学习目的】

通过本章教学，使学生理解和掌握负债的定义、特征和分类。掌握短期借款、应付账款、预收账款应付票据、应付职工薪酬、应付利息、应付股利与长期借款的会计处理。熟悉应付债券、长期应付款的会计处理。

第一节 负债概述

一、负债的定义及其特征

负债（liabilities）是指企业过去的交易或者事项形成的、预期会导致经济利益流出企业的现时义务。根据负债的定义，负债具有如下特征：

（1）负债是企业承担的由以往交易事项导致的现时义务。负债必须是企业承担的现时义务，这是负债的基本特征。现时义务是指企业在现行条件下已承担的义务，包括法定义务和推定义务。只有已经发生的交易或事项才能形成负债，企业将在未来发生的承诺、签订的合同等交易或者事项形成的义务，不属于现时义务，不应当确认为负债。

（2）负债预期会导致经济利益流出企业。预期会导致经济利益流出企业是负债的本质特征。企业无论是以现金资产、实物资产，还是以提供劳务或是以举借新债偿还旧债等方式偿还债务，最终都会导致经济利益流出企业。

（3）负债的清偿一定要有可确定的偿付金额，未来流出的经济利益的金额能够可靠地计量。

二、负债的构成

负债按偿付期限划分为流动负债和非流动负债。流动负债和非流动负债的区分通常是

1年，在1年内偿还的负债归属于流动负债，在1年以上偿付的负债为非流动负债。在实务中根据企业经营的特点，也存在以"一个营业周期"作为界限，预计在一个营业周期内清偿的为流动负债，超过一个营业周期清偿的为长期负债。

"营业周期"是指企业在正常的生产经营过程中从取得存货、接受劳务一直到销售商品和提供劳务，最后收取货款和劳务款这一时间跨度。通常制造业的经营周期较长，一般超过1年。

为了正确、全面地反映企业的财务状况，我国《企业会计准则第30号——财务报表列报》采用"1年或者一个营业周期（两者孰长）"相结合作为划分流动负债和长期负债的界限，认为负债满足下列条件之一的，应当归类为流动负债：

（1）预计在一个正常营业周期中清偿；
（2）主要为交易目的而持有；
（3）自资产负债表日起1年内到期应予以清偿；
（4）企业无权自主地将清偿推迟至资产负债表日后一年以上。

不符合流动负债判断条件的负债属于非流动负债。

流动负债与非流动负债的划分是否正确，直接影响到对企业短期和长期偿债能力的判断。如果混淆了负债的类别，将歪曲企业实际偿债能力，误导报表使用者的决策。因此，对于（3）、（4）两个标准，准则进而指出：企业不能自主地将清偿义务展期的，即使在资产负债表日后、财务报告批准报出日前签订了重新安排清偿计划协议，此项负债仍应当归类为流动负债。企业在资产负债表日或之前违反了长期借款协议，导致贷款人可以随时要求清偿的负债，应当归类为流动负债。但是，如果贷款人在资产负债表日或之前同意提供在资产负债表日后1年以上的宽限期，企业能够在此期限内改正违约行为，且贷款人不能要求随时清偿时，该项负债应当归类为非流动负债。

流动负债具有以下特点：资金成本低；偿还期限短，偿债压力大；偿还必须使用流动资产或增加新的流动负债加以清偿。流动负债一般包括短期借款、应付账款、预收账款、应付职工薪酬、应付股利、应交税费、其他应付款等。

与流动负债相比，非流动负债的特点是资金成本高，偿债压力小。非流动负债包括长期借款、应付债券、长期应付款等。

三、负债的确认与计量

（一）负债的确认条件

确认一项负债，需要符合负债的定义，还需要同时满足两个条件：其一，与该义务有关的经济利益很可能流出企业；其二，未来流出的经济利益的金额能够可靠地计量。

在实务中，履行义务所需流出的经济利益带有不确定性，尤其是与推定义务相关的经济利益通常需要依赖于大量的估计。如果有确凿的证据表明，与现时义务有关的经济利益流出企业的可能性大于 50%，就应当将其作为负债予以确认，反之则不应将其作为负债予以确认。与法定义务有关的经济利益流出金额通常可以根据合同或者法律规定的金额予以确定，对于与推定义务有关的经济利益的流出金额则存在一定的不确定性，企业需要根据历史经验或者行业经验，结合实际情况进行合理的估计，并综合考虑有关货币时间价值、风险等因素的影响。

（二）负债的计量基础

从理论上讲，负债应以未来应偿付的现金的贴现值列示。但在实际工作中，为简化核算，负债按实际发生额入账。根据企业会计准则相关规定，负债的计量属性主要包括：

（1）历史成本。负债按照因承担现时义务而实际收到的款项或者资产的金额，或者承担现时义务的合同金额，或者按照日常活动中为偿还负债预期需要支付的现金或者现金等价物的金额计量。

（2）重置成本。负债按照现在偿付该项债务所需支付的现金或者现金等价物的金额计量。

（3）现值。负债按照预计期限内需要偿还的未来净现金流出量的折现金额计量。

（4）公允价值。在公允价值计量下，负债按照计量日发生的有序交易中，市场参与者之间转移一项负债所需支付的金额计量。

第二节 流动负债

流动负债（current liabilities）是指将在 1 年或者超过 1 年的一个营业周期内偿还的债务。流动负债按偿付金额是否确定可分为金额确定的流动负债和金额不能确定的流动负债。金额确定的流动负债是指有确定的债权人和偿付日期并且有确切的偿付金额的流动负债，包括短期借款、应付账款、应付票据、预收账款、应付职工薪酬、应交税费、应付股利等；金额不能确定的流动负债还可以进一步划分为：金额视经营情况而定的流动负债，这类流动负债需待企业在一定的经营期末才能确定负债金额，在该经营期末结束前，负债金额不能确定，如应交税费——应交所得税；金额需要估计的流动负债，这类负债即使在会计期末仍然难以确定偿付的金额，通常没有确切的债权人和偿付日期或者虽然有确定的债权人和偿付日期但其偿付的金额需要合理估计的流动负债，如质量担保或未决诉讼等引起的或有负债。本节主要介绍金额确定的流动负债的会计处理。

一、短期借款

短期借款是指企业从银行或其他金融机构借入的期限在 1 年以内（含 1 年）的各种借款。通常情况下企业取得短期借款是为了维持正常的生产经营活动或者是为了抵偿某项债务而借入的。

对于企业发生的短期借款，应设置"短期借款"账户核算。该账户的性质是负债类，贷方登记企业借入的短期借款本金，借方登记归还的短期借款本金，期末余额在贷方，反映企业尚未偿还的短期借款本金的余额。短期借款应按照债权人设置明细账户，并按照借款种类进行明细核算。

短期借款的利息支出属于企业为筹集资金而发生的一项耗费，应确认为费用，通过"财务费用"账户核算。由于短期借款利息支付方式和支付时间不同，会计处理的方法也有一定的差异。借款利息按期支付（季度、半年），或者借款利息于借款到期日连同本金一并归还，并且数额较大的，根据权责发生制的要求，可以采用预提的方式，按月预提借款利息。预提时，借记"财务费用"账户，贷记"应付利息"账户；实际支付时，按照已经预提的金额，借记"应付利息"账户，按实际支付金额与预提数的差额（尚未提取的部分），借记"财务费用"账户，按实际支付的利息金额，贷记"银行存款"账户。

如果企业的利息是按月支付的，或者是借款利息在借款到期时同本金一并归还，数额较小的，则在实际支付时，记入"财务费用"账户，贷记"银行存款"账户。

【例 7-1】宜生公司于 20×3 年 1 月 1 日向银行借入 500 000 元，用于补充日常生产资金不足。借款期限为 6 个月，借款年利率为 6%，借款合同规定按季度支付利息，付息日为下一季度的月初。根据该项经济业务，会计处理如下：

① 20×3 年 1 月 1 日取得借款：

借：银行存款　　　　　　　　　　　　　　　　　　　　500 000
　　贷：短期借款　　　　　　　　　　　　　　　　　　　　500 000

② 20×3 年 1 月 31 日、2 月 28 日、3 月 31 日，计提当月利息费用：

各月应计提的短期借款利息 = 500 000 × 6% ÷ 12 = 2 500（元）

借：财务费用　　　　　　　　　　　　　　　　　　　　2 500
　　贷：应付利息　　　　　　　　　　　　　　　　　　　　2 500

③ 20×3 年 4 月 1 日，支付第一季度利息：

借：应付利息　　　　　　　　　　　　　　　　　　　　7 500
　　贷：银行存款　　　　　　　　　　　　　　　　　　　　7 500

④ 20×3年4月30日、5月31日、6月30日，计提当月利息费用：
借：财务费用　　　　　　　　　　　　　　　　　　2 500
　　贷：应付利息　　　　　　　　　　　　　　　　　　2 500
⑤ 20×3年7月1日，归还借款本金并支付第二季度利息：
借：短期借款　　　　　　　　　　　　　　　　　500 000
　　应付利息　　　　　　　　　　　　　　　　　　7 500
　　贷：银行存款　　　　　　　　　　　　　　　　507 500

二、应付票据

应付票据是企业在购买商品、材料物资的交易过程中由于采用商业汇票结算方式而形成的一项负债。应付票据是由出票人签发，委托付款人在指定日期无条件支付确定的金额给收款人或者持票人的票据。应付票据是购销业务形成的重要标志，是购销双方互相承认债权债务关系的书面证明。根据承兑人的不同，应付票据分为商业承兑汇票和银行承兑汇票。商业承兑汇票，必须经付款方（购买单位）承兑；银行承兑汇票必须由银行承兑，但银行承兑的票据，只是为收款人按期收回债权提供了信用保证，增强了票据的可靠性，但对于付款人来说并不会由于银行承兑而使这项负债消失。按照带息与否，应付票据分为带息应付票据和不带息应付票据。带息票据是明确标明利息率的票据，票据的面值相当于债务的现值。由于我国商业汇票的付款期限较短，最长不得超过6个月，通常在期末，对尚未支付的应付票据计提利息，计入当期财务费用；票据到期支付票款时，尚未计提的利息部分直接计入当期财务费用。不带息票据，票据的面值就是债务的到期值。

为了反映单位由于商品交易而开出、承兑的商业汇票，会计核算中应设置"应付票据"账户。单位开出商业汇票抵付货款时，借记"材料采购""库存商品""应付账款""应交税费——应交增值税（进项税额）"等账户，贷记本账户。支付银行承兑汇票手续费时，借记"财务费用"账户，贷记"银行存款"账户。收到银行支付本息通知时，借记本账户和有关支出账户，贷记"银行存款"账户。如果企业开出商业承兑汇票，不能如期支付，应在票据到期时将应付票据的账面余额转入"应付账款"科目；如果企业开出银行承兑汇票，在票据到期后无力支付时，承兑银行无条件先行向持票人付款，并将代付的款项作为逾期贷款处理，处以每日万分之五的罚息，企业应将应付票据的账面余额转入"短期借款"科目。

各单位应设置"应付票据备查簿"，详细登记每一笔应付票据的种类、号数、签发日期、到期日、票面金额、收款人姓名或单位名称、付款日期和金额等详细资料。应付票据到期付清时,应在备查簿内逐笔注销。

【例7-2】 宜生公司为增值税一般纳税人,采购原材料采用商业汇票方式结算货款。20×3年6月1日,取得增值税专用发票,发票注明购入材料的实际成本200 000元,增值税26 000元。按合同规定开出面值为226 000元的不带息银行承兑汇票一张,支付承兑手续费113元,期限为6个月,材料已经验收入库,按实际成本核算。12月1日,该企业存款账户只有100 000元,承兑银行无条件付款后,将差额126 000元作为对该企业贷款处理。12月25日企业支付逾期票据款及罚息,日罚息率为0.05%。

根据该项经济业务,宜生公司会计处理如下:

① 20×3年6月1日,购买材料时:

借:原材料　　　　　　　　　　　　　　　　　　　　200 000
　　应交税费——应交增值税(进项税额)　　　　　　 26 000
　　　贷:应付票据　　　　　　　　　　　　　　　　226 000

支付承兑手续费时,记:

借:财务费用　　　　　　　　　　　　　　　　　　　　113
　　　贷:银行存款　　　　　　　　　　　　　　　　　113

② 20×3年12月1日,票据到期时,记:

借:应付票据　　　　　　　　　　　　　　　　　　226 000
　　　贷:银行存款　　　　　　　　　　　　　　　　100 000
　　　　　短期借款　　　　　　　　　　　　　　　　126 000

③ 20×3年12月25日,以银行存款支付逾期票据款及罚息时,记:

借:短期借款　　　　　　　　　　　　　　　　　　126 000
　　财务费用　　　　　　　　　　　　　　　　　　　1 512
　　　贷:银行存款　　　　　　　　　　　　　　　　127 512

三、应付账款

应付账款是指因购买材料、商品或接受劳务供应等经营活动而应支付的款项,是买卖双方在购销交易中由于取得货物或服务与支付货款在时间上不一致而产生的负债。

应付账款的入账时间原则上应以购买货物的所有权转移或接受劳务已发生为标志确定。在实际工作中,应区别两种情况处理:

第一,在货物和发票账单同时到达的情况下,如果物资验收入库的同时支付货款的,则不通过"应付账款"账户核算;如果物资验收入库后仍未付款的,则按发票账单登记入账。

第二，在货物和发票账单不同时到达的情况下，如果发票账单已到，物资未到，应直接根据发票账单注明的物资价款和运杂费，借记"在途物资"账户，贷记"应付账款"账户；如果物资已到，发票账单未到也无法确定实际成本的情况下，在月度终了，按照所购物资和应付债务暂估价暂估入账，待下月初再用红字冲回。

应付账款应以应付金额入账（包括价、税），而不按到期应付金额的现值入账。如果购入的货物在形成一笔应付账款时是带有现金折扣的，应付账款入账金额按发票上的应付金额的总价入账。在这种情况下，应按发票记载的全部应付金额，借记有关账户，贷记"应付账款"账户。待实际发生现金折扣时，借记"应付账款"账户，贷记"银行存款"和"财务费用"账户。

为了反映企业因购买材料、物资、接受劳务等而产生的应付账款及其偿还情况，企业应该设置"应付账款"账户进行核算。该账户贷方登记购货单位应支付的款项，借方登记已经支付或已转销或已转作商业汇票结算方式的款项，期末贷方余额反映尚未支付的应付款项。由于债权单位撤销或其他原因而无法支付的应付账款，直接转入"营业外收入"账户，借记"应付账款"账户，贷记"营业外收入"账户。应付账款账户按供应单位设置明细账。

【例7-3】宜生公司为增值税一般纳税人，20×3年5月1日购入材料一批，增值税专用发票上注明价款为100 000元，增值税为13 000元，销售方给予的现金折扣条件为：2/10，1/20，N/30，现金折扣按价款计算，材料已验收入库，宜生公司于20×3年5月10日付款。宜生公司对现金折扣采用总额法核算。根据上述经济业务，宜生公司会计处理如下：

① 20×3年5月1日，购入原材料：

借：原材料   100 000
　　应交税费——应交增值税（进项税额）   13 000
　　贷：应付账款   113 000

② 20×3年5月10日，支付款项：

借：应付账款   113 000
　　贷：银行存款   111 000
　　　　财务费用   2 000

四、预收账款

预收账款是买卖双方协议商定，由购货方预先支付一部分货款给销货方，销货方由此而承担了一项负债。该负债需要用商品或劳务偿付，偿付后负债转化为收入。预收账款是否单独设立账户核算,应视供货企业的具体情况而定。如果企业预收业务比较多,可以设置"预收账款"账户核算;预收业务不多的企业可以不设置"预收账款"账户,直接记入"应收账款"的贷方。若单独设置"预收账款"账户,则该账户的贷方登记按照合同规定向购货方预收的款项和补收的差额货款,借方登记应收的货款和退回多收的货款,期末贷方余额反映企业预收的货款,期末借方余额反映企业应收的款项。

【例7-4】20×3年6月1日,宜生公司与其客户签订了一份商品销售合同,并预收货款100 000元,20×3年6月20日,宜生公司按合同规定发出商品并开出增值税专用发票,增值税专用发票上注明价款为200 000元,增值税为26 000元。20×3年6月30日,宜生公司收到客户补付的货款126 000元。根据上述经济业务,宜生公司会计处理如下:

① 20×3年6月1日,宜生公司预收货款:

借:银行存款　　　　　　　　　　　　　　　　　　　100 000
　　贷:预收账款　　　　　　　　　　　　　　　　　　　100 000

② 20×3年6月20日,宜生公司销售商品:

借:预收账款　　　　　　　　　　　　　　　　　　　226 000
　　贷:主营业务收入　　　　　　　　　　　　　　　　200 000
　　　　应交税费——应交增值税(销项税额)　　　　　 26 000

③ 20×3年6月30日,宜生公司收到客户补付的货款:

借:银行存款　　　　　　　　　　　　　　　　　　　126 000
　　贷:预收账款　　　　　　　　　　　　　　　　　　　126 000

五、应付职工薪酬

应付职工薪酬是指职工为企业提供服务后,企业应当支付给职工的各种形式的报酬或补偿。其中,职工是指与企业订立正式劳动合同的所有人员(含全职、兼职和临时职工)、企业正式任命的人员(如董事会、监事会和内部审计委员会成员等)以及虽未订立正式劳动合同或企业未正式任命,但在企业的计划、领导和控制下提供类似服务的人员。

职工薪酬,是指企业为获得职工提供的服务或解除劳动关系而给予的各种形式的报酬或补偿。职工薪酬包括短期薪酬、离职后福利、辞退福利和其他长期职工福利。企业提供给职工配偶、子女、受赡养人、已故员工遗属及其他受益人等的福利,也属于职工薪酬。

(1) 短期薪酬是指企业在职工提供相关服务的年度报告期间结束后12个月内需要全

部予以支付的职工薪酬。短期薪酬具体包括：①职工工资、奖金、津贴和补贴；②职工福利费；③医疗保险费、工伤保险费和生育保险费等社会保险费；④应向住房公积金管理中心缴存的住房公积金；⑤应向工会部门缴纳的工会经费和职工教育经费；⑥短期带薪缺勤；⑦短期利润分享计划；⑧非货币性福利；⑨其他短期薪酬。

（2）离职后福利是指企业为获得职工提供的服务而在职工退休或与企业解除劳动关系后，提供的各种形式的报酬和福利。

（3）辞退福利是指企业在职工劳动合同到期之前解除与职工的劳动关系，或者为鼓励职工自愿接受裁减而给予职工的补偿。

（4）其他长期职工福利是指除短期薪酬、离职后福利、辞退福利之外所有的职工薪酬，包括长期带薪缺勤、长期残疾福利、长期利润分享计划等。

企业应当在职工为其提供服务的会计期间，将应付的职工薪酬确认为负债，除因解除与职工的劳动关系给予的补偿外，应当根据职工提供劳务的受益对象，分别情况处理：应由所生产的产品、提供劳务负担的职工薪酬，计入产品成本或劳务成本；应由在建工程、无形资产负担的职工薪酬，计入建造固定资产或无形资产成本；其他职工薪酬，则计入当期损益。这种会计处理方法充分体现了会计上的收入和费用配比原则。对于因解除与职工的劳动关系给予的补偿，由于辞退职工不能再给企业带来任何经济利益，应当将辞退福利计入当期管理费用，并确认因辞退福利产生的应付职工薪酬。

企业为职工交纳的医疗保险费、工伤保险费和生育保险以及根据设定提存计划交纳的待业、养老等社会保险、住房公积金、工会经费和职工教育经费，应当在职工为其提供服务的会计期间，按照相关规定，根据工资总额的一定比例计提，并根据职工提供服务的受益对象计入相关资产的成本或当期费用。

为了总括反映企业与职工之间工资的结算和分配关系，应该设置"应付职工薪酬"账户，该账户贷方反映应付职工的职工薪酬，借方反映实际支付给职工的薪酬，期末贷方余额反映应付未付的款项。该账户可以根据"工资""职工福利""社会保险费""住房公积金""工会经费""职工教育经费""非货币性福利""辞退福利""股份支付"等设置明细账户。生产部门人员的职工薪酬，借记"生产成本""制造费用""劳务成本"账户；应由在建工程或研发支出负担的职工薪酬，借记"在建工程"或"研发支出"账户；管理部门、销售人员的职工薪酬，借记"管理费用""销售费用"账户，贷记"应付职工薪酬"账户。

【例7-5】20×3年6月，宜生公司当月应发工资3 000 000元，其中：生产部门生产人员工资1 800 000元，生产部门管理人员工资300 000元，公司行政管理人员工资480 000元，公司专设销售部门人员工资150 000元，建造仓库人员工资180 000元，内部开发存货管理系统人员工资90 000元。公司依据所在地政府规定，分别按职工工资总额的10%、12%、2%和10.5%计提医疗保险、养老保险、失业保险和住房公积金；按工资总额的2%和1.5%计提工会经费和职工教育经费。公司根据上述经济业务，会计处理如下：

① 从银行提现，备发工资：

借：库存现金　　　　　　　　　　　　　　　　　　　　3 000 0000

　　贷：银行存款　　　　　　　　　　　　　　　　　　　　3 000 000

② 支付工资：

借：应付职工薪酬——工资　　　　　　　　　　　　　　3 000 000

　　贷：库存现金　　　　　　　　　　　　　　　　　　　　3 000 000

③ 分配本月工资费用：

应计入生产成本的职工薪酬 = 1 800 000 + 1 800 000 × (10% + 12% + 2% + 10.5% + 2% + 1.5%) = 2 484 000(元)

应计入制造费用的职工薪酬 = 300 000 + 300 000 × (10% + 12% + 2% + 10.5% + 2% + 1.5%) = 414 000(元)

应计入管理费用的职工薪酬 = 480 000 + 480 000 × (10% + 12% + 2% + 10.5% + 2% + 1.5%) = 662 400(元)

应计入销售费用的职工薪酬 = 150 000 + 150 000 × (10% + 12% + 2% + 10.5% + 2% + 1.5%) = 207 000(元)

应计入在建工程的职工薪酬 = 180 000 + 180 000 × (10% + 12% + 2% + 10.5% + 2% + 1.5%) = 248 400(元)

应计入研发支出的职工薪酬 = 90 000 + 90 000 × (10% + 12% + 2% + 10.5% + 2% + 1.5%) = 124 200(元)

借：生产成本　　　　　　　　　　　　　　　　　　　　2 484 000

　　制造费用　　　　　　　　　　　　　　　　　　　　　414 000

　　管理费用　　　　　　　　　　　　　　　　　　　　　662 400

　　销售费用　　　　　　　　　　　　　　　　　　　　　207 000

　　在建工程　　　　　　　　　　　　　　　　　　　　　248 400

　　研发支出——资本化支出　　　　　　　　　　　　　　124 200

　　贷：应付职工薪酬——工资　　　　　　　　　　　　　3 000 000

　　　　　　　　——社会保险　　　　　　　　　　　　　　720 000

　　　　　　　　——住房公积金　　　　　　　　　　　　　315 000

　　　　　　　　——工会经费　　　　　　　　　　　　　　 60 000

　　　　　　　　——职工教育经费　　　　　　　　　　　　 45 000

【例7-6】20×3年6月，宜生公司以其生产的成本为8 000元的液晶彩电作为奖励发放给生产一线的高级技术工人20人，该型号液晶彩电的售价为每台12 000元，适用的增值税税率为13%。宜生公司的会计处理如下：

① 发放福利时，记：

借：应付职工薪酬——非货币性福利　　　　　　　　　　271 200
　　贷：主营业务收入　　　　　　　　　　　　　　　　240 000
　　　　应交税费——应交增值税（销项税额）　　　　　 31 200

同时结转成本：

借：主营业务成本　　　　　　　　　　　　　　　　　 160 000
　　贷：库存商品　　　　　　　　　　　　　　　　　　160 000

② 月末计入成本或费用，记：

借：生产成本　　　　　　　　　　　　　　　　　　　 271 200
　　贷：应付职工薪酬——非货币性福利　　　　　　　　271 200

【例7-7】20×3年6月，宜生公司由于转产将第一车间职工30人辞退，其中10人工龄在10年以下，每人补偿100 000元，15人工龄在10年以上20年以下，每人补偿150 000元，5人工龄在20年以上30年以下，每人补偿200 000元。宜生公司的会计处理如下：

① 支付补偿金时，记：

借：应付职工薪酬——辞退福利　　　　　　　　　　　4 250 000
　　贷：银行存款　　　　　　　　　　　　　　　　　　4 250 000

② 月末计入成本或费用，记：

借：管理费用　　　　　　　　　　　　　　　　　　　4 250 000
　　贷：应付职工薪酬——辞退福利　　　　　　　　　　4 250 000

六、应交税费

企业在其经济活动中要发生纳税行为，必须交纳税金，税金在尚未交纳前就形成企业的一项流动负债。企业为核算其应交纳的各种税金应设置"应交税费"账户进行核算。基于财务会计与税务会计分离的原则，本书仅按税种大类，简述其基本的会计处理，具体内容的税务会计处理方法，在税务会计课程中讲述。

（1）应交流转税。流转税是指按流转额征收的税种，是以商品交换和提供劳务为前提，以商品流转额和非商品流转额为课税对象的税种，主要包括增值税、营业税、消费税。在流转税中，增值税属于价外税，单独设置"应交税费——应交增值税"账户进行会计处理,并根据核算要求,在"应交增值税"二级明细账户下,设置若干明细项目,如进项税额、销项税额、出口退税、已交税金、进项税额转出等。其他流转税在计算应交税额后,应通过"税金及附加"等账户核算。其会计分录为:

借:税金及附加
　　贷:应交税费——应交××税

(2) 应交所得税。具体内容见本书第九章相关内容。

(3) 应交其他税种。计算出应交税额后,记:

借:管理费用等
　　贷:应交税费——应交××税

(4) 缴纳税金的会计处理。企业按规定时间实际上缴时,记:

借:应交税费——应交××税
　　贷:银行存款

七、应付股利

应付股利是指企业经股东大会或类似权力机构审议批准分配的现金股利或利润。企业股东大会或类似机构审议批准的利润分配方案、宣告分派的现金股利或利润,在实际支付前,形成企业对股东的一项负债。应付投资者的利润或现金股利,应通过"应付股利"科目核算。

董事会提请股东大会批准拟分配给股东的现金股利或利润,不做账务处理,但应在附注中披露;股东大会或类似权力机构批准的年度利润分配方案,借记"利润分配——应付现金股利"账户,贷记"应付股利"账户;实际支付现金股利或利润时,借记"应付股利"账户,贷记"银行存款"账户。

八、其他应付款

应付票据、应付账款、预收账款、应付职工薪酬、应交税费这些项目基本上都是企业在商品交易或劳务供应中形成的负债。除此之外,企业还会发生其他各种应付、暂收其他单位或个人的款项,这些应付和暂收款项即为其他应付款,主要包括应付经营租入固定资产租金和包装物租金,存入保证金,企业采用售后回购方式融入的资金等。由于这些应付暂收款项,通常会在一个年度内返还或偿还,应采用"其他应付款"科目核算,列入流动负债。如果企业预期将在一个会计年度以上返还或偿还这部分应付暂收款项,则应该通过"长期应付款"科目核算,列入长期负债。

第三节 长期负债

长期负债（long-term liability）又称非流动负债，是指偿还期在1年或者超过1年的一个营业周期以上的债务，包括长期借款、公司债券、长期应付款等。企业举借长期负债是为了扩展经营规模，增加长期耐用的各种固定资产，如增添大型机器设备、购置地产、增建和扩建厂房等。长期负债具有偿还期限长，债务数额较大，资金成本较高的特点。

一、长期借款

长期借款是企业向银行和其他金融机构借入的、偿还期在1年或超过1年的一个营业周期以上的负债。企业购建固定资产或补充生产资金的不足，都可以用长期借款的形式来筹集资金，用这种方式筹资手续比较简便，只要符合条件履行正常的手续，即可得到贷款。

按照借款本金的偿还方式，长期借款可分为一次还本和分期还本借款；按照借款币种，长期借款可分为人民币借款和外币借款；按照有无担保标准，长期借款可分为担保借款和信用借款；按照付息方式，长期借款可分为分期付息和到期一次性付息。

长期借款的核算主要包括长期借款本金的借入与偿还、偿还利息的会计处理。为了总括地核算和反映企业长期借款的借入、应计利息以及还本付息情况，企业应设置"长期借款"总账科目。该科目按照贷款单位和贷款种类，分别"本金""利息调整"等进行明细核算。

"长期借款"科目与"短期借款"科目不同，"短期借款"科目只核算短期借款的本金，尚未支付的利息一般通过"应付利息"科目核算，不记入"短期借款"科目；而"长期借款"科目不仅核算借入、偿还的借款本金，还核算到期一次还本付息方式下的应计利息以及实际利息和应付利息的差额。

（一）到期一次性还本付息

借入长期借款时，按实际收到的金额借记"银行存款"科目，贷记"长期借款——本金"科目；如果存在差额，按借贷双方的差额借记或贷记"长期借款——利息调整"科目。资产负债表日计息时，按摊余成本和实际利率计算确定长期借款的利息费用，符合资本化条件的借款费用计入相关资产的成本，借记"在建工程""制造费用"等科目；其他的借款费用，应当在发生时计入当期损益，借记"财务费用"科目，按借款本金和合同利率计算确定的应付未付利息，贷记"长期借款——应计利息"科目，按其差额，借记或贷记"长期借款——利息调整"科目。到期还本付息时，借记"长期借款——本金""长期借款——应计利息"科目，贷记"银行存款"科目。

【例7-8】 20×2年1月1日，宜生公司为购建某项大型设备向银行借入人民币1 000 000元，年利率9%，3年后一次还本付息。假定设备从20×2年1月1日开始建造，投入工程款为1 000 000元，20×3年6月30日该工程完工，设备验收并交付使用。宜生公司的会计处理如下：

① 20×2年1月1日借入人民币1 000 000元存入银行：

借：银行存款	1 000 000
贷：长期借款——本金	1 000 000

② 20×2年1月1日，支付工程款1 000 000元：

借：在建工程——固定资产购建工程	1 000 000
贷：银行存款	1 000 000

③ 20×2年12月31日，计提利息：

应计利息 = 1 000 000 × 9% = 90 000（元），应计入工程成本。

借：在建工程——固定资产购建工程	90 000
贷：长期借款——应计利息	90 000

④ 20×3年12月31日，计提利息：

20×3年1月1日~6月30日应计利息 = 1 000 000 × 9% × 6/12 = 45 000（元），应计入工程成本，20×3年7月1日~12月31日应计利息 = 1 000 000 × 9% × 6/12 = 45 000（元），应计入当年损益。

借：在建工程——固定资产购建工程	45 000
财务费用	45 000
贷：长期借款——应计利息	90 000

⑤ 20×4年12月31日，计提利息：

应计利息 = 1 000 000 × 9% = 90 000（元），应计入当期损益。

借：财务费用	90 000
贷：长期借款——应计利息	90 000

⑥ 20×5年1月1日，归还借款本息共计1 270 000元：

借：长期借款——本金	1 000 000
——应计利息	270 000
贷：银行存款	1 270 000

(二) 分期付息到期还本

分期付息到期还本与到期一次性还本付息的会计处理的主要不同点在于对利息的处理不同。分期付息的利息通常按年支付，属于流动负债，应通过"应付利息"科目进行核算。

【例 7-9】依据【例 7-8】的资料，假设该笔借款于每年 12 月 31 日支付利息，期满后一次性还清本金。宜生公司的会计处理如下：

① 20×2 年 1 月 1 日借入人民币 1 000 000 元存入银行：

借：银行存款　　　　　　　　　　　　　　　　　　　　1 000 000
　　贷：长期借款——本金　　　　　　　　　　　　　　　　　　1 000 000

② 20×2 年 1 月 1 日，支付工程款 1 000 000 元：

借：在建工程——固定资产购建工程　　　　　　　　　　1 000 000
　　贷：银行存款　　　　　　　　　　　　　　　　　　　　　　1 000 000

③ 20×2 年 12 月 31 日，计提借款利息：

应计利息 = 1 000 000 × 9% = 90 000（元），应计入工程成本。

借：在建工程——固定资产购建工程　　　　　　　　　　　90 000
　　贷：应付利息　　　　　　　　　　　　　　　　　　　　　　90 000

④ 20×2 年 12 月 31 日，支付借款利息：

借：应付利息　　　　　　　　　　　　　　　　　　　　　90 000
　　贷：银行存款　　　　　　　　　　　　　　　　　　　　　　90 000

⑤ 20×3 年 12 月 31 日，计提利息：

20×3 年 1 月 1 日 ~ 6 月 30 日应计利息 = 1 000 000 × 9% × 6/12 = 45 000（元），应计入工程成本，20×3 年 7 月 1 日 ~ 12 月 30 日应计利息 = 1 000 000 × 9% × 6/12 = 45 000（元），应计入当年损益。

借：在建工程——固定资产购建工程　　　　　　　　　　　45 000
　　财务费用　　　　　　　　　　　　　　　　　　　　　45 000
　　贷：应付利息　　　　　　　　　　　　　　　　　　　　　　90 000

⑥ 20×3 年 12 月 31 日，支付借款利息：

借：应付利息　　　　　　　　　　　　　　　　　　　　　90 000
　　贷：银行存款　　　　　　　　　　　　　　　　　　　　　　90 000

⑦ 20×4 年 12 月 31 日，计提利息：

应计利息 = 1 000 000 × 9% = 90 000（元），应计入当期损益。

借：财务费用　　　　　　　　　　　　　　　　　　　　　90 000
　　贷：应付利息　　　　　　　　　　　　　　　　　　　　　　90 000

⑧ 20×4年12月31日，支付借款利息：
借：应付利息   90 000
    贷：银行存款   90 000
⑨ 20×5年1月1日，归还借款本金：
借：长期借款——本金   1 000 000
    贷：银行存款   1 000 000

二、应付债券

应付债券又称企业债券，是企业为筹集长期资金而向社会、个人及其他经济组织发售的按约定方式支付本金和利息的一种借款凭证。它是一种书面的债权债务契约，通过债券券面所记载的债券面值、还本期、付息期、票面利率等内容，表明发行债券的企业允诺在未来某一特定日期归还本金、支付利息。应付债券按照不同的标准，可以分为如下几类：

（1）按发行方式分为公募公司债券和私募公司债券。公募公司债券是指按法定手续，经证券主管机构批准在市场上公开发行的债券。私募公司债券是以少数与发行者有特定关系的投资者为募集对象发行的债券。

（2）按有无抵押担保分为有抵押公司债券和无抵押公司债券。抵押公司债券是用一定财产作为公司债偿债保证的债券，抵押品可以是动产、不动产，也可以用股票、债券、其他有价证券作为抵押。无抵押公司债券是无抵押品作为保证的债券，也称信用债券，是仅凭公司的信用发行没有抵押品作担保的公司债券。

（3）按是否记名分为记名公司债券和无记名公司债券，记名公司债券是指债券上注明债权人姓名，同时在发行公司账簿上作同样登记的债券（简称"抬头"）。无记名公司债券是指债券上未注明债权人姓名，也不在公司账簿上登记其姓名的债券（简称"无抬头"），记名公司债券也可以自由转让，但转让时须经过发行债券的公司登记过户或另行发给新的公司债券。

（4）按利息的支付方式分为附息票的公司债券和贴现的公司债券。附息票公司债券是指在券面上附有到期可领取利息息票的公司债券，持票人到期可以把息票剪下凭以领取利息。息票也是一种有价证券，可以流通、转让。贴现债券是指发行时按规定的折扣率折算，以低于票面金额的价格发行，到期按面额偿还本金的债券。

（5）按债券的还本方式分为一次还本公司债券和分次还本公司债券。一次还本公司债券是指在规定期满时，一并偿还本金的债券；分次还本公司债券是指分期分批偿还本金的债券。

(6) 按特殊偿还方式分为可赎回债券和可转换债券。可赎回债券指债券发行企业有权在债券到期日以前，按特定的价格提前赎回的债券；可转换债券是指债券发行一定期间后，持券人可以按一定价格转换成发行企业其他证券（通常是普通股）的债券。

应付债券的核算主要涉及债券发行、按期计息、利息支付、债券清偿。

(一) 债券发行的核算

企业发行的超过一年期以上的债券，构成了企业的长期负债。应付债券的入账价值应当按照实际的发行价格确认。债券的发行价格受同期银行存款利率的影响较大，当债券的票面利率高于同期银行存款利率时，债券的发行价格会高于票面价值，称为溢价发行。溢价收入是企业以后各期多支付利息而事先得到的补偿。当债券的票面利率低于同期银行存款利率时，债券的发行价格会低于票面价值，称为折价发行。债券的折价是企业以后各期少支付利息而事先给予投资者的补偿。当债券的票面利率等于同期银行存款利率时，债券的发行价格会等于票面价值，称为平价发行。溢价或折价是发行债券企业在债券存续期内对利息费用的一种调整。

债券发行价格的确定应考虑货币时间价值，即债券发行价格是根据本金和利息的现值之和计算确定的。其计算公式如下：

$$\text{债券市价} = \text{每期支付利息} \times \text{还款时利息折现系数} + \text{债券面值} \times \text{到期归还面值折现系数}$$

其中：每期支付利息 = 票面价值 × 每一付息期的票面利率

$$\text{还款时利息折现系数（年金现值）} = \frac{1 - \frac{1}{(1+i)^n}}{i}$$

式中：i 表示每一付息期的市场利率；n 表示付息次数。该系数可以通过查年金现值系数表得到。

$$\text{到期归还面值折现系数} = (1+i)^{-n}$$

式中：i 表示市场利率；n 表示付息次数。该系数可以查复利现值表，即现值系数表获得。

【例7-10】20×3年1月1日，宜生公司发行3年到期的公司债券，债券面值500 000元，票面利率为10%，每半年付息一次。实际收到的发行债券款项存入银行。

(1) 若债券发行时市场利率为10%，与债券票面利率相等，则债券应平价发行。每半年付息一次，每期利率为5%，从年金现值表和现值系数表查得利率为5%，期数为6的年金现值系数是5.0757，现值系数是0.7462。

则债券的发行价格是：

500 000×5%×5.0757+500 000×0.7462≈500 000（元）

（2）若债券发行时市场利率为8%，小于债券票面利率，则该债券应溢价发行。每半年付息一次，每期利率为4%，从年金现值表和现值系数表查得利率4%，期数为6的年金现值系数是5.2421，现值系数是0.7903。

则债券的发行价格是：

500 000×5%×5.2421+500 000×0.7903=526 203（元）

债券溢价=526 203-500 000=26 203（元）

（3）若债券发行时市场利率为12%，高于债券票面利率，则该债券应折价发行。每半年付息一次，每期利率6%，从年金现值表和现值系数表查利率6%，期数为6的年金现值系数是4.9173，现值系数是0.7050。

则债券的发行价格是：

500 000×5%×4.9173+500 000×0.7050=475 432.5（元）

债券折价=500 000-475 432.5=24 567.5（元）

企业发行债券，应设置"应付债券"总账科目进行核算。该科目下设"面值""利息调整""应计利息"三个明细科目，分别核算债券本金的取得和偿还，债券溢、折价的发生和摊销，以及利息的计提和支付情况。

由于债券票面利率与市场利率可能一致，也可能不一致，所以债券可以按面值发行，也可以溢价、折价发行。无论是按面值发行，还是溢价发行或折价发行，均按债券面值记入"应付债券——面值"明细科目，实际收到的款项与面值的差额，记入"应付债券——利息调整"明细科目。企业发行债券时，按实际收到的款项，借记"银行存款""库存现金"等科目，按债券票面价值贷记"应付债券——面值"科目，按实际收到的款项与票面价值之间的差额，贷记或借记"应付债券——利息调整"科目。

企业债券可以自行发行，也可以委托其他金融机构代理发行。如果自行发行时，需要支付印刷债券的印刷费、广告费等，如果委托代理发行，不仅要支付印刷费、广告费，还要支付一定的手续费；除此之外企业在发行债券时还会发生一些相关费用，如律师费用、注册会计师查核财务报表的费用，这些费用构成了债券的发行费用。企业发行债券时，如果发行费用大于发行期间冻结资金所产生的利息收入，按发行费用减去发行期间所产生的利息收入后的差额，根据发行债券筹集资金的用途，属于用于固定资产项目的，按照借款费用资本化的处理原则处理；属于其他用途的，计入当期财务费用。如果发行费用小于发行期间冻结资金所产生的利息收入，按发行期间冻结资金所产生的利息收入减去发行费用后的差额，视同发行债券的溢价收入，在债券存续期间于计提利息时摊销。

【例 7 – 11】 依据【例 7 – 10】的资料，宜生公司发行债券的会计处理如下：

① 若债券发行时市场利率为 10%，与债券票面利率相等，按平价发行债券：

借：银行存款　　　　　　　　　　　　　　　　　　500 000
　　贷：应付债券——面值　　　　　　　　　　　　　　　　500 000

② 若债券发行时市场利率为 8%，低于债券票面利率，按溢价发行债券：

借：银行存款　　　　　　　　　　　　　　　　　　526 203
　　贷：应付债券——利息调整　　　　　　　　　　　　　 26 203
　　　　　　　　——面值　　　　　　　　　　　　　　　 500 000

③ 若债券发行时市场利率为 12%，高于债券票面利率，按折价发行债券：

借：银行存款　　　　　　　　　　　　　　　　　　475 432.5
　　应付债券——利息调整　　　　　　　　　　　　　24 567.5
　　贷：应付债券——面值　　　　　　　　　　　　　　　 500 000

（二）债券溢价、折价摊销和应计利息的核算

企业债券的折价和溢价，并不是出售债券的损失或利益，而是由于债券发行时票面利率不同于市场利率而对利息费用所作的调整。溢价或折价是发行债券企业在债券存续期间内对利息费用的一种调整。利息调整应在债券存续期内采用实际利率法进行摊销。实际利率法是先根据企业尚未偿还应负债券的摊余成本和实际利率计算当期实际利息，再结合票面利息确定当期利息调整金额的方法。这种方法一般要编制利息调整表辅助计算并为账务处理提供参考。实际利率法较为复杂，但由于它是依据实际利率来计提利息费用，所以结果更为准确。实际利率是指将应付债券在债券存续期间的未来现金流量，折现为该债券当前账面价值所使用的利率。

对于分期付息一次还本的债券，应于资产负债表日按债券摊余成本和实际利率计算确定的债券利息费用，借记"在建工程""制造费用""研发支出""财务费用"等科目，按票面价值和票面利率计算确定的应付未付利息，贷记"应付利息"科目，按其差额，借记或贷记"应付债券——利息调整"科目。对于一次性还本付息的债券，由于按票面价值和票面利率计算确定的应付债券利息在债券到期时才予以支付，其时间间隔较长，因而应作为非流动负债处理，记入"应付债券——应计利息"科目核算。

（1）溢价发行债券利息费用的核算。

【例 7 – 12】 继续沿用【例 7 – 10】的资料，20 × 3 年 1 月 1 日，宜生公司发行 3 年到期的公司债券，债券面值 500 000 元，票面利率为 10%，每半年付息一次。假定债券发行时的市场利率为 8%。由于票面利率高于市场利率，债券按溢价发行，发行价格 526 203

元，债券溢价 26 203 元。

各期应摊销的溢价在实际利率法下的计算步骤为：

第一步，按实际利率计算各期利息费用 = 期初应付债券账面价值 × 实际利息率；

第二步，计算各期实际应付利息 = 应付债券票面价值 × 票面利率；

第三步，计算当期溢价摊销额 = 实际应付利息 – 按实际利率计算的各期利息费用。

债券溢价摊销表见表 7 – 1。

表 7 – 1　　　　　　　　企业债券溢价摊销表（实际利率法）

期　数	实际应付利息	按实际利率计算的利息	溢价摊销	未摊债券溢价	债券账面价值
每半年为一期	(1) 面值 × 5%	(2) 账面价值 × 4%	(3) (1) – (2)	(4) 上期(4) – (3)	(5) 面值 + (4)
发行时				26 203	526 203
1	25 000	21 048.12	3 951.88	22 251.12	522 251.12
2	25 000	20 890.04	4 109.96	18 141.16	518 141.16
3	25 000	20 725.65	4 274.35	13 866.81	513 866.81
4	25 000	20 554.67	4 445.33	9 421.48	509 421.48
5	25 000	20 376.86	4 623.14	4 798.34	504 798.34
6	25 000	20 201.86	4 798.14	0	500 000

根据表 7 – 1 的计算结果，宜生公司的会计处理如下：

① 20 × 3 年 6 月 30 日计算利息费用：

借：财务费用　　　　　　　　　　　　　　　　　21 048.12
　　应付债券——利息调整　　　　　　　　　　　　3 951.88
　　贷：应付利息　　　　　　　　　　　　　　　　　　　25 000

② 20 × 3 年 6 月 30 日支付第一期利息费用：

借：应付利息　　　　　　　　　　　　　　　　　25 000
　　贷：银行存款　　　　　　　　　　　　　　　　　　　25 000

③ 20 × 3 年 12 月 31 日计算利息费用：

借：财务费用　　　　　　　　　　　　　　　　　20 890.04
　　应付债券——利息调整　　　　　　　　　　　　4 109.96
　　贷：应付利息　　　　　　　　　　　　　　　　　　　25 000

④ 20 × 3 年 12 月 31 日支付第二期利息费用：

借：应付利息　　　　　　　　　　　　　　　　　25 000
　　贷：银行存款　　　　　　　　　　　　　　　　　　　25 000

20×4年、20×5年确认利息费用、支付利息费用的会计处理同上。

（2）折价发行债券利息费用的核算。

【例7-13】 继续沿用【例7-10】的资料，20×3年1月1日，宜生公司发行3年到期的公司债券，债券面值500 000元，票面利率为10%，每半年付息一次。假定债券发行时的市场利率为12%。由于票面利率低于市场利率，债券按折价发行，发行价格475 432.5元，债券折价24 567.5元。

各期应摊销的折价在实际利率法下的计算步骤为：

第一步，按实际利率计算各期利息费用 = 期初应付债券账面价值 × 实际利息率；

第二步，计算各期实际应付利息 = 应付债券票面价值 × 票面利率；

第三步，计算当期折价摊销额 = 按实际利率计算的各期利息费用 − 实际应付利息。

债券折价摊销表见表7-2。

表7-2　　　　　　　　企业债券折价摊销表（实际利率法）

期　数	按实际利率计算的利息	实际应付利息	折价摊销	未摊债券折价	债券账面价值
每半年为一期	（1） 账面价值×6%	（2） 面值×5%	（3） （1）−（2）	（4） 上期（4）−（3）	（5） 面值−（4）
发行时				24 567.50	475 432.50
1	28 525.95	25 000	3 525.95	21 041.55	478 958.25
2	28 737.51	25 000	3 737.51	17 304.04	482 695.96
3	28 961.76	25 000	3 961.76	13 342.28	486 657.72
4	29 199.46	25 000	4 199.46	9 142.82	490 857.18
5	29 451.43	25 000	4 451.43	4 691.39	495 308.61
6	29 691.39	25 000	4 691.39	0	500 000

根据表7-2的计算结果，宜生公司的会计处理如下：

① 20×3年6月30日计算利息费用：

借：财务费用　　　　　　　　　　　　　　　　　　　　　　　　28 525.95

　　贷：应付利息　　　　　　　　　　　　　　　　　　　　　　　　25 000

　　　　应付债券——利息调整　　　　　　　　　　　　　　　　　3 525.95

② 20×3年6月30日支付第一期利息费用：

借：应付利息　　　　　　　　　　　　　　　　　　　　　　　　25 000

　　贷：银行存款　　　　　　　　　　　　　　　　　　　　　　　　25 000

③ 20×3 年 12 月 31 日计算利息费用：

借：财务费用　　　　　　　　　　　　　　　　　28 737.51
　　贷：应付利息　　　　　　　　　　　　　　　　　　25 000
　　　　应付债券——利息调整　　　　　　　　　　　　3 737.51

④ 20×3 年 12 月 31 日支付第二期利息费用：

借：应付利息　　　　　　　　　　　　　　　　　　25 000
　　贷：银行存款　　　　　　　　　　　　　　　　　　25 000

20×4 年、20×5 年确认利息费用、支付利息费用的会计处理同上。

实际利率法的特点是：摊销溢价时应付债券的利息递减，溢价摊销额递增；摊销折价时应付债券的利息递增，折价摊销额也递增。这种方法计算比较烦琐，但计算结果比较准确。

（三）债券偿还的核算

企业发行的公司债券是一项长期负债，所以在发行债券时就规定了如何偿还的条款。因此，公司应根据发行债券时订立的还本期限与方式偿还本金。债券到期偿还时，其账面价值通过溢价或折价的摊销已等于其面值，因此偿还时直接按债券面值冲减应付债券和银行存款即可。债券的偿还一般有一次偿还、分期偿还、提前偿还等形式。

（1）债券到期一次偿还。一次偿还是指债券本金于到期日一次偿还。偿还时，无论是平价、溢价或折价发行，均按面值偿还。偿还时按面值借记"应付债券——债券面值"科目，贷记"银行存款"科目，表示该笔负债已予清偿。

【例 7-14】 继续沿用【例 7-10】的资料，20×6 年 1 月 1 日债券到期，宜生公司归还本金的会计处理如下：

借：应付债券——面值　　　　　　　　　　　　　500 000
　　贷：银行存款　　　　　　　　　　　　　　　　　500 000

（2）债券分期偿还。分期偿还是指公司发行债券时，按规定按期分批偿还。应于各期偿还日将偿还部分债券的面值冲减"应付债券"和"银行存款"科目，由于部分债券已还本，则以后各期的债券面值随之减少，其利息支出和债券溢价或折价的摊销数额也随之减少。因此，还须在编制"债券溢价（或折价）摊销表"时，计算各期还本后应摊销的溢价或折价，再予以摊销入账。

（3）提前偿还债券。提前偿还是指债券发行后未到债券偿还日而归还本金，提前偿还一般有两种情况：一种情况是在发行公司债券时就规定债券发行单位有提前偿还权，可以通知债权人（投资者）提前偿还。另一种情况是公司债券属上市交易的债券，而债券发行单位又有足够的资金可供调度，于是可以在债券到期日前选择适当的时机，在证券市场上陆续收购发行在外的公司债券。例如，在市场利率下降时，提前偿还旧债务，另行发行利率低的公司债券，这样可以使债券发行单位少支付利息。无论是行使债券的赎回权还是直接从证券市场上回购，回购价格与回购时债券的账面价值往往不等，产生的差额作为提前偿债损益，记入"营业外收入"或者"营业外支出"等科目。

【例7-15】沿用【例7-12】的资料，20×3年1月1日，宜生公司发行3年到期的公司债券，债券面值500 000元，票面利率为10%，每半年付息一次。假定债券发行时的市场利率为8%。由于票面利率高于市场利率，债券按溢价发行，发行价格526 203元，已存入银行。20×4年7月1日，宜生公司从债券市场上公开回购这批债券，回购价格510 000元。回购日宜生公司的会计处理如下：

利息调整的金额计算参见【例7-12】中的债券溢价摊销表（表7-1）第3期的金额：
确认赎回债券损益，记：
借：应付债券——面值　　　　　　　　　　　　　　500 000
　　　　　　——利息调整　　　　　　　　　　　　 13 866.81
　　贷：银行存款　　　　　　　　　　　　　　　　510 000
　　　　营业外收入　　　　　　　　　　　　　　　 3 866.81

三、长期应付款

长期应付款，是指企业除长期借款和应付债券以外的其他各种长期应付款。如采用补偿贸易方式引进国外设备的价款以及具有融资性质的延期付款购买资产应支付的款项。

采用补偿贸易方式引进国外设备时，企业是先取得设备，用设备投产后的收益偿还设备价款。因此，采用补偿贸易方式引进国外设备价款在没有付清之前是企业的其他长期负债。这类负债的特点是：（1）数额大，偿还期限长；（2）具有分期付款性质，如引进国外设备价款是在合同期内逐期偿还；（3）长期应付款的计价经常涉及外币与人民币比例的变动，如引进国外设备价款是通过汇率将外币折算为人民币计算的，还款时汇率变动，会影响还款时人民币的数额。

为了核算各种长期应付款，企业应设置"长期应付款"账户。该账户贷方登记长期应付款增加的金额，借方登记长期应付款的减少金额，期末贷方余额反映企业尚未支付的各种长期应付款的余额。

长期应付款的利息支出和有关费用以及外币折算差额，与购建固定资产有关的，在固定资产达到预定可使用状态之前发生的，计入有关固定资产的购建成本；在固定资产达到预定可使用状态之后发生的利息和有关费用，以及外币折算差额，计入当期损益。

应付引进设备款是根据企业与外商签订来料加工、装配业务和中小型补偿贸易合同而引进国外设备所发生的应付款项。当企业引进的设备安装完成投产后，要按合同规定的还款方式，用应收的加工装配收入和出口产品所得的收入偿付。

引进设备时，企业应借记"固定资产"或"在建工程"等科目，贷记"长期应付款——应付引进设备款"科目；待用设备生产的产品归还设备价款时，视同产品销售处理，同时按照产品的作价金额借记"长期应付款——应付引进设备款"科目，贷记"应收账款"科目。

【例7-16】 20×3年初，宜生公司以补偿贸易方式引进设备一套，设备价款折合人民币580 000元，安装费为80 000元；合同规定该设备价款偿还期限为3年，年利率为8%，按年计息一次，单利计算；该设备于第1年年末安装完毕投入使用。该设备款以返销产品价款方式分2次偿还。第3年年初用产品外销价款200 000元偿还部分设备款，外销产品成本150 000元，不考虑有关税费。根据上述经济业务，宜生公司会计处理如下：

① 设备运抵企业时：

借：在建工程——××工程	580 000	
贷：长期应付款——应付引进设备款		580 000

② 支付安装费：

借：在建工程——××工程	80 000	
贷：银行存款		80 000

③ 第1年年末应计利息：

580 000×8%＝46 400（元）

借：在建工程——××工程	46 400	
贷：长期应付款——应付引进设备款		46 400

④ 引进设备安装完毕交付使用：

借：固定资产	706 400	
贷：在建工程——××工程		706 400

⑤ 第2年年末应计利息：

580 000×8%＝46 400（元）

借：财务费用	46 400	
贷：长期应付款——应付引进设备款		46 400

⑥ 第3年年初以产品外销价款归还部分设备价款：

借：应收账款	200 000	
贷：主营业务收入		200 000
借：主营业务成本	150 000	
贷：库存商品		150 000

借：长期应付款——应付引进设备款	200 000	
贷：应收账款		200 000

重要概念： 负债　流动负债　长期负债　短期借款　应付账款　应付职工薪酬　长期借款　应付债券

重点与难点： 短期借款、长期借款的会计处理　应付职工薪酬的会计处理　债券发行价格、溢价或折价的摊销和利息计算　应付债券的核算

思 考 题

（1）何谓负债？负债包括哪些内容？
（2）简述流动负债的分类。
（3）简述应付账款和应付票据的主要区别。
（4）简述应付职工薪酬的会计处理方法。
（5）简述预收账款账户结构。
（6）何谓长期负债？长期负债如何分类？长期负债与流动负债有什么区别？
（7）何谓应付债券？应付债券包括哪些基本要素？
（8）简述如何确定债券的发行价格。
（9）何谓债券的溢价和折价及溢价和折价的摊销方法？
（10）何谓应付引进设备款？应付引进设备款如何核算？

第八章

所有者权益

【学习目的】

通过本章的学习，使学生掌握资本（股本）溢价的形成及其会计处理；掌握一般企业实收资本、股份有限公司股本、实收资本（或股本）增减变动的会计处理；掌握盈余公积和未分配利润及其会计处理；熟悉企业的组织形式及所有者权益的来源和构成；了解所有者权益的含义和特征。

第一节 所有者权益概述

一、所有者权益的概念

所有者权益（owner's equity）是指企业资产扣除负债后由所有者享有的剩余权益。所有者权益来源于所有者投入的资本、直接计入所有者的利得和损失、留存收益等。直接计入所有者权益的利得和损失，是指不应计入当期损益、会导致所有者权益发生增减变动的、与所有者投入资本或者向所有者分配利润无关的利得或者损失。

所有者权益可分为实收资本（或股本）（paid in capital）、其他权益工具、资本公积（capital surplus）、其他综合收益、盈余公积（surplus reserve）和未分配利润等部分。其中，盈余公积和未分配利润统称为留存收益（retained earnings）。

二、所有者权益的特征

与负债相比，所有者权益具有以下特征：

（1）除非发生减资或清算，企业不需要偿还所有者权益。所有者权益通常没有期限，但负债有期限。

（2）企业清算时，只有在清偿所有负债后，所有者权益才返还给所有者。

所有者提供资金在先，享受权益在后；负债是债权人对企业资产的要求权，所有者权益是所有者对企业净资产的要求权，是剩余权益。

（3）所有者凭借所有者权益能够参与利润分配。

三、所有者权益的确认条件

所有者权益体现的是所有者在企业中的剩余权益，因此，所有者权益的确认主要依赖于其他会计要素，尤其是资产和负债的确认；所有者权益金额的确定也主要取决于资产和负债的计量。

第二节　实收资本和其他权益工具

一、实收资本的概念

（一）实收资本的概念

按照我国《公司法》的规定，投资者设立企业首先必须投入资本，并且其投入资本的数额不能低于法定注册资本的最低限额。企业在收到投资者实际投入资本时，构成法定注册资本的部分形成企业的实收资本。

实收资本的构成比例，即投资者的出资比例或股东的股份比例，通常是确定所有者在企业所有者权益中所占的份额和参与企业财务经营决策的基础，也是企业进行利润分配或股利分配的依据，同时还是企业清算时确定所有者对净资产要求权的依据。在股份有限公司，实收资本为股本。

（二）其他权益工具的概念

权益工具是指能证明拥有某个企业在扣除所有负债后的资产中的剩余权益的合同。企业所有者权益中的其他权益工具主要用于核算其发行的除普通股以外的、被分类为权益工具的各类金融工具。

企业所发行的金融工具究竟应当划分为金融负债还是权益工具，需要结合合同条款，根据企业会计准则的规定来界定。实践中，只有极少数企业涉及此类业务。感兴趣的读者可以参阅《企业会计准则第37号——金融工具列报》《金融负债与权益工具的区分及相关会计处理规定》《永续债相关会计处理的规定》等。

二、实收资本及其他权益工具的会计核算

为了反映和监督投资者投入资本的增减变动情况,企业必须按照国家统一的会计制度的规定进行实收资本的核算,真实地反映所有者投入企业资本的状况,维护所有者各方面在企业的权益。

(一) 实收资本的会计核算

企业收到投资者投入的资金,有货币资金、实物资产和无形资产等。对于不同的企业,实收资本的会计处理有所区别。

1. 接受货币资产投资

(1) 股份有限公司以外的企业接受货币资产投资。除股份有限公司以外,其他各类企业应通过"实收资本"科目核算。该科目可按投资者进行明细核算。企业接受投资者以货币方式出资投入的资本时,应按实际收到的货币金额,借记"银行存款"等账户,按其在注册资本所占的份额,贷记"实收资本"账户,按其差额,贷记"资本公积——资本溢价"账户。该科目期末贷方余额,反映企业实收资本总额。

【例8-1】甲、乙、丙共同投资设立A有限责任公司,注册资本为4 000 000元,甲、乙、丙持股比例分别为60%、25%和15%。按照章程规定,甲、乙、丙投入资本分别为2 400 000元、1 000 000元和600 000元。A公司已如期收到各投资者一次缴足的款项。A有限责任公司根据上述经济业务,会计处理如下:

借:银行存款		4 000 000
贷:实收资本——甲		2 400 000
——乙		1 000 000
——丙		600 000

(2) 股份有限公司接受货币资产投资。股份有限公司设置"股本"科目核算企业接受股东投入的股本。企业的股本应该等于在核定的股本总额范围内发行股票的面值,本科目可按投资者进行明细核算。

企业发行股票取得的收入与股本总额往往不一致,公司发行股票取得的收入大于股本总额的,称为溢价发行;等于股本总额的,称为面值发行。我国不允许企业折价发行股票。在采用溢价发行股票的情况下,企业应将相当于股票面值的部分记入"股本"科目,其余部分在扣除发行手续费、佣金等发行费用后记入"资本公积——股本溢价"科目。股份有限公司在核定的股本总额及核定的股份总额的范围内发行股票时,应在实际收到货币资产时进行会计处理。

【例8-2】某股份有限公司发行普通股 10 000 000 股,每股面值 1 元,每股发行价格 4 元。假定股票发行成功,股款 40 000 000 元已全部收到,不考虑发行过程中的相关税费等因素。该股份有限公司根据上述经济业务,会计处理如下:

应记入"资本公积"科目的金额 = 40 000 000 - 10 000 000 = 30 000 000(元)

编制会计分录如下:

借:银行存款   40 000 000
  贷:股本   10 000 000
    资本公积——股本溢价   30 000 000

本例中,该公司发行股票实际收到的款项为 40 000 000 元,应借记"银行存款"科目;实际发行的股票面值为 10 000 000 元,应贷记"股本"科目,按其差额,贷记"资本公积——股本溢价"科目。

2. 接受非货币资产投资

我国《公司法》规定,股东可以用货币出资,也可以用原材料、固定资产、知识产权、土地使用权等非货币财产作价出资。与货币出资相对应,实物和无形资产出资可统称为非货币资产出资。企业在接受投资者的非货币资产出资时,应对作为出资的非货币资产评估作价,核实资产,不得高估或者低估作价。法律、行政法规对评估作价有规定的,从其规定。

(1) 接受投入固定资产。企业接受投资者作价投入的房屋、建筑物、机器设备等固定资产,应按实际收到的固定资产的评估价值或协议约定价值确定固定资产价值,借记"固定资产"科目,根据增值税额,借记"应交税费——应交增值税(进项税额)",按其在注册资本或股本中所占的份额,贷记"实收资本"或"股本"科目,按其差额,贷记"资本公积——资本溢价"或"资本公积——股本溢价"科目。

【例8-3】甲为有限责任公司,在设立时收到乙公司作为资本投入的不需要安装的机器设备一台,该机器设备的评估价值为 3 000 000 元,双方协议,该机器设备的评估价值全部计入甲企业的实收资本。该机器设备的增值税进项税额为 390 000 元。根据双方协议,该机器设备的增值税进项税额也计入甲企业的实收资本。甲有限责任公司根据上述经济业务的会计处理如下:

借:固定资产   3 000 000
  应交税费——应交增值税(进项税额)   390 000
  贷:实收资本——乙公司   3 390 000

上例中,该项固定资产评估价值与公允价值相符,并且甲公司接受的固定资产投资产生的相关增值税进项税额允许抵扣,因此,固定资产应按评估价值与增值税进项税额的合计金额 3 390 000 元入账。甲公司接受乙公司投入的固定资产按评估价值全额作为实收资本,因此,可按 3 390 000 元的金额贷记"实收资本"科目。

(2) 接受投入材料物资。企业接受投资者作价投入的原材料等非货币资产，应按照投资合同或协议约定的价值作为非货币资产的入账价值，同时按照投资合同或协议约定的其在注册资本中所占有的份额记入"实收资本"或"股本"科目，如合同或协议约定的价值不公允，则按照公允价值作为非货币资产的入账价值，按照投资合同或协议约定的其在注册资本中所占有的份额记入"实收资本"或"股本"科目。在办理有关产权转移手续后，借记"原材料"科目，根据增值税额，借记"应交税费——应交增值税（进项税额）"，贷记"实收资本"或"股本"科目，对于资产价值超过其在注册资本中所占有的份额，记入"资本公积——资本溢价"或"资本公积——股本溢价"科目。

【例 8-4】乙有限公司于设立时收到 B 公司作为资本投入的原材料一批，双方确认的不含税的原材料价值为 100 000 元，增值税进项税额为 13 000 元。B 公司已开具了增值税专用发票。假设合同约定的价值与公允价值相符，该进项税额允许抵扣，不考虑其他因素，乙有限公司根据上述经济业务，会计处理如下：

借：原材料　　　　　　　　　　　　　　　　　　　　　100 000
　　应交税费——应交增值税（进项税额）　　　　　　　　13 000
　　贷：实收资本——B 公司　　　　　　　　　　　　　　　113 000

上例中，原材料的合同约定价值与公允价值相符，因此，可按照 100 000 元的金额借记"原材料"科目；同时借记"应交税费——应交增值税（进项税额）"科目。乙公司接受 B 公司投入原材料按合同约定金额作为实收资本，因此可按 113 000 元的金额贷记"实收资本"科目。

(3) 接受投入无形资产。企业接受投资者作价投入的知识产权、土地使用权等无形资产，应按实际收到的无形资产的评估价值或协议约定价值确定无形资产价值，借记"无形资产"科目，按投资企业开具的增值税专用发票注明的金额，借记"应交税费——应交增值税（进项税额）"科目按其在注册资本或股本中所占的份额，贷记"实收资本"或"股本"科目，按其差额，贷记"资本公积——资本溢价"或"资本公积——股本溢价"科目。

【例 8-5】丙股份有限公司于设立时收到 A 股东作为资本投入的非专利技术一项，该非专利技术评估市价为 1 000 000 元，A 公司开具的增值税专用发票上注明的增值税额为 60 000 元，可换取丙股份有限公司发行的面值为 1 元的普通股股票 200 000 股。假设评估价值与公允价值相符，不考虑其他因素。丙股份有限公司根据上述经济业务，会计处理如下：

借：无形资产——非专利技术　　　　　　　　　　　　　1 000 000
　　应交税费——应交增值税（进项税额）　　　　　　　　60 000
　　贷：股本　　　　　　　　　　　　　　　　　　　　　200 000
　　　　资本公积——股本溢价　　　　　　　　　　　　　860 000

上例中，非专利技术的评估价值与公允价值相符，因此，丙股份公司可按照 1 000 000 元的金额借记"无形资产"科目；A 股东投入的非专利技术可以换取的股份数额作为实收资本，A 股东出资的无形资产的公允价值与丙公司确认的股本数额之间的差额，丙有限股份公司作为资本公积中的股本溢价处理。

3. 实收资本（或股本）的增减变动

一般情况下，企业的实收资本应相对固定不变，但在某些特定情况下，实收资本也可能发生增减变化。例如，企业接受投资者增加投资、将资本公积和盈余公积转增资本、发放股票股利以及减资等都会使企业的实收资本发生增减变化。

（1）实收资本（或股本）的增加。一般企业增加资本主要有三个途径：接受投资者追加投资、资本公积转增资本和盈余公积转增资本。

① 接受投资者增加投资。企业接受投资者增加投资时，应按实际收到的货币或非货币资产作价金额，借记"银行存款""原材料""固定资产""无形资产"等科目，按其在注册资本或股本中所占的份额，贷记"实收资本"或"股本"科目，按其差额，贷记"资本公积——资本溢价"或"资本公积——股本溢价"科目。

【例 8 – 6】甲、乙、丙三人共同投资设立 A 有限责任公司，原注册资本为 5 000 000 元，甲、乙、丙分别出资 500 000 元、2 000 000 元和 2 500 000 元。为扩大经营规模，经批准，A 公司注册资本扩大为 6 000 000 元，甲、乙、丙按照原出资比例分别追加投资 100 000 元、400 000 元和 500 000 元。A 公司如期收到甲、乙、丙追加的现金投资。根据上述经济业务，会计处理如下：

借：银行存款 1 000 000
　　贷：实收资本——甲 100 000
　　　　　　　　——乙 400 000
　　　　　　　　——丙 500 000

上例中，甲、乙、丙按原出资比例追加实收资本，因此，A 公司应分别按照 100 000 元、400 000 元和 500 000 元的金额贷记"实收资本"科目中甲、乙、丙明细分类账。

② 资本公积转增资本。企业经股东大会或类似机构决议，用资本公积转增资本，应借记"资本公积"科目，贷记"实收资本"或"股本"科目。

【例 8 – 7】丁股份有限公司董事会拟订方案将资本公积 2 000 000 元转为股本，股票面值 2 000 000 元，每股面值 1 元。该方案经股东大会通过。丁股份有限公司根据上述经济业务，会计处理如下：

借：资本公积 2 000 000
　　贷：股本 2 000 000

③ 盈余公积转增资本。企业经股东大会或类似机构决议，用盈余公积转增资本，应借记"盈余公积"科目，贷记"实收资本"或"股本"科目。值得注意的是，资本公积

和盈余公积都属于所有者权益，转为实收资本时，应按照各投资者所持股份同比例增加每个投资者的投资额。

【例8-8】因扩大经营规模需要，经批准，戊公司按原出资比例将盈余公积1 000 000元转增资本。戊公司根据上述经济业务，会计处理如下：

借：盈余公积　　　　　　　　　　　　　　　　　　　　　　　1 000 000
　　贷：实收资本　　　　　　　　　　　　　　　　　　　　　　　1 000 000

(2) 实收资本（或股本）的减少。企业减少实收资本应按法定程序或通过收购股票的形式进行。企业按法定程序报经批准减少注册资本时，借记"实收资本"或"股本"科目，贷记"银行存款"等科目。

股份有限公司采用收购本公司股票方式减资的，按股票面值和注销股数计算的股票面值总额借记"股本"科目，按所注销库存股的账面余额，贷记"库存股"科目，按其差额，借记"资本公积——股本溢价"科目，股本溢价不足冲减的，应借记"盈余公积""利润分配——未分配利润"科目；购回股票支付的价款低于面值总额的，应按股票面值总额，借记"股本"科目，按所注销库存股的账面余额，贷记"库存股"科目，按其差额，贷记"资本公积——股本溢价"科目。

【例8-9】A股份有限公司因资本过剩需要减资，经办理有关手续后，收回本公司曾发行面值为1元的普通股100 000股，发行价为每股5元。现以每股6.4元的价格赎回，款项以银行存款支付，该公司有盈余公积140 000元。不考虑其他因素，A公司根据上述经济业务的会计处理如下：

借：库存股　　　　　　　　　　　　　　　　　　　　　　　　　640 000
　　贷：银行存款　　　　　　　　　　　　　　　　　　　　　　　640 000
借：股本　　　　　　　　　　　　　　　　　　　　　　　　　　100 000
　　资本公积——股本溢价　　　　　　　　　　　　　　　　　　400 000
　　盈余公积　　　　　　　　　　　　　　　　　　　　　　　　140 000
　　贷：库存股　　　　　　　　　　　　　　　　　　　　　　　　640 000

本例中，如果A公司以每股5元的价格赎回，则应当作如下的会计处理：

借：库存股　　　　　　　　　　　　　　　　　　　　　　　　　500 000
　　贷：银行存款　　　　　　　　　　　　　　　　　　　　　　　500 000
借：股本　　　　　　　　　　　　　　　　　　　　　　　　　　100 000
　　资本公积——股本溢价　　　　　　　　　　　　　　　　　　400 000
　　贷：库存股　　　　　　　　　　　　　　　　　　　　　　　　500 000

（二）其他权益工具的会计核算

企业发行的除普通股（作为实收资本或股本）以外，按照金融负债的权益工具区分原

则分类为权益工具的其他权益工具,按照以下原则进行会计处理:

1. 其他权益工具会计处理的基本原则

对于归类为权益工具的金融工具,无论其名称中是否包括"债",其利息支出或股利分配都应当作为发行企业的利润分配,其回购、注销等作为权益的变动处理;对于归类为金融负债的金融工具,无论其名称中是否包含"股",其利息支出或股利分配原则上按照借款费用进行处理,其回购或赎回产生的利得或损失等计入当期损益。

企业(发行方)发行金融工具,其发生的手续费、佣金等交易费用,如分类为债务工具且以摊余成本计量的,应当计入所发行工具的初始计量金额;如分类为权益工具的,应当从权益(其他权益工具)中扣除。

2. 科目设置

(1)应付债券:发行方对于归类为金融负债的金融工具。

(2)衍生工具:对于需要拆分且形成衍生金融负债或衍生金融资产的。

(3)交易性金融负债:发行的且嵌入了非紧密相关的衍生金融资产或衍生金融负债的金融工具,如果发行方选择将其整体指定为以公允价值计量且其变动计入当期损益的。

(4)其他权益工具:企业发行的除普通股以外的归类为权益工具的各种金融工具。

3. 主要账务处理

(1)发行方的账务处理:

①发行方发行的金融工具归类为债务工具并以摊余成本计量的与应付债券核算相同。

②发行方发行的金融工具归类为权益工具的,应按实际收到的金额:

借:银行存款
　　贷:其他权益工具——优先股、永续债等

在存续期间分派股利的,作为利润分配处理:

借:利润分配——应付优先股股利、应付永续债利息等
　　贷:应付股利——优先股股利、永续债利息等

③发行方发行的金融工具为复合金融工具的与可转换公司债券核算相同。

④发行的金融工具本身是衍生金融负债或衍生金融资产或者内嵌了衍生金融负债或衍生金融资产的,按照金融工具确认和计量准则中有关衍生工具的规定进行处理。

(2)投资方的账务处理。如果投资方因持有发行方发行的金融工具而对发行方拥有控制、共同控制或重大影响的,按照《企业会计准则第2号——长期股权投资》和《企业会计准则第20号——企业合并》进行确认和计量;投资方需编制合并财务报表的,按照《企业会计准则第33号——合并财务报表》的规定编制合并财务报表。

第三节 资本公积及其他综合收益

一、资本公积及其他综合收益的概念

(一) 资本公积的概念

资本公积（capital surplus）是企业收到投资者的超出其在企业注册资本（或股本）中所占份额的投资，以及直接计入所有者权益的利得和损失等。资本公积所有权归属于投资者共同所有，但不构成实收资本（股本）的资本或资产。

资本公积的核算包括资本溢价（或股本溢价）的核算、其他资本公积的核算和资本公积转增资本的核算等内容。

(二) 其他综合收益的概念

其他综合收益（other comprehensive income）是指企业根据其他会计准则规定未在当期损益中确认的各项利得和损失。包括以后会计期间不能重分类进损益的其他综合收益和以后会计期间满足规定条件时将重分类进损益的其他综合收益两类。

二、资本公积及其他综合收益的会计核算

(一) 资本公积的会计核算

为反映资本公积的形成及使用情况，企业应设置"资本公积"科目进行核算，本科目应当分别"资本溢价（股本溢价）""其他资本公积"进行明细核算。"资本公积"科目期末贷方余额，反映企业的资本公积。

1. 资本溢价（或股本溢价）的核算

（1）资本溢价。除股份有限公司外的其他类型的企业，在企业创立时，投资者认缴的出资额与注册资本一致，一般不会产生资本溢价。但在企业重组或有新的投资者加入时，常常会出现资本溢价。因为在企业进行正常生产经营后，其资本利润率通常要高于企业初创阶段，另外，企业有内部积累，新投资者加入企业后，对这些积累也要分享，所以新加入的投资者往往要付出大于原投资者的出资额，才能取得与原投资者相同的出资比例。投资者多缴的部分就形成了资本溢价。

企业接受投资者投入的资本、可转换公司债券持有人行使转换权利、将债务转为资本等形成的资本公积，借记有关科目，贷记"实收资本"或"股本"科目、"资本公积——

资本溢价（股本溢价）"科目。

【例 8-10】 A 有限责任公司由两位投资者投资 400 000 元设立，每人各出资 200 000 元。一年后，为扩大经营规模，经批准，A 有限责任公司注册资本增加到 600 000 元，并引入第三位投资者加入。按照投资协议，新投资者需缴入现金 210 000 元，同时享有该公司三分之一的股份。A 有限责任公司已收到该现金投资。假定不考虑其他因素，A 有限责任公司根据上述经济业务的会计处理如下：

借：银行存款　　　　　　　　　　　　　　　　　　210 000
　　贷：实收资本　　　　　　　　　　　　　　　　　　200 000
　　　　资本公积——资本溢价　　　　　　　　　　　　 10 000

上例中，A 有限责任公司收到第三位投资者的现金投资 210 000 元中，200 000 元属于第三位投资者在注册资本中所享有的份额，应记入"实收资本"科目，10 000 元属于资本溢价，应记入"资本公积——资本溢价"科目。

（2）股本溢价。股份有限公司是以发行股票的方式筹集股本的，股票可按面值发行，也可按溢价发行，我国目前不准折价发行。在按面值发行股票的情况下，企业发行股票取得的收入，应全部作为股本处理；在溢价发行股票的情况下，企业发行股票取得的收入，等于股票面值部分作为股本处理，超出股票面值的溢价收入应作为股本溢价处理。

发行股票相关的手续费、佣金等交易费用，如果是溢价发行股票的，应从溢价中抵扣，冲减资本公积（股本溢价）；无溢价发行股票或溢价金额不足以抵扣的，应将不足抵扣的部分冲减盈余公积和未分配利润。

【例 8-11】 B 股份有限公司首次公开发行了普通股 35 000 000 股，每股面值 1 元，每股发行价格为 4 元。B 公司与受托单位签订协议，约定按发行收入的 3% 收取代理手续费，从发行收入中扣除，假定收到的款项已存入银行。B 公司根据上述经济业务，会计处理如下：

公司收到受托发行单位的现金 = 35 000 000 × 4 × (1 - 3%) = 135 800 000（元）

应记入"资本公积"科目的金额 = 35 000 000 × (4 - 1) - 35 000 000 × 4 × 3% = 105 000 000 - 4 200 000 = 100 800 000（元）

借：银行存款　　　　　　　　　　　　　　　　　　135 800 000
　　贷：股本　　　　　　　　　　　　　　　　　　　 35 000 000
　　　　资本公积——股本溢价　　　　　　　　　　　100 800 000

2. 其他资本公积的核算

其他资本公积是指除资本溢价（或股本溢价）项目以外所形成的资本公积。

（1）以权益结算的股份支付。以权益结算的股份支付换取职工或其他方提供服务的，应按照确定的金额借记"管理费用"等科目，贷记"资本公积——其他资本公积"科目。在行权日，应按实际行权的权益工具数量计算确定的金额，借记"银行存款（按行权价收取的金额)"科目、"资本公积——其他资本公积(原确定的金额)"科目,并将其差额贷记"股本"或"资本公积——股本溢价"科目。

(2)采用权益法核算的长期股权投资。

① 被投资单位除净损益、其他综合收益和利润分配以外的所有者权益的其他变动,投资方按持股比例计算应享有的份额,借记"长期股权投资——其他权益变动"科目,贷记"资本公积——其他资本公积"科目,或作相反会计分录。

② 处置采用权益法核算的长期股权投资时,借记"资本公积——其他资本公积"科目,贷记"投资收益"科目,或作相反会计分录。

(3)资本公积转增资本的会计处理。按照《公司法》的规定,法定公积金转为资本时,所留存的该项公积金不得少于转增前公司注册资本的25%。相关会计处理为:借记"资本公积"科目;贷记"实收资本"等科目。

【例8-12】C有限责任公司于某年1月1日向F公司投资6 000 000元,拥有该公司20%的股份,并对该公司有重大影响,因而对F公司长期股权投资采用权益法核算。当年12月31日,F公司净损益之外的所有者权益增加了800 000元。假定除此以外,F公司的所有者权益没有变化,C有限责任公司的持股比例没有变化,F公司资产的账面价值与公允价值一致,不考虑其他因素。C有限责任公司根据上述经济业务,会计处理如下:

  借:长期股权投资——F公司   160 000
    贷:资本公积——其他资本公积   160 000

C有限责任公司增加的资本公积 = 800 000 × 20% = 160 000(元)

上例中,C有限责任公司对F公司的长期股权投资采用权益法核算,持股比例未发生变化,F公司发生了除净损益之外的所有者权益的其他变动,C有限责任公司应按其持股比例计算应享有的F公司权益的数额160 000元,作为增加其他资本公积处理。

(二)其他综合收益的会计核算

1. 以后会计期间不能重分类进损益的其他综合收益项目

以后会计期间不能重分类进损益的其他综合收益项目,主要包括:①重新计量设定受益计划变动额;②权益法下不能转损益的其他综合收益;③其他权益工具投资公允价值变动;④企业自身信用风险公允价值变动。

2. 以后会计期间满足规定条件时将重分类进行损益的其他综合收益项目

以后会计期间满足规定条件时将重分类进损益的其他综合收益项目,主要包括:①权益法下可转损益的其他综合收益;②其他债权投资公允价值变动;③金融资产重分类加入其他综合收益的金额;④其他债权投资信用减值准备;⑤现金流量套期储备;⑥外币财务报表折算差额;⑦其他项目。

就本教材的教学目标而言，本教材涉及的其他综合收益已在前面相关章节有所讲述，这里不再重复。有关其他综合收益项目的更多内容，感兴趣的读者可以参阅《企业会计准则第30号——财务报表列报》等。

第四节 留存收益

留存收益包括盈余公积和未分配利润两个部分。

一、盈余公积

(一) 盈余公积的概念

盈余公积（surplus reserve）是指企业按规定从净利润中提取的企业积累资金。公司制企业的盈余公积包括法定盈余公积和任意盈余公积。

按照《公司法》有关规定，公司制企业应当按照净利润（减弥补以前年度亏损，下同）的10%提取法定盈余公积。非公司制企业法定盈余公积的提取比例可超过净利润的10%。法定盈余公积累计额已达注册资本的50%时可以不再提取。

公司制企业可根据股东大会的决议提取任意盈余公积。非公司制企业经类似权力机构批准，也可提取任意盈余公积。法定盈余公积和任意盈余公积的区别在于其各自计提的依据不同，前者以国家的法律法规为依据；后者由企业的权力机构自行决定。

企业提取的盈余公积经批准可用于弥补亏损、转增资本、发放现金股利或利润等。

(二) 盈余公积的会计核算

企业应设置"盈余公积"科目，核算从净利润中提取的盈余公积。本科目应当分别"法定盈余公积"和"任意盈余公积"进行明细核算。盈余公积科目期末贷方余额，反映企业的盈余公积。

（1）提取盈余公积的核算。企业按规定从税后利润中提取盈余公积，借记"利润分配——提取法定盈余公积、提取任意盈余公积"科目，贷记"盈余公积——法定盈余公积、任意盈余公积"科目。

（2）盈余公积弥补亏损的核算。企业经股东大会或类似机构决议，用盈余公积弥补亏损或转增资本，借记"盈余公积"科目，贷记"利润分配——盈余公积补亏"、"实收资本"或"股本"科目。

【例8-13】F股份有限公司经股东大会决议通过，用以前年度提取的盈余公积弥补当年亏损，当年弥补亏损的数额为 600 000 元。假定不考虑其他因素，F 股份有限公司根据上述经济业务的会计处理如下：

  借：盈余公积   600 000
    贷：利润分配——盈余公积补亏   600 000

（3）盈余公积转增资本的核算。当企业提取的盈余公积达到一定数额后，经股东大会决议批准，企业可以将一部分盈余公积转增资本，以增强企业的资本实力。用盈余公积派送新股的，按派送新股计算的金额，借记"盈余公积"科目，按股票面值和派送新股总数计算的股票面值总额，贷记"股本"科目。

【例 8-14】因扩大经营规模需要，经股东大会批准，G 股份有限公司将盈余公积 500 000 元转增股本。假定不考虑其他因素，G 股份有限公司根据上述经济业务，会计处理如下：

  借：盈余公积   500 000
    贷：股本   500 000

（4）用盈余公积发放现金股利或利润的核算。如果企业可供分配的利润不多，决定用一部分盈余公积发放现金股利的，在宣告发放现金股利时，按使用可供分配的股利数额，借记"利润分配——应付现金股利"科目，按使用盈余公积分配的股利数额，借记"盈余公积"科目，按宣告分配股利的总数，贷记"应付股利"科目。实际发放现金股利时，借记"应付股利"科目，贷记"银行存款"科目。

【例 8-15】H 股份有限公司 2019 年 12 月 31 日普通股股本为 50 000 000 股，每股面值 1 元，可供投资者分配的利润为 5 000 000 元，盈余公积 20 000 000 元。2020 年 3 月 20 日，股东大会批准了 2019 年度利润分配方案，以 2019 年 12 月 31 日为登记日，按每股 0.2 元发放现金股利。H 股份有限公司共需要分派 10 000 000 元现金股利，其中动用可供投资者分配的利润 5 000 000 元、盈余公积 5 000 000 元。假定不考虑其他因素，H 股份有限公司根据上述经济业务的会计处理如下：

  ① 宣告分派股利时：
  借：利润分配——应付现金股利   5 000 000
    盈余公积   5 000 000
    贷：应付股利   10 000 000
  ② 支付股利时：
  借：应付股利   10 000 000
    贷：银行存款   10 000 000

二、未分配利润

未分配利润是企业留待以后年度进行分配的利润，是企业对净利润进行分配后的剩余利润结存。从数量上说，未分配利润是期初未分配利润，加上本期实现的净利润，减去提取的盈余公积和向投资者分出的股利或利润后的余额。未分配利润是一个历年累计数额的概念，其中，既有当年净利润经分配后转入的部分，也有历年累积净利润经分配后转入的部分。从来源上说，企业实现的净利润是未分配利润的根本来源。如果企业没有净利润，也就不会有未分配利润。

重要概念： 所有者权益　实收资本　资本公积　盈余公积

重点与难点： 一般企业实收资本的会计处理　股份有限公司股本的会计处理　实收资本或股本增减变动的会计处理　资本公积中资本或股本溢价的会计处理

思 考 题

（1）什么是所有者权益？相对于企业的债权人权益，所有者权益具有哪些特征？
（2）实收资本或股本的构成比例通常具有哪些作用或用途？
（3）实收资本增减变动的原因主要有哪些？
（4）什么是资本公积？实收资本与资本公积的主要区别是什么？
（5）什么是留存收益？留存收益与资本公积的主要区别是什么？

第九章

收入、费用和利润

【学习目的】

通过本章的学习，使学生掌握收入的概念、收入的确认与计量、收入的核算、产品成本的核算、税金及附加的核算、期间费用的核算、营业外收入和营业外支出的核算、所得税费用的核算、利润及利润分配的核算。

第一节 收 入

一、收入概述

收入（revenues），是指企业在日常活动中形成的、会导致所有者权益增加的、与所有者投入资本无关的经济利益的总流入。其中，"日常活动"，是指企业为完成其经营目标所从事的经常性活动以及与之相关的活动。例如，工业企业制造并销售产品、商品流通企业销售商品、咨询公司提供咨询服务、软件公司为客户开发软件、保险公司签发保单、建筑企业提供建造服务等，均属于企业为完成其经营目标所从事的经常性活动；工业企业转让无形资产使用权、出售原材料等，属于与经常性活动相关的活动，由此产生的经济利益的总流入也构成收入。

收入一般按照经营业务的主次分为主营业务收入和其他业务收入。不同行业其主营业务收入所包括的内容不尽相同。

工业企业处置固定资产、转让无形资产所有权等活动，不是企业的经常性活动，也不属于与经常性活动相关的活动，由此产生的经济利益的总流入不构成收入，应当确认为营业外收入。

二、收入的确认和计量

收入确认的基础是合同，其核心原则是：企业确认收入的方式应反映其向客户转让商品或提供服务的模式,确认金额应当反映企业因转让这些商品或提供这些服务而预期有权收取的对价金额。除非特别说明,本章所称商品包括商品和服务。

(一) 收入确认的原则

企业应当在履行了合同中的履约义务,即在客户取得相关商品控制权时确认收入。取得相关商品控制权,是指能够主导该商品的使用并从中获得几乎全部的经济利益,也包括有能力阻止其他方主导该商品的使用并从中获得经济利益。取得商品控制权同时包括下列三项要素:

(1) 能力,即客户必须拥有现时权利,能够主导该商品的使用并从中获得几乎全部经济利益。如果客户只能在未来的某一期间主导该商品的使用并从中获益,则表明其尚未取得该商品的控制权。

(2) 客户有能力主导该商品的使用,即客户在其活动中有权使用该商品,或者能够允许或阻止其他方使用该商品。

(3) 客户能够获得商品几乎全部的经济利益。商品的经济利益,是指该商品的潜在现金流量,既包括现金流入的增加,也包括现金流出的减少。客户可以通过多种方式直接或间接地获得商品的经济利益,例如,使用、消耗、出售、处置、交换、抵押或持有等。

(二) 收入确认的前提条件

企业与客户之间的合同同时满足下列五项条件的,企业应当在客户取得相关商品控制权时确认收入:

(1) 合同各方已批准合同并承诺将履行各自义务;
(2) 该合同明确了合同各方与所转让商品的权利和义务;
(3) 该合同有明确的与所转让商品相关的付款条款;
(4) 该合同具有商业实质,即履行该合同将改变企业未来现金流量的风险、时间分布或金额;
(5) 企业很可能收回因向客户转让商品、提供服务而有权取得的对价。

(三) 收入确认与计量的步骤

根据《企业会计准则第14号——收入》(2017年修订),收入的确认与计量大致分为以下五步,即"五步法"模型:

第一步,识别与客户订立的合同。合同,是指双方或多方之间订立有法律约束力的权利和义务的协议,包括书面形式、口头形式以及其他可验证的形式。合同的存在是企业确认客户合同收入的前提。

第二步，识别合同中的单项履约义务。履约义务，是指合同中企业向客户转让可明确区分商品的承诺。企业应当将下列向客户转让商品的承诺作为单项履约义务：一是，企业向客户转让可明确区分商品（或者商品的组合）的承诺。例如，企业与客户签订合同，向其销售一款现有软件并提供安装服务，该安装服务简单，除该企业外其他供应商也可以提供此类似的安装服务，那么，该合同中销售软件和提供安装服务则为两项单项履约义务；但是，若安装服务复杂且该软件需要按客户定制要求修改，则合同中销售软件和提供安装服务应合并为一项单项履约义务。二是，企业向客户转让一系列实质相同且转让模式相同的、可明确区分商品的承诺。转让模式相同，是指每一项可明确区分的商品均满足本节在某一时段内履行履约义务的条件，且采用相同方法确定其履约义务。例如，企业与客户签订为期一年的保洁服务合同，承诺每天为客户提供保洁服务。由于企业每天所提供的服务都是可明确区分且实质相同，并且每天的服务都属于在某一时段内履行的履约义务。因此，每天提供的保洁服务合并在一起作为单项履约义务。

第三步，确定交易价格。交易价格，是指企业因向客户转让商品而预期有权收取的对价金额，不包括代第三方收取的款项（如增值税）以及企业预期将退还给客户的款项。企业与客户的合同中约定的对价金额，可能是固定金额，也可能会因折扣、价格折让、返利、退款、奖励积分、激励措施、业绩奖金、索赔等因素而变化，即可变对价，抑或两者兼有。例如，企业为客户建造一栋厂房，合同约定的价款是 100 万元，若企业不能在合同约定的 4 个月内竣工，则须支付 10 万元罚款。因此，交易价格包括 90 万元的固定价格和 10 万元的可变对价。在确定交易价格时，企业应当考虑可变对价，货币时间价值（当合同中存在的重大融资成分时）、非现金对价以及应付客户对价（如礼品券、折扣券等）等因素的影响。

第四步，将交易价格分摊至各单项履约义务。如果单项合同内识别出多项履约义务，企业应当基于各单项履约义务所承诺商品的单独售价的相对比例，将交易价格分摊至各单项履约义务，以反映企业因向客户转让已承诺的相关商品而预期有权收取的对价金额。单独售价，是指企业向客户单独销售商品的价格，其应在合同开始时确定，并基于企业在类似环境下向类似客户单独销售类似商品的可观察价格。例如，企业与客户签订合同，向其销售 A、B 两种产品，不含增值税的合同总价款为 25 万元，这两种产品构成两项履约义务。A、B 产品的不含增值税单独售价分别为 6 万元和 24 万元，合计 30 万元，均可直接观察。按照交易价格分摊原则，A 产品应分摊的交易价格为 5 万元（60 000÷300 000×250 000），B 产品应分摊的交易价格为 20 万元（240 000÷300 000×250 000）。对于单独售价无法直接观察的，企业应当采用市场调整法、成本加成法、余值法等方法合理估计。

第五步，履行每一单项履约义务时确认收入。企业应在合同中履约义务得到履行时确认收入，即客户取得相关商品控制权时确认收入。控制权可在某一时点（即履约义务完成时）转移，也可能在某一时段内（即履行履约义务的过程中）转移。满足下列任一条件的，属于在某一时段内履行履约义务，否则属于在某一时点履行履约义务：(1) 客户在企业履约的同时即取得并消耗企业履约所带来的经济利益（如企业为客户提供的保洁服务）；(2) 客户能够控制企业履约过程中在建的商品；(3) 企业履约过程中所产出的商品具有不可替代用途，且在整个合同期间内该企业有权就迄今为止已完成的履约部分收取款项。"不可替代用途"是指因合同限制或实际可行性限制，企业不能轻易地将商品用于其他用途（例如销售给其他客户）。对于在某一时段内履行的履约义务，企业应在该时段内按照履约进度确认收入，但履约进度不能合理确定的除外；对于在某一时点履行的履约义务，企业应在客户取得相关商品控制权时点确认收入。

三、收入的核算

（一）账户的设置

为实现对收入的会计处理，一般需要设置下列会计科目：

(1) "主营业务收入"账户。该账户核算企业确认的销售商品、提供服务等主营业务的收入。企业符合收入确认条件实现的主营业务收入，应贷记"主营业务收入"账户，按照增值税发票上注明的增值税税额贷记"应交税费——应交增值税（销项税额）"账户，根据已经收取或应该收取的款项，借记"银行存款""应收账款""应收票据"等账户。期末，应将本账户余额转入"本年利润"账户，借记"主营业务收入"账户，贷记"本年利润"账户，结转后应无余额。该账户可按主营业务的种类设置明细账。

(2) "主营业务成本"账户。该账户核算企业确认销售商品、提供服务等主营业务收入时应结转的实际成本。企业结转已销售商品或提供服务成本时，借记"主营业务成本"账户，贷记"库存商品""合同履约成本"等账户。期末，将主营业务成本的余额转入"本年利润"账户，借记"本年利润"账户，贷记"主营业务成本"账户，结转后该账户应无余额。该账户可按主营业务的种类设置明细账。

(3) "其他业务收入"账户。该账户核算企业确认的除主营业务活动以外的其他经营活动实现的收入，包括出租固定资产、无形资产、投资性房地产、包装物和商品；销售材料、用材料进行非货币性资产交换或债务重组等实现的收入。该账户贷方登记企业其他业务活动实现的收入；借方登记期末转入"本年利润"账户的其他业务收入，结转后该账户应无余额。该账户可按其他业务的种类设置明细账。

(4) "其他业务成本"账户。该账户核算企业确认的除主营业务活动以外的其他经营活动所发生的支出，包括销售材料的成本、出租固定资产的折旧额、出租无形资产的摊销额、出租包装物的成本或摊销额、采用成本模式计量的投资性房地产的折旧额或摊销额等。该账户借方登记企业其他业务活动所发生的成本,贷方登记期末转入"本年利润"账户的其他业务成本,结转后应无余额。该账户可按其他业务成本的种类设置明细账。

(5)"合同履约成本"账户。该账户核算企业为履行当前或预期取得的合同所发生的、不属于其他企业会计准则规定且按照本准则应当确认为一项资产的成本。企业发生上述合同履约成本时,借记本账户,贷记"银行存款""应付职工薪酬""原材料"等账户;对合同履约成本进行摊销时,借记"主营业务成本""其他业务成本"等账户,贷记本账户。涉及增值税的,还应进行相应处理。该账户期末借方余额反映企业尚未结转的合同履约成本。该账户可按合同,分别设置"服务成本""工程施工"等明细账。

(6)"合同资产"账户。该账户核算企业已向客户转让商品而有权收取对价的权利,且该权利取决于时间流逝之外的其他因素(如履行合同中的其他履约义务)。合同资产与应收款项的主要区别为:应收款项代表的是无条件收取合同对价的权利,即企业仅仅随着时间的流逝即可收款,而合同资产并不是一项无条件收款权,该权利除了时间流逝之外,还取决于其他条件(如销售空调需要在安装调试后方可结算货款)才能收取相应的合同对价。企业在客户实际支付合同对价或在该对价到期应付之前,已经向客户转让了商品的,应当按因转让商品而有权收取的对价金额,借记本账户或"应收账款",贷记"主营业务收入""其他业务收入"等账户;企业取得无条件收款权时,借记"应收账款"等科目,贷记本科目。涉及增值税的,还应进行相应处理。该账户期末借方余额反映企业已向客户转让商品而有权收取的对价金额。该账户可按合同设置明细账。

(7)"合同负债"账户。该账户核算企业已收或应收客户对价而应向客户转让商品的义务。企业在向客户转让商品之前,客户已经支付了合同对价或企业已经取得了无条件收取合同对价权利的,企业应当在客户实际支付款项与到期应支付款项孰早时点,按照该已收或应收的金额,借记"银行存款""应收账款""应收票据"等账户,贷记本账户;企业向客户转让相关商品时,借记本账户,贷记"主营业务收入""其他业务收入"等科目。涉及增值税的,还应进行相应处理。该账户期末贷方余额,反映企业在向客户转让商品之前,已经收取的合同对价或已经取得的无条件收取合同对价权利的金额。该账户可按合同设置明细账。

此外,企业发生减值的,还应当设置"合同履约成本减值准备""合同取得成本减值准备""合同资产减值准备"等账户进行核算。

(二)履行履约义务确认收入的会计处理

1. 在某一时点履行的履约义务的收入
(1)一般销售商品的会计处理。

【例9-1】某公司销售甲产品300台,单价为100元,乙产品500台,单价为150元,增值税税率为13%,已通过银行收款。根据该项经济业务,会计处理如下:

借:银行存款 118 650
　　贷:主营业务收入 105 000
　　　　应交税费——应交增值税(销项税额) 13 650

【例9-2】某公司销售甲产品20台,单价为100元,增值税税率为13%,未收款。根据该项经济业务,会计处理如下:

借:应收账款 2 260
　　贷:主营业务收入 2 000
　　　　应交税费——应交增值税(销项税额) 260

【例9-3】20×1年9月1日,甲公司与客户签订合同,向其销售A、B两种产品,A产品的单独售价为60 000元,B产品的单独售价为40 000元,合同总价款为100 000元。合同约定,A产品于合同开始日交付,B产品在一个月之后交付,只有当两件产品全部交付之后,甲公司才有权收取合同价款。20×1年10月30日,客户支付合同价款。甲公司适用于的增值税税率为13%。甲公司应编制会计分录如下:

① 20×1年9月1日,交付A产品时,

借:合同资产 67 800
　　贷:主营业务收入 60 000
　　　　应交税费——应交增值税(销项税额) 7 800

② 20×1年10月1日,交付B产品时:

借:应收账款 113 000
　　贷:合同资产 67 800
　　　　主营业务收入 40 000
　　　　应交税费——应交增值税(销项税额) 5 200

③ 20×1年10月30日,收取合同价款时:

借:银行存款 113 000
　　贷:应收账款 113 000

(2) 存在商业折扣(trade discount)情况下的销售商品的会计处理。商业折扣,是指企业为了促销商品而给予的价格扣除。例如,企业为鼓励客户多买商品,给予购买100件以上商品的客户10%的折扣。商业折扣在销售前即已发生,并不构成最终成交价格的一部分,企业在销售时,应按扣除了商业折扣后的金额,确定销售商品收入金额。

【例9-4】某公司销售商品一批,由于买方购买的数量较多,将价格下调为20 000

元，增值税额为2 600元，得到商业承兑汇票一张。根据该项经济业务，会计处理如下：

借：应收票据　　　　　　　　　　　　　　　　　　　　　　　22 600
　　贷：主营业务收入　　　　　　　　　　　　　　　　　　　　20 000
　　　　应交税费——应交增值税（销项税额）　　　　　　　　　 2 600

（3）存在现金折扣（cash discount）情况下销售商品的会计处理。现金折扣，是指企业为鼓励客户尽快付款而在货款方面给予的债务扣除，一般用符号"折扣率/付款期限"表示。例如，"2/10，1/20，n/30"表示，若客户10天内付款，销货方可按商品售价给予2%的折扣；若客户在11~20天内付款，销货方可按商品售价给予1%的折扣；若客户在21~30天内付款，将不享受现金折扣。

现金折扣实质上是企业为了尽早收到销货款而采取的一种激励手段，并随时间的推延而变化，属于交易价格中的可变对价，在会计上一般作为对销售收入的调整。具体方法是：附有现金折扣条件的商品赊销时，将应收账款总额扣除估计的极有可能发生的现金折扣后的余额记入"应收账款"科目，将不含增值税的交易总价格扣除估计的现金折扣后的余额确认为主营业务收入，按照不扣除现金折扣的不含增值税的交易总价格和适用的增值税税率确定的增值税额记入"应交税费——应交增值税（销项税额）"科目。资产负债表日，重新估计可能收到的对价金额，如果实际收款时间晚于估计的收款时间，客户因此丧失的现金折扣额作为可变对价，调增应收账款和主营业务收入；如果实际收款时间早于估计的收款时间，客户享受了现金折扣，则按实际享受的现金折扣大于估计的现金折扣的金额减少应收账款和主营业务收入。

【例9-5】某企业销售一批商品给乙企业，增值税发票上注明的售价为90 000元，增值税税额为11 700元，货到后买方发现商品质量不合格，要求在价格上给予5%的折让，经查明，情况属实，某企业同意买方意见并办妥手续。

① 确认销售收入时，会计处理如下：

借：应收账款　　　　　　　　　　　　　　　　　　　　　　　101 700
　　贷：主营业务收入　　　　　　　　　　　　　　　　　　　　90 000
　　　　应交税费——应交增值税（销项税额）　　　　　　　　　11 700

② 发生销售折让时，会计处理如下：

借：主营业务收入　　　　　　　　　　　　　　　　　　　　　　4 500
　　应交税费——应交增值税（销项税额）　　　　　　　　　　　　585
　　贷：应收账款　　　　　　　　　　　　　　　　　　　　　　 5 085

③ 实际收到货款时，会计处理如下：

借：银行存款　　　　　　　　　　　　　　　　　　　　　　　 96 615
　　贷：应收账款　　　　　　　　　　　　　　　　　　　　　　96 615

(4) 已经发出商品但不能确认收入的会计处理。企业按合同已发出商品，但商品销售尚未满足收入确认条件的，应将发出商品的成本通过"发出商品"账户核算，借记该账户，贷记"库存商品"账户。

【例9-6】20×1年3月1日，甲公司与乙公司签到合同，委托乙公司销售A产品100件，A产品当日发出，每件成本100元。合同约定乙公司应按每件120元对外销售，甲公司按不含增值税的销售价格的10%向乙公司支付手续费。除非这些产品在乙公司存放期间内由于乙公司的责任发生毁损或丢失，否则在A产品对外销售之前，乙公司没有义务向甲公司支付货款。乙公司不承担包销责任，没有出售的A产品须退回给甲公司，同时，甲公司也有权要求收回A产品或将其销售给其他的客户。截至20×1年3月31日，乙公司实际对外销售100件。20×1年4月2日，收到乙公司支付的货款。假设不考虑增值税，甲公司的会计处理如下：

① 20×1年3月1日，发出产品时：

借：发出商品　　　　　　　　　　　　　　　　　　　　10 000
　　贷：库存商品　　　　　　　　　　　　　　　　　　　　10 000

② 20×1年3月31日，甲公司收到乙公司开具的代销清单时：

借：应收账款　　　　　　　　　　　　　　　　　　　　12 000
　　贷：主营业务收入　　　　　　　　　　　　　　　　　　12 000
借：主营业务成本　　　　　　　　　　　　　　　　　　10 000
　　贷：发出商品　　　　　　　　　　　　　　　　　　　　10 000
借：销售费用　　　　　　　　　　　　　　　　　　　　　1 200
　　贷：应收账款　　　　　　　　　　　　　　　　　　　　 1 200

③ 20×1年4月2日，收到乙公司支付的货款时：

借：银行存款　　　　　　　　　　　　　　　　　　　　10 800
　　贷：应收账款　　　　　　　　　　　　　　　　　　　　10 800

(5) 销售材料等的会计处理。企业销售原材料等取得的收入作为其他业务收入处理，结转的相关成本作为其他业务成本处理。

【例9-7】甲公司向乙公司销售一批不需用的原材料，增值税发票上注明的售价为10 000元，增值税税额为1 300元，已通过银行收款；该批原材料的实际成本为9 000元。根据该项经济业务，会计处理如下：

① 确认收入时：

借：银行存款　　　　　　　　　　　　　　　　　　　　11 300
　　贷：其他业务收入　　　　　　　　　　　　　　　　　　10 000
　　　　应交税费——应交增值税（销项税额）　　　　　　　 1 300

② 结转原材料成本：

借：其他业务成本　　　　　　　　　　　　　　　　　　　　　　9 000
　　贷：原材料　　　　　　　　　　　　　　　　　　　　　　　　　9 000

2. 在某一时段履行的履约义务的收入

对于在某一时段内履行的履约义务，企业应当在该段时间内按照履约进度确认收入，但是，履约进度不能合理确认的除外。企业应当考虑商品的性质，采用产出法或投入法确定恰当的履约进度，并且在确定履约进度时，应当扣除那些控制权尚未转移给客户的商品和服务。产出法是根据已转移给客户的商品对于客户的价值确定履约进度的方法，通常可采用实际测量的完工进度、评估已实现的结果、已达到的里程碑、时间进度、已完工或交付的产品等产出指标确定履约进度。投入法是根据企业履行履约义务的投入确定履约进度的方法，通常可采用投入的材料数量、花费的人工工时或机器工时、发生的成本和时间进度等投入指标确定履约进度。企业按照履约进度确认收入时，通常应当在资产负债表日，按照合同的交易价格总额乘以履约进度扣除以前会计期间累计已确认的收入后的金额，确认为当期收入。

【例9-8】甲公司为增值税一般纳税人，使用增值税税率为9%，20×1年12月1日，与客户签订一项为期3个月的铁轨安装合同，为该客户拥有的一条铁路安装100根铁轨，合同约定安装价款为1 000 000元，增值税税额为90 000元，安装费每月末按完工进度支付。截至20×1年12月31日，甲公司共更换30根，为完成该合同累计发生劳务成本240 000元，均为安装人员薪酬。甲公司按照已完成的工作量确定履约进度。

甲公司的会计处理如下：

① 实际发生劳务成本时：

借：合同履约成本　　　　　　　　　　　　　　　　　　　　　240 000
　　贷：应付职工薪酬　　　　　　　　　　　　　　　　　　　　　240 000

② 20×1年12月31日确认劳务收入并结转劳务成本：

截至20×1年12月31日，该合同的履约进度为 =30÷100=30%；20×1年12月，甲公司应确认的收入 =1 000 000×30%=300 000（元）

借：银行存款　　　　　　　　　　　　　　　　　　　　　　　327 000
　　贷：主营业务收入　　　　　　　　　　　　　　　　　　　　　300 000
　　　　应交税费——应交增值税（销项税额）　　　　　　　　　　 27 000
借：主营业务成本　　　　　　　　　　　　　　　　　　　　　240 000
　　贷：合同履约成本　　　　　　　　　　　　　　　　　　　　　240 000

20×2年1月，甲公司更换50根，为完成该合同发生劳务成本400 000万元，均为安装人员薪酬。甲公司的会计处理如下：

① 实际发生劳务成本时：

借：合同履约成本　　　　　　　　　　　　　　　　　400 000
　　贷：应付职工薪酬　　　　　　　　　　　　　　　　　400 000

② 20×2年1月31日确认劳务收入并结转劳务成本：

截至20×2年1月31日，该合同的履约进度为 =80÷100=80%；20×2年1月，甲公司应确认的收入=1 000 000×80%－300 000＝500 000（元）

借：银行存款　　　　　　　　　　　　　　　　　　　545 000
　　贷：主营业务收入　　　　　　　　　　　　　　　　　500 000
　　　　应交税费——应交增值税（销项税额）　　　　　　 45 000
借：主营业务成本　　　　　　　　　　　　　　　　　400 000
　　贷：合同履约成本　　　　　　　　　　　　　　　　　400 000

20×2年2月，甲公司更换剩余20根，安装完工，为完成该合同发生劳务成本160 000万元，均为安装人员薪酬；客户验收合格。甲公司的会计处理如下：

① 实际发生劳务成本时：

借：合同履约成本　　　　　　　　　　　　　　　　　160 000
　　贷：应付职工薪酬　　　　　　　　　　　　　　　　　160 000

② 20×2年2月28日确认劳务收入并结转劳务成本：

20×2年2月，甲公司应确认的收入 =1 000 000－300 000－500 000＝200 000（元）

借：银行存款　　　　　　　　　　　　　　　　　　　218 000
　　贷：主营业务收入　　　　　　　　　　　　　　　　　200 000
　　　　应交税费——应交增值税（销项税额）　　　　　　 18 000
借：主营业务成本　　　　　　　　　　　　　　　　　160 000
　　贷：合同履约成本　　　　　　　　　　　　　　　　　160 000

【例9－9】甲公司经营一家健身俱乐部。第1年2月1日，某客户与甲公司签订合同，成为甲公司的会员，并向甲公司支付会员费3 600元（不含税价），可在未来的12个月内在该俱乐部健身，且没有次数的限制。甲公司在该合同下的履约义务是承诺随时准备在客户需要时为其提供健身服务，且客户已使用俱乐部健身的次数不会影响其未来继续使用的次数。该履约义务属于在某一时段内履行的履约义务，并且该履约义务在会员的会籍期间内随时间的流逝而被履行。因此，甲公司按照直线法确认收入，即每月应当确认的收入为300元（3 600÷12）。假定不考虑增值税，甲公司的会计处理如下：

① 甲公司预售客户3 600元时：

借：银行存款　　　　　　　　　　　　　　　　　　　3 600
　　贷：合同负债　　　　　　　　　　　　　　　　　　　3 600

② 每月确认收入时：
借：合同负债　　　　　　　　　　　　　　　　　　　　　　　　　300
　　贷：主营业务收入　　　　　　　　　　　　　　　　　　　　　　300

第二节　成本与费用

一、成本与费用的概念

企业为生产一定种类、一定数量产品所支出的各种生产费用的总和，称为产品的生产成本，亦称产品成本。费用（expense）是指企业在日常活动中发生的，会导致所有者权益减少的，与向所有者分配利润无关的经济利益的总流出。

成本与费用并非同一概念，两者既有联系又有区别。成本（cost）是企业为生产产品、提供劳务而发生的各种耗费。费用是企业为销售商品、提供劳务等日常活动所发生的经济利益的流出。二者的联系是，成本是对象化的费用；费用是成本计算的基础。二者的区别是，生产成本是相对于一定产品而言所发生的费用，是按产品品种等成本计算对象对当期发生的费用进行归集而形成的；费用是相对于一定的会计期间所发生的费用，是与收入相对应存在的。

费用与成本存在着密切的关系，企业在一定时期计算的费用是成本计算的基础和前提。一般来说，费用以当期实际支出作为计算的标准，它与一定的会计期间相联系；而成本与一定数量及种类的产品相联系。在一个会计期间内，企业所发生的费用可能已经计入了前期产品成本或需计入到以后期间的成本；而计入成本的费用可能在前期已经支付或需要以后期间支付。从数量上来看，一定期间的费用额可能存在大于、等于和小于当期计算的成本。

二、费用的分类

（一）按费用的经济内容分类

企业在一定期间内所发生的费用，若按其经济内容的不同，主要可分为劳动对象耗费、劳动手段耗费和活劳动耗费三大类，具体来讲，包括以下各项：

（1）外购材料。企业为生产经营而耗用的一切从外单位购入的原材料、辅助材料、包装物、修理用备件、低值易耗品等。

（2）外购燃料。企业为生产经营而耗用的一切从外单位购入的各种固体、液体和气体燃料。

（3）外购动力。企业为生产经营而耗用的一切从外单位购入的电力、蒸汽等各种动力。

（4）职工薪酬。企业计入生产成本和期间费用的职工工资、职工福利、住房公积金、工会经费、职工教育经费、非货币性福利、辞退福利以及股份支付等。

（5）折旧费。企业按照规定计算提取的固定资产折旧费。

（6）利息费用。企业借款利息减去存款利息后的差额，计入费用的部分。

（7）其他费用。上述各项费用之外的费用，如直接作为期间费用支付的税费、保险费、办公费、租赁费、差旅费等。

（二）按费用的经济功能分类

按经济功能来划分，企业的费用可分为计入成本的费用和计入损益的费用：

（1）计入成本的费用。它是指从事经营业务发生的、能够直接计入产品成本的费用。成本费用包括直接费用和间接费用。直接费用是为生产产品而直接消耗的材料、人工费用等；间接费用则是与生产产品相关，但不能直接计入产品成本，而应分配计入的各项费用。计入成本的费用具体包括：①直接材料，是指企业在生产过程中用于构成产品实体及有助于形成产品的各种原料、主要材料、外购半成品、燃料等；②直接人工，是指直接从事产品生产工人的工资及奖金等；③其他直接费用，是指企业发生的除直接材料费用和直接人工费用以外的，与生产产品和提供劳务有直接关系的费用。

（2）计入损益的费用。它是指企业在生产经营过程中支出的，与产品生产无直接联系的各项费用，包括营业税费、期间费用和资产减值损失。①营业税费，是指企业营业活动应当负担并根据有关计算基数和税率确定的各种税费。②期间费用，包括管理费用、财务费用和销售费用。管理费用，是指企业为组织和管理生产经营所发生的各项费用；财务费用，是指企业为筹集生产经营所需资金而发生的筹资费用；销售费用，是指企业销售商品和材料、提供劳务的过程中发生的各种费用。③资产减值损失，是指企业计提的坏账准备、存货跌价准备、固定资产减值准备等所形成的损失。

上面所定义的费用是狭义上的概念。广义的费用还包括直接计入当期利润的损失和所得税费用。其中，直接计入当期损益的损失，即营业外支出。将在本章第三节讲解。

三、产品成本的核算

（一）产品成本核算的一般程序

产品成本核算的程序，是指对企业在生产经营过程中所发生的各项生产费用，按照成本核算的要求，逐步进行归集和分配，最后计算出各种产品的生产成本的过程。以最为典型的工业企业生产成本为例，其一般程序包括以下几个方面。

1. 确定生产成本核算对象

成本核算对象是指各项生产费用的承担者。具体来讲，由于企业生产工艺和经营项目不同，企业成本核算对象也不相同，它既可以是产品、工程项目，也可以是劳务；既可以是产成品，也可以是半成品。

2. 确定生产成本计算期

要及时取得成本方面的会计信息，企业在生产成本计算对象确定后，还应当解决何时和多长时间计算一次产品生产成本的问题。产品生产成本计算期的确定实质上决定了企业生产费用汇集和分配的时间。在这里必须说明的一点就是，生产费用是指在一定会计期间所发生的耗费，而产品生产成本是指生产一定数量产品而发生的耗费。生产费用对应的是会计期间，而产品生产成本对应的是某种产品。通常人们所讲的产品生产成本，一般是指产成品成本，是产品制造完工后凝结于产品当中的所有生产费用，而这些生产费用可能属于一个或几个会计期间。因此，在实行会计分期和权责发生制的前提下，企业必须从权责发生制的原则出发，按会计期间汇集和分配生产费用，这样生产费用的汇集和分配期间常常会同产品的生产周期不一致。从理论上讲，产品生产成本应当同产品的生产周期保持一致，但是，由于企业产品品种的多样性和生产周期的不确定性，使得企业很难按照产品生产周期来计算产品生产成本，当然并不排除有些企业可以按生产周期来确定产品生产成本计算期，如造船、大型工程等单件小批量生产企业。在会计实际操作过程中，企业产品生产成本一般是以"月份"作为计算周期，这样虽然同生产周期不同，但是它同会计报告的期间是一致的，便于进行期间考核。

3. 确定产品成本项目

产品成本项目是对生产费用按其经济用途所进行的分类。由于企业自身生产所具有的特点，决定了各个单位具体的成本构成项目可能也会有所不同。另外，成本项目设置的粗细，也会影响到核算的成本，因此确定成本项目要从多方面和全方位进行考虑，尽可能做到成本项目设置既合理又科学，既简明又实用，以利于更好地对产品成本进行核算。在制造业，产品成本（在制造成本法前提下）实际上是为生产而耗费的直接费用和间接费用之和，因此，产品成本项目的设置可以分为直接材料、直接人工和制造费用三个部分。

4. 生产费用的归集与分配

企业产品成本计算的过程也就是生产费用归集和分配的过程。企业在一定时期内所发生的所有生产费用，在进行计算处理时，可以分为两个步骤：第一步应当按照一定的标准

(如按经济用途或列支方式等)对生产费用按产品计算对象进行归集。在工业企业一般将生产费用汇集为直接费用、间接费用。直接费用是直接为生产产品而发生的费用,包括直接材料、直接人工等;间接费用是为生产产品而发生的共同性费用,如车间管理人员的工资和福利费、折旧费、水电费等,归集为制造费用。第二步是要对生产费用在分类的基础上进行合理的分配。由于直接费用可以直接计入某种产品成本,也就不存在什么分配的问题,但是,间接费用是为生产产品而发生的共同性费用,应当按照配比性原则,将这部分费用在受益产品之间进行合理的分配。间接费用的分配不仅要在不同产品成本计算对象之间进行,同时也应在同一成本计算对象的完工产品和未完工成品之间进行,但不管是哪种分配,均应当按照配比性原则来进行。

5. 结转产品销售成本

(二) 产品成本核算设置的主要账户

(1)"生产成本"账户。该账户核算企业进行工业生产所发生的各项生产成本,包括生产各种产品(产成品、自制半成品等)、自制材料、自制工具、自制设备等。该账户的借方登记月份内发生的全部生产费用;贷方登记应结转的完工产品的成本。期末余额在借方,反映企业尚未加工完成的各项在产品的成本。

"生产成本"账户下一般应设置"基本生产成本"和"辅助生产成本"两个明细账户。基本生产成本应当分别按照基本生产车间和成本核算对象(如产品的品种、类别、订单、批别、生产阶段等)设置明细账(或成本计算单等),并按照规定的成本项目设置专栏。

(2)"制造费用"账户。该账户核算企业各生产单位(如车间)为组织和管理生产而发生的,应计入产品成本但没有专设成本项目的各项间接生产费用。包括职工薪酬、折旧费、办公费、机物料消耗、劳动保护费、季节性修理期间的停工损失等。本账户应当按照不同的生产车间、部门和费用项目设置明细。该账户的借方登记企业各生产单位发生的各项间接费用;贷方登记月末分配转入有关成本核算对象的间接费用。该账户月末一般无余额。

(3)"库存商品"账户。该账户核算企业生产完工验收入库可供销售的产品的实际成本。该账户的借方登记完工入库从"生产成本"账户结转的产品成本;贷方登记已经销售的产品的成本。期末余额在借方,反映企业库存产品的实际成本。该账户按产品品种、规格或类别设置明细账。

(三) 成本计算的方法

企业在进行产品成本计算时,应根据其生产经营特点、生产经营组织类型和成本管理的要求，确定成本计算方法。产品成本计算的基本方法有品种法、分批法和分步法。

（1）品种法。品种法又称简单法，是指以产品品种作为成本计算对象，归集和分配生产费用，计算产品成本的一种方法。这种方法一般适用于单步骤、大批量生产单步骤的企业，如发电、供水、采掘等企业。在这种类型的生产中，产品的生产技术过程不能从技术上划分为步骤（如企业或车间的规模较小，或者车间是封闭式的，也就是从原材料投入到产品产出的全部生产过程都是在一个车间内进行的），或者生产是按流水线组织的，管理上不要求按照生产步骤计算产品成本，都可以按照品种法计算产品成本。品种法的主要特点为：

① 成本计算对象是产品品种。如果企业只生产一种产品，全部生产费用都是直接费用，可直接计入该产品成本明细账的有关成本项目中，不需要在各个产品之间分配费用；如果是生产多种产品，则只需要将间接费用采用适当的方法，在各个产品之间进行分配。

② 品种法下一般定期（每月月末）计算产品成本。

③ 如果企业月末有在产品，要将生产费用在完工产品和在产品之间进行分配。

（2）分批法。分批法指以产品的批别作为产品成本计算对象，归集生产费用，计算产品成本的一种方法。分批法亦称为订单法，适用于单件、小批生产的企业，如造船、重型机器制造、精密仪器制造等。分批法的特点为：

① 成本计算对象是产品的批别。产品的批别大多是根据销货订单确定的。

② 分批法下，产品成本的计算是与生产任务通知单的签发和结束紧密配合的，因此产品成本计算是不定期的。成本计算期与产品生产周期基本一致，而与核算报告期不一致。

③ 在分批法下，在计算月末产品成本时，一般不存在完工产品与在产品之间分配费用的问题。

（3）分步法。分步法是指以生产过程中各个加工步骤为成本计算对象，归集生产费用，计算产品成本的一种方法。这种方法适用于多步骤连续式加工和多步骤装配式生产的企业和车间，如冶金、纺织、电子行业等。在这类企业中，产品生产可以分为若干个生产步骤，往往不仅要求按照产品品种计算成本，而且还要求按照生产步骤计算成本。一般采用逐步结转和平行结转两种方法。

逐步结转法主要适用于大量大批连续式复杂生产的企业。这类企业，往往产成品可以对外销售，半成品也对外销售，例如，钢铁厂的生铁、纺织厂的棉纱等，需要计算半成品。

平行结转法同逐步结转法的主要区别是不需要逐步计算和结转半成品成本，简化和加速了成本计算工作。平行结转法的主要特点是只计算本步骤发生的各项其他费用，以及这些费用中应计入产成品成本的份额,将相同产品的各步骤成本明细账中的这些份额平行结转、汇总,即可计算出该种产品的产成品成本。

产品成本计算方法,将在成本会计学中讲述,本课程不再涉及。现举例说明品种法的核算。

【例9-10】胜利公司月末汇总产品耗用材料如下:甲产品耗用原材料60 000元,乙产品耗用原材料40 000元。根据该项经济业务,会计处理如下:

借:生产成本——甲产品　　　　　　　　　　　　　　60 000
　　　　　　——乙产品　　　　　　　　　　　　　　40 000
　　贷:原材料　　　　　　　　　　　　　　　　　　100 000

【例9-11】胜利公司分配并结转本月工资,其中,甲产品工人工资57 000元,乙产品人员工资11 400元,车间管理人员工资13 680元,厂部管理人员工资5 700元。根据该项经济业务,会计处理如下:

① 分配并结转本月工资时,会计处理如下:

借:生产成本——甲产品　　　　　　　　　　　　　　57 000
　　　　　　——乙产品　　　　　　　　　　　　　　11 400
　　制造费用　　　　　　　　　　　　　　　　　　　13 680
　　管理费用　　　　　　　　　　　　　　　　　　　 5 700
　　贷:应付职工薪酬　　　　　　　　　　　　　　　 87 780

② 发放工资时,若以现金形式发放的,会计处理如下:

借:应付职工薪酬　　　　　　　　　　　　　　　　　87 780
　　贷:库存现金　　　　　　　　　　　　　　　　　 87 780

若通过银行发放的,会计处理如下:

借:应付职工薪酬　　　　　　　　　　　　　　　　　87 780
　　贷:银行存款　　　　　　　　　　　　　　　　　 87 780

【例9-12】胜利公司本期的制造费用总计41 880元,见表9-1。按照生产工人工资比例分配制造费用,见表9-2。

制造费用分配率 = 41 880 ÷ (57 000 + 11 400) ≈ 0.61228(元)

甲产品应分配的制造费用 = 0.61228 × 57 000 = 34 900(元)

乙产品应分配的制造费用 = 0.61228 × 10 000 = 6 980(元)

借:生产成本——甲产品　　　　　　　　　　　　　　34 900
　　　　　　——乙产品　　　　　　　　　　　　　　 6 980
　　贷:制造费用　　　　　　　　　　　　　　　　　 41 880

表 9-1　　　　　　　　　　　制造费用明细账　　　　　　　　　　　单位：元

××××年		凭证号		摘要	工资	折旧费	电费	水费	保险费	合计
月	日	字	号							
×	×	×	×	承前页						0
×	×	×	×	工资	13 680					13 680
×	×	×	×	折旧费		8 000				8 000
×	×	×	×	付电费			9 200			9 200
×	×	×	×	付水费				8 000		8 000
×	×	×	×	保险费					3 000	3 000
				本月合计	13 680	8 000	9 200	8 000	3 000	41 880

表 9-2　　　　　　　　　　　制造费用分配表

产品名称	生产工资（元）	分配率（%）	分配额（元）
甲产品	57 000	0.61228	34 900
乙产品	11 400	0.61228	6 980
合　计	68 400	—	41 880

【例 9-13】假设胜利公司期初无在产品，本月甲产品完工 3 500 台，结转甲产品完工成本，见表 9-3。根据该项经济业务，会计处理如下：

借：库存商品——甲产品　　　　　　　　　　　　　　　151 900
　　贷：生产成本——甲产品　　　　　　　　　　　　　　　　151 900

表 9-3　　　　　　　　　　　生产成本明细账

完工产品数量：3 500 台　　　　　　　　　　　　　　　　　在产品数量：0
产品名称：甲产品　　　　　　　　　　　　　　　　　　　　单位：元

××××年		凭证		摘要	借方金额				贷方金额
月	日	字	号		直接材料	直接人工	制造费用	合计	
				领料	60 000			60 000	
				分配工资		57 000		57 000	
				分配制造费用			34 900	34 900	
				完工成本转出					151 900
				月结	60 000	57 000	34 900	151 900	151 900

(四) 销售成本的核算

销售成本是指已销产品的生产成本。商品流通企业的销售成本是指已销商品的采购成本。企业一般在月末终了根据本月销售产品的数量，采用先进先出法、加权平均法等计算已销产品的成本，将计算出的销售成本从"库存商品"账户转入"主营业务成本"账户。

【例9-14】续前例，胜利公司月末结转本月销售的620台甲产品的销售成本。

甲产品销售成本 = 151 900 ÷ 3 500 × 620 = 26 908（元）

借：主营业务成本　　　　　　　　　　　　　　　　　　　　26 908
　　贷：库存商品　　　　　　　　　　　　　　　　　　　　　　　　26 908

四、税金及附加的核算

税金及附加是指企业在销售商品和提供服务等流通环节缴纳的除增值税以外的流转税及其附加费，包括消费税、城市维护建设税、资源税、教育费附加、房产税、环境保护税、城镇土地使用税、车船税和印花税等相关税费。企业应设置"税金及附加"账户，并按税收法规计算确定的与经营活动相关的税费，借记"税金及附加"账户，贷记"应交税费——应交××税（费）"账户；实际上缴时，借"应交税费——应交××税（费）"账户，贷记"银行存款"账户。期末，应将"税金及附加"账户余额转入"本年利润"账户，结转后，"税金及附加"账户应无余额。企业税费的核算属于税务会计范畴，将在《税务会计》课中讲述。

【例9-15】某公司取得应纳消费税的销售商品收入100 000元，该商品适用的消费税税率为20%。根据该项经济业务，会计处理如下：

① 计算确认应交消费税税额：

借：税金及附加　　　　　　　　　　　　　　　　　　　　　20 000
　　贷：应交税费——应交消费税（100 000 × 20%）　　　　　　　　20 000

② 实际交纳消费税时：

借：应交税费——应交消费税　　　　　　　　　　　　　　　20 000
　　贷：银行存款　　　　　　　　　　　　　　　　　　　　　　　　20 000

【例9-16】某公司当月实际缴纳的增值税100 000元、消费税25 000元，城市维护建设税税率为7%，教育费附加征收比率为3%。根据该经济业务，该公司城市维护建设税、教育费附加有关的会计处理如下：

① 计算确认应交城市维护建设税和教育费附加时：

借：税金及附加　　　　　　　　　　　　　　　　　　　　　　　　12 500
　　　贷：应交税费——应交城市维护建设税［(100 000 + 25 000) × 7%］　8 750
　　　　　　　　——应交教育费附加［(100 000 + 25 000) × 3%］　　3 750

② 实际交纳城市维护建设税和教育费附加时：

借：应交税费——应交城市维护建设税　　　　　　　　　　　　　　8 750
　　　　　　——应交教育费附加　　　　　　　　　　　　　　　　3 750
　　　贷：银行存款　　　　　　　　　　　　　　　　　　　　　　12 500

五、期间费用的核算

（一）期间费用的概念

期间费用是企业在一定时期内管理和组织经营活动所发生的开支，以及企业为筹集资金而发生的费用。包括管理费用、销售费用和财务费用。发生这些费用不能计入产品成本，而是从企业经营收入中直接补偿。期间费用的高低直接影响到利润的大小，因此，企业应加强对期间费用的管理与核算。

（二）期间费用包含的内容

（1）管理费用的内容。管理费用（administrative expenses）是指企业为组织和管理企业生产经营所发生的各种费用，包括企业董事会和行政管理部门在企业的经营管理中发生的，或者应由企业统一负担的公司经费（包括行政管理部门职工工资、修理费、物料消耗、低值易耗品摊销、办公费和差旅费等）、工会经费、待业保险费、劳动保险费、董事会会费（包括董事会成员津贴、会议费和差旅费等）、聘请中介机构费、咨询费（含顾问费）、诉讼费、业务招待费、技术转让费、矿产资源补偿费，无形资产摊销、职工教育经费、研究费、排污费、存货盘亏或盘盈（不包括应计入营业外支出的存货损失）。

（2）财务费用核算的内容。财务费用（financial expenses）是指企业为筹集生产经营所需资金等而发生的筹资费用，包括利息支出（减利息收入）、汇兑损失（减汇兑收益），以及相关的手续费、企业发生的现金折扣或收到的现金折扣等。

（3）销售费用核算的内容。销售费用（sales expenses）是指企业在销售过程发生的费用，包括运输费、装卸费、包装费、保险费、展览费和广告费以及为销售本企业产品而专设的销售机构（含销售网点、售后服务网点等）的职工工资及福利费、类似工资性质的费用、业务费等经营费用。

(三) 期间费用的核算

(1) 管理费用的核算。为了对管理费用进行核算,企业应设置"管理费用"账户,并按管理费用项目设置多栏式明细账。日常发生的管理费用应归集在该账户的借方;期末将本期发生的管理费用从该账户的贷方转出,该账户期末没有余额。

由于管理费用是为组织和管理企业生产经营活动所发生的各种费用,因此,管理费用的归集是在生产经营过程中进行的,有的是在生产准备过程归集的,有的是在生产过程归集的,还有的是在销售过程归集的。例如,管理部门领用的原材料,管理人员的职工薪酬,管理部门的固定资产折旧费、修理费等业务,这些经济业务在相关章节已述及,本节不再赘述。

【例9-17】某公司无形资产的原价为240 000元,预计使用年限为10年,月末摊销无形资产费为2 000元。根据该项经济业务,会计处理如下:

借:管理费用——无形资产摊销　　　　　　　　　　　　　2 000
　　贷:累计摊销　　　　　　　　　　　　　　　　　　　　　　2 000

【例9-18】某公司支付办公用品费1 500元。

借:管理费用　　　　　　　　　　　　　　　　　　　　　　1 500
　　贷:银行存款　　　　　　　　　　　　　　　　　　　　　　1 500

(2) 财务费用的核算。为了对财务费用进行核算,企业应设置"财务费用"账户,并按费用项目设置三栏式或多栏式明细账。日常发生的财务费用归集在该账户的"借方",期末将本期发生的财务费用,从该账户的"贷方"转到"本年利润"账户,期末该账户没有余额。

【例9-19】某公司从银行借入短期借款一笔,借款总金额为100 000元,半年期,年利率为3%,每季度支付利息一次。

① 每月计提利息时,记:

借:财务费用——利息　　　　　　　　　　　　　　　　　　250
　　贷:应付利息　　　　　　　　　　　　　　　　　　　　　　　250

② 每季度支付利息时,记:

借:应付利息　　　　　　　　　　　　　　　　　　　　　　　750
　　贷:银行存款　　　　　　　　　　　　　　　　　　　　　　　750

(3) 销售费用的核算。为了对销售费用进行核算,企业应设置"销售费用"总账,并按费用项目设置多栏式或三栏式明细账。日常发生的销售费用归集在该账户的"借方",期末将本期发生的销售费用,从该账户的"贷方"转到"本年利润"账户,期末该账户没有余额。

【例9-20】某公司为宣传新产品发生广告费100 000元，款项已通过银行存款支付，假设不考虑相关税费。根据该项经济业务，会计处理如下：

借：销售费用　　　　　　　　　　　　　　　　　　　　　　　100 000
　　贷：银行存款　　　　　　　　　　　　　　　　　　　　　　　100 000

第三节　利　润

一、利润总额的构成

利润（income, profit）是企业在一定期间生产经营的最终成果。利润有盈有亏，因此也称为损益。它是收入与费用相抵以后的差额，如果收入大于费用，其结果为利润，反之为亏损。对利润及时进行核算，可以及时反映企业在一定会计期间的经营业绩和获利能力，反映企业的投入产出结果和经济效益，有助于企业投资者和债权人据此进行盈利预测，作出正确的决策。

企业的利润总额可以通过以下公式来计算：

（1）营业利润（operating profit）。

营业利润＝营业收入－营业成本－税金及附加－销售费用－管理费用
　　　　－研发费用－财务费用±其他收益±投资收益±净敞口套期损益
　　　　±公允价值变动损益－信用减值损失－资产减值损失±资产处置损益

营业收入包括主营业务收入和其他业务收入，营业成本包括主营业务成本和其他业务成本。

（2）利润总额（total profit）。

利润总额＝营业利润＋营业外收入－营业外支出

（3）净利润（net income）。

净利润＝利润总额－所得税费用

上述各项利润如为"亏损"，以"－"号表示。

二、利润核算设置的主要账户

利润形成的核算主要应该设置"本年利润"账户。该账户核算企业当期实现的净利润或发生的净亏损。企业期（月）末结转利润时，应将各损益类科目的金额转入本账户，结平各损益类账户。结转后本账户如为贷方余额为当期实现的净利润；如为借方余额为当期发生的净亏损。年度终了，应将本年实现的净利润转入"利润分配"账户的贷方；如为净亏损转入"利润分配"账户的借方；结转后本账户应无余额。

企业利润的会计处理方法有表结法和账结法。

企业采用表结法时，各月（12月除外）月末计算本月利润时，只是将全部损益类账户的余额，按"利润表"的填制要求，填入利润表相应的项目中去，在利润表中计算出本月利润及截至本月末止的本年累计利润，不必进行转账处理。

账结法则需通过设置"本年利润"和"利润分配"账户来结算当月利润和截至各月的本年累计利润。

三、利润的核算

（一）营业外收支的核算

（1）营业外收入的核算。营业外收入是指企业发生与其生产经营无直接关系的各项收益，包括处置固定资产净收益、非货币性交易收益、出售无形资产收益、罚款净收入等。

为了反映和监督企业获得的营业外收入应设置"营业外收入"账户。该账户贷方登记发生的各项营业外收入，借方登记期末转入"本年利润"账户的营业外收入，结转后该账户应无余额。该账户应按收入项目设置明细账，进行明细分类核算。

【例9－21】某公司的一客户因违反合同规定，收取罚款收入10 500元，款项存入银行。根据该项经济业务，会计处理如下：

借：银行存款　　　　　　　　　　　　　　　　　　　　　10 500
　　贷：营业外收入——罚款收入　　　　　　　　　　　　　　　　10 500

（2）营业外支出的核算。营业外支出是指企业发生的与其生产经营无直接关系的各项支出，如固定资产盘亏、处置固定资产净损失、债务重组损失、罚款支出、捐赠支出、非常损失等。

为了反映和监督企业发生的营业外支出，应设置"营业外支出"账户。该账户借方登记发生的各项营业外支出，贷方登记期末转入"本年利润"账户的营业外支出，结转后该账户应无余额。该账户应按支出项目设置明细账，进行明细核算。

① 固定资产盘亏。企业盘亏的固定资产，查明原因后，经权力机构批准或期末由"待处理财产损溢——待处理固定资产损溢"账户的贷方转入"营业外支出"账户的借方。

② 处置固定资产的净损失。企业处置固定资产的净损失，由"固定资产清理"账户的贷方转入"营业外支出"账户的借方。

③ 罚款支出。罚款支出是指企业由于违反经济合同、税收法规等规定而支付的各种罚款。发生罚款支出时，记入"营业外支出"账户的借方和"银行存款"账户的贷方。

④ 非常损失。非常损失是指企业由于客观原因造成的损失，在扣除保险公司赔偿款后，计入营业外支出的净损失，如自然灾害的损失。发生非常损失时，应记入"营业外支出"账户的借方和有关账户的贷方。

⑤ 捐赠支出。捐赠支出是指企业对外捐赠的各种资产的价值。支出时，应记入"营业外支出"账户的借方和有关账户的贷方。

【例9-22】某公司进行财产清查时盘亏设备一台，其账面原价为50 000元，已提折旧10 000元。

① 盘亏固定资产时，记：

借：待处理财产损溢——待处理固定资产损溢　　　　40 000
　　累计折旧　　　　　　　　　　　　　　　　　　10 000
　　贷：固定资产　　　　　　　　　　　　　　　　　　　　50 000

② 根据批准意见，记：

借：营业外支出——固定资产盘亏　　　　　　　　　40 000
　　贷：待处理财产损溢——待处理固定资产损溢　　　　　　40 000

（二）利润形成的核算

"本年利润"账户核算企业实现的净利润。贷方登记由各项收入类账户转入的收入，包括主营业务收入、营业外收入、其他业务收入等，借方登记由各项费用类账户转入的费用，包括主营业务成本、销售费用、税金及附加、管理费用、财务费用、其他业务成本等。余额若在贷方，表示企业本年内累计实现的利润总额；余额在借方表示企业在年度内累计发生的亏损。若企业有利润，根据利润及纳税调整项目计算应纳税所得额，然后乘以相应的所得税税率计算所得税，计入该账户的借方，此时该账户贷方余额反映企业的税后净利润，年终决算时，将该账户余额结转入"利润分配——未分配利润"明细账户。结转后该账户无余额。

"利润分配"账户核算企业税后净利润的分配。该账户的借方登记已分配的利润，包括提取的盈余公积金、向投资者分配的利润等；贷方登记从"本年利润"账户转入的企业累计实现的税后净利润。余额在贷方，表示未分配的利润；余额在借方，表示未弥补的亏损。

该账户下应设置"利润分配——提取盈余公积""利润分配——应付利润""利润分配——未分配利润"等明细账户。年终将企业实现的税后净利润从"本年利润"账户转入"利润分配——未分配利润"明细账户的贷方,同时再将其他明细账户的余额转入"利润分配——未分配利润"明细账户的借方,结转的余额转入"利润分配——未分配利润"明细账户的借方,结转后,除"利润分配——未分配利润"账户外,其他明细账户应无余额。

【例9-23】某公司转让一项无形资产使用权,转让收入10 000元,增值税税率6%,款项已存入银行。根据该项经济业务,会计处理如下:

借:银行存款　　　　　　　　　　　　　　　　　　　　10 600
　　贷:其他业务收入　　　　　　　　　　　　　　　　　10 000
　　　　应交税费——应交增值税(销项税额)　　　　　　　600

【例9-24】某公司支付本期广告费为1 000元。根据该项经济业务,会计处理如下:

借:销售费用　　　　　　　　　　　　　　　　　　　　 1 000
　　贷:银行存款　　　　　　　　　　　　　　　　　　　 1 000

【例9-25】月末博通公司将所有损益类账户余额转入"本年利润"账户。损益类账户余额如下:

主营业务成本　　　　　　　　借方余额:　26 908元
主营业务收入　　　　　　　　贷方余额:　182 000元
税金及附加　　　　　　　　　借方余额:　3 100元
其他业务收入　　　　　　　　贷方余额:　10 000元
其他业务成本　　　　　　　　借方余额:　500元
营业外收入　　　　　　　　　贷方余额:　10 500元
销售费用　　　　　　　　　　借方余额:　1 000元
管理费用　　　　　　　　　　借方余额:　11 400元
财务费用　　　　　　　　　　借方余额:　250元
营业外支出　　　　　　　　　借方余额:　40 000元

① 将支出类账户余额转入本年利润账户借方时,会计处理如下:

借:本年利润　　　　　　　　　　　　　　　　　　　　83 158
　　贷:主营业务成本　　　　　　　　　　　　　　　　　26 908
　　　　税金及附加　　　　　　　　　　　　　　　　　　3 100
　　　　其他业务成本　　　　　　　　　　　　　　　　　　500
　　　　销售费用　　　　　　　　　　　　　　　　　　　1 000
　　　　管理费用　　　　　　　　　　　　　　　　　　　11 400
　　　　财务费用　　　　　　　　　　　　　　　　　　　　250
　　　　营业外支出　　　　　　　　　　　　　　　　　　40 000

② 将收入类账户余额转入本年利润账户贷方时，会计处理如下：
借：主营业务收入　　　　　　　　　　　　　　　　　　182 000
　　其他业务收入　　　　　　　　　　　　　　　　　　 10 000
　　营业外收入　　　　　　　　　　　　　　　　　　　 10 500
　　贷：本年利润　　　　　　　　　　　　　　　　　　202 500

第四节　所　得　税

一、所得税核算的主要内容

企业所得税的核算，就是将企业在一定时期实现的会计利润，按照《中华人民共和国企业所得税法》（2018年修订）（以下简称《税法》）的规定，调整为应纳税所得额，按照适应的所得税税率计算并结转应交所得税以及缴纳所得税。

（一）应纳税所得额的计算

期末，企业将所有损益类账户的余额结转至"本年利润"账户，收入和支出相抵后，得到企业当期利润（或亏损）总额，该指标是按会计制度、会计准则计算而得，与《税法》的规定有些差异，所以，在计算所得税之前，先要进行利润总额向应纳税所得额调整。

根据我国《税法》的规定，应纳税所得额按以下公式计算：

$$应纳税所得额 = 收入总额 - 准予扣除项目金额$$

税法对收入总额、准予扣除项目和不得扣除项目均做了明确规定。

（1）收入总额。收入总额是指企业在生产经营活动中以及其他行为中取得的各项收入的总和。包括纳税人来源于中国境内、境外的生产经营收入和其他收入。具体包括：

① 销售货物收入。纳税人销售商品、产品、原材料、包装物、低值易耗品以及其他存货取得的收入。

② 提供劳务收入。纳税人从事建筑安装、修理修配、交通运输、仓储租赁、金融保险、邮电通信、咨询经纪、文化体育、科学研究、技术服务、教育培训、餐饮住宿、中介代理、卫生保健、社区服务、旅游、娱乐、加工以及其他劳务服务活动取得的收入。

③ 转让财产收入。纳税人有偿转让各类财产取得的收入，包括转让固定资产、生物资产、无形资产、股权、债权等财产取得的收入。

④ 利息收入。纳税人购买各种债券等有价证券的利息、外单位欠款付给的利息，以及其他利息收入。

⑤ 租金收入。纳税人出租固定资产、包装物以及其他财产而取得的租金收入。租赁企业主营租赁业务取得的收入应当在生产、经营收入中反映。

⑥ 特许权使用费收入。纳税人提供或者转让专利权、非专利技术、商标权、著作权以及其他特许权的使用权而取得的收入。

⑦ 股息、红利等权益性投资收益。纳税人因权益性投资从被投资方取得的收入。

⑧ 接受捐赠收入。纳税人接受的来自其他企业、组织或者个人无偿给予的货币性资产、非货币性资产。

⑨ 其他收入。指除上述各项收入外的其他收入，包括纳税人资产溢余收入、逾期未退包装物押金收入、确实无法偿付的应付款项、已作坏账损失处理后又收回的应收款项、债务重组收入、补贴收入、违约金收入、汇兑收益等。

(2) 准予扣除的项目。

纳税人实际发生的与取得收入有关的、合理的支出，包括成本、费用、税金、损失和其他支出，准予在计算应纳税所得额时扣除。

① 成本。纳税人在生产经营活动中发生的销售成本、销货成本、业务支出以及其他耗费。

② 期间费用。纳税人为生产、经营商品和提供劳务等所发生的销售费用、管理费用和财务费用。

③ 税金。纳税人发生的除企业所得税和允许抵扣的增值税以外的各项税金及其附加。

④ 损失。纳税人在生产经营活动中发生的固定资产和存货的盘亏、毁损、报废损失、转让财产损失、呆账损失、坏账损失、自然灾害等不可抗力因素造成的损失以及其他损失。

《税法》还对部分准予扣除的项目给出了具体标准，例如，职工工会经费按工资总额的2%提取，职工教育经费即按工资总额的2.5%提取等，如超过了该项标准，应在利润总额的基础上予以调整。

(3) 不得扣除的项目。在计算应纳税所得额时，下列支出不得扣除：

① 向投资者支付的股息、红利等权益性投资收益款项；

② 企业所得税税款；

③ 税收滞纳金；

④ 罚金、罚款和被没收财物的损失；

⑤ 《税法》第九条规定以外的捐赠支出；

⑥ 赞助支出；

⑦ 未经核定的准备金支出。

（二）应交所得税的计算

企业的应交所得税，是以调整后的应纳税所得额为依据乘以现行所得税税率计算确定的。计算公式为：

$$应纳所得税额 = 应纳税所得额 \times 所得税税率$$

需指出的是，在会计实务中，企业计算的应纳所得税额与列入利润表中的所得税费用有时可能不一致，这是有关纳税调整项目引起的，本书不予讨论。

二、所得税的核算

为了进行所得税的核算，应设置"所得税费用"账户，该账户借方核算应交的所得税金额，贷方反映年末结转入"本年利润"账户的数值，结转后该账户无余额。

【例9-26】接【例9-25】博通公司月末按利润额的25%计算应交所得税（假设无纳税调整项目）。

利润总额 = 202 500 - 83 158 = 119 342（元）

所得税费用 = 119 342 × 25% = 29 835.5（元）

借：所得税费用		29 835.5
贷：应交税费——应交所得税		29 835.5
借：本年利润		29 835.5
贷：所得税费用		29 835.5

第五节　利润分配

一、利润分配核算的主要内容

企业的利润分配的核算主要包括两个方面的内容：一是盈余公积提取及使用的核算；二是向投资者分配利润。

（一）利润分配的程序

根据我国有关法规的规定，一般企业和股份有限公司每期实现的净利润，首先是弥补以前年度尚未弥补的亏损，其次应按下列顺序进行分配：

（1）提取法定盈余公积。公司制企业的法定公积金按照税后利润的10%的比例提取

（非公司制企业也可以按照超过 10% 的比例提取）。

（2）提取任意盈余公积。公司从税后利润中提取法定公积金后，经股东会或者股东大会决议，还可以从税后利润中提取任意盈余公积。非公司制企业经类似权力机构批准，也可以提取任意盈余公积。

（3）向投资者分配利润或股利。

（二）利润分配核算设置的账户

（1）"利润分配"账户。该账户核算企业利润的分配（或亏损的弥补）和历年分配（或弥补）后的积存余额。该账户的借方登记实际分配的利润数额，贷方平时一般不作登记，因而在年度中间该账户的期末余额在借方，反映企业截至本期累计分配的利润总额。年末，将"本年利润"账户贷方余额从"借方"结转记入"利润分配"账户的贷方或将"本年利润"账户借方余额从"贷方"结转记入"利润分配"账户的借方。结转后该账户若为贷方余额，反映年末未分配的利润；若为借方余额，反映年末未弥补的亏损。

为了具体地反映和监督企业利润分配的去向和历年分配后的余额，在"利润分配"总分类账户下设置"提取法定盈余公积""应付股利""提取任意盈余公积""未分配利润"等明细账户进行明细分类核算。

（2）"盈余公积"账户。该账户核算企业从净利润中提取的盈余公积。该账户贷方登记企业从税后净利润中提取的法定盈余公积和任意盈余公积。借方登记企业因转增资本、弥补亏损、分派现金股利或利润而减少的盈余公积。期末余额在贷方，反映企业提取的盈余公积余额。该账户按盈余公积的种类设置"法定盈余公积"、"任意盈余公积"明细账，进行明细核算。

（3）"应付股利"账户。该账户核算企业向投资者（包括国家、其他单位以及个人）应付的利润。该账户贷方登记企业计算出的应分配给投资者的股利；借方登记实际支付给投资者的利润。期末余额在贷方，反映企业应付而尚未支付的利润。

二、利润分配的核算

（一）盈余公积的核算

1. 提取盈余公积的核算

企业按照规定从税后净利润中提取盈余公积时，记：

借：利润分配——提取法定盈余公积

　　　　　——提取任意盈余公积

贷：盈余公积——法定盈余公积
　　　　　　　　——任意盈余公积
　　2. 使用盈余公积的核算
　　（1）弥补亏损。企业发生亏损时，应由企业自行弥补。若以提取的盈余公积弥补亏损，应当由公司董事会提议，并经股东大会批准。企业以提取的盈余公积弥补亏损时，记：
　　　借：盈余公积——法定盈余公积
　　　　　　　　——任意盈余公积
　　　贷：利润分配——盈余公积补亏
　　（2）转增资本。企业将盈余公积转增资本时，必须经股东大会决议批准。在实际将盈余公积转增资本时，要按股东原有持股比例结转。盈余公积转增资本后，留存的盈余公积不得少于注册资本的25%。企业以盈余公积转增资本时，记：
　　　借：盈余公积——法定盈余公积
　　　　　　　　——任意盈余公积
　　　贷：实收资本（或股本）
　　（3）分派利润或现金股利。企业以盈余公积向投资者分派现金股利或利润时，记：
　　　借：盈余公积——法定盈余公积
　　　　　　　　——任意盈余公积
　　　贷：应付利润（或应付股利）

（二）向投资者分派利润的核算

　　企业弥补亏损和提取盈余公积后所余税后利润，应按照股东出资比例分派现金股利或利润，企业分配给股东的现金股利或利润时，记：
　　　借：利润分配——应付股利
　　　贷：应付股利

（三）亏损弥补的核算

　　企业在生产经营过程中既可能实现盈利，也有可能发生亏损。企业在当年发生亏损的情况下，也需要进行年终决算，即将发生的亏损自"本年利润"账户转入"利润分配——未分配利润"账户，借记"利润分配——未分配利润"账户，贷记"本年利润"账户，结转后"利润分配"账户的借方余额，即为未弥补亏损的数额。然后通过"利润分配"账户核算有关亏损的弥补情况。
　　企业发生的亏损可用以后年度实现的利润弥补。用以后年度实现的利润弥补以前年度亏损时，企业当年实现的利润自"本年利润"账户转入"利润分配——未分配利润"账户，将本年实现的利润结转到"利润分配——未分配利润"账户的贷方，其"贷方发生额"与"利润分配——未分配利润"的"借方发生额"自然弥补。因此，以当年实现的利润弥补以前年度结转的未弥补亏损时，不需要进行专门的账务处理。

由于未弥补亏损形成的时间长短不同等原因，以前年度未弥补亏损有的可以以当年实现的税前利润弥补，有的则需要用税后利润弥补。无论税前弥补还是税后弥补，均无须进行专门的会计处理，只是两者计算缴纳的所得税不同而已。

【例9－27】假设某企业20×1年度实现的利润总额为500 000元，前几年未弥补亏损40 000元。假设20×1年未超过《企业所得税法》规定的弥补年限，则先用500 000元弥补亏损，再计算所得税。即：

所得税额＝（500 000－40 000）×25%＝115 000（元）。根据该项经济业务，会计处理如下：

借：所得税费用　　　　　　　　　　　　　　　　　　　　115 000
　　贷：应交税费——应交所得税　　　　　　　　　　　　　　　115 000
借：本年利润　　　　　　　　　　　　　　　　　　　　　115 000
　　贷：所得税费用　　　　　　　　　　　　　　　　　　　　　115 000
借：本年利润　　　　　　　　　　　　　　　　　　　　　385 000
　　贷：利润分配——未分配利润　　　　　　　　　　　　　　　385 000

年末，"利润分配——未分配利润"的贷方余额为：500 000－40 000－115 000＝345 000（元）。

假设20×1年超过所得税法规定的弥补年限，则先计算所得税，再进行年终决算。即：所得税＝500 000×25%＝125 000（元）。根据该项经济业务，会计处理如下：

借：所得税费用　　　　　　　　　　　　　　　　　　　　125 000
　　贷：应交税费——应交所得税　　　　　　　　　　　　　　　125 000
借：本年利润　　　　　　　　　　　　　　　　　　　　　125 000
　　贷：所得税费用　　　　　　　　　　　　　　　　　　　　　125 000
借：本年利润　　　　　　　　　　　　　　　　　　　　　375 000
　　贷：利润分配——未分配利润　　　　　　　　　　　　　　　375 000

年末，"利润分配——未分配利润"的贷方余额为：500 000－125 000－40 000＝335 000（元）。

三、年终决算

年度终了，企业应将全年实现的净利润，从"本年利润"账户转入"利润分配——

未分配利润"账户,借记"本年利润"账户,贷记"利润分配——未分配利润"账户;如为净亏损,作相反的会计分录。进行利润分配后,将"利润分配"账户下的其他明细账户的余额转入"利润分配"账户的"未分配利润"明细账户。结转后,除"未分配利润"明细账户外,"利润分配"账户的其他明细账户应无余额。"利润分配"账户年末余额,反映企业历年积存的未分配利润(或未弥补亏损)。

【例9-28】博通公司的利润总额为119 342元,所得税费用为29 835.5元,按照净利润的10%提取法定盈余公积,10%提取任意盈余公积,向投资者分派现金股利5 000元,其余待分配。

某公司的净利润 = 119 342 - 29 835.5 = 89 506.5(元)

提取法定盈余公积 = 89 506.5 × 10% = 8 950.65(元)

① 提取法定盈余公积时,记:

借:利润分配——提取法定盈余公积　　　　　　　　　　　8 950.65
　　贷:盈余公积——法定盈余公积　　　　　　　　　　　　8 950.65

② 提取任意盈余公积时,记:

借:利润分配——提取任意盈余公积　　　　　　　　　　　8 950.65
　　贷:盈余公积　　　　　　　　　　　　　　　　　　　　8 950.65

③ 向投资者分派现金股利时,记:

借:利润分配——应付现金股利　　　　　　　　　　　　　5 000
　　贷:应付股利　　　　　　　　　　　　　　　　　　　　5 000

【例9-29】续前例【例9-28】进行年终决算。将本年利润的余额转入"利润分配——未分配利润"账户,记:

借:本年利润　　　　　　　　　　　　　　　　　　　　　89 506.5
　　贷:利润分配——未分配利润　　　　　　　　　　　　　89 506.5
借:利润分配——未分配利润　　　　　　　　　　　　　　22 901.3
　　贷:利润分配——提取法定盈余公积　　　　　　　　　　8 950.65
　　　　　　——提取任意盈余公积　　　　　　　　　　　　8 950.65
　　　　　　——应付现金股利　　　　　　　　　　　　　　5 000

年终决算后,该企业"本年利润"总账账户以及"利润分配——提取盈余公积"和"利润分配——应付利润"明细账户结平,年终决算账户"利润分配——未分配利润"贷方余额66 605.2元(89 506.5 - 22 901.3),即为结转下年的未分配利润。

重要概念: 收入　成本　费用　利润　净利润

重点与难点： 收入的确认与计量　成本的核算　期间费用的核算　营业外收支的核算　利润形成的核算及利润分配的核算

思 考 题

（1）收入确认的原则是什么？
（2）收入确认的前提条件有哪些？
（3）什么是商业折扣、现金折扣与销售折让？三者的区别是什么？
（4）什么是成本？什么是费用？二者的联系和区别是什么？
（5）简述收入确认与计量的五步法模型。
（6）简述产品成本核算的方法。
（7）简述产品成本核算的程序。
（8）简述期间费用包含的内容。
（9）简述利润的形成。
（10）简述利润的分配顺序及会计核算。

第十章

财务报告编制与分析

【学习目的】

通过本章的学习，使学生掌握资产负债表、利润表的编制；掌握对财务报表的基本分析；熟悉财务报告的目标与作用；熟悉财务报告的编制要求；熟悉财务报告分析的意义；了解现金流量表、所有者权益变动表的结构与作用。

第一节 财务报告的目标与作用

一、财务报告的目标

财务报告是指企业对外提供的反映企业某一特定日期财务状况和某一会计期间经营成果、现金流量的文件。

我国《企业会计准则——基本准则》对财务报告目标进行了明确定位，将保护投资者利益、满足投资者进行投资决策的信息需求放在了突出位置，彰显了财务报告目标在《企业会计准则》体系中的重要作用。基本准则规定，财务报告的目标是向财务报告使用者提供与企业财务状况、经营成果和现金流量等有关的会计信息，反映企业管理层受托责任履行情况，有助于财务报告使用者作出经济决策。

财务报告使用者主要包括投资者、债权人、政府及其有关部门和社会公众等。满足投资者的信息需要是企业财务报告编制的首要出发点。近年来，我国企业改革持续深入，产权日益多元化，资本市场快速发展，机构投资者及其他投资者队伍日益壮大，对会计信息的要求日益提高。在这种情况下，投资者更加关心其投资的风险和报酬。他们需要会计信息来帮助其做出决策，譬如决定是否应当买进、持有或者卖出企业的股票或者股权；他们还需要信息来帮助其评估企业支付股利的能力等。因此，基本准则将投资者作为企业财务报告的首要使用者，凸显了投资者的地位，体现了保护投资者利益的要求，是市场经济发展的必然。

根据投资者决策有用目标，财务报告所提供的信息应当如实反映企业所拥有或者控制的经济资源、对经济资源的要求权以及经济资源及其要求权的变化情况；如实反映企业的各项收入、费用、利得和损失的金额及其变动情况；如实反映企业各项经营活动、投资活动和筹资活动等所形成的现金流入和现金流出情况等，从而有助于现在的或者潜在的投资者正确、合理地评价企业的资产质量、偿债能力、盈利能力和营运效率等；有助于投资者根据相关会计信息作出理性的投资决策；有助于投资者评估与投资有关的未来现金流量的金额、时间和不确定性等。

除了投资者之外，企业财务报告的使用者还有债权人、政府及有关部门、社会公众等。例如，企业贷款人、供应商等债权人通常十分关心企业的偿债能力和财务风险，他们需要信息来评估企业能否如期支付贷款本金及其利息，能否如期支付所欠购货款等；政府及其有关部门作为经济管理和经济监管部门，通常关心经济资源分配的公平、合理，市场经济秩序的公正、有序，宏观决策所依据信息的真实可靠等。应当讲，这些使用者的许多信息需求是共同的。由于投资者是企业资本的主要提供者，通常情况下，如果财务报告能够满足这一群体的会计信息需求，也就可以满足其他使用者的大部分信息需求。

财务报告目标要求满足投资者等财务报告使用者决策的需要，体现为财务报告的决策有用观，财务报告目标要求反映企业管理层受托责任的履行情况，体现为财务报告的受托责任观。财务报告的决策有用观和其受托责任观是统一的，投资者出资委托企业管理层经营，希望获得更多的投资回报，实现股东财富的最大化，从而进行可持续投资；企业管理层接受投资者的委托从事生产经营活动，努力实现资产安全完整，保值增值，防范风险，促进企业可持续发展，就能够更好地持续履行受托责任，以为投资者提供回报，为社会创造价值，从而构成企业经营者的目标。由此可见，财务报告的决策有用观和受托责任观是有机统一的。

二、财务报告的作用

财务报告的基本目标是向信息使用者提供其进行经济决策的会计信息。具体体现在以下三个方面：

（1）财务报告为国家经济管理部门进行宏观调控和管理提供信息源。经过层层汇总后的会计报表，相应地反映出某一行业、地区、部门乃至全国企业的经济活动情况的信息，这些信息是国家经济管理部门了解并掌握全国各地区、各部门、各行业的经济情况，正确制定国家产业等宏观政策、调控国民经济运行的重要决策依据。

（2）财务报告为与企业有经济利益关系的外部单位和个人了解企业的财务状况和经营成果提供会计信息，使其据以作出经济决策。企业的投资者、潜在投资者以及债权人要依据会计报表提供的信息，作出相应的决策；财政、税务、工商等政府部门要根据会计报表提供的信息，了解和监督企业。因而财务报告为进一步完善现有法规、制定新的法规提供了决策依据。

（3）财务报告为企业内部加强和改善经营管理提供重要的会计信息。企业经营管理人员要通过本企业财务报告随时掌握企业的财务状况和经营成果，以便发现问题，及时采取相应的措施，加强和改善企业的经营管理。同时，可充分利用现有的"财务报告"披露的信息，预测经济前景，使企业的生产经营活动得到良性发展。

第二节　财务报告的编制要求

一、依据各项会计准则进行确认和计量的结果编制财务报表

企业应当根据实际发生的交易和事项，遵循各项具体会计准则的规定进行确认和计量，并在此基础上编制财务报表。企业应当在附注中对遵循企业会计准则编制的财务报表这一情况做出声明，只有遵循了企业会计准则的所有规定时，财务报表才应当被称为"遵循了企业会计准则"。同时，企业不应以在附注中披露代替对交易和事项的确认和计量，也就是说，企业采用的不恰当的会计政策，不得通过在附注中披露等其他形式予以更正，企业应当对交易和事项进行正确的确认和计量。

此外，如果按照各项会计准则规定披露的信息不足以让报表使用者了解特定交易或事项对企业财务状况、经营成果和现金流量的影响时，企业还应当披露其他的必要信息。

二、列报基础

持续经营是编制财务报表的基础。如果企业经营出现了非持续经营，致使以持续经营为基础编制财务报表不再合理的，企业应当采用其他基础编制财务报表。例如，破产企业的资产采用可变现净值计量、负债按照其预计的结算金额计量等。在非持续经营情况下，企业应当在附注中声明财务报表未以持续经营为基础列报，披露未以持续经营为基础的原因以及财务报表的编制基础。

三、依据重要性原则单独或汇总列报项目

项目在财务报表中是单独列报还是汇总列报，应当依据重要性原则来判断。总的原则是，如果某项目单个看不具有重要性，则可将其与其他项目汇总列报；如具有重要性，则

应当单独列报。企业在进行重要性判断时，应当根据所处环境从项目的性质和金额大小两个方面予以判断：一方面，应当考虑该项目的性质是否属于企业日常活动、是否显著影响企业的财务状况、经营成果和现金流量等因素；另一方面，判断项目金额大小的重要性，应当通过单项金额占资产总额、负债总额、所有者权益总额、营业收入总额、营业成本总额、净利润、综合收益总额等直接相关或所属报表单列项目金额的比重加以确定。企业对于各个项目的重要性判断标准一经确定，不得随意变更。

四、列报的一致性

可比性是会计信息质量的一项重要质量要求，目的是使同一企业不同期间和同一期间不同企业的财务报表相互可比。财务报表项目的列报应当在各个会计期间保持一致，不得随意变更，这一要求不仅只针对财务报表中的项目名称，还包括财务报表项目的分类、排列顺序等方面。

五、财务报表项目金额间的相互抵销

财务报表项目应当以总额列报，资产和负债、收入和费用、直接计入当期利润的利得和损失项目的金额不能相互抵销，即不得以净额列报，但企业会计准则另有规定的除外。比如，企业欠客户的应付款不得与其他客户欠本企业的应收款相抵销，如果相互抵销就掩盖了交易的实质。

下列三种情况不属于抵销，可以以净额列示：(1) 一组类似交易形成的利得和损失以净额列示的，不属于抵销。例如，汇兑损益应当以净额列报，为交易目的而持有的金融工具形成的利得和损失应当以净额列报等。但是，如果相关利得和损失具有重要性，则应当单独列报。(2) 资产或负债项目按扣除备抵项目后的净额列示，不属于抵销。比如，对资产计提减值准备，表明资产的价值确实已经发生减损，按扣除减值准备后的净额列示，才反映了资产当时的真实价值。(3) 非日常活动产生的利得和损失，以同一交易形成的收益扣减相关费用后的净额列示更能反映交易实质的，不属于抵销。非日常活动并非企业主要的业务，非日常活动产生的损益以收入扣减费用后的净额列示，更能有利于报表使用者的理解。例如，非流动资产处置形成的利得或损失，应当按处置收入扣除该资产的账面金额和相关销售费用后的净额列报。

六、比较信息的列报

企业在列报当期财务报表时，至少应当提供所有列报项目上一可比会计期间的比较数据,以及与理解当期财务报表相关的说明,目的是向报表使用者提供对比数据,提高信息在会计期间的可比性,以反映企业财务状况、经营成果和现金流量的发展趋势,提高报表使用者的判断与决策能力。

七、财务报表表首的列报要求

财务报表一般分为表首、正表两个部分,其中,在表首部分企业应当概括地说明下列基本信息:(1)编报企业的名称,如企业名称在所属当期发生了变更的,还应明确标明。(2)对资产负债表而言,应当披露资产负债表日,而对利润表、现金流量表、所有者权益变动表而言,应当披露报表涵盖的会计期间。(3)货币名称和单位,按照我国《企业会计准则》的规定,企业应当以人民币作为记账本位币列报,并标明金额单位,如人民币元、人民币万元等。(4)财务报表是合并财务报表的,应当予以标明。

八、报告期间

企业至少应当编制年度财务报表。根据《中华人民共和国会计法》的规定,会计年度自公历1月1日起至12月31日止。因此,在编制年度财务报表时,可能存在年度财务报表涵盖的期间短于一年的情况,例如,企业在年度中间(如3月1日)开始设立等,在这种情况下,企业应当披露年度财务报表的实际涵盖期间及其短于一年的原因,并应当说明由此引起财务报表项目与比较数据不具可比性这一事实。

九、权责发生制

除现金流量表按照收付实现制编制外,企业应当按照权责发生制编制其他财务报表。

第三节 财务报告的编制

一、资产负债表的编制

(一)资产负债表编制总体要求

(1)分类别列报。资产负债表列报,最根本的目标就是应如实反映企业在资产负债表日所拥有的资源、所承担的负债以及所有者所拥有的权益。因此,资产负债表应当按照资产、负债和所有者权益三大类别分类列报。

（2）资产和负债按流动性列报。资产和负债应当按照流动性分别分为流动资产和非流动资产、流动负债和非流动负债列示。流动性，通常按资产的变现或耗用时间长短或者负债的偿还时间长短来确定。按照财务报表列报准则的规定，应先列报流动性强的资产或负债，再列报流动性弱的资产或负债。

（3）列报相关的合计、总计项目。资产负债表中的资产类至少应当列示流动资产、非流动资产以及所有资产的合计项目；负债类至少应当列示流动负债、非流动负债以及所有负债的合计项目；所有者权益类应当列示所有者权益的合计项目。

资产负债表遵循了"资产＝负债＋所有者权益"这一会计恒等式，把企业在特定时日所拥有的经济资源和与之相对应的企业所承担的债务及偿后以后属于所有者的权益充分反映出来。因此，资产负债表应当分别列示资产总计项目和负债与所有者权益之和的总计项目，并且这二者的金额应当相等。

（二）一般企业资产负债表的编制方法

（1）年初余额栏的编制方法。表中的"年初余额"栏通常根据上年年末有关项目的期末余额填列，且与上年年末资产负债表"期末余额"栏相一致。如果企业发生了会计政策变更、前期差错更正，应当对"年初余额"栏中的有关项目进行相应调整。此外，如果企业上年度资产负债表规定的项目名称和内容与本年度不一致，应当对上年年末资产负债表相关项目的名称和数字按照本年度的规定进行调整，填入"年初余额"栏。

（2）资产负债表"期末余额"栏的填列方法。资产负债表"期末余额"栏内各项数字，一般应根据资产、负债和所有者权益类科目的期末余额填列。主要包括以下方式：

① 根据总账科目的余额填列。"衍生金融资产""其他权益工具投资""长期待摊费用""递延所得税资产""短期借款""衍生金融负债""应付票据""持有待售负债""递延收益""递延所得税负债""实收资本（或股本）""资本公积""库存股""其他综合收益""专项储备""盈余公积"等项目，应根据有关总账科目的余额填列。

有些项目则需根据几个总账科目的余额计算填列，如"货币资金"项目，需根据"库存现金""银行存款""其他货币资金""数字货币——人民币"等总账科目余额的合计数填列；"其他应付款"项目，应根据"应付利息""应付股利""其他应付款"科目的期末余额合计数填列，其中的"应付利息"仅反映相关金融工具已到期应支付但于资产负债表日尚未支付的利息；"其他非流动资产""其他流动资产"项目，应根据有关科目的期末余额分析填列。

② 根据有关明细账科目的余额计算填列。如"应付账款"项目，需要根据"应付账款"和"预付账款"两个科目所属的相关明细科目的期末贷方余额计算填列；"应收账

款"项目，需要根据"应收账款"和"预收账款"两个科目所属的相关明细科目的期末借方余额计算填列。"开发支出"项目，应根据"研发支出"科目中所属的"资本化支出"明细科目期末余额填列；"一年内到期的非流动资产""一年内到期的非流动负债"项目，应根据有关非流动资产或负债项目的明细科目余额分析填列；"长期借款""应付债券"项目，应分别根据"长期借款""应付债券"科目的明细科目余额分析填列；"未分配利润"项目应根据所属的"未分配利润"明细科目期末余额填列。

③ 根据总账科目和明细账科目的余额分析计算填列。如"长期借款"项目，需根据"长期借款"总账科目余额扣除"长期借款"科目所属的明细科目中一年内到期且企业不能自主地展期的长期借款后的金额计算填列；"其他非流动资产"项目，应根据有关科目的期末余额减去将于1年内（含1年）收回数后的金额填列；"长期待摊费用"项目，应根据"长期待摊费用"科目的期末余额减去将于1年内（含1年）摊销的数额后的金额填列；"其他非流动负债"项目，应根据有关科目的期末余额减去将于1年内（含1年）到期偿还数后的金额填列。

④ 根据有关科目余额减去其备抵科目余额后的净额填列。"债权投资""长期股权投资""商誉""持有待售资产"项目，应根据相关科目的期末余额填列，已计提减值准备的，还应扣减相应的减值准备；"无形资产""投资性房地产""生产性生物资产""油气资产"项目，应根据相关科目的期末余额扣减相关的累计折旧（或摊销、折耗）填列，已计提减值准备的，还应扣减相应的减值准备，采用公允价值计量的上述资产，应根据相关科目的期末余额填列；"长期应收款"项目，应根据"长期应收款"和"应收融资租赁款"科目的期末余额，减去相应的"未实现融资收益""坏账准备""应收融资租赁款减值准备"科目所属相关明细科目期末余额后的金额填列。

⑤ 综合运用上述填列方法分析填列。主要包括："应收票据"项目，应根据"应收票据"科目的期末余额，减去"坏账准备"科目中有关坏账准备期末余额后的金额填列；"应收账款"项目，应根据"应收账款"和"预收账款"科目所属各明细科目的期末借方余额合计数，减去"坏账准备"科目中有关应收账款计提的坏账准备期末余额后的金额填列；"预付款项"项目，应根据"预付账款"和"应付账款"科目所属各明细科目的期末借方余额合计数，减去"坏账准备"科目中有关预付款项计提的坏账准备期末余额后的金额填列；"存货"项目，应根据"材料采购""原材料""发出商品""库存商品""周转材料""委托加工物资""生产成本""受托代销商品"等科目的期末余额合计，减去"受托代销商品款""存货跌价准备"科目期末余额后的金额填列，材料采用计划成本核算，以及库存商品采用计划成本核算或售价核算的企业，还应按加或减材料成本差异、商品进销差价后的金额填列；"固定资产"项目，应根据"固定资产"科目期末余额，减去"累计折旧"和"固定资产减值准备"科目的期末余额后的金额，以及"固定资产清理"

科目的期末余额填列;"在建工程"项目,应根据"在建工程"和"工程物资"等科目的期末余额合计数减去"在建工程减值准备"及"工程物资减值准备"等科目的期末余额后的金额分析填列;"开发支出"项目,应根据"研发支出"科目中所属的"资本化支出"明细科目期末余额,减去相关减值准备期末余额后的金额分析填列:"长期应付款"项目,应根据"长期应付款"科目的期末余额,减去相应的"未确认融资费用"科目期末余额后的金额,以及"专项应付款"科目的期末余额填列。

(三) 一般企业资产负债表编制示例

【例10-1】天华公司20×2年12月31日全部总账和有关明细账余额如表10-1所示。

表10-1　　　　天华公司20×2年12月31日全部总账和有关明细账余额　　　　单位:元

总账	明细账户	借方余额	贷方余额	总账	明细账户	借方余额	贷方余额
现金		6 000		短期借款			126 000
银行存款		30 000		应付账款			20 000
交易性金融资产		28 000			F企业		14 000
应收账款		46 000			H企业	10 000	
	A企业	20 000			W企业		16 000
	B企业		4 000	预收账款			2 000
	C企业	30 000			U企业		8 000
预付账款		9 400			V企业	6 000	
	D企业	10 000		其他应付款			18 000
	E企业		600	应付职工薪酬	工资		60 000
其他应收款		16 000			福利费		9 400
原材料		54 000		应交税金			120 000
生产成本		16 000		应付利润			40 000
库存商品		40 000		长期借款			128 000
长期股权投资		454 000		实收资本			560 000
固定资产		800 000		盈余公积			147 233
累计折旧			120 000	利润分配	未分配利润		319 840
无形资产		163 073					
长期待摊费用		8 000					

根据上述资料、编制天华公司20×2年12月31日资产负债表如表10-2所示。

表 10-2　　　　　　　　　　　　资产负债表

编制单位：天华公司　　　　　　20×2 年 12 月 31 日　　　　　　　　　　　　　　　单位：元

资　产	期末余额	年初余额	负债和所有者权益（或股东权益）	期末余额	年初余额
流动资产：			流动负债：		
货币资金	36 000	12 000	短期借款	126 000	20 000
交易性金融资产	28 000		交易性金融负债		
衍生金融资产			衍生金融负债		
应收票据及应收账款	56 000	40 000	应付票据及应付账款	30 600	10 600
预付款项	20 000	18 000	预收款项	12 000	40 000
			合同负债		
其他应收款	16 000	10 000	应付职工薪酬	69 400	61 000
存货	110 000	60 000	应交税费	120 000	50 000
合同资产					
持有待售资产			其他应付款	58 000	8 000
一年内到期的非流动资产			持有待售负债		
其他流动资产			一年内到期的非流动负债		
流动资产合计	266 000	140 000	其他流动负债		
非流动资产：			流动负债合计	416 000	189 600
债权投资			非流动负债：		
其他债权投资			长期借款	128 000	80 000
长期应收款			应付债券		
长期股权投资	454 000	743 100	其中：优先股		
其他权益工具投资			永续债		
其他非流动金融资产			租赁负债		
投资性房地产			长期应付款		
固定资产	680 000	500 000	预计负债		
在建工程			递延收益		
生产性生物资产			递延所得税负债		
油气资产			其他非流动负债		
使用权资产			非流动负债合计	128 000	80 000
无形资产	163 073	36 500	负债合计	544 000	269 600

续表

资　产	期末余额	年初余额	负债和所有者权益（或股东权益）	期末余额	年初余额
开发支出			所有者权益（或股东权益）：		
商誉			实收资本（或股本）	560 000	560 000
长期待摊费用	8 000	10 000	其他权益工具		
递延所得税资产			其中：优先股		
其他非流动资产			永续债		
非流动资产合计	1 305 073	1 289 600	资本公积		
			减：库存股		
			其他综合收益		
			盈余公积	147 233	120 000
			未分配利润	319 840	480 000
			所有者权益（或股东权益）合计	1 027 073	1 160 000
资产合计	1 571 073	1 429 600	负债和所有者权益（或股东权益）总计	1 571 073	1 429 600

二、利润表的编制

（一）一般企业利润表的编制方法

1. 利润表"本期金额"栏的填列方法

本表"本期金额"栏一般应根据损益类科目和所有者权益类有关科目的发生额填列。

(1)"营业收入""营业成本""税金及附加""销售费用""管理费用""财务费用""资产减值损失""信用减值损失""公允价值变动收益""投资收益""资产处置收益""其他收益""营业外收入""营业外支出""所得税费用"等项目，应根据有关损益类科目的发生额分析填列。

(2)"管理费用""研发费用"等项目，应根据"管理费用"科目所属的相关明细科目的发生额分析填列；"其中：利息费用""利息收入"等项目，应根据"财务费用"科目所属的相关明细科目的发生额分析填列；"其中，对联营企业和合营企业的投资收益""以摊余成本计量的金融资产终止确认收益"等项目，应根据"投资收益"科目所属的相关明细科目的发生额分析填列。

（3）"其他综合收益的税后净额"项目及其各组成部分，应根据"其他综合收益"科目及其所属明细科目的本期发生额分析填列。

（4）"营业利润""利润总额""净利润""综合收益总额"项目，应根据本表中相关项目计算填列。其中，"净利润"项目下的"（一）持续经营净利润"和"（二）终止经营净利润"项目，应根据《企业会计准则第42号——持有待售的非流动资产、处置组和终止经营》的相关规定分别填列。

（5）普通股或潜在普通股已公开交易的企业，以及正处于公开发行普通股或潜在普通股过程中的企业，还应当在利润表中列示每股收益信息，并在附注中详细披露计算过程，以供投资者投资决策参考。

2. 利润表"上期金额"栏的填列方法

本表中的"上期金额"栏应根据上年同期利润表"本期金额"栏内所列数字填列。如果上年同期利润表规定的项目名称和内容与本期不一致，应对上年同期利润表各项目的名称和金额按照本期的规定进行调整，填入"上期金额"栏。

3. 关于"基本每股收益"和"稀释每股收益"指标。上述两个指标是向资本市场广大投资者反映上市公司（公众公司）每一股普通股所创造的收益水平。对资本市场广大投资者（股民）而言，是反映投资价值的重要指标，是投资决策最直观、最重要的参考依据，是广大投资者关注的重点。鉴于此，将这两项指标作为利润表的表内项目列示，同时要求在附注中详细披露计算过程，以供投资者投资决策参考。

（二）一般企业利润表的编制示例

【例10-2】天华公司20×2年度有关损益类科目本年累计发生净额如表10-3所示。

表10-3　　　　　　天华公司损益类科目20×2年度累计发生净额　　　　　　单位：元

科目名称	借方发生额	贷方发生额
主营业务收入		1 300 000
主营业务成本	740 000	
税金及附加	40 000	
销售费用	60 000	
管理费用	96 000	
财务费用	24 000	
资产减值损失	0	

续表

科目名称	借方发生额	贷方发生额
投资收益		80 000
营业外收入		15 000
营业外支出	9 500	
所得税费用	140 415	

根据上述资料，编制天华公司20×2年度利润表，如表10-4所示。

表10-4　　　　　　　　　　　　　利润表

编制单位：天华公司　　　　　　　20×2年　　　　　　　　　　　　　　　单位：元

项　　目	本期金额	上期金额（略）
一、营业收入	1 300 000	
减：营业成本	740 000	
税金及附加	40 000	
销售费用	60 000	
管理费用	96 000	
研发费用		
财务费用	24 000	
其中：利息费用		
利息收入		
资产减值损失		
信用减值损失		
加：其他收益		
投资收益（损失以"-"号填列）	80 000	
其中：对联营企业和合营企业的投资收益		
净敞口套期收益（损失以"-"号填列）		
公允价值变动收益（损失以"-"号填列）		
资产处置收益（损失以"-"号填列）		

续表

项　　目	本期金额	上期金额（略）
二、营业利润（亏损以"-"号填列）	420 000	
加：营业外收入	15 000	
减：营业外支出	9 500	
三、利润总额（亏损总额以"-"号填列）	425 500	
减：所得税费用	140 415	
四、净利润（净亏损以"-"号填列）	285 085	
（一）持续经营净利润（净亏损以"-"号填列）		
（二）终止经营净利润（净亏损以"-"号填列）		
五、其他综合收益的税后净额	（略）	
（一）不能重分类进损益的其他综合收益		
1. 重新计量设定受益计划变动额		
2. 权益法下不能转损益的其他综合收益		
3. 其他权益工具投资公允价值变动		
4. 企业自身信用风险公允价值变动		
（二）将重分类进损益的其他综合收益		
1. 权益法下可转损益的其他综合收益		
2. 其他债权投资公允价值变动		
3. 金融资产重分类计入其他综合收益的金额		
4. 其他债权投资信用减值准备		
5. 现金流量套期准备		
6. 外币财务报表折算差额		
……		
六、综合收益总额	（略）	
七、每股收益：	（略）	
（一）基本每股收益		
（二）稀释每股收益		

三、现金流量表编制

（一）现金流量表的结构及内容

（1）现金流量表的结构。在现金流量表中，现金及现金等价物被视为一个整体，企业现金形式的转换不会产生现金的流入和流出。例如，企业从银行提取现金，是企业现金存放形式的转换，并未流出企业，不构成现金流量。同样，现金与现金等价物之间的转换也不属于现金流量，例如，企业用现金购买三个月到期的国库券。根据企业业务活动的性质和现金流量的来源，现金流量表在结构上将企业一定期间产生的现金流量分为三类：经营活动产生的现金流量、投资活动产生的现金流量和筹资活动产生的现金流量。现金流量表及其补充资料的具体格式见表10-5、表10-6。

（2）现金流量表的内容。现金流量表所反映的内容主要由以下部分构成。

① 经营活动产生的现金流量。经营活动是指企业投资活动和筹资活动以外的所有交易和事项。各类企业由于行业特点的不同：对经营活动的认定存在一定差异。对于工商企业而言，经营活动主要包括销售商品、提供劳务、购买商品、接受劳务、支付税费等。对于商业银行而言，经营活动主要包括吸收存款、发放贷款、同业存放、同业拆借等。对于保险公司而言，经营活动主要包括原保险业务和再保险业务等。对于证券公司而言，经营活动主要包括自营证券、代理承销证券、代理兑付证券、代理买卖证券等。

在我国，企业经营活动产生的现金流量应当采用直接法填列。直接法，是指通过现金收入和现金支出的主要类别列示经营活动的现金流量。

表10-5　　　　　　　　　　　现金流量表

编制单位：天华公司　　　　　　20×2年　　　　　　　　　　　　　　单位：元

项　目	本期金额	上期金额（略）
一、经营活动产生的现金流量：		
销售商品、提供劳务收到的现金	1 144 260	
收到的税费返还	0	
收到其他与经营活动有关的现金	13 450	
经营活动现金流入小计	1 157 710	
购买商品、接受劳务支付的现金	617 760	
支付给职工以及为职工支付的现金	124 800	
支付的各项税费	122 400	

续表

项　　目	本期金额	上期金额（略）
支付其他与经营活动有关的现金	48 840	
经营活动现金流出小计	913 800	
经营活动产生的现金流量净额	243 910	
二、投资活动产生的现金流量：		
收回投资收到的现金		
取得投资收益收到的现金	1 500	
处置固定资产、无形资产和其他长期资产收回的现金净额	4 500	
处置子公司及其他营业单位收到的现金净额		
收到其他与投资活动有关的现金		
投资活动现金流入小计	6 000	
购建固定资产、无形资产和其他长期资产支付的现金	11 000	
投资支付的现金	44 000	
取得子公司及其他营业单位支付的现金净额		
支付其他与投资活动有关的现金		
投资活动现金流出小计	55 000	
投资活动产生的现金流量净额	−49 000	
三、筹资活动产生的现金流量：		
吸收投资收到的现金	11 000	
取得借款收到的现金	11 000	
收到其他与筹资活动有关的现金		
筹资活动现金流入小计	22 000	
偿还债务支付的现金	30 930	
分配股利、利润或偿付利息支付的现金	165 980	
支付其他与筹资活动有关的现金		
筹资活动现金流出小计	196 910	
筹资活动产生的现金流量净额	−174 910	
四、汇率变动对现金及现金等价物的影响		
五、现金及现金等价物净增加额	20 000	
加：期初现金及现金等价物余额		
六、期末现金及现金等价物余额		

表 10-6 现金流量表补充资料 单位：元

项　　目	本期金额	上期金额（略）
1. 将净利润调节为经营活动现金流量		
净利润	848 220	
加：资产减值准备		
信用减值准备		
固定资产折旧、使用权资产折旧、油气资产折耗、生产性生物资产折旧		
无形资产摊销		
长期待摊费用摊销		
处置固定资产、无形资产和其他长期资产损失（收益以"-"号填列）		
固定资产报废损失（收益以"-"号填列）		
净敞口套期损失（收益以"-"号填列）		
公允价值变动损失（收益以"-"号填列）		
财务费用（收益以"-"号填列）		
投资损失（收益以"-"号填列）		
递延所得税资产减少（增加以"-"号填列）		
递延所得税负债增加（减少以"-"号填列）		
存货的减少（增加以"-"号填列）		
经营性应收项目的减少（增加以"-"号填列）		
经营性应付项目的增加（减少以"-"号填列）		
其他		
经营活动产生的现金流量净额	243 910	
2. 不涉及现金收支的重大投资和筹资活动		
债务转为资本		
一年内到期的可转换公司债券		
新增使用权资产		
3. 现金及现金等价物净变动情况	32 000	
现金的期末余额	12 000	
减：现金的期初余额		
加：现金等价物的期末余额		
减：现金等价物的期初余额		
现金及现金等价物净增加额	20 000	

② 投资活动产生的现金流量。投资活动是指企业长期资产的购建和不包括在现金等价物范围内的投资及其处置活动。长期资产是指固定资产、无形资产、在建工程、其他资产等持有期限在一年或一个营业周期以上的资产。这里所讲的投资活动，既包括实物资产投资，也包括金融资产投资。这里之所以将"包括在现金等价物范围内的投资"排除在外，是因为已经将包括在现金等价物范围内的投资视同现金。不同企业由于行业特点不同，对投资活动的认定也存在差异。例如，交易性金融资产所产生的现金流量，对于工商业企业而言，属于投资活动现金流量，而对于证券公司而言，属于经营活动现金流量。

③ 筹资活动产生的现金流量。筹资活动是指导致企业资本及债务规模和构成发生变化的活动。这里所说的资本，既包括实收资本（股本），也包括资本溢价（股本溢价）；这里所说的债务，指对外举债，包括向银行借款、发行债券以及偿还债务等。通常情况下，应付账款、应付票据等商业应付款等属于经营活动，不属于筹资活动。

此外，对于企业日常活动之外的、不经常发生的特殊项目，如自然灾害损失、保险赔款、捐赠等，应当归并到相关类别中，并单独反映。例如，对于自然灾害损失和保险赔款，如果能够确指，属于流动资产损失，应当列入经营活动产生的现金流量；属于固定资产损失，应当列入投资活动产生的现金流量。

④ 汇率变动对现金及现金等价物的影响。编制现金流量表时，应当将企业外币现金流量以及境外子公司的现金流量折算成记账本位币。外币现金流量以及境外子公司的现金流量，应当采用现金流量发生日的即期汇率或按照系统合理的方法确定的、与现金流量发生日即期汇率近似的汇率折算。汇率变动对现金的影响额应当作为调节项目，在现金流量表中单独列报。

汇率变动对现金的影响，指企业外币现金流量及境外子公司的现金流量折算成记账本位币时，所采用的是现金流量发生日的汇率或按照系统合理的方法确定的、与现金流量发生日即期汇率近似的汇率，而现金流量表"现金及现金等价物净增加额"项目中外币现金净增加额是按资产负债表日的即期汇率折算的。这两者的差额即为汇率变动对现金的影响。

在编制现金流量表时，对当期发生的外币业务，也可不必逐笔计算汇率变动对现金的影响，可以通过现金流量表补充资料中"现金及现金等价物净增加额"数额与现金流量表中"经营活动产生的现金流量净额""投资活动产生的现金流量净额""筹资活动产生的现金流量净额"三项之和比较，其差额即为"汇率变动对现金的影响额"。

⑤ 现金流量表补充资料。除现金流量表反映的信息外，企业还应在附注中披露将净利润调节为经营活动现金流量，不涉及现金收支的重大投资和筹资活动、现金及现金等价物净变动情况等信息。

第一，将净利润调节为经营活动现金流量。现金流量表采用直接法反映经营活动产生的现金流量，同时，企业还应采用间接法反映经营活动产生的现金流量。间接法，是指以本期净利润为起点，通过调整不涉及现金的收入、费用、营业外收支以及经营性应收应付等项目的增减变动，调整不属于经营活动的现金收支项目，据此计算并列报经营活动产生的现金流量的方法。在我国，现金流量表补充资料应采用间接法反映经营活动产生的现金流量情况，以对现金流量表中采用直接法反映的经营活动现金流量进行核对和补充说明。

采用间接法列报经营活动产生的现金流量时，需要对四大类项目进行调整：①实际没有支付现金的费用；②实际没有收到现金的收益；③不属于经营活动的损益；④经营性应收应付项目的增减变动。

第二，不涉及现金收支的重大投资和筹资活动。不涉及现金收支的重大投资和筹资活动，反映企业一定期间内影响资产或负债但不形成该期现金收支的所有投资和筹资活动的信息。这些投资和筹资活动虽然不涉及现金收支，但对以后各期的现金流量有重大影响，例如，企业融资租入设备，将形成的负债记入"长期应付款"账户，当期并不支付设备款及租金，但以后各期必须为此支付现金，从而在一定期间内形成了一项固定的现金支出。

企业应当在附注中披露不涉及当期现金收支，但影响企业财务状况或在未来可能影响企业现金流量的重大投资和筹资活动，主要包括：①债务转为资本，反映企业本期转为资本的债务金额；②一年内到期的可转换公司债券，反映企业一年内到期的可转换公司债券的本息；③融资租入固定资产，反映企业本期融资租入的固定资产。

第三，现金和现金等价物的构成。企业应当在附注中披露与现金和现金等价物有关的下列信息：①现金和现金等价物的构成及其在资产负债表中的相应金额。②企业持有但不能由母公司或集团内其他子公司使用的大额现金和现金等价物金额。企业持有现金和现金等价物余额但不能被集团使用的情形多种多样，例如，国外经营的子公司，由于受当地外汇管制或其他立法的限制，其持有的现金和现金等价物，不能由母公司或其他子公司正常使用。

（二）现金流量表的编制方法及程序

（1）直接法和间接法。编制现金流量表时，列报经营活动现金流量的方法有两种：一是直接法；二是间接法。在直接法下，一般是以利润表中的营业收入为起算点，调节与经营活动有关的项目的增减变动，然后计算出经营活动产生的现金流量。在间接法下，将净利润调节为经营活动现金流量，实际上就是将按权责发生制原则确定的净利润调整为现金净流入，并剔除投资活动和筹资活动对现金流量的影响。

采用直接法编报的现金流量表，便于分析企业经营活动产生的现金流量的来源和用途，预测企业现金流量的未来前景；采用间接法编报现金流量表，便于将净利润与经营活动产生的现金流量净额进行比较，了解净利润与经营活动产生的现金流量差异的原因，从现金流量的角度分析净利润的质量。所以，我国《企业会计准则》规定企业应当采用直接法编报现金流量表，同时要求在附注中提供以净利润为基础调节到经营活动现金流量的信息。

(2) 工作底稿法、"T"型账户法和分析填列法。在具体编制现金流量表时，可以采用工作底稿法或"T"型账户法，也可以根据有关科目记录分析填列。

① 工作底稿法。采用工作底稿法编制现金流量表，是以工作底稿为手段，以资产负债表和利润表数据为基础，对每一项目进行分析并编制调整分录，从而编制现金流量表。工作底稿法的程序是：

第一步，将资产负债表的期初数和期末数过入工作底稿的期初数栏和期末数栏。

第二步，对当期业务进行分析并编制调整分录。编制调整分录时，要以利润表项目为基础，从"营业收入"开始，结合资产负债表项目逐一进行分析。在调整分录中，有关现金和现金等价物的事项，并不直接借记或贷记现金，而是分别记入"经营活动产生的现金流量""投资活动产生的现金流量""筹资活动产生的现金流量"有关项目，借记表示现金流入，贷记表示现金流出。

第三步，将调整分录过入工作底稿中的相应部分。

第四步，核对调整分录，借方、贷方合计数均已经相等，资产负债表项目期初数加减调整分录中的借贷金额以后，也等于期末数。

第五步，根据工作底稿中的现金流量表项目部分编制正式的现金流量表。

② "T"型账户法。采用"T"型账户法编制现金流量表，是以"T"型账户为手段，以资产负债表和利润表数据为基础，对每一项目进行分析并编制调整分录，从而编制现金流量表。"T"型账户法的程序是：

第一步，为所有的非现金项目（包括资产负债表项目和利润表项目）分别开设"T"型账户，并将各自的期末期初变动数过入各该账户。如果项目的期末数大于期初数，则将差额过入和项目余额相同的方向；反之，过入相反的方向。

第二步，开设一个大的"现金及现金等价物""T"型账户，分为经营活动、投资活动和筹资活动三个部分，左边记现金流入，右边记现金流出。与其他账户一样，过入期末期初变动数。

第三步，以利润表项目为基础，结合资产负债表分析每一个非现金项目的增减变动，并据此编制调整分录。

第四步，将调整分录过入各"T"型账户，并进行核对，该账户借贷相抵后的余额与原先过入的期末期初变动数应当一致。

第五步，根据"现金及现金等价物""T"型账户编制正式的现金流量表。

③分析填列法。分析填列法是直接根据资产负债表、利润表和有关会计科目明细账的记录，分析计算出现金流量表各项目的金额，并据以编制现金流量表的一种方法。

四、所有者权益变动表的编制

（一）所有者权益变动表的结构

为了清楚地表明构成所有者权益的各组成部分当期的增减变动情况，所有者权益变动表应当以矩阵的形式列示：一方面，列示导致所有者权益变动的交易或事项，改变了以往仅仅按照所有者权益的各组成部分反映所有者权益变动情况，而是从所有者权益变动的来源对一定时期所有者权益变动情况进行全面反映；另一方面，按照所有者权益各组成部分（包括实收资本、其他权益工具、资本公积、其他综合收益、专项储备、盈余公积、未分配利润和库存股等）及其总额列示交易或事项对所有者权益的影响。此外，企业还需要提供比较所有者权益变动表，所有者权益变动表各项目再分为"本年金额"和"上年金额"两栏分别填列。所有者权益变动表的具体格式如表10-7所示。

（二）所有者权益变动表的填列方法

（1）上年金额栏的填列方法。所有者权益变动表"上年金额"栏内各项数字，应根据上年度所有者权益变动表"本年金额"栏内所列数字填列。如果上年度所有者权益变动表规定的各个项目的名称和内容同本年度不相一致，应对上年度所有者权益变动表各项目的名称和数字按本年度的规定进行调整，填入所有者权益变动表"上年金额"栏内。

（2）金额栏的填列方法。所有者权益变动表"本年金额"栏内各项数字一般应根据"实收资本（股本）""资本公积""盈余公积""利润分配""库存股""以前年度损益调整"科目的发生额分析填列。

五、附注

附注是对资产负债表、利润表、现金流量表和所有者权益变动表等报表中列示项目的文字描述或明细资料，以及对未能在这些报表中列示项目的说明等。附注是财务报表的重要组成部分。附注应当按照如下顺序披露有关内容：

表10-7

所有者权益变动表

编制单位：××公司　　　　　20×2年　　　　　单位：元

项目	本年金额									上年金额								
	实收资本（或股本）	其他权益工具			资本公积	减： 库存股	其他综合收益	专项储备	盈余公积	未分配利润	所有者权益合计	实收资本（或股本）	其他权益工具			资本公积	减： 库存股	其他综合收益	专项储备	盈余公积	未分配利润	所有者权益合计
		优先股	永续债	其他									优先股	永续债	其他							
一、上年年末余额																						
加：会计政策变更																						
前期差错更正																						
其他																						
二、本年年初余额																						
三、本年增减变动金额（减少以"－"号填列）																						
（一）综合收益总额																						
（二）所有者投入和减少资本																						
1. 所有者投入的普通股																						
2. 其他权益工具持有者投入资本																						
3. 股份支付计入所有者权益的金额																						
4. 其他																						
（三）利润分配																						
1. 提取盈余公积																						
2. 对所有者（或股东）的分配																						
3. 其他																						
（四）所有者权益内部结转																						
1. 资本公积转增资本（或股本）																						
2. 盈余公积转增资本（或股本）																						
3. 盈余公积弥补亏损																						
4. 设定受益计划变动额结转留存收益																						
5. 其他综合收益结转留存收益																						
6. 其他																						
四、本年年末余额																						

（一）企业的基本情况

（1）企业注册地、组织形式和总部地址。
（2）企业的业务性质和主要经营活动。
（3）公司及集团最终母公司的名称。
（4）公司报告的批准报出者和财务报告批准报出日。
（5）营业期限有限的企业，还应当披露有关其营业期限的信息。

（二）财务报表的编制基础

企业应当根据本章的规定判断企业是否持续经营，并披露财务报表是否以持续经营为基础编制。

（三）遵循《企业会计准则》的声明

企业应当明确说明编制的财务报表符合《企业会计准则》的要求，真实、公允地反映了企业的财务状况、经营成果和现金流量等有关信息，以此明确企业编制财务报表所依据的制度基础。如果企业编制的财务报表只是部分地遵循了《企业会计准则》，附注中不得做出这种表述。

（四）重要会计政策和会计估计

企业应当披露采用的重要会计政策和会计估计，不重要的会计政策和会计估计可以不披露。

（1）重要会计政策的说明。由于企业经济业务的复杂性和多样化，某些经济业务可以有多种会计处理方法，也即存在不止一种可供选择的会计政策。企业在发生某项经济业务时，必须从允许的会计处理方法中选择适合本企业特点的会计政策。企业选择不同的会计处理方法，可能极大地影响企业的财务状况和经营成果，进而编制出不同的财务报表。为了有助于使用者理解，有必要对这些会计政策加以披露。

需要特别指出的是，说明会计政策时还需要披露下列两项内容：

① 财务报表项目的计量基础。会计计量基础包括历史成本、重置成本、可变现净值、现值和公允价值，这直接显著影响报表使用者的分析，这项披露要求便于使用者了解企业财务报表中的项目是按何种计量基础予以计量的，如存货是按成本还是可变现净值计量等。

② 会计政策的确定依据。主要是指企业在运用会计政策过程中所作的对报表中确认的项目金额最具影响的判断。例如，企业如何判断持有的金融资产是以摊余成本计量的金融资产而不是以公允价值计量且其变动计入其他综合收益的金融资产；又如，对于拥有的

持股不足 50% 的关联企业，企业为何判断企业拥有控制权因此将其纳入合并范围；再如，出租人如何判断与租赁资产相关的所有风险和报酬已转移给承租人从而符合融资租赁的标准；以及投资性房地产的判断标准是什么等，这些判断对在报表中确认的项目金额具有重要影响。因此，这项披露要求有助于使用者理解企业选择和运用会计政策的背景，增加财务报表的可理解性。

（2）重要会计估计的说明。企业应当披露会计估计中所采用的关键假设和不确定因素的确定依据，这些关键假设和不确定因素在下一个会计期间内很可能导致资产、负债账面价值进行重大调整。在确定报表中确认的资产和负债的账面金额过程中，企业有时需要对不确定的未来事项在资产负债表日对这些资产和负债的影响加以估计。例如，固定资产可收回金额的计算需要根据其公允价值减去处置费用后的净额与预计未来现金流量的现值两者之间的较高者确定，在计算资产预计未来现金流量的现值时需要对未来现金流量进行预测，并选择适当的折现率，应当在附注中披露未来现金流量预测所采用的假设及其依据、所选择的折现率为什么是合理的等内容。这些假设的变动对这些资产和负债项目金额的确定影响很大，有可能会在下一个会计年度内做出重大调整。因此，强调这一披露要求，有助于提高财务报表的可理解性。

（五）会计政策和会计估计变更以及差错更正的说明

企业应当按照《企业会计准则第 28 号——会计政策、会计估计变更和差错更正》及其应用指南的规定，披露会计政策和会计估计变更以及差错更正的有关情况。

（六）重要报表项目的说明

企业应当以文字和数字描述相结合、尽可能以列表形式披露重要报表项目的构成或当期增减变动情况，并且报表中重要项目的明细金额合计，应当与报表项目金额相衔接。在披露顺序上，一般应当按照资产负债表、利润表、现金流量表、所有者权益变动表的顺序及其报表项目列示的顺序。

（七）或有和承诺事项、资产负债表日后非调整事项、关联方关系及其交易等需要说明的事项

这些需要说明的企业应当按照《企业会计准则》的规定进行披露。

（八）其他有助于财务报表使用者评价企业管理资本的目标、政策及程序的信息

第四节　财务报告分析

一、财务报告分析的意义

财务报表分析的目的是将财务报表数据转换成有用的信息，帮助报表使用人改善决策。对外发布的财务报表，是根据所有使用人的一般要求设计的，并不适合特定报表使用人的特定目的。报表使用人要从中选择自己需要的信息，重新组织并研究其相互关系使之符合特定决策的要求。

公司财务报表的主要使用人有以下几种。

股权投资人：为决定是否投资，需要分析公司的盈利能力；为决定是否转让股份，需要分析盈利状况、股价变动和发展前景；为考察经营者业绩，需要分析资产盈利水平、破产风险和竞争能力；为决定股利分配政策，需要分析筹资状况。

债权人：为决定是否给公司贷款，需要分析贷款的报酬和风险；为了解债务人的短期偿债能力，要分析其流动状况；为了解债务人的长期偿债能力，需要分析其盈利状况和资本结构。

经理人员：为改善财务决策，需要进行内容广泛的财务分析，几乎包括外部使用人关心的所有问题。

供应商：为决定建立长期合作关系，需要分析公司的长期盈利能力和偿债能力；为决定信用政策，需要分析公司的短期偿债能力。

政府：为履行政府职能，需要了解公司纳税情况、遵守政府法规和市场秩序的情况以及职工的收入和就业状况。

注册会计师：为减少审计风险需要评估公司的营利性和破产风险；为确定审计的重点，需要分析财务数据的异常变动。

由于财务报表使用的概念越来越专业化，提供的信息越来越多，报表分析的技术日趋复杂。许多报表使用人感到从财务报表中提取有用的信息日益困难，于是开始求助于专业人士，并促使财务分析师发展成为专门职业。专业财务分析师的出现，对于报表分析技术的发展具有重要的推动作用。传统的财务报表分析逐步扩展为包括经营战略分析、会计分析、财务分析和前景分析四个部分的更完善的体系。经营战略分析的目的是确定主要的利润动因和经营风险以及定性评估公司的盈利能力，包括行业分析和公司竞争战略分析等内容；会计分析的目的是评价公司会计反映基本经济现实的程度，包括评估公司会计的灵活性和恰当性，以及会计数据的修正等内容；财务分析的目的是运用财务数据评价公司当前和过去的业绩并评估其可持续性,包括比率分析和现金流量分析等内容;前景分析的目标是侧重于预测公司的未来,包括财务报表预测和公司估价等内容。

二、财务报表分析的步骤和方法

(一) 财务报表分析的步骤

财务报表分析的内容非常广泛。不同的人,出于不同的目的,使用不同的财务分析方法。财务分析不是一种有固定程序的工作,不存在唯一的通用分析程序,而是一个研究和探索过程。分析的具体步骤和程序,是根据分析目的由分析人员个别设计的。

财务报表分析的一般步骤如下:
(1) 明确分析的目的;
(2) 收集有关的信息;
(3) 根据分析目的把整体的各个部分分割开来,予以适当组织,使之符合需要;
(4) 深入研究各部分的特殊本质;
(5) 进一步研究各个部分的联系;
(6) 解释结果,提供对决策有帮助的信息。

(二) 财务报表分析的方法

财务报表分析的方法,有比较分析法和因素分析法两种。

(1) 比较分析法。比较是认识事物的最基本方法,没有比较,分析就无法开始。报表分析的比较法,是对两个或几个有关的可比数据进行对比,揭示差异和矛盾的一种分析方法。

比较分析按比较对象(和谁比)分为:

① 与本公司历史比,即不同时期(2~10年)指标相比,也称"趋势分析"。

② 与同类公司比,即与行业平均数或竞争对手比较,也称"横向比较"。

③ 与计划预算比,即实际执行结果与计划指标比较,也称"预算差异分析"。

比较分析按比较内容分为:

① 比较会计要素的总量:总量是指报表项目的总金额,例如,总资产、净资产、净利润等。总量比较主要用于时间序列分析,如研究利润的逐年变化趋势,看其增长潜力。有时也用于同业对比,看公司的相对规模和竞争地位。

② 比较结构百分比:把损益表、资产负债表、现金流量表转换成结构百分比报表。例如,以收入为100%,看损益表各项目的比重。结构百分比报表用于发现有显著问题的项目,指明进一步分析的方向。

③ 比较财务比率:财务比率是各会计要素之间的数量关系,反映它们的内在联系。

财务比率是相对数,排除了规模的影响,具有较好的可比性,是最重要的比较内容。财务比率的计算相对简单,而对它加以说明和解释却相当复杂和困难。

(2)因素分析法。因素分析法,是依据财务指标与其驱动因素之间的关系,从数量上确定各因素对指标影响程度的一种方法。

公司是一个有机整体,每个财务指标的高低都受其他因素的驱动。从数量上测定各因素的影响程度,可以帮助人们抓住主要矛盾,或更有说服力地评价经营状况。

财务报表分析是个研究过程,分析得越具体、越深入,则水平越高。财务分析的核心问题是不断追溯产生差异的原因。因素分析法提供了定量解释差异成因的工具。

三、基本财务比率分析举例

比率分析法是会计报表内两个或两个以上项目之间的关系分析,它用相对数来表示,因而又称为财务比率。该比率指标可以揭示企业的财务状况及经营成果。

财务报表中有大量的数据,可以组成许多有意义的财务比率。这些比率涉及企业经营管理的各个方面。这些财务比率大体上可以分为四类:短期偿债能力比率、长期偿债能力比率、资产管理比率和盈利能力比率。

1. 反映短期偿债能力的比率

(1)流动比率。是企业流动资产与流动负债的比率,计算公式为:

$$流动比率 = 流动资产 \div 流动负债$$

流动比率假设全部流动资产都可以用于偿还短期债务,表明每1元流动负债有多少流动资产作为偿债的保障。流动比率是相对数,排除了企业规模不同的影响,更适合同业比较以及本企业不同历史时期的比较。流动比率的计算简单,得到广泛应用。

不存在统一的、标准的流动比率数值。不同行业的流动比率,通常有明显差别。营业周期越短的行业,合理的流动比率越低。过去很长时期,人们认为生产型企业合理的最低流动比率是2。这是因为流动资产中变现能力最差的存货金额约占流动资产总额的一半,剩下的流动性较好的流动资产至少要等于流动负债,才能保证企业最低的短期偿债能力。这种认识一直未能从理论上证明。最近几十年,企业的经营方式和金融环境发生很大变化,流动比率有降低的趋势,许多成功企业的流动比率都低于2。

【例10-3】根据天华公司的资产负债表,天华公司的流动资产总额为266 000元,流动负债总额为416 000元。则其流动比率计算如下:

流动资产　　　　　　266 000
流动负债　　　　　　416 000

流动比率 = 流动资产 ÷ 流动负债 = 266 000 ÷ 416 000 = 0.64

经过计算得知,天华公司流动比率仅为0.64,意味着该公司的流动资产总额只是流动负债总额的0.64倍,虽然该企业的货币资金有一定的增长,但其流动比率过低,说明短期偿债能力较低,短期的负债压力较大。

(2)速动比率。构成流动资产的各个项目的流动性有很大差别。其中的货币资金、交易性金融资产和各种应收、预付款项等,可以在较短时间内变现,称之为速动资产。另外的流动资产,包括存货、一年内到期的非流动资产及其他流动资产等,称为非速动资产。

非速动资产的变现时间和数量具有较大的不确定性:①存货的变现速度比应收款项要慢得多;部分存货可能已损失报废还没做处理,或者已抵押给某债权人,不能用于偿债;存货估价有多种方法,可能导致变现金额相差悬殊;②一年内到期的非流动资产和其他流动资产的数额有偶然性,不代表正常的变现能力。因此,将可偿债资产定义为速动资产,计算出来的短期债务存量比率更令人可信。

速动资产与流动负债的比值,称为速动比率,其计算公式为:

$$速动比率 = 速动资产 \div 流动负债$$

一般认为,最理想的速动比率应保持在1:1为宜。但是,不同行业的速动比率有很大差别。例如,采用大量现金销售的商店,几乎没有应收账款,速动比率大大低于1是很正常的。相反,一些应收账款较多的企业,速动比率可能要大于1。

影响速动比率可信性的重要因素是应收账款的变现能力。账面上的应收账款不一定都能变成现金,实际坏账可能比计提的准备要多;季节性的变化,可能使报表上的应收账款数额不能反映平均水平。这些情况,外部分析人不易了解,而内部人员却有可能作出估计。

速动比率在衡量拥有流动性较差的存货或存货数量较大的公司的资产流动性时尤为有用。

【例10-4】根据天华公司的资产负债表,速动比率计算如下:

    速动资产   156 000
    流动负债   416 000

速动比率 = 速动资产 ÷ 流动负债 = 156 000 ÷ 416 000 = 0.38

经过计算得知,天华公司速动比率仅为0.38,意味着该企业的速动资产仅是流动负债总额的0.38倍,结合流动比率来看,天华公司的短期偿债能力确实很低。

(3)现金比率。速动资产中,流动性最强、可直接用于偿债的资产称为现金资产。现金资产包括货币资金、交易性金融资产等。它们与其他速动资产有区别,其本身就是可以直接偿债的资产,而非速动资产需要等待不确定的时间,才能转换为不确定数额的现金。

现金资产与流动负债的比值称为现金比率,其计算公式如下:

$$现金比率 = (货币资金 + 交易性金融资产) \div 流动负债$$

【例10-5】根据天华公司的资产负债表,该企业的现金比率的计算如下:

货币资金、交易性金融资产　　64 000

流动负债　　　　　　　　　　416 000

现金比率=(货币资金+交易性金融资产)÷流动负债=(36 000+28 000)÷416 000=0.15

天华公司的现金比率为0.15,意味着该公司的货币资金总额是流动负债总额的0.15倍,更加说明了该企业目前现金对于短期偿债方面是极其短缺的。对于债权人而言,他们需要承担着一定的风险。

2. 长期偿债能力比率

(1)资产负债率。资产负债率,也叫负债比率、举债经营比率。是指负债总额对全部资产总额之比,用来衡量企业利用债权人提供的资金进行经营活动的能力,反映债权人发放贷款的安全程度。计算公式为:

$$资产负债率 = 负债 \div 资产 \times 100\%$$

资产负债率是衡量债权人权益安全性的尺度,它将总负债表达为总资产的一定比例,也即等于总负债除以总资产。

【例10-6】根据天华公司的资产负债表,该公司的资产负债率的计算如下:

总负债　　　　　　544 000

总资产　　　　　　1 571 073

资产负债率=负债÷资产×100%=544 000÷1 571 073×100%=34.63%

资产负债率不是衡量短期资产流动性的尺度,而是衡量债权人长期信用风险的尺度。借款金额占总资产的比率越小,企业不能偿还到期债务的风险也越小。从债权人的观点来看,资产负债率越低,他们的资金就越安全。大多数财务结构合理的公司一般将资产负债率维持在50%以下。从天华公司计算的资产负债率来看,其属于正常范围内,说明天华公司的长期偿债能力不那么令人担忧。

不过,需要重申的是,财务分析人员应结合行业特点作出具体分析,如银行业的资产负债率一般较高,常常超过90%。

(2)产权比率和权益乘数。产权比率和权益乘数是资产负债率的另外两种表现形式,它和资产负债率的性质一样,其计算公式如下:

$$产权比率 = 负债总额 \div 股东权益$$

$$权益乘数 = 总资产 \div 股东权益$$

产权比率表明1元股东权益借入的债务数额。权益乘数表明1元股东权益拥有的总资产。它们是两种常用的财务杠杆计量,可以反映特定情况下资产利润率和权益利润率之间的倍数关系。财务杠杆表明债务的多少,与偿债能力有关,并且可以表明权益净利率的风险，也与盈利能力有关。

【例10-7】根据天华公司的资产负债表，该公司的产权比率及权益乘数的计算如下：

    总负债   544 000

    股东权益   1 027 073

    总资产   1 571 073

产权比率 = 负债总额 ÷ 股东权益 = 544 000 ÷ 1 027 073 = 0.53

权益乘数 = 总资产 ÷ 股东权益 = 1 571 073 ÷ 1 027 073 = 1.53

3. 资产管理比率

资产管理比率是衡量公司资产管理效率的财务比率。常用的有应收账款周转率、存货周转率、总资产周转率等。

(1) 应收账款周转率。应收账款周转率是赊销收入净额与平均应收账款的比率。其具体计算公式如下：

    应收账款周转率 = 赊销收入净额 ÷ 应收账款平均余额

应收账款周转率的另一种表现形式为应收账款周转天数，其计算公式如下：

    应收账款周转天数 = 365 ÷ (赊销收入净额 ÷ 应收账款平均余额)

【例10-8】根据天华公司的资产负债表和利润表得知，天华公司销售收入净额为1 300 000元，应收账款年初数为40 000元，年末数为56 000元，则应收账款周转率计算如下，应收账款周转率及应收账款周转天数如下：

    应收账款平均余额   (40 000 + 56 000) ÷ 2 = 48 000

    赊销收入   1 300 000

应收账款周转率 = 赊销收入净额 ÷ 应收账款平均余额 = 27.08

应收账款周转天数 = 365 ÷ (赊销收入净额 ÷ 应收账款平均余额)

       = 365 ÷ 27.08 = 13.48 (天)

应收账款周转次数，表明应收账款一年中周转的次数，或者说明1元应收账款投资支持的销售收入。应收账款周转天数，也称为应收账款的收现期，表明从销售开始到回收现金平均需要的天数。

在计算和使用应收账款周转率时应注意：第一，应收账款周转天数并非越少越好。应收账款是赊销引起的，如果赊销有可能比现金销售更有利，周转天数就不会越少越好。收现时间的长短与企业的信用政策有关。例如，甲企业的应收账款周转天数是18天，信用期是20天；乙企业的应收账款周转天数是15天，信用期是10天。前者的收款业绩优于后者，尽管其周转天数较多。改变信用政策，通常会引起企业应收账款周转天数的变化。信用政策的评价涉及多种因素，不能仅仅考虑周转天数的缩短。第二，应收账款分析应与销售额分析、现金分析联系起来。应收账款的起点是销售，终点是现金。正常的情况是销售增加引起应收账款增加，现金的存量和经营现金流量也会随之增加。如果某企业应收账款日益增加，而销售和现金日益减少，则可能是销售出了比较严重的问题，促使放宽信用政策，甚至随意发货，而现金收不回来。总之，应当深入到应收账款的内部，并且要注意应收账款与其他问题的联系，才能正确评价应收账款周转率。

(2) 存货周转率。存货周转率是销售成本与平均存货的比值。其具体计算公式如下：

$$存货周转率 = 销售成本 \div 存货平均余额$$

存货周转率的另一种表现形式为存货周转天数，其计算公式如下：

$$存货周转天数 = 365 \div (销售成本 \div 存货平均余额)$$

【例10-9】根据天华公司的资产负债表和利润表得知，该企业的主营业务成本为740 000元，存货年初数为60 000元，年末数为110 000元。则存货周转率计算如下：

主营业务成本　　　　　740 000

存货平均余额　　　　　(60 000 + 110 000) ÷ 2 = 85 000

存货周转率 = 销售成本 ÷ 存货平均余额 = 740 000 ÷ 85 000 = 8.71

存货周转天数 = 365 ÷ 8.71 = 41.91（天）

存货周转率是反映企业存货流动情况的一项指标。存货周转次数越多，周转天数少，说明存货周转快，企业实现利润会相应增加；反之，存货周转缓慢，企业实现利润会相应减少。从计算的结果看，天华公司的存货周转次数为9次（取整数次数），存货周转天数42天（取整数天数），分析人员应将计算出的指标与该企业前期指标、与行业平均水平相比较，判断该指标的高低。

在计算和使用存货周转率时，应注意以下问题：第一，计算存货周转率时，使用"销售收入"还是"销售成本"作为周转额，要看分析的目的。在短期偿债能力分析中，为了评估资产的变现能力需要计量存货转换为现金的数量和时间，应采用"销售收入"。如果是为了评估存货管理的业绩，应当使用"销售成本"计算存货周转率，使其分子和分母保持口径一致。实际上，两种周转率的差额是毛利引起的，用哪一个计算都能达到分析目的。第二，存货周转天数不是越低越好。存货过多会浪费资金，存货过少不能满足流转需要，在特定的生产经营条件下存在一个最佳的存货水平，所以存货不是越少越好。第三，应注意应付款项、存货和应收账款（或销售）之间的关系。销售增加会拉动应收账款、存货、应付账款增加，不会引起周转率的明显变化。但是，当企业接受一个大的订单时，先要增加采购，然后依次推动存货和应收账款增加，最后才引起收入上升。因此，在该订单没有实现销售以前，先表现为存货等周转天数增加。这种周转天数增加，没有什么不好。与此相反，预见到销售会萎缩时，先行减少采购，会依次引起存货周转天数等下降。这种周转天数下降不是什么好事,并非资产管理的改善。因此,任何财务分析都以认识经营活动的本来面目为目的,不可根据数据的高低做简单结论。第四,应关注构成存货的产成品、自制半成品、原材料、在产品和低值易耗品之间的比例关系。各类存货的明细资料以及存货重大变动的解释,在报表附注中应有披露。正常的情况下,它们之间存在某种比例关系。如果产成品大量增加,其他项目减少,很可能是销售不畅,放慢了生产节奏。此时,总的存货金额可能并没有显著变动,甚至尚未引起存货周转率的显著变化。因此,在分析时既要重点关注变化大的项目,也不能完全忽视变化不大的项目,其内部可能隐藏着重要问题。

(3) 总资产周转率。总资产周转率是销售收入与平均总资产之间的比率。其具体计算公式如下:

$$总资产周转率 = 销售收入 \div 总资产平均余额$$

总资产周转率的另一种表现形式为总资产周转天数,其计算公式如下:

$$总资产周转天数 = 365 \div (销售收入 \div 总资产平均余额)$$

【例 10-10】根据天华公司的资产负债表和利润表得知,该企业的销售收入为 1 300 000 元,总资产年初数为 1 429 600 元,年末数为 1 571 073 元。则总资产周转率计算如下:

销售收入	1 300 000
总资产平均余额	(1 429 600 + 1 571 073) ÷ 2 = 1 500 336.5

总资产周转率 = 销售收入/总资产平均余额 = 1 300 000 ÷ 1 500 336.5 = 0.87

总资产周转天数 = 365 ÷ (销售收入/总资产平均余额) = 365 ÷ 0.87 = 419.54(天)

在销售利润率不变的条件下,周转的次数越多,形成的利润越多,所以它可以反映盈利能力。它也可以理解为 1 元资产投资所产生的销售额。产生的销售额越多,说明资产的使用和管理效率越高。习惯上,总资产周转次数又称为总资产周转率。

总资产周转天数表示总资产周转一次所需要的时间。时间越短,总资产的使用效率越高,营利性越好。总资产与收入比表示 1 元收入需要的总资产投资。收入相同时,需要的投资越少,说明总资产的营利性越好或者说总资产的使用效率越高。

总资产是由各项资产组成的,在销售收入既定的条件下,总资产周转率的驱动因素是各项资产。通过驱动因素的分析,可以了解总资产周转率变动是由哪些资产项目引起的,以及影响较大的因素,为进一步分析指出方向。

4. 盈利能力比率

(1) 销售净利润率。销售净利润率是企业净利润与销售收入净额的比率,计算公式为:

销售净利润率 = 净利润 ÷ 销售收入净额 × 100%

【例 10-11】根据天华公司的利润表得知,该企业销售收入净额为 1 300 000 元,净利润为 285 085 元,则销售净利润率计算如下:

| 净利润 | 285 085 |
| 销售收入净额 | 1 300 000 |

销售净利润率 = 净利润 ÷ 销售收入净额 × 100% = 285 085 ÷ 1 300 000 × 100% = 21.93%

销售净利润率是反映企业获利能力的一项重要指标,这项指标越高,说明企业从销售收入中获取利润的能力越强。影响该指标的因素很多,例如,商品质量、成本、价格、销售数量、期间费用、税金等,分析时应结合这些具体指标的综合情况加以评价。从计算的结果看,天华公司的销售净利润率为 21.93%,说明企业具有一定的获利能力。但是分析时还应将计算出的指标与该企业前期指标、与行业平均水平相比较,并结合相关因素来综合评判该指标的高低。

(2) 资产净利润率。资产净利润率是企业净利润与资产平均余额的比率,计算公式为:

资产净利润率 = 净利润 ÷ 资产平均余额 × 100%

【例 10-12】根据天华公司的资产负债表和利润表得知,该企业净利润为 285 085 元,资产年初数为 1 429 600 元,年末数为 1 571 073 元,则资产净利润率计算如下:

| 净利润 | 285 085 |
| 平均资产余额 | (1 429 600 + 1 571 073) ÷ 2 = 1 500 336.5 |

资产净利润率 = 净利润 / 资产平均余额 × 100% = 285 085 ÷ 1 500 336.5 × 100%
= 19.01%

资产净利润率是反映企业获利能力的一项重要指标,这项指标越高,说明企业全部资产获利的能力越强。该指标与净利润成正比,与资产平均余额成反比,分析时应结合这两个方面进行评价。从计算的结果看,天华公司的资产净利润率为 19.01%,说明企业资产获利的能力较强。但是分析人员还应将计算出的该指标与该企业前期指标、与行业平均水平相比较,并结合相关因素来综合评判该指标的高低。

(3) 净资产收益率。净资产收益率是反映所有者对企业投资部分的获利能力,也叫所有者权益报酬率。计算公式为:

净资产收益率 = 净利润 ÷ 所有者权益平均余额 × 100%

【例 10-13】根据天华公司的资产负债表和利润表得知,该企业的净利润为 285 085 元,所有者权益年初数为 1 160 000 元,年末数为 1 027 073 元。则净资产收益率计算如下:

净利润   285 085

所有者权益平均余额   (1 160 000 + 1 027 073) ÷ 2 = 1 093 536.5

净资产收益率 = 净利润 ÷ 所有者权益平均余额 × 100% = 285 085 ÷ 1 093 536.5 × 100% = 26.07%

　　净资产收益率越高，说明企业所有者权益获利能力越强。从计算的结果看，天华公司的资本收益率为 26.07%，说明该企业有一定获利能力。需要指出的是，净资产收益率可能高于也可能低于总资产收益率，这取决于公司如何融资及其营业收入及费用的数量。遭受净损失的公司会为其股东带来负的净资产收益率。对所有者而言该项指标事关重大。习惯上股东期望规模较大、财力雄厚的公司的权益投资的平均年度收益率较高。年度净资产收益率达到较高的水平一般在那些有新产品或非常成功的产品的高速成长公司比较常见。在我国，该指标既是上市公司对外必须披露的信息内容之一，也是决定上市公司能否配股等再融资的重要依据。

　　（4）市盈率。市盈率是普通股每股市价与每股收益的比率。计算公式为：

$$市盈率 = 普通股每股市价 ÷ 普通股每股收益$$

　　【例 10 – 14】 假设根据天华公司的资料得到其股票市场交易价为每股 5.6 元，计算得到的每股收益为 0.057 元，天华公司股票的市盈率计算如下：

每股市值   5.6

每股收益   0.057

市盈率 = 普通股每股市价 ÷ 普通股每股净利润 = 5.6 ÷ 0.057 = 98.25

　　市盈率反映了投资者对公司未来经营情况的预期。预期越好，市盈率就越高。如果投资者预测公司的每股收益增速较快，那么，投资者可能付出的股价将是每股收益的 20 倍、30 倍甚至更高。市盈率过低反映了投资者对公司每股收益水平下降的预期，这样股票的价值会被低估。同样，过高的市盈率预示着投资者认为公司的每股收益水平将上涨，同时也意味着股票价值被高估。财务分析者用市盈率来表达公司股票市值与每股收益之间的关系。在公司经营亏损的情况下，市盈率无法计算。计算结果表明，天华公司的市盈率为 98.25，说明该企业的股票价值可能被高估了，意味着投资者认为公司的每股收益水平将上涨。而在此情况下，投资者应注意风险防范。

　　重要概念： 财务报告目标　资产负债表的结构　利润表结构　现金流量表结构　财务报告分析目的　比率分析法　市盈率

　　重点与难点： 资产负债表的编制　利润表的编制　财务报告分析中的比率计算及结果分析

思 考 题

(1) 财务报告有什么作用？
(2) 财务报告的编制有什么要求？如何理解这些要求？
(3) 请举例说明资产负债表期末余额有哪些填列方式。
(4) 如何理解利润表中各项目对投资者的意义？
(5) 现金流量表各构成部分分别反映哪些内容的现金流量？
(6) 现金流量表的编制有哪些方法？
(7) 对财务报告进行分析有什么意义？
(8) 如何利用财务报告计算的比率进行偿债能力、资产管理能力及盈利能力分析？

练习题及模拟试卷

第一章 练习题及参考答案

一、**单项选择题**（每题只有一个答案是正确的；将正确答案对应的字母填入括号）

(1) 会计是随着生产的发展和管理的需要而产生和发展的，最初的会计只是（　　）。
　　A. 管理职能　　　　　　　　B. 生产职能
　　C. 生产职能的附带部分　　　D. 独立于生产职能之外的一项工作

(2) 近代会计的主要标志是（　　）。
　　A. 复式记账　　　　　　　　B. 以货币为主要计量单位
　　C. 会计记录的内容逐渐丰富　D. 从生产职能中分离出来成为独立的职能

(3) 会计以（　　）为主要计量单位。
　　A. 货币　　　　　　　　　　B. 以实物量度
　　C. 以实物量度和货币量度　　D. 以劳动量度

(4) 企业的会计对象是（　　）。
　　A. 扩大再生产过程的资金运动　B. 企业生产经营过程
　　C. 企业的生产过程　　　　　　D. 企业的资金运动

(5) 用于确定会计确认、计量和报告的空间范围的会计假设是（　　）。
　　A. 会计主体　　B. 持续经营　　C. 会计分期　　D. 货币计量

(6) 持续经营会计假设的意义是（　　）。
　　A. 选择会计的计量基础
　　B. 界定会计核算的计量单位
　　C. 解决资产计价、负债清偿和收益确认的问题
　　D. 界定会计核算的空间范围

(7) 用于确定会计核算时间范围的会计假设是（　　）。
　　A. 持续经营　　B. 会计分期　　C. 会计主体　　D. 货币计量

(8) 企业应当以实际发生的交易或事项为依据进行确认、计量和报告,这是会计信息（　　）的质量要求。

　　　　A. 可靠性　　　　B. 重要性　　　　C. 谨慎性　　　　D. 可比性

(9) 同一企业在不同会计期间应当提供相互可比会计信息的要求是会计信息质量要求的（　　）。

　　　　A. 可靠性　　　　B. 可比性　　　　C. 相关性　　　　D. 重要性

(10) 不高估资产或收益,不低估负债或费用要求是会计信息质量要求的（　　）。

　　　　A. 谨慎性　　　　B. 实质重于形式　C. 相关性　　　　D. 可靠性

(11) 企业将融资租入固定资产确认为资产要素,符合（　　）会计信息质量的要求。

　　　　A. 相关性　　　　B. 可比性　　　　C. 谨慎性　　　　D. 实质重于形式

(12) 对企业资产计提减值准备体现了（　　）会计信息质量的要求。

　　　　A. 相关性　　　　B. 实质重于形式　C. 谨慎性　　　　D. 及时性

(13) 企业进行会计确认、计量和报告的基础是（　　）。

　　　　A. 收付实现制　　B. 权责发生制　　C. 会计分期　　　D. 货币计量

(14) 企业设置账户、复式记账等的理论依据是（　　）。

　　　　A. 会计准则　　　B. 会计基本假设　C. 会计法规　　　D. 会计恒等式

(15) 下列项目中,属于流动资产的是（　　）。

　　　　A. 应付职工薪酬　　　　　　　　　B. 无形资产
　　　　C. 在途物资　　　　　　　　　　　D. 资本公积

(16) 会计目标的两种学术观点包括（　　）。

　　　　A. 决策有用观与受托责任观　　　　B. 决策有用观与信息系统观
　　　　C. 信息系统观与受托责任观　　　　D. 管理活动观与决策有用观

(17) 下列项目中,属于非货币资金的是（　　）。

　　　　A. 库存现金　　　B. 应收票据　　　C. 银行存款　　　D. 其他货币资金

(18) 下列项目中,属于流动负债的是（　　）。

　　　　A. 预付账款　　　B. 长期借款　　　C. 短期借款　　　D. 应付债券

(19) 企业所拥有的资产一部分属于投资者的权益,另一部分属于（　　）的权益。

　　　　A. 企业员工　　　B. 债权人　　　　C. 债务人　　　　D. 企业法人

(20) 下列项目中不属于所有者权益的是（　　）。

　　　　A. 实收资本　　　B. 长期股权投资　C. 未分配利润　　D. 盈余公积

(21) 所有者权益是企业的所有者对企业（　　）的权益。

　　　　A. 非流动资产　　B. 固定资产　　　C. 总资产　　　　D. 净资产

(22) 下列项目中，属于狭义收入范畴的是（　　）。
　　　A. 罚款收入　　B. 盘盈固定资产　C. 销售产品收入　D. 债务重组利得
(23) 下列项目中，属于费用要素范畴的是（　　）。
　　　A. 广告费用　　　　　　　　B. 固定资产清理费用
　　　C. 产品制造费用　　　　　　D. 债务重组损失
(24) 资产、负债和所有者权益三项会计要素反映企业（　　）。
　　　A. 一定时点的经营成果　　　B. 一定时点的财务状况
　　　C. 一定时期的经营成果　　　D. 一定时期的财务状况
(25) 一项经济业务的发生，如果涉及资产和负债两个方面有关项目的金额发生变动时，则会计等式两边的金额（　　）。
　　　A. 一方增加，一方减少　　　B. 只会减少
　　　C. 同增同减　　　　　　　　D. 只会增加

二、多项选择题（每题至少有两个答案是正确的；将正确答案对应的字母填入括号）

(1) 会计主要特点包括（　　）。
　　　A. 以货币为主要计量单位　　B. 以实物量度为主要计量单位
　　　C. 采用专门的方法　　　　　D. 会计核算与会计监督
　　　E. 具有全面性、连续性、系统性和综合性
(2) 会计基本职能包括（　　）。
　　　A. 参与经营决策　　　　　　B. 进行会计核算
　　　C. 实施会计监督　　　　　　D. 预测经济前景
　　　E. 分析和考评
(3) 下列组织中，可以作为会计主体的有（　　）。
　　　A. 企业集团　　　　　　　　B. 股份制企业
　　　C. 独资企业　　　　　　　　D. 子公司
　　　E. 合伙企业
(4) 会计基本假设包括（　　）。
　　　A. 持续经营　　　　　　　　B. 收付实现制
　　　C. 会计主体　　　　　　　　D. 货币计量
　　　E. 会计分期
(5) 下列各项目中，属于会计信息质量要求的有（　　）。
　　　A. 配比　　　　　　　　　　B. 可靠性
　　　C. 实质重于形式　　　　　　D. 谨慎性
　　　E. 权责发生制

(6) 可比性会计信息质量要求是指（　　）。
　　A. 同一会计期间同一会计主体的会计信息要有可比性
　　B. 同一会计期间不同会计主体的会计信息要有可比性
　　C. 不同会计期间不同会计主体的会计信息要有可比性
　　D. 不同会计期间同一会计主体的会计信息要有可比性
　　E. 任何会计期间任何会计主体的会计信息要有可比性

(7) 体现谨慎性会计信息质量要求的会计处理方法有（　　）。
　　A. 应收账款计提坏账准备　　　B. 固定资产折旧方法的选择
　　C. 存货发出计价方法的选择　　D. 长期股权投资采用权益法核算
　　E. 各类资产计提减值准备

(8) 企业对于已经发生的交易或者事项，应当（　　）才符合及时性会计信息质量要求。
　　A. 及时收集会计信息　　　　　B. 及时加工处理会计信息
　　C. 按照要求编制会计凭证　　　D. 分类登记会计账簿
　　E. 及时报告会计信息

(9) 会计中期包括（　　）。
　　A. 年度　　　　　　　　　　　B. 半年度
　　C. 月度　　　　　　　　　　　D. 季度
　　E. 会计年度内的某一期间

(10) 会计确认的主要标准包括（　　）。
　　A. 可判定性　　　　　　　　　B. 可定义性
　　C. 可确认性　　　　　　　　　D. 可计量性
　　E. 可获利性

(11) 我国《企业会计准则》中规定的会计计量属性有（　　）。
　　A. 历史成本　　　　　　　　　B. 重置成本
　　C. 可变现净值　　　　　　　　D. 现值
　　E. 公允价值

(12) 下列各项中，符合权责发生制要求的有（　　）。
　　A. 凡是在本期已经实现的收入，无论其款项是否收到，均应作为本期收入
　　B. 凡是本期已经发生的费用，无论其款项是否支付，均应作为本期费用
　　C. 凡是在本期已经收到的款项，均应作为本期收入
　　D. 凡是在本期已经支付的款项，均应作为本期费用
　　E. 凡是在本期未收到的款项或未支付的费用，均不应作为本期收入或本期费用

(13) 会计核算方法包括（　　）。
　　A. 编制会计报表　　　　　　B. 成本计算及财产清查
　　C. 填制审核会计凭证及登记账簿　D. 复式记账法
　　E. 设置会计科目和账户

(14) 下列公式中，不属于会计等式的有（　　）。
　　A. 资产 = 负债 + 所有者权益
　　B. 收入 – 费用 + 利得 – 损失 = 利润
　　C. 本期借方发生额 = 本期贷方发生额
　　D. 借方余额 = 贷方余额
　　E. 期初余额 + 本期增加额 – 本期减少额 = 期末结存额

(15) 下列各项中，反映企业财务状况的会计要素有（　　）。
　　A. 资产　　　　　　　　　　B. 费用
　　C. 负债　　　　　　　　　　D. 所有者权益
　　E. 利润

(16) 资产满足下列（　　）条件之一的，可划分为流动资产。
　　A. 预期在一个正常营业周期中变现、出售或耗用
　　B. 主要为交易目的而持有
　　C. 预计在一年内（含一年）变现
　　D. 性质为货币性
　　E. 自资产负债表日起一年内，交换其他资产或清偿负债的能力不受限制的现金或现金等价物

(17) 流动负债应满足的条件有（　　）。
　　A. 自资产负债表日起一年内到期应予以清偿
　　B. 主要为交易目的而持有
　　C. 有清偿债务的系统计划
　　D. 预计在一个正常营业周期中清偿
　　E. 企业无权自主地将清偿推迟至资产负债表日后一年以上

(18) 下列项目中，属于资产的有（　　）。
　　A. 库存商品　　　　　　　　B. 固定资产
　　C. 预付账款　　　　　　　　D. 资本公积
　　E. 预收账款

(19) 下列项目中，属于流动资产的有（　　）。
　　A. 银行存款　　　　　　　　B. 工程物资

C. 应收票据 D. 库存商品
E. 库存现金

(20) 下列项目中,属于负债的有（　　）。
A. 预付账款 B. 应付职工薪酬
C. 短期借款 D. 预收账款
E. 资本公积

(21) 关于会计基本职能的关系,下列表述正确的有（　　）。
A. 会计核算是会计监督的基础
B. 会计监督是会计核算质量的保障
C. 会计核算与会计监督是相辅相成、辩证统一的关系
D. 没有监督职能,不能为会计信息的真实性和可靠性提供保证
E. 没有核算职能提供可靠信息,监督职能就没有客观依据

(22) 下列项目中,属于非流动负债的有（　　）。
A. 工程物资 B. 长期股权投资
C. 长期借款 D. 应付债券
E. 长期应付款

(23) 下列项目中,属于所有者权益的有（　　）。
A. 本年利润 B. 未分配利润
C. 资本公积 D. 实收资本
E. 盈余公积

(24) 下列项目中,属于收入要素范畴的有（　　）。
A. 主营业务收入 B. 利息收入
C. 处置固定资产利得 D. 租金收入
E. 其他业务收入

(25) 下列项目中,属于费用要素范畴的有（　　）。
A. 其他业务成本 B. 主营业务成本
C. 营业外支出 D. 销售费用
E. 债务重组损失

(26) 企业利润的确认,主要依赖于（　　）的确认。
A. 权益 B. 收入
C. 费用 D. 利得
E. 损失

(27) 下列损益项目中,构成营业利润的项目有（　　）。

A. 主营业务收入　　　　　　B. 资产减值损失
C. 税金及附加　　　　　　　D. 投资收益
E. 营业外支出

三、判断题（判断每题的陈述正确与否：如果正确，在题目的括号中画"√"；如果错误，在题目的括号中画"×"）

（1）货币是会计唯一的计量单位。（　　）

（2）法律主体都可作为会计主体，但是会计主体不一定是法律主体。（　　）

（3）会计的基本职能除核算和监督职能外，还应包括决策职能。（　　）

（4）会计主体界定了会计核算的空间范围，一个企业可以有一个或若干个会计主体。（　　）

（5）币值稳定是货币计量假设的一个重要含义。（　　）

（6）在可比性会计信息质量要求下，同一企业在不同的会计期间或不同企业在同一会计期间相同或相似的交易或事项采用的会计处理方法应当保持一致，任何情况下都不得改变。（　　）

（7）会计确认就是对企业的交易或事项是否发生而进行的判断。（　　）

（8）企业进行计量时，一般采用历史成本；如果采用其他的计量属性，应保证所确定的会计要素金额能够可靠计量。（　　）

（9）收付实现制是以应收应付为基础进行会计确认、计量和报告。（　　）

（10）如果某一项资源预期不能为企业带来经济利益，即使为企业拥有或控制，也不能将其确认为企业的资产。（　　）

（11）所有者权益是指企业所有者对企业资产的所有权。（　　）

（12）收入一定会使企业的资产增加。（　　）

（13）所有者投入资本会导致经济利益流入企业，可以作为收入加以确认。（　　）

（14）企业交纳的税费属于非日常活动中形成的经济利益的流出，性质为损失。（　　）

（15）企业向投资者分派的利润导致了所有者权益的减少，应作为费用确认。（　　）

（16）利得是由企业非日常活动形成的，应当计入营业收入。（　　）

（17）损失是由企业非日常活动形成的，会导致所有者权益减少，应当冲减所有者权益。（　　）

（18）企业发生的任何经济业务，都不会破坏会计等式的平衡关系。（　　）

四、简答题

（1）会计的基本职能是什么？会计两大基本职能之间的关系如何？

（2）什么是会计要素？我国企业会计准则中对会计要素是如何划分的？

(3) 什么是会计等式？会计等式的意义？
(4) 什么是会计核算的基本前提？会计核算的基本前提包括的内容？
(5) 什么是会计信息质量特征？包括哪些内容？
(6) 权责发生制与收付实现制在收入与费用的确认与计量方面有何区别？
(7) 会计要素的计量属性有哪些？
(8) 我国会计法律规范的层次、内容？

参考答案

一、单项选择题

(1) C　(2) A　(3) A　(4) A　(5) A　(6) C　(7) B　(8) A
(9) B　(10) A　(11) D　(12) C　(13) B　(14) D　(15) C　(16) A
(17) B　(18) C　(19) B　(20) B　(21) D　(22) C　(23) A　(24) B
(25) C

二、多项选择题

(1) ACE　(2) BC　(3) ABCDE　(4) ACDE　(5) BCD　(6) BD
(7) ABCE　(8) ABE　(9) BCDE　(10) BD　(11) ABCDE　(12) AB
(13) ABCDE　(14) CDE　(15) ACD　(16) ABCE　(17) ABDE　(18) ABC
(19) ACDE　(20) BCD　(21) ABCDE　(22) CDE　(23) ABCDE　(24) ABDE
(25) ABD　(26) BCDE　(27) ABCD

三、判断题

(1) ×　(2) √　(3) ×　(4) √　(5) √　(6) ×　(7) ×
(8) √　(9) ×　(10) √　(11) ×　(12) ×　(13) ×　(14) ×
(15) ×　(16) ×　(17) ×　(18) √

四、简答题（略）

第二章 练习题及参考答案

一、单项选择题（每题只有一个答案是正确的；将正确答案对应的字母填入括号）

(1) 会计科目按照其所（　　）不同，分为总分类科目和明细分类科目。
  A. 反映的会计对象　　　　　　B. 反映的经济业务
  C. 归属的会计要素　　　　　　D. 提供信息的详细程度及统驭关系

(2) "长期待摊费用"科目按照所归属的会计要素不同，属于（　　）。
  A. 资产类　　　　　　　　　　B. 负债类
  C. 所有者权益类　　　　　　　D. 损益类

(3) "本年利润"科目按照所归属的会计要素不同，属于（　　）。
  A. 资产类　　　　　　　　　　B. 负债类
  C. 所有者权益类　　　　　　　D. 成本类

(4) "资本公积"科目按照所归属的会计要素不同，属于（　　）。
  A. 资产类　　　　　　　　　　B. 负债类
  C. 所有者权益类　　　　　　　D. 成本类

(5) "管理费用"科目按照所归属的会计要素不同，属于（　　）。
  A. 资产类　　　　　　　　　　B. 负债类
  C. 所有者权益类　　　　　　　D. 损益类

(6) "制造费用"科目按照所归属的会计要素不同，属于（　　）。
  A. 损益类　　　　　　　　　　B. 负债类
  C. 所有者权益类　　　　　　　D. 成本类

(7) 下列属于损益类科目的是（　　）。
  A. 生产成本　　B. 销售费用　　C. 制造费用　　D. 利润分配

(8) 账户是根据（　　）设置的，具有一定格式和结构，用于分类反映会计要素增减变动情况及其结果的载体。
  A. 会计要素　　B. 会计对象　　C. 会计科目　　D. 会计信息

(9) 一个账户的增加发生额与该账户的期末余额一般应该在该账户的（　　）。
  A. 借方　　　　B. 贷方　　　　C. 相同方向　　D. 相反方向

(10) 下列有关账户表述不正确的是（　　）。
  A. 账户是根据会计科目设置的，没有格式和结果

B. 设置账户是会计核算的重要方法之一

C. 账户一方记增加发生额，另一方记减少发生额

D. 账户中登记的本期增加金额及本期减少金额统称为本期发生额

(11) 客户赊购企业的商品，欠企业 30 000 元。企业于今日收回该债权，则企业的（　　）类账户将产生发生额。

  A. 资产　　　　B. 所有者权益　　C. 收入　　　　D. 费用

(12) 应付票据、应付账款、应付职工薪酬都是（　　）类的会计账户。

  A. 资产　　　　B. 负债　　　　C. 收入　　　　D. 费用

(13)（　　）账户属于所有者权益类账户。

  A. 长期股权投资　　　　　　B. 应付账款

  C. 资本公积　　　　　　　　D. 主营业务收入

(14) 企业举债筹集资金，（　　）类的会计账户产生增加的发生额。

  A. 负债　　　　B. 所有者权益　　C. 收入　　　　D. 费用

(15) 会计账户"长期待摊费用"将在（　　）列示。

  A. 利润表　　　　　　　　　B. 资产负债表

  C. 所有者权益变动表　　　　D. 利润表和资产负债表同时

二、多项选择题（每题至少有两个答案是正确的；将正确答案对应的字母填入括号）

(1) 有关会计科目和账户的关系正确的有（　　）。

  A. 两者口径一致，性质相同

  B. 账户是设置会计科目的依据

  C. 没有账户，就无法发挥会计科目的作用

  D. 会计科目不存在结构，而账户具有一定的格式和结构

  E. 会计科目有层次之分，而账户没有

(2) 下列选项中构成调整与被调整类账户的有（　　）。

  A. 在建工程　　　　　　　　B. 累计折旧

  C. 待处理财产损溢　　　　　D. 固定资产

  E. 坏账准备

(3) 下列选项中，属于损益类会计科目的有（　　）。

  A. 财务费用　　　　　　　　B. 长期待摊费用

  C. 生产成本　　　　　　　　D. 主营业务收入

  E. 投资收益

(4) 下列账户不属于损益类的有（　　）。

  A. 制造费用　　　　　　　　B. 主营业务收入

C. 财务费用　　　　　　　　D. 主营业务成本

E. 生产成本

(5) 账户中的金额包括（　　）。

A. 期初余额　　　　　　　　B. 增加发生额

C. 减少发生额　　　　　　　D. 期末余额

E. 科目编号

(6) 以下有关明细分类科目的表述中，正确的有（　　）。

A. 明细分类科目也称一级会计科目

B. 明细分类科目是对总分类科目作进一步分类的科目

C. 明细分类科目是对会计要素具体内容进行总括分类的科目

D. 明细分类科目是能提供更加详细更加具体会计信息的科目

E. 原材料的二级明细分类科目比三级明细分类科目能提供更具体的原材料信息

(7) 下列会计科目中，属于成本类科目的有（　　）。

A. 生产成本　　　　　　　　B. 主营业务成本

C. 制造费用　　　　　　　　D. 销售费用

E. 其他业务成本

(8) 关于总分类会计科目与明细分类会计科目表述正确的有（　　）。

A. 明细分类会计科目概括地反映会计对象的具体内容

B. 总分类会计科目详细地反映会计对象的具体内容

C. 总分类会计科目对明细分类科目具有控制作用

D. 明细分类会计科目是对总分类会计科目的详细说明

E. 总分类会计科目与明细分类会计科目反映的对象一致

(9) 下列项目中，属于所有者权益类科目的有（　　）。

A. 实收资本　　　　　　　　B. 盈余公积

C. 利润分配　　　　　　　　D. 本年利润

E. 股本

(10) 下列各项中反映企业经营成果的会计科目有（　　）。

A. 投资收益　　　　　　　　B. 主营业务收入

C. 资本公积　　　　　　　　D. 主营业务成本

E. 营业外支出

(11) 企业通过开户银行转账支付偿还银行 50 000 元借款本金。则该企业的（　　）类账户有减少的发生额。

A. 资产　　　　　　　　　　B. 负债

C. 收入 D. 费用
E. 利润

(12) 使留存收益增加的会计账户包括（　　）。
A. 银行存款 B. 主营业务收入
C. 其他业务收入 D. 营业外收入
E. 所得税费用

(13) 下列账户中，（　　）属于资产类账户。
A. 库存现金 B. 应收票据
C. 长期待摊费用 D. 股本
E. 资本公积

(14) 企业发行股票筹集到了货币资金。该笔经济业务将会成为该企业（　　）账户的发生额。
A. 银行存款 B. 应付账款
C. 长期借款 D. 股本
E. 盈余公积

(15) 下面（　　）账户不属于资产类账户。
A. 实收资本 B. 长期借款
C. 长期待摊费用 D. 预收账款
E. 应收账款

三、判断题（判断每题的陈述正确与否：如果正确，在题目的括号中画"√"；如果错误，在题目的括号中画"×"）

(1) 会计科目不能记录经济业务的增减变化及结果。（　　）

(2) 在不违反国家统一会计制度的前提下明细会计科目可以根据企业内部管理的需要自行制定。（　　）

(3) 总分类科目与其所属的明细分类科目的核算内容相同，所不同的是前者提供的信息比后者更加详细。（　　）

(4) 总分类科目与其所属的明细分类科目的核算内容相同，所不同的是前者提供的信息比后者更加总括。（　　）

(5) 会计科目和账户相比，会计科目不存在结构问题，而账户必须具有一定的结构，用以登记经济业务。（　　）

(6) "固定资产"账户是抵减调整类账户，"累计折旧"账户是被调整账户，两个账户的余额相抵减后的结果反映固定资产的账面价值。（　　）

(7) 属于负债结算账户的主要有："应付账款""其他应付款""短期借款""预付账

款"等。 ( )

（8）在抵减调整账户中，被调整账户的余额为借方时，调整账户的余额必然在贷方。
( )

（9）"应收账款""库存商品""其他应收款""应付职工薪酬""应付股利"等账户同属于结算类账户。 ( )

（10）账户的发生额包括增加发生额、减少发生额、期末余额和期初余额。 ( )

（11）"制造费用"账户属于费用类账户，应该列示在利润表上。 ( )

（12）企业设置会计科目时要遵循统一性，所以所有企业设置的会计科目名称是一样的。 ( )

（13）所有者权益类账户反映了会计主体净资产的构成。 ( )

（14）"预收账款""应收账款""其他应收款"都属于资产类账户，记录了会计主体的债权资产。 ( )

（15）企业必须设置一级会计科目，对有核算需要的一级会计科目可设置二级会计科目等明细科目。 ( )

四、简答题

（1）简述账户发生额、余额的含义。

（2）简述账户发生额和余额之间的关系。

（3）简述会计账户与科目之间的关系。

（4）简述按照会计科目反映的经济内容对会计科目的分类。

（5）简述设置会计科目的必要性。

（6）会计主体分级设置会计科目，请简述各级之间的关系。

五、计算题

某企业：

月初，"固定资产"账户的余额是100万元，"累计折旧"账户的余额是12万元。

本月，"累计折旧"的增加发生额为0.8万元。

要求：

（1）计算固定资产的期初账面价值。

（2）计算固定资产的期末账面价值。

参考答案

一、单项选择题

（1）D　（2）A　（3）C　（4）C　（5）D　（6）D　（7）B　（8）C

(9) C　(10) A　(11) A　(12) B　(13) C　(14) A　(15) B

二、多项选择题
(1) ACD　　(2) BD　　(3) ADE　　(4) AE　　(5) ABCD　　(6) BD
(7) AC　　(8) CDE　　(9) ABCDE　　(10) ABDE　　(11) AB　　(12) BCD
(13) ABC　　(14) AD　　(15) ABD

三、判断题
(1) √　(2) √　(3) ×　(4) √　(5) √　(6) ×　(7) ×
(8) √　(9) ×　(10) ×　(11) ×　(12) ×　(13) √　(14) ×
(15) √

四、简答题（略）

五、计算题
(1) $100 - 12 = 88$（万元）
(2) $100 - (12 + 0.8) = 87.2$（万元）

第三章 练习题及参考答案

一、**单项选择题**（每题只有一个答案是正确的；将正确答案对应的字母填入括号）

（1）复式记账法对每项经济业务都以相等的金额，在（　　）中进行登记。
　　A. 一个账户　　　　　　　　B. 两个账户
　　C. 全部账户　　　　　　　　D. 两个或两个以上的账户

（2）账户余额一般与（　　）在同一方向。
　　A. 增加额　　B. 减少额　　C. 借方发生额　　D. 贷方

（3）企业收入增加会引起（　　）。
　　A. 负债增加　　　　　　　　B. 资产减少
　　C. 所有者权益减少　　　　　D. 资产增加

（4）借贷记账法试算平衡的依据是（　　）。
　　A. 资金运动变化规律　　　　B. 会计等式平衡原理
　　C. 会计账户基本结构　　　　D. 平行登记基本原理

（5）在借贷记账法下，借方表示增加、贷方表示减少的是（　　）。
　　A. 资产类账户　　　　　　　B. 负债类账户
　　C. 收入类账户　　　　　　　D. 所有者权益类账户

（6）"生产成本"账户期初余额2 000元，本期借方发生额7 000元，贷方发生额8 000元，该账户期末余额是（　　）元。
　　A. 3 000　　B. 2 000　　C. 1 000　　D. 0

（7）下列经济业务使资产权益同增的是（　　）。
　　A. 接受外单位捐赠设备一台，同类资产市价5 000元（不考虑所得税因素）
　　B. 用银行存款预付进货款3 000元
　　C. 用一项账面余额60 000元的专利权对外投资
　　D. 将资本公积20 000元转增资本

（8）经济业务发生仅涉及资产这一会计要素时，指引起该要素中某些项目发生（　　）。
　　A. 同增变动　　　　　　　　B. 同减变动
　　C. 一增一减变动　　　　　　D. 不变动

（9）"短期借款"账户期初余额5 000元，本期借方发生额6 000元，贷方发生额10 000元，该账户期末余额是（　　）元。
　　A. 11 000　　B. 9 000　　C. 1 000　　D. 0

(10) 企业用银行存款偿还短期借款，在借贷记账法下影响（　　）。
　　A. 会计等式左边会计要素一增一减
　　B. 会计等式右边会计要素一增一减
　　C. 会计等式两边会计要素同增
　　D. 会计等式两边会计要素同减

二、**多项选择题**（每题至少有两个答案是正确的；将正确答案对应的字母填入括号）
(1) 借贷记账法下的试算平衡公式有（　　）。
　　A. 借方科目金额 = 贷方科目金额
　　B. 借方期末余额 = 借方期初余额 + 本期借方发生额 − 本期贷方发生额
　　C. 全部账户借方发生额合计 = 全部账户贷方发生额合计
　　D. 全部账户借方余额合计 = 全部账户贷方余额合计
(2) 下列错误中（　　）不能通过试算平衡发现。
　　A. 某项经济业务未入账
　　B. 应借应贷的账户中借贷方向颠倒
　　C. 借贷双方同时多计了经济业务的金额
　　D. 借贷双方中一方多计金额，一方少计金额
(3) 每一笔会计分录都包括（　　）。
　　A. 对应账户　　B. 记账符号　　C. 金额　　D. 账户余额
(4) 下列账户中，用贷方登记增加数的账户有（　　）。
　　A. 应付账款　　B. 实收资本　　C. 短期借款　　D. 盈余公积
(5) 下列经济业务中，引起资产一增一减的有（　　）。
　　A. 以银行存款购买设备　　B. 从银行提取现金
　　C. 以银行存款购买债券　　D. 以银行存款偿还所欠货款
(6) 借贷记账方法的基本内容包括（　　）。
　　A. 记账符号　　B. 账户结构　　C. 记账规则　　D. 试算平衡
(7) 采用借贷记账法时，账户的借方一般用来登记（　　）。
　　A. 资产的增加　　B. 收入的减少　　C. 费用的增加　　D. 负债的增加
(8) 以下账户期末一般有余额的有（　　）。
　　A. 资产类　　　　　　　　B. 负债类
　　C. 所有者权益类　　　　　D. 费用类
(9) 以下账户增加记贷方的有（　　）。
　　A. 资产类　　　　　　　　B. 负债类
　　C. 所有者权益类　　　　　D. 收入类

(10) 下列经济业务中，引起会计等式两边同时变化的有（　　）。
  A. 接受出资人投入资金　　　　B. 从银行提取现金
  C. 以银行存款购买原材料　　　D. 以银行存款偿还欠货款

三、判断题（判断每题的陈述正确与否：如果正确，在题目的括号中画"√"；如果错误，在题目的括号中画"×"）

(1) 借贷记账法要求对任何经济业务都按照"有借必有贷，借贷必相等"的记账规则记入各有关账户。（　　）

(2) 复式记账法的理论依据是会计等式。（　　）

(3) 通过试算平衡检查账簿记录后，若左右平衡就可以肯定记账没有错误。（　　）

(4) 账户的余额，以及增加、减少记在账户的借方还是贷方，取决于账户本身的性质。（　　）

(5) "借""贷"二字是借贷记账法的记账符号，其本身具有重要含义，"借"特指表示债权增加，"贷"特指债务增加。（　　）

四、简答题

(1) 什么是借贷记账法？简述借贷记账法的基本内容。

(2) 什么是会计分录？会计分录构成的要素有哪些？会计分录有几种？

五、业务题

(一)

目的：掌握会计分录的编制。

资料：2013年1月安意达公司发生下列经济业务（不考虑增值税）。

(1) 1日，为满足资金周转需要，向银行借款50 000元，期限为6个月。

(2) 3日，购入甲材料3 000千克，每千克15元，已通过银行付款，材料已验收入库。

(3) 6日，收到投资人安胜公司新投入的货币资金100 000元，已存入银行。

(4) 11日，零星开支需要，从银行提取现金5 000元。

(5) 16日，通过银行收到允旺公司前欠货款30 000元。

(6) 20日，通过银行支付前欠经泰公司购货款20 000元。

(7) 26日，用银行存款购买不需要安装的设备一台，价值60 000元。

(8) 30日，销售乙产品500台，每台400元，销售收入200 000元已通过银行收款。

(9) 30日，乙产品生产成本为每台300元，产品已发出，增加本月销售成本150 000元。

(10) 31日，将本期实现的销售收入200 000元、销售成本150 000元结转到"本年利润"账户。

要求：根据以上经济业务编制会计分录。

(二)

目的：掌握账户的设置、过账、结账。

资料：安意达公司有关资料如下。该企业本期发生的经济业务见练习（一）。

金额单位：元

库存现金	3 000	应付账款	30 000
银行存款	20 000	短期借款	30 000
应收账款	60 000	应付利息	3 000
原材料	50 000	实收资本	550 000
库存商品	180 000		
固定资产	300 000		
合　　计	613 000	合　　计	613 000

要求：
（1）根据期初余额设置"丁"字账户。
（2）根据业务题（一）编制的会计分录登记"丁"字账户。

（三）
目的：掌握试算平衡表的编制。
资料：见业务题（二）账户资料。
要求：
（1）编制本期发生额试算平衡表。
（2）编制余额试算平衡表。

（四）
目的：掌握会计分录的编制和试算平衡表的编制。
资料：东丰有限责任公司是一个零售商业企业，该企业期初余额见下表：

账户期初余额表

金额单位：元

借方余额		贷方余额	
库存现金	5 000	应付账款	30 000
银行存款	30 000	应付利息	2 000
应收账款	20 000	本年利润	40 000
库存商品	160 000	实收资本	346 000
固定资产	203 000		
合　　计	418 000	合　　计	418 000

本期该企业发生下列经济业务：

（1）该企业接受了 2 000 000 元的投资，投资款已存入银行。

（2）该企业从银行存款中提取现金 20 000 元备用。

（3）该企业购买了电脑、复印机、打印机、收银机等经营用机器设备 10 台，价款 600 000 元，用银行存款支付。

（4）该企业取得一项 6 个月期限的短期银行借款金额 300 000 元，已划入该企业账户。

（5）该企业用银行存款购买商品一批，价款 800 000 元。

（6）该企业购买商品一批，货款 200 000 元尚未支付。

（7）将现金 10 000 元存入银行。

（8）用银行存款偿还前欠货款 200 000 元。

（9）接到银行通知，收到买方偿还的货款 20 000 元。

（10）开出商业汇票一张，抵偿应付账款 30 000 元。

要求：

（1）根据期初余额设置账户。

（2）根据该企业发生的经济业务编制会计分录。

（3）根据会计分录登记账户。

（4）结算出各账户本期发生额和期末余额。

（5）编制本期发生额试算平衡表和余额试算平衡表。

参考答案

一、单项选择题

（1）D　（2）A　（3）D　（4）B　（5）A　（6）C　（7）A　（8）C　（9）B　（10）D

二、多项选择题

（1）CD　（2）ABC　（3）ABC　（4）ABCD　（5）ABC　（6）ABCD　（7）ABC　（8）ABC　（9）BCD　（10）AD

三、判断题

（1）√　（2）√　（3）×　（4）√　（5）×

四、简答题（略）

五、业务题

（一）

（1）为满足资金周转需要，向银行借款 50 000 元，期限为 6 个月。

借：银行存款　　　　　　　　　　　　　　　　　　　　　50 000
　　贷：短期借款　　　　　　　　　　　　　　　　　　　　50 000

(2) 购入甲材料 3 000 千克，每千克 15 元，已通过银行付款，材料已验收入库。

借：原材料——甲材料　　　　　　　　　　　　　　　　　45 000
　　贷：银行存款　　　　　　　　　　　　　　　　　　　　45 000

(3) 收到投资人安胜公司新投入的货币资金 100 000 元，已存入银行。

借：银行存款　　　　　　　　　　　　　　　　　　　　　100 000
　　贷：实收资本——安胜公司　　　　　　　　　　　　　　100 000

(4) 零星开支需要，从银行提取现金 5 000 元。

借：库存现金　　　　　　　　　　　　　　　　　　　　　5 000
　　贷：银行存款　　　　　　　　　　　　　　　　　　　　5 000

(5) 通过银行收到允旺公司前欠货款 30 000 元。

借：银行存款　　　　　　　　　　　　　　　　　　　　　30 000
　　贷：应收账款——允旺公司　　　　　　　　　　　　　　30 000

(6) 通过银行支付前欠经泰公司购货款 20 000 元。

借：应付账款——经泰公司　　　　　　　　　　　　　　　20 000
　　贷：银行存款　　　　　　　　　　　　　　　　　　　　20 000

(7) 用银行存款购买不需要安装的设备一台，价值 60 000 元。

借：固定资产　　　　　　　　　　　　　　　　　　　　　60 000
　　贷：银行存款　　　　　　　　　　　　　　　　　　　　60 000

(8) 销售乙产品 500 台，每台 400 元，销售收入 200 000 元已通过银行收款。

借：银行存款　　　　　　　　　　　　　　　　　　　　　200 000
　　贷：主营业务收入　　　　　　　　　　　　　　　　　　200 000

(9) 乙产品生产成本为每台 300 元，产品已发出，增加本月销售成本 150 000。

借：主营业务成本　　　　　　　　　　　　　　　　　　　150 000
　　贷：库存商品　　　　　　　　　　　　　　　　　　　　150 000

(10) 将本期实现的销售收入 200 000 元、销售成本 150 000 元结转到"本年利润"账户。

借：主营业务收入　　　　　　　　　　　　　　　　　　　200 000
　　贷：本年利润　　　　　　　　　　　　　　　　　　　　200 000
借：本年利润　　　　　　　　　　　　　　　　　　　　　150 000
　　贷：主营业务成本　　　　　　　　　　　　　　　　　　150 000

(二)

银行存款 账户

借方		贷方	
期初余额	20 000		
	50 000		45 000
	100 000		5 000
	200 000		20 000
	30 000		60 000
本期发生额	380 000	本期发生额	130 000
期末余额	270 000		

库存现金 账户

借方		贷方	
期初余额	3 000		
	5 000		
本期发生额	5 000	本期发生额	0
期末余额	8 000		

应收账款 账户

借方		贷方	
期初余额	60 000		
			30 000
本期发生额	0	本期发生额	30 000
期末余额	30 000		

固定资产 账户

借方		贷方	
期初余额	300 000		
	60 000		
本期发生额	60 000	本期发生额	0
期末余额	360 000		

原材料 账户

借方		贷方	
期初余额	50 000		
	45 000		
本期发生额	45 000	本期发生额	0
期末余额	95 000		

库存商品 账户

借方		贷方	
期初余额	180 000		
			150 000
本期发生额	0	本期发生额	150 000
期末余额	30 000		

应付账款 账户

借方		贷方	
		期初余额	30 000
	20 000		
本期发生额	20 000	本期发生额	0
		期末余额	10 000

短期借款 账户

借方		贷方	
		期初余额	30 000
			50 000
本期发生额	0	本期发生额	50 000
		期末余额	80 000

应付利息 账户				实收资本 账户			
借方		贷方		借方		贷方	
		期初余额	3 000			期初余额	550 000
							100 000
本期发生额	0	本期发生额	0	本期发生额	0	本期发生额	100 000
		期末余额	3 000			期末余额	650 000

主营业务收入 账户				主营业务成本 账户			
借方		贷方		借方		贷方	
		期初余额	0			期初余额	0
			200 000				150 000
	200 000				150 000		
本期发生额	200 000	本期发生额	200 000	本期发生额	150 000	本期发生额	150 000
		期末余额	0			期末余额	0

本年利润 账户			
借方		贷方	
		期初余额	0
			200 000
	150 000		
本期发生额	150 000	本期发生额	200 000
		期末余额	50 000

(三)

发生额试算平衡表

20×3 年 1 月   金额单位：元

会计科目	借方发生额	贷方发生额
库存现金	5 000	
银行存款	380 000	130 000
应收账款	—	30 000
其他应收款		—

续表

会计科目	借方发生额	贷方发生额
原材料	45 000	—
库存商品	—	150 000
固定资产	60 000	—
应付账款	20 000	—
短期借款	—	50 000
应付利息	—	—
实收资本	—	100 000
主营业务收入	200 000	200 000
主营业务成本	150 000	150 000
本年利润	150 000	200 000
合　计	1 010 000	1 010 000

余额试算表

20×3 年 1 月 31 日　　　　　　　　　　　金额单位：元

会计科目	借方余额	贷方余额
库存现金	8 000	
银行存款	270 000	
应收账款	30 000	
原材料	95 000	
库存商品	30 000	
其他应收款		
固定资产	360 000	
应付账款		10 000
短期借款		80 000
应付利息		3 000
实收资本		650 000
本年利润		50 000
合　计	793 000	793 000

(四)

(1) 该企业接受了 2 000 000 元的投资，投资款已存入银行。

借：银行存款　　　　　　　　　　　　　　　　　　2 000 000
　　贷：实收资本　　　　　　　　　　　　　　　　　2 000 000

(2) 该企业从银行存款中提取现金 20 000 元备用。

借：库存现金　　　　　　　　　　　　　　　　　　　20 000
　　贷：银行存款　　　　　　　　　　　　　　　　　　20 000

(3) 该企业购买了电脑、复印机、打印机、收银机等经营用机器设备 10 台，价款 600 000 元，用银行存款支付。

借：固定资产　　　　　　　　　　　　　　　　　　　600 000
　　贷：银行存款　　　　　　　　　　　　　　　　　　600 000

(4) 该企业取得一项 6 个月期限的短期银行借款金额 300 000 元，已划入该企业账户。

借：银行存款　　　　　　　　　　　　　　　　　　　300 000
　　贷：短期借款　　　　　　　　　　　　　　　　　　300 000

(5) 该企业用银行存款购买商品一批，价款 800 000 元。

借：库存商品　　　　　　　　　　　　　　　　　　　800 000
　　贷：银行存款　　　　　　　　　　　　　　　　　　800 000

(6) 该企业购买商品一批，货款 200 000 元尚未支付。

借：库存商品　　　　　　　　　　　　　　　　　　　200 000
　　贷：应付账款　　　　　　　　　　　　　　　　　　200 000

(7) 将现金 10 000 元存入银行。

借：银行存款　　　　　　　　　　　　　　　　　　　10 000
　　贷：库存现金　　　　　　　　　　　　　　　　　　10 000

(8) 用银行存款偿还前欠货款 200 000 元。

借：应付账款　　　　　　　　　　　　　　　　　　　200 000
　　贷：银行存款　　　　　　　　　　　　　　　　　　200 000

(9) 接到银行通知，收到买方偿还的货款 20 000 元。

借：银行存款　　　　　　　　　　　　　　　　　　　20 000
　　贷：应收账款　　　　　　　　　　　　　　　　　　20 000

(10) 开出商业汇票一张，抵偿应付账款 30 000 元。

借：应付账款　　　　　　　　　　　　　　　　　　　30 000
　　贷：应付票据　　　　　　　　　　　　　　　　　　30 000

会计学（第五版）

银行存款 账户					库存现金 账户			
借方		贷方			借方		贷方	
期初余额	30 000				期初余额	5 000		
	2 000 000		20 000			20 000		
	300 000		600 000					
	10 000		800 000					10 000
	20 000		200 000					
本期发生额	2 330 000	本期发生额	1 620 000		本期发生额	20 000	本期发生额	10 000
期末余额	740 000				期末余额	15 000		

应收账款 账户					库存商品 账户			
借方		贷方			借方		贷方	
期初余额	20 000				期初余额	160 000		
			20 000			800 000		
						200 000		
本期发生额	0	本期发生额	20 000		本期发生额	1 000 000	本期发生额	0
期末余额	0				期末余额	1 160 000		

固定资产 账户					应付账款 账户			
借方		贷方			借方		贷方	
期初余额	203 000						期初余额	30 000
	600 000							200 000
						200 000		
						30 000		
本期发生额	600 000	本期发生额	0		本期发生额	230 000	本期发生额	20 000
期末余额	803 000						期末余额	0

应付票据 账户					短期借款 账户			
借方		贷方			借方		贷方	
		期初余额	0				期初余额	0
			30 000					300 000
本期发生额	0	本期发生额	30 000		本期发生额	0	本期发生额	300 000
		期末余额	30 000				期末余额	300 000

应付利息　账户			
借方		贷方	
		期初余额	2 000
本期发生额　0		本期发生额	0
		期末余额	2 000

实收资本　账户			
借方		贷方	
		期初余额	346 000
			2 000 000
本期发生额　0		本期发生额	2 000 000
		期末余额	2 346 000

本年利润　账户			
借方		贷方	
		期初余额	40 000
本期发生额　0		本期发生额	0
		期末余额	40 000

发生额试算平衡表

××××年×月　　　　　　　　　　　　　　　　金额单位：元

会计科目	借方发生额	贷方发生额
库存现金	20 000	10 000
银行存款	2 330 000	1 620 000
应收账款	—	20 000
库存商品	1 000 000	—
固定资产	600 000	
应付账款	230 000	200 000
应付票据		30 000
短期借款	—	300 000
实收资本	—	2 000 000
合　计	4 180 000	4 180 000

余额试算表

××××年×月××日

金额单位：元

会计科目	借方余额	贷方余额
库存现金	15 000	
银行存款	740 000	
应收账款	—	—
库存商品	1 160 000	
固定资产	803 000	
应付利息		2 000
应付账款	—	—
应付票据		30 000
短期借款		300 000
实收资本		2 346 000
本年利润		40 000
合　计	2 718 000	2 718 000

第四章 练习题及参考答案

一、单项选择题（每题只有一个答案是正确的；将正确答案对应的字母填入括号）

(1) 下列经济业务会引起现金流量净额发生变动的是（ ）。
　　A. 将银行存款取出　　　　　　B. 将银行存款转为其他货币资金
　　C. 以银行汇票支付购买材料的价款　D. 用一台设备清偿债务

(2) 在记账无误的情况下，（　　）是造成银行对账单和银行存款日记账不一致的原因。
　　A. 应付账款　　B. 应收账款　　C. 未达账项　　D. 外埠存款

(3) 实存账存对比表是调整账面记录的（　　）。
　　A. 记账凭证　　B. 转账凭证　　C. 原始凭证　　D. 累计凭证

(4) "待处理财产损溢"账户未转销的借方余额表示（　　）。
　　A. 尚待处理的盘盈数　　　　B. 尚待处理的盘亏和毁损数
　　C. 已处理的盘盈数　　　　　D. 已处理的盘亏和毁损数

(5) 长期待摊费用属于会计要素中的（　　）。
　　A. 资产　　B. 负债　　C. 费用　　D. 所有者权益

(6) 所有者权益是企业（　　）后由所有者享有的剩余权益。
　　A. 长期资产扣除负债　　　　B. 资产扣除负债
　　C. 资产加上负债　　　　　　D. 流动资产扣除流动负债

(7) 登记账簿的依据是（　　）。
　　A. 经济合同　　B. 会计凭证　　C. 会计报表　　D. 经济活动

(8) 引起资产和负债同时减少的经济业务是（　　）。
　　A. 以银行存款购入材料一批　　B. 以银行借款偿还应付账款
　　C. 将现金存入银行　　　　　　D. 以银行存款偿还银行借款

(9) 库存商品明细分类账通常采用（　　）账簿。
　　A. 多栏式　　B. 三栏式　　C. 数量金额式　　D. 卡片式

(10) 下列项目中，属于所有者权益项目的是（　　）。
　　A. 股票投资　　B. 债券投资　　C. 未分配利润　　D. 短期借款

(11) 下列经济业务中，会引起一项负债减少，而另一项负债增加的经济业务是（　　）。
　　A. 以银行借款偿付应付账款　　B. 以银行借款偿还银行贷款

C. 将银行借款存入银行　　　　　D. 用银行借款购买材料

（12）我国企业会计准则规定，各单位应选择（　　）作为记账方法。
　　　A. 借贷记账法　　B. 增减记账法　　C. 收付记账法　　D. 以上三者

（13）企业从外部购买存货时应取得发票，购货发票属于（　　）。
　　　A. 自制原始凭证　　B. 外来原始凭证　　C. 记账凭证　　D. 累计凭证

（14）"借""贷"记账符号表示（　　）。
　　　A. 债权债务关系的变化　　　　B. 记账金额
　　　C. 平衡关系　　　　　　　　　D. 记账方向

（15）库存现金日记账和银行存款日记账属于（　　）。
　　　A. 普通日记账　　B. 特种日记账　　C. 分录日记账　　D. 转账日记账

（16）每年年初启用新账时，可继续使用不必更换新账的是（　　）。
　　　A. 总分类账　　　　　　　　　B. 银行存款日记账
　　　C. 固定资产卡片　　　　　　　D. 管理费用明细账

（17）专门记载某一类经济业务的序时账簿称为（　　）。
　　　A. 普通日记账　　　　　　　　B. 特种日记账
　　　C. 转账日记账　　　　　　　　D. 分录簿

（18）活页账一般适用于（　　）。
　　　A. 总分类账　　　　　　　　　B. 明细分类账
　　　C. 固定资产明细账　　　　　　D. 现金日记账和银行存款日记账

（19）下列哪些账不适用于订本账（　　）。
　　　A. 特种日记账　　B. 普通日记账　　C. 总分类账　　D. 明细分类账

（20）固定资产明细账的外表形式可以采用（　　）。
　　　A. 订本式账簿　　　　　　　　B. 卡片式账簿
　　　C. 活页式账簿　　　　　　　　D. 多栏式明细分类账

（21）库存现金日记账和银行存款日记账应根据有关凭证（　　）。
　　　A. 逐日逐笔登记　　　　　　　B. 逐日汇总登记
　　　C. 定期汇总登记　　　　　　　D. 一次汇总登记

（22）多栏式明细账一般适用于（　　）。
　　　A. 收入费用类账户　　　　　　B. 所有者权益类账户
　　　C. 资产类账户　　　　　　　　D. 负债类账户

（23）账簿中一般只设借方和贷方两个金额栏的账簿被称为（　　）。
　　　A. 特种日记账　　　　　　　　B. 普通日记账
　　　C. 转账日记账　　　　　　　　D. 明细分类账

(24) 下列做法错误的是（　　）。
   A. 现金日记账采用三栏式账簿
   B. 生产成本明细账采用三栏式账簿
   C. 产成品明细账采用数量金额式账簿
   D. 制造费用明细账采用多栏式账簿

(25) 总账和明细账划分的标准是按照（　　）分类的。
   A. 账户的结构　　　　　　　B. 科目的级别
   C. 账户的性质　　　　　　　D. 反映经济内容的详细程度

(26) 以下各项错误的是（　　）。
   A. 各种账簿应分工明确，指定专人管理
   B. 会计账簿只允许在财务室内随意翻阅查看
   C. 会计账簿除需要与外单位核对外，一般不能携带外出
   D. 账簿不能随意交与其他人员管理

(27) 登记账簿时，如果经济业务发生日期为20×3年11月12日，编制记账凭证日期为11月16日，登记账簿日期为11月17日，则账簿中的"日期"栏登记的时间为（　　）。
   A. 11月12日　　　　　　　　B. 11月16日
   C. 11月17日　　　　　　　　D. 11月16日或11月17日均可

(28) 根据已编制的记账凭证，将每项经济业务涉及的借方账户和贷方账户的发生额，分别登记到分类账簿中开设相应账户的过程为（　　）。
   A. 账项调整　　B. 转账　　C. 过账或登账　　D. 结账

(29) 根据记账凭证逐笔登记总分类账是（　　）核算程序的主要特点。
   A. 汇总记账凭证　　　　　　B. 科目汇总表
   C. 多栏式日记账　　　　　　D. 记账凭证

(30) 下列不属于汇总记账凭证账务处理程序的是（　　）。
   A. 根据各种记账凭证编制有关汇总记账凭证
   B. 根据各汇总记账凭证登记总分类账
   C. 根据记账凭证逐笔登记总分类账
   D. 根据原始凭证、汇总原始凭证编制记账凭证

(31) 以下哪种核算程序是最基本的会计核算程序（　　）。
   A. 日记总账　　　　　　　　B. 多栏式日记账
   C. 记账凭证　　　　　　　　D. 科目汇总表

(32) 记账凭证账务处理程序的适用范围是（　　）。
   A. 规模较小、经济业务量较少的单位

B. 规模较大、经济业务量较多的单位
C. 会计基础工作薄弱的单位
D. 采用单式记账的单位

(33) 各种账务处理程序的主要区别在于（　　）。
　　A. 总账的格式不同　　　　　　B. 登记总账的程序和方法不同
　　C. 会计凭证的种类不同　　　　D. 编制会计报表的依据不同

(34) 科目汇总表核算程序登记总账的直接依据是（　　）。
　　A. 各种记账凭证　　　　　　　B. 多栏式日记账
　　C. 汇总记账凭证　　　　　　　D. 记账凭证汇总表

(35) 财产物资明细账一般适用（　　）。
　　A. 多栏式明细账　　　　　　　B. 三栏式明细账
　　C. 数量金额式明细账　　　　　D. 以上都不是

(36) 科目汇总表账务处理程序的特点是（　　）。
　　A. 根据记账凭证登记总账　　　B. 根据科目汇总表登记总账
　　C. 根据汇总记账凭证登记总账　D. 根据多栏式日记账登记总账

(37) 科目汇总表账务处理程序，一般适用于（　　）。
　　A. 规模小、业务量少的单位　　B. 规模小、业务量多的单位
　　C. 规模大、业务量少的单位　　D. 规模大、业务量多的单位

(38) 汇总记账凭证账务处理程序适用于（　　）的企业。
　　A. 规模较大、经济业务较多　　B. 规模较小、经济业务不多
　　C. 规模较大、经济业务不多　　D. 规模较小、经济业务较多

(39) 汇总收款凭证是根据（　　）汇总而编制的。
　　A. 汇总记账凭证　　　　　　　B. 现金和银行存款的收款凭证
　　C. 现金和银行存款的付款凭证　D. 转账凭证

(40) 一般情况下，不需要根据记账凭证登记的账簿是（　　）。
　　A. 明细分类账　　　　　　　　B. 总分类账
　　C. 备查账簿　　　　　　　　　D. 特种日记账

(41) 汇总转账凭证是根据转账凭证按每个科目的贷方设置，按（　　）汇总定期编制。
　　A. 借方　　　B. 贷方　　　C. 借方和贷方　　　D. 借方或贷方

(42) 财产清查是对（　　）进行盘点和核对，确定其实存数，并查明其账存数与实存数是否相符的一种专门方法。
　　A. 存货　　　B. 固定资产　　　C. 货币资金　　　D. 各项财产

(43) 企业在遭受自然灾害后，对其受损的财产物资进行的清查，属于（　　）。
　　　A. 局部清查和不定期清查　　　B. 全面清查和定期清查
　　　C. 局部清查和定期清查　　　　D. 全面清查和不定期清查
(44) 对库存现金的清查应采用的方法是（　　）。
　　　A. 抽查库存现金　　　　　　　B. 检查现金日记账
　　　C. 倒挤法　　　　　　　　　　D. 实地盘点法
(45) 对应收账款进行清查时，应采用的方法是（　　）。
　　　A. 与记账凭证核对　　　　　　B. 发函询证法
　　　C. 实地盘点法　　　　　　　　D. 技术推算法
(46) 对银行存款清查的方法是（　　）。
　　　A. 定期盘存法　　　　　　　　B. 和往来单位核对账目的方法
　　　C. 实地盘存法　　　　　　　　D. 与银行核对账目的方法
(47) 对往来款项的清查方法是（　　）。
　　　A. 实地盘点法　　　　　　　　B. 发函询证法
　　　C. 技术推算法　　　　　　　　D. 抽查法
(48) 经查明，盘盈的原材料如因收发错误所致，一般应当（　　）。
　　　A. 借记管理费用　　　　　　　B. 贷记管理费用
　　　C. 借记营业外支出　　　　　　D. 贷记营业外支出
(49) 以下哪项不应当采用实地盘点的清查方法（　　）。
　　　A. 原材料　　B. 库存商品　　C. 应收账款　　D. 固定资产
(50) 对财产清查结果进行账务处理的主要目的是保证（　　）。
　　　A. 账实相符　　B. 账证相符　　C. 账账相符　　D. 账表相符
(51) 下列各项中，对（　　）进行财产清查可以采用实地盘点法。
　　　A. 银行存款　　B. 债权　　C. 库存现金　　D. 债务
(52) 对于盘盈的固定资产，应作为（　　）处理。
　　　A. 以前年度损益调整　　　　　B. 减少营业外支出
　　　C. 增加营业外收入　　　　　　D. 转入其他应收款
(53) 库存商品盘亏，经核查是由于管理不善造成，在批准核销时，应借记（　　）账户。
　　　A. 待处理财产损溢　　　　　　B. 营业外收入
　　　C. 库存商品　　　　　　　　　D. 管理费用
(54) 一般在进行年终决算前要（　　）。
　　　A. 对企业所有财产进行技术推算盘点

B. 对企业流动性较大的财产进行全面清查

C. 对企业部分财产进行局部清查

D. 对企业所有财产进行全面清查

(55) 企业在进行现金清查时发现现金溢余，如进一步核查无法查明原因，经批准后，正确的账务处理方法是（　　）。

A. 将其从"待处理财产损溢"科目转入"管理费用"科目

B. 将其从"待处理财产损溢"科目转入"营业外收入"科目

C. 将其从"待处理财产损溢"科目转入"其他应付款"科目

D. 将其从"待处理财产损溢"科目转入"其他应收款"科目

(56) 我国采用的资产负债表格式是（　　）。

A. 单步式　　B. 报告式　　C. 账户式　　D. 多步式

(57) 资产负债表是一张（　　）。

A. 静态会计报表　　　　　　B. 动态会计报表

C. 既是静态也是动态会计报表　　D. 既不是静态也不是动态会计报表

(58) 利润表是反映企业在一定会计期间（　　）的报表。

A. 财务状况　　B. 经营成果　　C. 管理水平　　D. 现金流量

(59) 下列关于利润表项目之间关系的等式中，正确的是（　　）。

A. 主营业务利润 = 主营业务收入 − 主营业务税金及附加

B. 营业利润 = 主营业务利润 + 其他业务利润

C. 利润总额 = 营业利润 − 营业外支出

D. 净利润 = 利润总额 − 所得税

二、**多项选择题**（每题至少有两个答案是正确的；将正确答案对应的字母填入括号）

(1) 会计凭证按其填制程序和用途可分为（　　）。

A. 原始凭证　　B. 记账凭证　　C. 付款凭证　　D. 收款凭证

(2) 对账工作主要包括（　　）。

A. 账证相符　　B. 账账相符　　C. 账实相符　　D. 表表相符

(3) 下列各项中，属于资产要素的是（　　）。

A. 预收账款　　B. 预付账款　　C. 应收账款　　D. 长期待摊费用

(4) 会计确认主要解决的问题包括（　　）。

A. 确定某一经济业务是否需要进行确认

B. 确定一项经济业务的货币金额

C. 确定某一经济业务应在何时进行确认

D. 确定某一经济业务应确认为哪个会计要素

(5) 借贷记账法的记账规则包括（　　）。
　　A. 有借必有贷，借贷必相等
　　B. 全部账户本期借方发生额合计＝全部账户本期贷方发生额合计
　　C. 全部账户期末借方余额合计＝全部账户期末贷方余额合计
　　D. 资产账户余额合计＝负债账户余额合计
(6) 会计记录的主要方法有（　　）。
　　A. 登记账簿　　　　　　　B. 设置账户
　　C. 复式记账　　　　　　　D. 填制和审核凭证
(7) 复式记账法下，下列各项中，期末余额一般在贷方的有（　　）。
　　A. 短期借款　　　　　　　B. 应付账款
　　C. 预收账款　　　　　　　D. 库存现金
(8) 使企业银行存款日记账余额大于银行对账单余额的未达账项是（　　）。
　　A. 企业先收款记账而银行未收款未记的款项
　　B. 银行先收款记账而企业未收款未记的款项
　　C. 企业和银行同时收款的款项
　　D. 银行先付款记账而企业未付款未记账的款项
(9) "银行存款余额调节表"是（　　）。
　　A. 原始凭证　　　　　　　B. 调整账面记录的原始依据
　　C. 只起到对账作用　　　　D. 银行存款清查的方法
(10) 登记银行存款日记账依据为（　　）。
　　A. 银行存款收款凭证　　　B. 银行存款付款凭证
　　C. 部分现金收款凭证　　　D. 部分现金付款凭证
(11) 原始凭证的基本内容包括（　　）。
　　A. 原始凭证名称　　　　　B. 接受原始凭证的单位名称
　　C. 经济业务的性质　　　　D. 凭证附件
(12) 其他单位因特殊原因需要使用本单位的原始凭证，正确的做法是（　　）。
　　A. 可以外借
　　B. 将外借的会计凭证拆封抽出
　　C. 不得外借，经本单位会计机构负责人或会计主管人员批准，可以复制
　　D. 将向外单位提供的凭证复印件在专设的登记簿上登记
(13) 在原始凭证上书写阿拉伯数字，正确的是（　　）。
　　A. 金额数字一律填写到角、分位
　　B. 无角分的，角位和分位可写"00"或者符号"-"

C. 有角无分的，分位应当写"0"
D. 有角无分的，分位也可以用符号"-"代替

(14) 下列属于外来原始凭证的有（   ）。
A. 本单位开具的销售发票
B. 供货单位开具的发票
C. 职工出差取得的飞机票和火车票
D. 银行收付款通知单

(15) 下列说法正确的是（   ）。
A. 记账凭证上的日期指的是经济业务发生的日期
B. 对于涉及"库存现金"和"银行存款"之间的经济业务，一般只编制收款凭证
C. 出纳人员不能直接依据有关收、付款业务的原始凭证办理收、付款业务
D. 出纳人员必须根据经会计主管或其指定人员审核无误的收、付款凭证办理收付款业务

(16) 下列属于一次凭证的有（   ）。
A. 收据　　　　B. 发货票　　　　C. 工资结算单　　　D. 工资汇总表

(17) 关于记账凭证下列说法正确的是（   ）。
A. 收款凭证是指用于记录库存现金和银行存款收款业务的会计凭证
B. 收款凭证分为库存现金收款凭证和银行存款收款凭证两种
C. 从银行提取库存现金的业务应该编制库存现金收款凭证
D. 从银行提取库存现金的业务应该编制银行存款付款凭证

(18) 原始凭证的审核内容包括（   ）。
A. 有关数量、单价、金额是否正确无误
B. 是否符合有关的计划和预算
C. 记录的经济业务的发生时间
D. 有无违反财经制度的行为

(19) 对原始凭证发生的错误，正确的更正方法是（   ）。
A. 由出具单位重开或更正
B. 由本单位的会计人员代为更正
C. 金额发生错误的，可由出具单位在原始凭证上更正
D. 金额发生错误的，应当由出具单位重开

(20) 收款凭证的借方科目可能有（   ）。
A. 应收账款　　B. 库存现金　　　C. 银行存款　　　D. 应付账款

(21) 下列经济业务中,应填制付款凭证的有（　　）。
    A. 提现金备用   B. 购买材料预付订金
    C. 购买材料未付款   D. 以银行存款支付前欠单位货款
(22) 记账凭证审核的主要内容有（　　）。
    A. 内容是否真实   B. 项目是否齐全
    C. 科目、金额、书写是否正确 D. 填制是否及时
(23) 张林出差回来,报销差旅费1 000元,原预借1 500元,交回剩余现金500元,这笔业务应该编制的记账凭证有（　　）。
    A. 付款凭证   B. 收款凭证
    C. 转账凭证   D. 原始凭证
(24) 下列凭证中,属于汇总凭证的有（　　）。
    A. 差旅费报销单   B. 发料凭证汇总表
    C. 限额领料单   D. 工资结算汇总表
(25) 以下有关会计凭证的表述中正确的有（　　）。
    A. 会计凭证是记录经济业务的书面证明
    B. 会计凭证可以明确经济责任
    C. 会计凭证是编制报表的依据
    D. 会计凭证是登记账簿的依据
(26) 运用平行登记法登记总账和明细账时,必须做到（　　）。
    A. 登记的方向一致   B. 登记的金额相等
    C. 登记的详细程度一样   D. 登记的期间相同
(27) 在各种会计核算程序下,明细分类账可以根据（　　）登记。
    A. 原始凭证   B. 原始凭证汇总表
    C. 记账凭证   D. 汇总记账凭证
(28) 在各种会计核算程序下,总分类账可以根据（　　）进行登记。
    A. 记账凭证   B. 科目汇总表
    C. 汇总记账凭证   D. 转账凭证和多栏式日记账
(29) 记账凭证核算程序一般适用于（　　）的企业单位。
    A. 经营规模较大   B. 经营业务较多
    C. 经营规模较小   D. 经济业务较少
(30) 科目汇总表核算程序一般适用于（　　）的企业单位。
    A. 经营规模较大   B. 经济业务较多
    C. 经营规模较小   D. 经济业务较少

(31) 各种账务处理程序的共同点有（　　）。
　　A. 根据原始凭证编制汇总原始凭证
　　B. 根据原始凭证及记账凭证登记明细分类账
　　C. 根据收、付款凭证登记现金日记账
　　D. 根据总账和明细账编制会计报表

(32) 以记账凭证为依据，按有关账户的贷方设置，按借方账户归类的有（　　）。
　　A. 汇总收款凭证　　　　　　B. 汇总转账凭证
　　C. 汇总付款凭证　　　　　　D. 科目汇总表

(33) 记账凭证核算组织程序的优点有（　　）。
　　A. 在记账凭证上能够清晰地反映账户之间的对应关系
　　B. 在总分类账上能够比较详细地反映经济业务的发生情况
　　C. 总分类账登记方法易于掌握
　　D. 可以减轻总分类账登记的工作量

(34) 为便于汇总收款凭证的编制，日常编制收款凭证时，分录形式最好是（　　）。
　　A. 一借一贷　　B. 一借多贷　　C. 多借一贷　　D. 多借多贷

(35) 为便于汇总转账凭证的编制，日常编制转账凭证时，分录形式最好是（　　）。
　　A. 一借一贷　　B. 一贷多借　　C. 一借多贷　　D. 多借多贷

(36) 科目汇总表核算组织程序的优点有（　　）。
　　A. 可以进行账户发生额的试算平衡
　　B. 可减轻登记总账的工作量
　　C. 能够保证总分类账登记的正确性
　　D. 适用性比较强

(37) 在科目汇总表核算程序下，记账凭证是用来（　　）的依据。
　　A. 登记库存现金日记账　　　　B. 登记银行存款日记账
　　C. 登记明细分类账　　　　　　D. 编制科目汇总表

(38) 在财产清查的过程中，应编制并据以调整账面记录的原始凭证有（　　）。
　　A. 库存现金盘点报告单　　　　B. 银行存款余额调节表
　　C. 财产物资清查盘存单　　　　D. 财产清查盈亏明细表

(39) 下列项目中，属于不定期并且全面清查的是（　　）。
　　A. 单位合并、撤销以及改变隶属关系
　　B. 年终决算之前
　　C. 企业股份制改制前
　　D. 单位主要领导调离时

（40）造成账实不符的原因主要有（　　）。
　　A. 财产物资的自然损耗、收发计量错误
　　B. 会计账簿漏记、重记、错记
　　C. 财产物资的毁损、被盗
　　D. 未达账项
（41）财产清查的内容包括（　　）。
　　A. 货币资金　　　　　　　B. 财产物资
　　C. 应收、应付款项　　　　D. 对外投资
（42）在银行存款对账中，未达账项包括（　　）。
　　A. 银行已收款入账企业未收款入账
　　B. 企业未付款入账银行已付款入账
　　C. 企业未付款入账银行也未付款入账
　　D. 银行已收款入账企业已收款入账
（43）在借贷记账法下，试算平衡的方法有（　　）。
　　A. 期末余额试算平衡　　　B. 差额试算平衡
　　C. 总额试算平衡　　　　　D. 本期发生额试算平衡
（44）利润表的基本格式主要有（　　）。
　　A. 账户式　　　　　　　　B. 单步式
　　C. 多步式　　　　　　　　D. 报告式

三、判断题（判断每题的陈述正确与否：如果正确，在题目的括号中画"√"；如果错误，在题目的括号中画"×"）

（1）记账凭证是经济业务发生或完成时取得或填制的书面证明，是进行会计核算的原始资料和重要依据。　　　　　　　　　　　　　　　　　　　　　　　　　　　（　　）

（2）按照权责发生制原则，会计对收入和费用应根据实际影响期间来确认，而不是根据其发生现金收付时间来确认。　　　　　　　　　　　　　　　　　　　　　　（　　）

（3）未达账项是指在企业和银行之间，由于凭证的传递时间不同，而导致了记账时间不一致，即一方已接到有关结算凭证已经登记入账，而另一方由于尚未接到有关结算凭证尚未入账的款项。　　　　　　　　　　　　　　　　　　　　　　　　　　　　（　　）

（4）期末账项调整只需划分各个会计期间的收入和费用，不需要调整资产和负债。
　　　　　　　　　　　　　　　　　　　　　　　　　　　　　　　　　　　（　　）

（5）对于未达账项应编制银行存款余额调节表进行调节，同时将未达账项编制记账凭证入账。　　　　　　　　　　　　　　　　　　　　　　　　　　　　　　（　　）

（6）若企业所有总分类账户期初余额是平衡的，即使本期发生额试算不平衡，期末余

额试算也有可能会平衡。   （   ）
　　（7）企业必须在登记完明细账后才能登记总账。   （   ）
　　（8）会计主体假设规定了会计核算的空间范围。   （   ）
　　（9）会计核算组织程序的第一步将所有的原始凭证都汇总编制为汇总原始凭证并不是必要的。   （   ）
　　（10）企业一定期间发生亏损，则其所有者权益必定减少。   （   ）
　　（11）管理费用、财务费用和销售费用等期间费用，应于期末时，将其所发生的费用金额，全部转入"本年利润"科目中。   （   ）
　　（12）不论发生什么样的经济业务，会计等式两边总额都保持不变，都不会破坏平衡关系。   （   ）
　　（13）总分类账、现金及银行存款日记账一般都采用活页式账簿。   （   ）
　　（14）各种原始凭证都应由会计人员填写，非会计人员不得填写。   （   ）
　　（15）结账之前，如果发现账簿中所记文字或数字有过账笔误或计算错误，而记账凭证并没有错误，可用划线更正法更正。   （   ）
　　（16）对在银行存款清查时出现的未达账项，可编制银行存款余额调节表来调整，编制好的银行存款余额调节表是调节账面余额的原始凭证。   （   ）
　　（17）补充登记法就是把原来未登记完的业务登记完毕的方法。   （   ）
　　（18）在权责发生制会计处理基础要求下，企业本期收到货币资金就意味着本期收入的增加。   （   ）
　　（19）在整个账簿体系中，日记账和分类账是主要账簿，备查账为辅助账簿。（   ）
　　（20）会计部门要在财产清查之前将所有的经济业务登记入账并结出余额。做到账账相符、账证相符，为财产清查提供可靠的依据。   （   ）
　　（21）设置普通日记账的企业一般可不再填制记账凭证。   （   ）
　　（22）库存现金日记账和银行存款日记账的外表形式必须采用订本式账簿。 （   ）
　　（23）为了保证库存现金日记账的安全和完整，库存现金日记账无论采用三栏式还是多栏式，外表形式都必须使用订本账。   （   ）
　　（24）任何单位都必须设置总分类账。   （   ）
　　（25）所有总分类账的外表形式都必须采用订本式。   （   ）
　　（26）多栏式明细账一般适用于负债类账户。   （   ）
　　（27）记账以后，发现记账凭证和账簿记录中的会计科目无误，只是金额有误，且错记的金额小于应记的正确金额，可采用红字更正法更正。   （   ）
　　（28）会计账簿是连接会计凭证与会计报表的中间环节，是编制会计报表的基础。
                                                                      （   ）

（29）为保持账簿记录的持久性，防止涂改，记账时必须使用蓝黑墨水或碳素墨水，并用钢笔书写。　　　　　　　　　　　　　　　　　　　　　　（　　）

（30）我国每个会计主体都采用普通日记账登记每日库存现金和银行存款的收付。
　　　　　　　　　　　　　　　　　　　　　　　　　　　　　　（　　）

（31）由于记账凭证错误而造成的账簿记录错误，可采用划线更正法进行更正。
　　　　　　　　　　　　　　　　　　　　　　　　　　　　　　（　　）

（32）用划线更正法时，只要将账页中个别错误数码划上红线，再填上正确数码即可。　　　　　　　　　　　　　　　　　　　　　　　　　　　（　　）

（33）无论分类账簿还是序时账簿，都需要以记账凭证作为记账依据。（　　）

（34）凡是明细账都使用活页账簿，以便根据实际需要，随时添加空白账页。（　　）

（35）启用订本式账簿，除在账簿扉页填列"账簿启用和经管人员一览表"外，还要从第一页到最后一页顺序编写页数，不得跳页、缺号。　　　　　　　（　　）

（36）会计账簿作为重要的经济档案，因保存期长，必须使用蓝色或黑色的笔书写。
　　　　　　　　　　　　　　　　　　　　　　　　　　　　　　（　　）

（37）各账户在一张账页记满时，应在该账页最后一行结出余额，并在"摘要"栏注明"转次页"字样。　　　　　　　　　　　　　　　　　　　　　（　　）

（38）账簿中书写的文字和数字上面要留有适当空距，一般应占格距的1/2，以便于发现错误时进行修改。　　　　　　　　　　　　　　　　　　　（　　）

（39）在企业撤销或合并时，要对企业的部分财产进行重点清查。（　　）

（40）未达账项只在企业与开户银行之间发生，企业与其他单位之间不会发生未达账项。　　　　　　　　　　　　　　　　　　　　　　　　　　　（　　）

（41）通过财产清查，可以挖掘财产物资的潜力，有效利用财产物资，加速资金周转。
　　　　　　　　　　　　　　　　　　　　　　　　　　　　　　（　　）

（42）未达账项是指企业与银行之间由于记账的时间不一致，而发生的一方已登记入账，另一方漏记的项目。　　　　　　　　　　　　　　　　　　　（　　）

（43）对因债权人特殊原因确实无法支付的应付账款，应记入营业外收入账户。
　　　　　　　　　　　　　　　　　　　　　　　　　　　　　　（　　）

（44）任何会计账务处理程序的第一步必须将所有的原始凭证都汇总编制为汇总原始凭证。　　　　　　　　　　　　　　　　　　　　　　　　　　（　　）

（45）科目汇总表不仅可以起到试算平衡的作用，而且可以反映账户之间的对应关系。
　　　　　　　　　　　　　　　　　　　　　　　　　　　　　　（　　）

（46）汇总收款凭证是按贷方科目设置，按借方科目归类、定期汇总、按月编制的。
　　　　　　　　　　　　　　　　　　　　　　　　　　　　　　（　　）

（47）在汇总记账凭证账务处理程序下，若某一贷方科目的转账凭证数量不多，可以根据转账凭证登记总分类账。（　　）

（48）记账凭证核算程序的特点是根据记账凭证逐笔登记总分类账和明细分类账。（　　）

（49）会计核算程序不同，库存现金日记账、银行存款日记账登记的依据也不同。（　　）

（50）根据账户记录编制试算平衡表以后，如果所有账户的借方发生额与所有账户的贷方发生额相等，则说明账户记录一定是正确的。（　　）

（51）各种会计核算程序的区别主要在于编制会计报表的依据和方法不同。（　　）

（52）采用科目汇总表核算程序，不仅可以简化登记总账工作，而且便于检查和分析经济业务。（　　）

（53）使用记账凭证账务处理程序不能将原始凭证汇总成原始凭证汇总表。（　　）

（54）库存现金日记账和银行存款日记账都属于普通日记账。（　　）

（55）保管期满的会计档案应全部销毁。（　　）

四、计算题

（一）某企业20×3年10月31日银行存款日记账余额为124 950元，银行对账单的余额为129 395元，经核查发现下列未达账项：

（1）企业收到转账支票一张计11 200元，将支票送存银行取得回单，银行尚未入账；

（2）企业开出转账支票一张计9 100元，银行尚未收到该支票；

（3）银行收到乙企业汇给甲企业的货款6 790元入账，甲企业未收到银行转来的收款通知；

（4）银行已支付甲企业短期借款利息245元，甲企业未收到银行转来的付款通知。

要求：根据上述资料，编制银行存款余额调节表。

银行存款余额调节表

年　月　日

单位：元

项　目	金　额	项　目	金　额
银行存款日记账余额		银行对账单余额	
加：银行已收企业未收的款项		加：企业已收银行未收的款项	
减：银行已付企业未付的款项		减：企业已付银行未付的款项	
调节后银行存款余额		调节后银行存款余额	

（二）华晨公司于20×3年12月31日进行财产清查时发现：

（1）现金短缺100元，经查明是由于出纳收发错误造成，经批准由出纳赔偿。

（2）盘盈甲材料 100 克，单价为 10 元/克，经查明属于自然升溢。

（3）盘亏乙材料 100 克，价款 1 000 元，增值税税率为 13%，进项税额为 130 元，原因无法查明。

（4）盘亏设备一台，该设备原值为 10 000 元，已计提折旧 5 000 元，未计提减值准备，经查明原因为失窃，可获得保险公司赔偿 1 000 元。

要求：假设不考虑有关税费，作出相关的账务处理。

参考答案

一、单项选择题

(1) C   (2) C   (3) C   (4) B   (5) A   (6) B   (7) B   (8) D
(9) C   (10) C   (11) A   (12) A   (13) B   (14) D   (15) B   (16) C
(17) B   (18) B   (19) D   (20) B   (21) A   (22) A   (23) B   (24) B
(25) D   (26) B   (27) B   (28) C   (29) D   (30) C   (31) B   (32) A
(33) B   (34) D   (35) C   (36) B   (37) D   (38) A   (39) B   (40) C
(41) A   (42) D   (43) A   (44) D   (45) B   (46) B   (47) B   (48) B
(49) C   (50) A   (51) C   (52) A   (53) D   (54) D   (55) B   (56) C
(57) A   (58) B   (59) D

二、多项选择题

(1) AB   (2) ABC   (3) BCD   (4) ACD   (5) ABC   (6) ABCD
(7) ABC   (8) AD   (9) CD   (10) ABD   (11) ABD   (12) CD
(13) ABC   (14) BCD   (15) CD   (16) ABC   (17) ABD   (18) ABCD
(19) AD   (20) BC   (21) ABD   (22) ABC   (23) BC   (24) ABD
(25) ABD   (26) ABD   (27) ABC   (28) ABCD (29) CD   (30) AB
(31) ABCD (32) BC   (33) ABC   (34) AB   (35) AB   (36) ABCD
(37) ABCD (38) AD   (39) ACD   (40) ABCD (41) ABC   (42) AB
(43) AD   (44) BC

三、判断题

(1) ×   (2) √   (3) √   (4) ×   (5) ×   (6) ×   (7) ×
(8) √   (9) √   (10) ×   (11) √   (12) √   (13) ×   (14) ×
(15) √   (16) ×   (17) ×   (18) ×   (19) √   (20) √   (21) √
(22) √   (23) √   (24) √   (25) √   (26) √   (27) √   (28) √
(29) √   (30) ×   (31) ×   (32) ×   (33) √   (34) √   (35) √

(36) ×　(37) √　(38) √　(39) ×　(40) ×　(41) √　(42) ×
(43) √　(44) ×　(45) ×　(46) ×　(47) √　(48) √　(49) ×
(50) ×　(51) ×　(52) √　(53) ×　(54) ×　(55) ×

四、计算题

(一)

银行存款余额调节表

20×3年10月31日　　　　　　　　　　　　　　　　　单位：元

项　目	金　额	项　目	金　额
银行存款日记账余额	124 950	银行对账单余额	129 395
加：银行已收企业未收的款项	6 790	加：企业已收银行未收的款项	11 200
减：银行已付企业未付的款项	245	减：企业已付银行未付的款项	9 100
调节后银行存款余额	131 495	调节后银行存款余额	131 495

(二)

(1) 批准前：

借：待处理财产损溢——待处理流动资产损溢　　　　　　100
　　贷：库存现金　　　　　　　　　　　　　　　　　　　　　100

批准后：

借：其他应收款　　　　　　　　　　　　　　　　　　100
　　贷：待处理财产损溢——待处理流动资产损溢　　　　　　　100

(2) 批准前：

借：原材料　　　　　　　　　　　　　　　　　　　1 000
　　贷：待处理财产损溢——待处理流动资产损溢　　　　　 1 000

批准后：

借：待处理财产损溢——待处理流动资产损溢　　　　 1 000
　　贷：管理费用　　　　　　　　　　　　　　　　　　　　 1 000

(3) 批准前：

借：待处理财产损溢——待处理流动资产损溢　　　　 1 000
　　贷：原材料　　　　　　　　　　　　　　　　　　　　　 1 000

批准后：

借：管理费用　　　　　　　　　　　　　　　　　　 1 000
　　贷：待处理财产损溢——待处理流动资产损溢　　　　　 1 000

(4) 批准前：

借：待处理财产损溢——固定资产盘亏 　　　　　　　　　5 000
　　累计折旧 　　　　　　　　　　　　　　　　　　　　5 000
　　　贷：固定资产 　　　　　　　　　　　　　　　　　　　　　10 000

批准后：

借：其他应收款 　　　　　　　　　　　　　　　　　　　1 000
　　营业外支出 　　　　　　　　　　　　　　　　　　　4 000
　　　贷：待处理财产损溢——固定资产盘亏 　　　　　　　　　　5 000

第五章　练习题及参考答案

一、单项选择题（每题只有一个答案是正确的；将正确答案对应的字母填入括号）

（1）我国会计核算中的货币资金指的是（　　）。
　　A. 库存现金　　　　　　　　B. 银行存款
　　C. 有价证券　　　　　　　　D. 库存现金、银行存款、其他货币资金

（2）企业库存现金的最高限额一般为（　　）日常零星开支。
　　A. 10天　　　B. 3~5天　　　C. 15天　　　D. 20天

（3）下列经济业务中不会引起资产总额发生增减变化的是（　　）。
　　A. 接受投资者投资，款项存入银行
　　B. 从银行提取现金
　　C. 用银行存款偿还应付账款
　　D. 采购材料入库，暂未付款

（4）企业将款项汇往外地开立采购专用账户时，应借记的会计科目是（　　）。
　　A. 委托收款　　B. 物资采购　　C. 应收账款　　D. 其他货币资金

（5）在企业的现金清查中，经检查仍无法查明原因的现金短款，经批准后应计入（　　）。
　　A. 财务费用　　B. 销售费用　　C. 管理费用　　D. 营业外支出

（6）企业在银行开立的账户中，可以办理提现业务以发放工资的是（　　）。
　　A. 专用存款账户　　　　　　B. 基本存款账户
　　C. 临时存款账户　　　　　　D. 一般存款账户

（7）下列各项中，在确认销售收入时不影响应收账款入账金额的是（　　）。
　　A. 销售价款　　　　　　　　B. 增值税销项税额
　　C. 主营业务成本　　　　　　D. 销售产品代垫的运杂费

（8）企业出租固定资产应收而未收到的租金应计入什么科目的借方（　　）。
　　A. 其他业务收入　　　　　　B. 固定资产清理
　　C. 应收账款　　　　　　　　D. 其他应收款

（9）20×3年4月16日，A企业销售产品一批，价款400万元，增值税额52万元，收到期限为6个月的商业承兑汇票一张，年利率为7%，则该票据到期时，A企业收到的票款为（　　）万元。

A. 486　　　　　B. 467.82　　　　C. 400　　　　D. 414

(10) 企业应按期计提坏账准备，对于已确认的坏账损失，应借记（　　）。
　　A. "管理费用"科目　　　　　　B. "财务费用"科目
　　C. "坏账准备"科目　　　　　　D. "信用减值损失"科目

(11) 下列票据可贴现的是（　　）。
　　A. 银行本票　　B. 现金支票　　C. 商业汇票　　D. 银行汇票

(12) 企业的应收票据在到期时，承兑人无力偿还票款的，应将其转入（　　）科目。
　　A. 应收账款　　B. 应付账款　　C. 其他应收款　　D. 预收账款

(13) 下列各项支出中，一般纳税企业不计入存货成本的是（　　）。
　　A. 增值税进项税额　　　　　　B. 入库前的挑选整理费
　　C. 购进存货时支付的进口关税　　D. 购进存货时发生的运输费用

(14) 企业清查存货，发现存货盘亏，无法查明原因，则应当计入（　　）。
　　A. 财务费用　　　　　　　　　B. 管理费用
　　C. 其他业务成本　　　　　　　D. 营业外支出

(15) 20×2年12月31日，A企业持有的库存甲材料账面价值（成本）为360万元，市场购买价格为345万元，假设不发生其他购买费用，用甲材料生产的乙产品可变现净值为580万元，乙产品的成本为570万元。则20×2年12月31日甲材料的账面价值为（　　）万元。
　　A. 360　　　　　B. 345　　　　　C. 580　　　　D. 570

(16) 已知预付账款的账户本期借方发生额为5 800元，贷方发生额为3 000元，期末借方余额8 000元，则期初余额为（　　）元。
　　A. 10 800　　　B. 800　　　　　C. 5 200　　　D. 4 200

(17) 下列各项中不属于存货的是（　　）。
　　A. 尚在加工中的在产品
　　B. 委托其他单位加工的物资
　　C. 购货单位已交款并已开出提货单但尚未提取的货物
　　D. 款项已支付但尚未运达的货物

(18) 企业已计提坏账准备的应收账款确实无法收回，按管理权限报经批准作为坏账转销时，应编制的会计分录是（　　）。
　　A. 借记"信用减值损失"科目，贷记"坏账准备"科目
　　B. 借记"管理费用"科目，贷记"应收账款"科目
　　C. 借记"坏账准备"科目，贷记"应收账款"科目
　　D. 借记"坏账准备"科目，贷记"信用减值损失"科目

(19) 企业将款项汇往异地银行开立采购专户,编制该业务的会计分录时应当（　　）。

　　A. 借记"应收账款"科目,贷记"银行存款"科目

　　B. 借记"其他货币资金"科目,贷记"银行存款"科目

　　C. 借记"其他应收款"科目,贷记"银行存款"科目

　　D. 借记"材料采购"科目,贷记"其他货币资金"科目

(20) 下列各项中,不通过"其他应收款"科目核算的是（　　）。

　　A. 为购货方代垫的运费　　　　B. 应收保险公司的各项赔款

　　C. 为职工代垫的房租　　　　　D. 存出保证金

二、多项选择题（每题至少有两个答案是正确的;将正确答案对应的字母填入括号）

(1) 下列事项中,可以使用现金的有（　　）。

　　A. 支付职工工资　　　　　　　B. 向农民收购农产品

　　C. 购买国家规定的专供用品　　D. 按照国家规定发给个人的科技进步奖

　　E. 差旅费

(2) 会导致企业银行存款日记账余额大于银行存款的有（　　）。

　　A. 企业已经收款入账,银行尚未收款入账的款项

　　B. 企业已经付款入账,银行尚未付款入账的款项

　　C. 银行已经收款入账,企业尚未收款入账的款项

　　D. 银行已经付款入账,企业尚未付款入账的款项

　　E. 企业、银行收付款同时入账

(3) 下列事项中,不符合银行结算纪律的有（　　）。

　　A. 考虑企业的未来现金收入,签发了一张远期支票

　　B. 在不影响企业自身业务的情况下,将账户暂时借给他人使用

　　C. 根据自身业务需要,企业可开立多个基本存款账户

　　D. 支票必须由指定人员签发,其他人员一律不准签发

　　E. 企业是否付款由其自主决定,不用考虑账户是否有足够的资金

(4) 下列属于企业流动资产的是（　　）。

　　A. 预收账款　　　　　　　　　B. 机器设备

　　C. 专利权　　　　　　　　　　D. 库存商品

　　E. 库存现金

(5) 其他货币资金包括（　　）。

　　A. 银行存款　　　　　　　　　B. 外埠存款

　　C. 备用金　　　　　　　　　　D. 存出投资款

　　E. 信用卡存款

(6) 下列各项中，构成应收账款入账价值的有（　　）。
    A. 增值税销项税额　　　　　　B. 商业折扣
    C. 代购货方垫付的保险费　　　D. 销售货款
    E. 代购货方垫付的运杂费

(7) 如果经济业务事项的发生使企业银行存款减少，那么相应的有可能使（　　）。
    A. 固定资产增加　　　　　　　B. 长期借款减少
    C. 应付账款增加　　　　　　　D. 实收资本减少
    E. 应收账款减少

(8) 下列各项中，会影响应收账款账面价值的有（　　）。
    A. 收回前期应收账款　　　　　B. 发生赊销商品的业务
    C. 收回已转销的坏账　　　　　D. 结转到期不能收回的票据
    E. 按规定计提应收账款的坏账准备

(9) 下列各项应计入工业企业存货成本的有（　　）。
    A. 运输途中的合理损耗
    B. 入库前的挑选整理费用
    C. 存货运到企业并验收入库前所发生的运杂费
    D. 进口原材料支付的关税
    E. 自然灾害造成的原材料净损失

(10) 下列各项属于企业存货的有（　　）。
    A. 委托加工材料　　　　　　　B. 在产品
    C. 特种储备物资　　　　　　　D. 产成品
    E. 受托加工物资

(11) 下列各项中，应计提坏账准备的有（　　）。
    A. 应收账款　　　　　　　　　B. 应收票据
    C. 预付账款　　　　　　　　　D. 其他应收款

(12) 下列说法中正确的有（　　）。
    A. 购入的交易性金融资产实际支付的价款中包含的已宣告但尚未领取的现金股利或已到付息期但尚未领取的债券利息，应单独核算，不构成交易性金融资产的成本
    B. 为购入交易性金融资产所支付的相关费用，不计入该资产的成本
    C. 为购入交易性金融资产所支付的相关费用，应计入该资产的成本
    D. 交易性金融资产在持有期间，收到现金股利，应确认投资收益

三、判断题（判断每题的陈述正确与否：如果正确，在题目的括号中画"√"；如果错误，在题目的括号中画"×"）

（1）现金清查时发现现金溢余，将溢余金额记入"待处理财产损溢"科目，后经进一步核查，无法查明原因，经批准后，冲减当期管理费用。（   ）

（2）企业到外地进行零星或临时采购，汇往采购地银行开立采购专户的款项，应借记"其他货币资金——外埠存款"科目，贷记"银行存款"科目。（   ）

（3）企业内部各部门周转使用的备用金，应在"其他应收款"科目核算，或单独设置"备用金"科目核算。（   ）

（4）企业库存现金低于限额时，可以用销售收入补足限额。（   ）

（5）企业实际发生坏账损失时，应借记"坏账准备"科目，贷记"应收账款"科目。
（   ）

（6）任何单位和个人不得将单位的资金以个人名义开立账户储存。（   ）

（7）银行存款余额调节表中银行对账单应减去企业已收银行未收的款项。（   ）

（8）自然灾害造成的原材料净损失应该计入原材料的入账价值。（   ）

（9）企业确认存货时，应以存货是否具有法定所有权和是否存放在企业为依据。
（   ）

（10）企业期末清查存货发现存货盘盈，经批准后，应冲减"管理费用"科目。
（   ）

四、业务题

（1）某企业 20×2 年 4 月发生经济业务如下：

① 4 月 2 日，出纳员开出现金支票 3 000 元，补充库存现金。

② 4 月 4 日，内部审计部门报销办公用品款，以现金支付 160 元。

③ 4 月 7 日，李某出差预借差旅费 500 元，以现金支付。

④ 4 月 9 日，对现金进行清查，发现现金短款 200 元。期末无法查明原因，经批准计入当期费用。

⑤ 4 月 17 日，由当地银行汇往 B 市某银行临时采购货款 40 000 元。

⑥ 4 月 18 日，李某出差回来，报销差旅费 580 元，不足部分以现金支付。

⑦ 4 月 20 日，在 B 市购买原材料，增值税专用发票注明价款 20 000 元，增值税税额 2 600 元，材料尚未运到。转回临时采购账户剩余存款。

要求：根据上述业务编制会计分录。

（2）资料：华宇公司采用备抵法核算坏账损失，按年末应收账款余额的 5‰ 提取坏账准备，有关资料如下：

① 公司从 20×6 年开始计提坏账准备，年末应收账款余额为 100 万元；

② 20×7 年末应收账款余额为 250 万元；
③ 20×8 年 6 月发生一笔坏账 18 000 元，20×8 年末应收账款余额为 220 万元；
④ 20×9 年末应收账款余额为 200 万元。
要求：根据上述资料进行相关计算，并编制有关会计分录。
（3）资料：某企业采用永续盘存制核算存货收发业务，某种存货的收发情况如下：
① 9 月初该存货结存为 0；
② 9 月 28 日购入 1 000 件，单价 400 元；
③ 10 月 15 日购入 1 000 件，单价 420 元；
④ 11 月 8 日购入 2 000 件，单价 410 元；
⑤ 12 月 15 日出售 1 800 件；
⑥ 12 月 20 日购入 1 000 件，单价 400 元；
⑦ 12 月 31 日经过盘点，库存存货 3 200 件。
要求：分别按照先进先出法、月末一次加权平均法计算出售存货和结存存货的成本。

五、综合题

（1）小李刚参加工作，在 A 公司做出纳员工作，遇到过下列情况：
① 在两次例行的现金清查中，分别发现现金短缺 100 元和现金溢余 50 元。小李弄不明白原因，为保全自己的面子，息事宁人，现金短缺的 100 元他自己补上，现金溢余的 50 元自己收起。
② 每次编制银行存款余额调节表时，只根据公司银行存款日记账的余额，加或减对账单中企业的未入账款项来确定公司银行存款的实有数，而且每次做完银行存款余额调节表后，立即将未入账的款项登记入账。
要求：分析小李对上述业务的处理是否正确，给出正确答案。

（2）奔腾股份有限公司是生产电子产品的上市公司，为增值税一般纳税企业，企业按单项存货、按年计提跌价准备。20×2 年 12 月 31 日，该公司期末存货有关资料如下：

存货品种	数量	单位成本（万元）	账面余额（万元）	备注
A 产品	280 台	15	4 200	
B 产品	500 台	3	1 500	
C 产品	1 000 台	1.7	1 700	
D 配件	400 件	1.5	600	用于生产 C 产品
合计			8 000	

20×2年12月31日，A产品市场销售价格为每台13万元，预计销售费用及税金为每台0.5万元；B产品市场销售价格为每台3万元。奔腾公司已经与某企业签订一份不可撤销销售合同，约定在20×3年2月1日以合同价格为每台3.2万元的价格向该企业销售B产品300台。B产品预计销售费用及税金为每台0.2万元；C产品市场销售价格为每台2万元，预计销售费用及税金为每台0.15万元；D配件的市场价格为每件1.2万元，现有D配件可用于生产400台C产品，用D配件加工成C产品后预计C产品单位成本为1.75万元。

20×1年12月31日，A产品和C产品的存货跌价准备余额分别为800万元和150万元，对其他存货未计提存货跌价准备；20×2年销售A产品和C产品分别结转存货跌价准备200万元和100万元。

要求：根据上述资料，分析计算奔腾公司20×2年12月31日应计提或转回的存货跌价准备，并编制相关的会计分录。

参考答案

一、单项选择题
(1) D　(2) B　(3) B　(4) D　(5) C　(6) B　(7) C　(8) D
(9) B　(10) C　(11) C　(12) A　(13) A　(14) B　(15) A　(16) C
(17) C　(18) C　(19) B　(20) A

二、多项选择题
(1) ABDE　(2) AD　(3) ABCE　(4) DE　(5) BDE　(6) ACDE
(7) ABD　(8) ABCDE　(9) ABCD　(10) ABD　(11) ABD　(12) ABD

三、判断题
(1) ×　(2) √　(3) √　(4) ×　(5) √　(6) ×　(7) √
(8) ×　(9) ×　(10) √

四、业务题
(1)
① 借：库存现金　　　　　　　　　　　　　　　　　　　　3 000
　　　贷：银行存款　　　　　　　　　　　　　　　　　　　　3 000
② 借：管理费用　　　　　　　　　　　　　　　　　　　　160
　　　贷：库存现金　　　　　　　　　　　　　　　　　　　　160
③ 借：其他应收款　　　　　　　　　　　　　　　　　　　500
　　　贷：库存现金　　　　　　　　　　　　　　　　　　　　500

④ 借：待处理财产损溢 200
　　　贷：库存现金 200
　借：管理费用 200
　　　贷：待处理财产损溢 200
⑤ 借：其他货币资金——外埠存款 40 000
　　　贷：银行存款 40 000
⑥ 借：管理费用 580
　　　贷：其他应收款 500
　　　　　库存现金 80
⑦ 借：材料采购 20 000
　　　应交税费——应交增值税（进项税额） 2 600
　　　银行存款 17 400
　　　贷：其他货币资金——外埠存款 40 000

(2) 华宇公司有关会计分录如下：
① 20×6 年应提坏账准备额 = 1 000 000 × 5‰ = 5 000（元）
　借：信用减值损失——计提的坏账准备 5 000
　　　贷：坏账准备——应收账款 5 000
② 20×7 年应提坏账准备额 = 2 500 000 × 5‰ − 5 000 = 7 500（元）
　借：信用减值损失——计提的坏账准备 7 500
　　　贷：坏账准备——应收账款 7 500
③ 20×8 年 6 月发生一笔坏账 18 000 元
　借：坏账准备——应收账款 18 000
　　　贷：应收账款 18 000
20×8 年末应收账款余额为 220 万元，应提坏账准备额 = 2 200 000 × 5‰ +（18 000 − 12 500）= 16 500（元）
　借：信用减值损失——计提的坏账准备 16 500
　　　贷：坏账准备——应收账款 16 500
④ 20×9 年末应收账款余额为 200 万元，应提坏账准备额 = 2 000 000 × 5‰ − 11 000 = −1 000（元）
　借：坏账准备——应收账款 1 000
　　　贷：信用减值损失——计提的坏账准备 1 000

(3)
① 先进先出法下：
出售存货成本 =（1 000 × 400）+（800 × 420）= 736 000（元）

期末结存存货的成本 = (200×420) + (2 000×410) + (1 000×400) = 1 304 000（元）

② 一次加权平均法下：

一次加权平均单价 = [(1 000×400) + (1 000×420) + (2 000×410) + (1 000×400)] ÷ (1 000 + 1 000 + 2 000 + 1 000) = 408（元）

出售存货成本 = 1 800×408 = 734 400（元）

期末结存存货的成本 = 3 200×408 = 1 305 600（元）

五、综合题

(1) ①小李对现金清查结果的处理是错误的，他的处理方法可能会掩盖公司在现金管理与核算中存在的问题。正确处理方法是按照有关的会计规定进行处理：对现金清查中发现的账实不符，首先应通过"待处理财产损溢——待处理流动资产损溢"科目进行核算。现金清查中发现短缺的现金，按短缺金额，借记"待处理财产损溢——待处理流动资产损溢"科目，贷记"库存现金"科目；发现溢余的现金，按实际溢余的金额，借记"库存现金"科目，贷记"待处理财产损溢——待处理流动资产损溢"科目。待查明原因后按规定转账。若无法查明原因，报经主管人员批准后，转作收入或费用处理。

现金短缺部分，属于应由责任人或由保险公司赔偿的部分，记入"其他应收款"或"库存现金"科目，无法查明原因的，经批准后，记入"管理费用"科目。现金溢余部分，属于应支付给有关单位或个人的，记入"其他应付款"等科目；属于无法查明原因的，记入"营业外收入"科目。

② 小李编制银行存款余额调节表，确定银行存款实有数的方法是错误的。确定银行存款实有数，应考虑以下两个方面的原因：一是存在的未达账项；二是企业或银行可能存在的记账错误。未达账项一般存在四种情况：一是企业已经收款入账，银行尚未收款入账的款项；二是企业已经付款入账，银行尚未付款入账的款项；三是银行已经收款入账，企业尚未收款入账的款项；四是银行已经付款入账，企业尚未付款入账的款项；小李在确定银行存款实有数时只考虑了上述三、四两种情况，忽略了前两种情况。

按照现行规定，发生未达账项时，应编制银行存款余额调节表进行调节。调节后，双方余额如果相等，一般表明双方记账没有错误。如果双方余额不相等，一般表明双方记账有错误，需要进一步查对。属于银行方面的原因，应及时通知银行更正；属于本单位原因，应按错账更正办法进行更正。

小李对未达账项的处理方法错误。银行对账单和银行存款余额调节表只是用来核对账目的，不是记账依据。小李每次做完银行存款余额调节表后，立即将未入账的款项登记入账的做法，不符合规定，应该在相关未达账项符合入账标准时入账。

(2)

A产品：

可变现净值 = 280×(13−0.5) = 3 500 万元 < 4 200 万元

则 A 产品应计提跌价准备为 4 200 – 3 500 = 700（万元）
本期应计提存货跌价准备 = 700 –（800 – 200）= 100（万元）
B 产品：
有合同部分的可变现净值 = 300 ×（3.2 – 0.2）= 900（万元）
成本 = 300 × 3 = 900（万元），则有合同部分不用计提存货跌价准备；
无合同部分的可变现净值 = 200 ×（3 – 0.2）= 560（万元）
成本 = 200 × 3 = 600（万元）
应计提存货跌价准备 = 600 – 560 = 40（万元）
C 产品：
可变现净值 = 1 000 ×（2 – 0.15）= 1 850（万元）
成本为 1 700 万元，则 C 产品不用计提准备，同时把原有余额 150 – 100 = 50（万元）存货跌价准备转回。
D 配件：
对应产品 C 的成本 = 600 + 400 ×（1.75 – 1.5）= 700（万元）
可变现净值 = 400 ×（2 – 0.15）= 740（万元），C 产品未减值，不用计提存货跌价准备。
20 × 2 年 12 月 31 日，作如下会计分录：

借：资产减值损失　　　　　　　　　　　　　　　　　1 000 000
　　贷：存货跌价准备——A 产品　　　　　　　　　　　　　1 000 000
借：资产减值损失　　　　　　　　　　　　　　　　　400 000
　　贷：存货跌价准备——B 产品　　　　　　　　　　　　　400 000
借：存货跌价准备——C 产品　　　　　　　　　　　　500 000
　　贷：资产减值损失　　　　　　　　　　　　　　　　　500 000

第六章 练习题及参考答案

一、单项选择题（每题只有一个答案是正确的；将正确答案对应的字母填入括号）

(1) 下列资产中，不属于固定资产的是（　　）。
　　A. 季节性停用的设备　　　　B. 土地所有权
　　C. 经营租出的建筑物　　　　D. 融资租入的机器设备

(2) 外购固定资产时，不应计入成本的支出是（　　）。
　　A. 运输途中的合理损耗　　　B. 专业人员服务费
　　C. 采购人员差旅费　　　　　D. 安装调试费

(3) 影响固定资产折旧的因素不包含（　　）。
　　A. 固定资产的减值准备　　　B. 固定资产的预计工作总量
　　C. 固定资产的日常维护费用　D. 固定资产的初始入账价值

(4) 一台设备，原价60 000元，预计净残值率5%，预计使用5年，采用年数总和法计提折旧，第二年的折旧额为（　　）元。
　　A. 15 200　　B. 12 160　　C. 9 120　　D. 6 080

(5) 企业生产车间使用的固定资产计提的折旧费，应记入的账户是（　　）。
　　A. 制造费用　　B. 管理费用　　C. 销售费用　　D. 生产成本

(6) 企业报废一台设备，产生的净损失，应从"固定资产清理"账户转出记入下列（　　）账户。
　　A. 营业外支出　　　　　　　B. 资产处置损益
　　C. 其他业务成本　　　　　　D. 主营业务成本

(7) 以下关于无形资产的说法正确的是（　　）。
　　A. 使用寿命有限的无形资产，其残值一定为零
　　B. 企业自创商誉应作为无形资产进行核算
　　C. 无形资产摊销方法无须反映其经济利益的预期消耗方式
　　D. 企业内部研究开发项目研究阶段的支出，应于发生时计入当期损益

(8) 无形资产摊销时，应记入（　　）账户的贷方。
　　A. 累计摊销　　B. 无形资产　　C. 管理费用　　D. 制造费用

(9) 非企业合并形成的长期股权投资初始成本不应包含的是（　　）。
　　A. 购买价款中包含的已宣告但尚未发放的债券利息

B. 为取得长期股权投资发生的审计费

C. 为取得长期股权投资发生的咨询费

D. 购买价款

(10) 在成本法下，被投资方宣告发放现金股利时，投资方应贷记的账户是（   ）。

    A. 投资收益　　　　　　　　B. 长期股权投资

    C. 应收股利　　　　　　　　D. 银行存款

二、**多项选择题**（每题至少有两个答案是正确的；将正确答案对应的字母填入括号）

(1) 下列采用成本法进行长期股权投资核算的适用范围包括（   ）。

    A. 投资企业对被投资方能够实施控制，即对子公司的投资

    B. 投资企业对被投资方不具有控制、共同控制或重大影响，且在活跃市场有报价、公允价值能够可靠计量的权益投资

    C. 投资企业对被投资方具有共同控制，即对合营企业的投资

    D. 投资企业对被投资方不具有控制、共同控制或重大影响，且在活跃市场没有报价、公允价值不能可靠计量的权益投资

(2) 以下属于无形资产的有（   ）。

    A. 非专利技术　　　　　　　　B. 特许权

    C. 人力资源　　　　　　　　　D. 土地使用权

(3) 下列固定资产应计提折旧的有（   ）。

    A. 已提足折旧仍继续使用的固定资产

    B. 单独计价入账的土地

    C. 大修理期间停用的固定资产

    D. 未使用的房屋建筑物

(4) 根据《企业会计准则第4号——固定资产》的规定，下列说法正确的有（   ）。

    A. 企业应当根据与固定资产有关的经济利益的预期消耗方式，合理选择固定资产折旧方法

    B. 固定资产的折旧方法一经确定，不得变更

    C. 企业至少应当于每年年度终了，对固定资产的使用寿命、预计净残值和折旧方法进行复核

    D. 若固定资产使用寿命预计数与原先估计数有差异，应当调整固定资产使用寿命

(5) 下列属于加速折旧法的有（   ）。

    A. 双倍余额递减法　　　　　　B. 年限平均法

    C. 工作量法　　　　　　　　　D. 年数总和法

三、判断题

（判断每题的陈述正确与否：如果正确，在题目的括号中画"√"；如果错误，在题目的括号中画"×"）

（1）年数总和法下，计算年折旧额的公式是用固定资产应计折旧总额乘以逐年递减的折旧率。（　　）

（2）直线法下，各年的折旧额相等，属于匀速折旧法。（　　）

（3）固定资产更新改造支出符合资本化条件的，应计入固定资产成本，同时将被替换部分的账面价值扣除。（　　）

（4）固定资产达到预定可使用状态但尚未办理竣工决算的，应当按照估计价值确定其成本，并计提折旧；待办理竣工决算后，再按实际成本调整原来的暂估价值，同时调整原已计提的折旧额。（　　）

（5）固定资产盘盈应作为前期差错处理，通过"以前年度损益调整"科目核算。（　　）

（6）自行研究开发无形资产在开发阶段的支出全部应当资本化。（　　）

（7）使用寿命不确定的无形资产，在持有期间不需要进行摊销，但应当在每个会计期间进行减值测试。（　　）

（8）无形资产减值准备一经计提，在以后会计期间不得转回。（　　）

（9）非同一控制下的企业合并中，购买方确定的长期股权投资初始投资成本应当以合并日被购买方可辨认净资产公允价值份额计量。（　　）

（10）权益法下，长期股权投资的初始投资成本大于投资时应享有被投资单位可辨认净资产公允价值份额的，其差额应当计入当期损益。（　　）

四、简答题

（1）简述无形资产的确认条件。

（2）长期股权投资权益法的特点和权益法的适用范围是什么？

五、计算及会计分录

（1）目的：掌握固定资产增加的核算。

资料：B公司本期发生如下经济业务。

① 购进一台需要安装的生产设备，取得的增值税专用发票上注明买价200 000元，增值税额26 000元，运杂费3 000元。款项已通过银行支付，设备已运抵企业开始安装。

② 安装过程中，领用本企业生产的产品一批，该批产品成本为10 000元，市场售价为15 000元；另支付安装工人工资5 000元。设备安装完毕，达到预定可使用状态并交付生产使用。

③ 接受投资者投入的一项固定资产，双方确认的价值为150 000元（与公允价值相符），增值税税额为19 500元，该固定资产已投入使用。

④ 购进一台不需安装的生产设备，取得的增值税专用发票上注明买价 180 000 元，增值税额 23 400 元，运杂费 2 000 元，款项已通过银行支付，设备已交付生产使用。

要求：根据上述资料为 B 公司编制相关会计分录。

（2）目的：掌握固定资产折旧的计算。

资料：Q 公司有一台设备，原价 120 000 元，预计净残值率为 5%，预计使用寿命为 5 年。

要求：分别采用年限平均法、双倍余额递减法及年数总和法计算各年的折旧额、折旧率。

（3）目的：掌握固定资产折旧的核算。

资料：Q 公司对固定资产采用年限平均法计提折旧，20×4 年 6 月提取固定资产折旧总额 138 000 元（见下表）。当月生产部门新增一台设备，原价 30 000 元，预计使用年限 5 年，预计净残值率为 3%；该月份行政管理部门报废一台设备，该设备月折旧额为 2 500 元。

要求：计算 20×4 年 7 月折旧额。

固定资产折旧计算汇总表

20×4 年 7 月 　　　　　　　　　　　　　　　　　　　　金额单位：元

使用部门		上月计提折旧额	上月增加固定资产应计提折旧额	上月减少固定资产应计提折旧额	本月应计提折旧额
生产车间	生产车间	50 000			
	管理用	20 000			
	合计	70 000			
行政管理部门用		48 000			
专设销售机构用		20 000			
总计		138 000			

（4）目的：掌握固定资产清理的核算（不考虑增值税）。

资料：经批准，企业出售一台闲置设备。该设备原价 60 000 元，已计提折旧 25 000 元。出售时取得价款 38 000 元，发生清理费用 1 000 元，款项均已通过银行收付。清理结束结转清理净损益。

要求：编制固定资产清理整个过程的会计分录。

（5）目的：掌握 N 公司无形资产取得、摊销及处置的核算。

资料：

① N 公司于 20×3 年 1 月 1 日购入一项专利技术，支付价款 360 万元，该专利技术预计使用年限为 10 年，采用直线法摊销。20×5 年 12 月 31 日，由于市场环境变化，该专利技术发生减值，预计可收回金额为 200 万元。20×6 年 1 月 10 日，N 公司将该专利技术出售，取得价款 190 万元存入银行（假设该专利技术残值为零，不考虑税费因素）。

② N 公司自行研发一项新技术，在研究阶段发生费用 80 000 元，均以银行存款支付；进入开发阶段后，发生符合资本化条件的支出 150 000 元，其中：领用原材料 100 000 元，应付研发人员薪酬 50 000 元。该新技术开发完成并达到预定可使用状态。

③ N 公司出租一项商标权，每月租金收入 5 000 元，适用增值税税率为 6%，收入已存入银行。该商标权每月摊销额为 3 000 元。

要求：根据上述资料编制会计分录。

(6) 目的：掌握长期股权投资成本法的核算。

资料：C 公司于 20×3 年 3 月 10 日，通过证券市场购入 D 上市公司普通股票 100 万股，占 D 公司总股本的 3%，每股买价 5.8 元，另外支付成交价款 1% 的相关税费，全部款项已经通过银行账户支付。4 月 15 日，D 公司公布 20×2 年年报，该年实现净利润 2 亿元，决定发放每股 0.5 元现金股利。6 月 20 日，C 公司收到现金股利存入银行。

要求：根据以上资料编制会计分录。

(7) 目的：掌握长期股权投资权益法的核算。

资料：M 公司于 20×1 年 7 月 1 日，以每股 6 元的价格购买 N 公司的普通股票 15 000 000 股，持股比例为 25%，准备长期持有，该投资对 N 公司产生重大影响。全部款项以银行存款支付，当日 N 公司可辨认净资产公允价值为 350 000 000 元。20×1 年下半年 N 公司实现净利润 12 000 000 元。20×2 年 4 月 1 日 N 公司宣告发放现金股利 8 000 000 元。20×2 年 6 月 15 日收到现金股利，存入银行。20×2 年度 N 公司发生净亏损 5 000 000 元。20×3 年 5 月 20 日，M 公司将持有的 N 公司股票全部出售，获价款 88 000 000 元，款项存入银行。

要求：根据上述资料编制相关会计分录。

参考答案

一、单项选择题

(1) B (2) C (3) C (4) A (5) A (6) A (7) D (8) A (9) A (10) A

二、多项选择题

(1) AD (2) ABD (3) CD (4) ACD (5) AD

三、判断题

(1) √ (2) √ (3) √ (4) × (5) √ (6) × (7) √ (8) √ (9) × (10) ×

四、简答题（略）

五、计算及会计分录

（1）

① 借：在建工程　　　　　　　　　　　　　　　　203 000
　　　　应交税费——应交增值税（进项税额）　　 26 000
　　　　贷：银行存款　　　　　　　　　　　　　　229 000

② 借：在建工程　　　　　　　　　　　　　　　　 15 000
　　　　贷：库存商品　　　　　　　　　　　　　　 10 000
　　　　　　应付职工薪酬　　　　　　　　　　　　　5 000
　　借：固定资产　　　　　　　　　　　　　　　　218 000
　　　　贷：在建工程　　　　　　　　　　　　　　218 000

③ 借：固定资产　　　　　　　　　　　　　　　　150 000
　　　　应交税费——应交增值税（进项税额）　　 19 500
　　　　贷：实收资本　　　　　　　　　　　　　　169 500

④ 借：固定资产　　　　　　　　　　　　　　　　182 000
　　　　应交税费——应交增值税（进项税额）　　 23 400
　　　　贷：银行存款　　　　　　　　　　　　　　205 400

（2）

① 年限平均法

预计净残值：120 000 × 5% = 6 000（元）

年折旧额：（120 000 - 6 000）÷ 5 = 22 800（元）

年折旧率：22 800 ÷ 120 000 = 19%

② 双倍余额递减法

年折旧率 2 ÷ 5 = 40%

年限平均法计算最后两年折旧额：

第 4 年和第 5 年的剩余可折旧金额 = 25 920 - 6 000 = 9 552（元）

剩余使用年限 = 2 年

每年折旧额 = 9 552 ÷ 2 = 4 776（元）

年份	年初账面价值（元）	年折旧率（%）	折旧额（元）	年末账面价值（元）
1	120 000	40	48 000	72 000
2	72 000	40	28 800	43 200
3	43 200	40	17 280	25 920
4	25 920	—	9 960	15 960
5	15 960	—	9 960	6 000

③ 年数总和法

预计净残值：120 000 × 5% = 6 000（元）

可折旧金额：120 000 − 6 000 = 114 000（元）

年数总和：5 × (5 + 1) ÷ 2 = 15

年份	剩余使用年限	年折旧率（%）	折旧额（元）
1	5	5/15	38 000
2	4	4/15	30 400
3	3	3/15	22 800
4	2	2/15	15 200
5	1	1/15	7 600

(3)

计算新增设备的月折旧额：

预计净残值 = 原价 × 净残值率 = 30 000 × 3% = 900（元）

可折旧金额 = 原价 − 预计净残值 = 30 000 − 900 = 29 100（元）

月折旧额 = 可折旧金额 ÷（使用年限 × 12） = 29 100 ÷ (5 × 12) = 485（元）

计算 7 月份的总折旧额：

7 月份折旧总额 = 6 月份折旧总额 + 新增设备月折旧额 − 报废设备月折旧额

7 月份折旧总额 = 138 000 + 485 − 2 500 = 135 985（元）

固定资产折旧计算汇总表（20×4 年 7 月）

使用部门		上月计提折旧额	上月增加固定资产应计提折旧额	上月减少固定资产应计提折旧额	本月应计提折旧额
生产车间	生产车间	50 000	485		50 485
	管理用	20 000			20 000
	合计	70 000	485		70 485
行政管理部门用		48 000		2 500	45 500
专设销售机构用		20 000			20 000
总计		138 000	485	2 500	135 985

(4)

① 将固定资产转入清理

借：固定资产清理	35 000
累计折旧	25 000
贷：固定资产	60 000

② 支付清理费用

借：固定资产清理	1 000
贷：银行存款	1 000

③ 收到设备出售价款

借：银行存款	38 000
贷：固定资产清理	38 000

④ 结转清理净损益

借：固定资产清理	2 000
贷：资产处置损益	2 000

(5)

①
借：无形资产	3 600 000
贷：银行存款	3 600 000
借：管理费用	360 000
贷：累计摊销（20×3－20×5 年每年）	360 000

减值损失 =（360－36×3）－200 = 52（万元）

借：资产减值损失	520 000
贷：无形资产减值准备	520 000
借：银行存款	1 900 000
累计摊销	1 080 000
无形资产减值准备	520 000
资产处置损益	100 000
贷：无形资产	3 600 000

②
借：研发支出——费用化支出	80 000
——资本化支出	150 000
贷：银行存款	80 000
原材料	100 000
应付职工薪酬	50 000
借：无形资产	150 000
管理费用	80 000
贷：研发支出——资本化支出	150 000
——费用化支出	80 000

③ 借：银行存款　　　　　　　　　　　　　　　　　　　　5 300
　　　　贷：其他业务收入　　　　　　　　　　　　　　　　　5 000
　　　　　　应交税费——应交增值税（销项税额）　　　　　　300
　　借：其他业务成本　　　　　　　　　　　　　　　　　　3 000
　　　　贷：累计摊销　　　　　　　　　　　　　　　　　　　3 000

(6)

① 投资时：

股票买价 = 100 × 5.8 = 580（万元）

相关税费 = 580 × 1% = 5.8（万元）

初始投资成本 = 580 + 5.8 = 585.8（万元）

借：长期股权投资　　　　　　　　　　　　　　　　　　5 858 000
　　贷：银行存款　　　　　　　　　　　　　　　　　　　5 858 000

② 宣告股利：

应得股利 = 100 × 0.5 = 50（万元）

借：应收股利　　　　　　　　　　　　　　　　　　　　500 000
　　贷：投资收益　　　　　　　　　　　　　　　　　　　500 000

③ 收到股利：

借：银行存款　　　　　　　　　　　　　　　　　　　　500 000
　　贷：应收股利　　　　　　　　　　　　　　　　　　　500 000

(7)

① 投资时：

投资成本 = 15 000 000 × 6 = 90 000 000（元）

应享有 N 公司可辨认净资产公允价值份额 = 350 000 000 × 25% = 87 500 000（元）

借：长期股权投资——N 公司（成本）　　　　　　　　　90 000 000
　　贷：银行存款　　　　　　　　　　　　　　　　　　90 000 000

② 投资收益：

投资收益 = 12 000 000 × 25% = 3 000 000（元）

借：长期股权投资——N 公司（损益调整）　　　　　　　3 000 000
　　贷：投资收益　　　　　　　　　　　　　　　　　　3 000 000

③ 宣告现金股利：

应得股利 = 8 000 000 × 25% = 2 000 000（元）

借：应收股利　　　　　　　　　　　　　　　　　　　2 000 000
　　贷：长期股权投资——N 公司（损益调整）　　　　　2 000 000

④ 收取股利：
借：银行存款 2 000 000
　　贷：应收股利 2 000 000
⑤ 发生亏损：
应分担亏损 = 5 000 000 × 25% = 1 250 000（元）
借：投资收益 1 250 000
　　贷：长期股权投资——N公司（损益调整） 1 250 000
⑥ 出售投资：
出售时账面价值 = 90 000 000 + (3 000 000 − 2 000 000 − 1 250 000) = 89 750 000（元）
损失 = 89 750 000 − 88 000 000 = 1 750 000（元）
借：银行存款 88 000 000
　　投资收益 1 750 000
　　贷：长期股权投资——N公司（成本） 90 000 000
　　　　　　　　　　——N公司（损益调整） 250 000

第七章　练习题及参考答案

一、单项选择题（每题只有一个答案是正确的；将正确答案对应的字母填入括号）

（1）负债的定义是（　　）。
　　A. 企业未来的交易或事项形成的义务
　　B. 企业过去的交易或事项形成的现时义务
　　C. 企业未来的交易或事项形成的现时义务
　　D. 企业过去的交易或事项形成的未来义务

（2）下列项目中不属于流动负债的是（　　）。
　　A. 预收账款　　B. 应付利息　　C. 应付债券　　D. 应付账款

（3）短期借款的利息支出应计入（　　）。
　　A. 管理费用　　B. 财务费用　　C. 销售费用　　D. 制造费用

（4）企业开出并承兑的商业承兑汇票如果不能如期支付，应在票据到期时将应付票据账面余额转入（　　）。
　　A. 应收账款　　　　　　　　B. 应付账款
　　C. 坏账损失　　　　　　　　D. 继续保留在"应付票据"中

（5）应付票据的承兑人是（　　）。
　　A. 出票人　　B. 付款人　　C. 收款人　　D. 银行

（6）某企业以一张期限为6个月的商业承兑汇票支付货款，票面价值为100万元，票面年利率为4%。该票据到期时，企业应支付的金额为（　　）万元。
　　A. 100　　B. 102　　C. 104　　D. 140

（7）应付账款的入账时间原则上应以（　　）为标志确定。
　　A. 货物到达　　　　　　　　B. 发票账单到达
　　C. 货物所有权转移　　　　　D. 货款支付

（8）某一般纳税企业采用托收承付结算方式从其他企业购入原材料一批，货款为100 000元，增值税为13 000元，对方代垫运杂费6 000元，该原材料已验收入库。该购买业务所发生的应付账款的入账价值为（　　）元。
　　A. 119 000　　B. 113 000　　C. 106 000　　D. 100 000

（9）预收账款账户的贷方登记（　　）。
　　A. 应收的货款　　　　　　　B. 预收的款项

  C. 退回多收的货款   D. 补收的差额贷款

(10) 应付职工薪酬包括（　　）。
  A. 短期薪酬   B. 长期薪酬   C. 离职后福利   D. 以上都是

(11) 企业对确实无法支付的应付账款，应转入（　　）科目。
  A. 其他应付款   B. 其他业务收入   C. 主营业务收入   D. 营业外收入

(12) 应交税费账户核算的税金不包括（　　）。
  A. 增值税   B. 所得税   C. 印花税   D. 消费税

(13) 应付股利是指企业经（　　）审议批准分配的现金股利或利润。
  A. 董事会   B. 股东大会   C. 监事会   D. 管理层

(14) 应付职工薪酬（辞退福利除外）的会计处理应根据（　　）进行分配。
  A. 职工提供劳务的受益对象   B. 职工的工作年限
  C. 职工的职位   D. 以上都是

(15) 企业计提的到期一次性还本付息的长期借款利息，应贷记（　　）。
  A. 应付利息   B. 长期应付款   C. 长期借款   D. 预提费用

(16) 债券溢价发行时，溢价收入是企业（　　）。
  A. 以后各期多支付利息而事先得到的补偿
  B. 以后各期少支付利息而事先给予投资者的补偿
  C. 以后各期多支付利息而事先给予投资者的补偿
  D. 以后各期少支付利息而事先得到的补偿

(17) 债券折价发行时，折价是企业（　　）。
  A. 以后各期多支付利息而事先得到的补偿
  B. 以后各期少支付利息而事先给予投资者的补偿
  C. 以后各期多支付利息而事先给予投资者的补偿
  D. 以后各期少支付利息而事先得到的补偿

(18) 长期应付款的利息支出在固定资产达到预定可使用状态之前发生的，应计入（　　）。
  A. 管理费用   B. 财务费用
  C. 固定资产成本   D. 以上都是

(19) 应付引进设备款的偿还方式通常是（　　）。
  A. 一次性偿还   B. 分期偿还
  C. 提前偿还   D. 以上都是

(20) 应付债券的利息调整应在债券存续期内采用（　　）进行摊销。
  A. 直线法   B. 实际利率法

C. 双倍余额递减法　　　　　　D. 以上都是

二、**多项选择题**（每题至少有两个答案是正确的；将正确答案对应的字母填入括号）

(1) 下列各项中，负债的特征包括（　　）。
　　A. 由已经发生的经济业务引起的现时义务
　　B. 由已经发生的经济业务引起的未来义务
　　C. 一般通过企业资产的流出或劳务的提供来清偿
　　D. 具有可确定的偿付金额

(2) 将一项负债确认为流动负债，应满足的条件有（　　）。
　　A. 预计在一个正常营业周期中清偿
　　B. 主要为交易目的持有
　　C. 自资产负债表日起一年内到期应予以清偿
　　D. 企业无权自主地将清偿推迟至资产负债表日后一年以上

(3) 流动负债所具备的特点为（　　）。
　　A. 资金成本高　　　　　　　B. 资金成本低
　　C. 偿债压力大　　　　　　　D. 偿债压力小

(4) 预收账款的账户结构包括（　　）。
　　A. 贷方登记预收的款项　　　B. 借方登记应收的货款
　　C. 贷方余额反映预收的货款　D. 借方余额反映应收的款项

(5) 下列各项属于长期负债的有（　　）
　　A. 长期应付款　　　　　　　B. 应付债券
　　C. 可转换公司债券　　　　　D. 其他应付款

(6) 长期借款所发生的利息支出，可能借记的科目有（　　）。
　　A. 财务费用　　　　　　　　B. 在建工程
　　C. 管理费用　　　　　　　　D. 销售费用

(7) 下列各项中，应通过"应付职工薪酬"科目核算的有（　　）。
　　A. 基本工资　　　　　　　　B. 经常性奖金
　　C. 养老保险费　　　　　　　D. 现金结算的股份支付

(8) 下列属于职工薪酬中所说的职工的是（　　）。
　　A. 全职、兼职职工　　　　　B. 董事会成员
　　C. 内部审计委员会成员　　　D. 劳务用工合同人员

(9) 下列表述中正确的有（　　）
　　A. 与企业订立劳动合同的全职、兼职和临时职工都属于企业职工范畴
　　B. 企业职工范畴不包括未与企业订立劳动合同的兼职职工

C. 企业职工范畴不包括未与企业订立劳动合同的人员

D. 未与企业订立劳动合同但由企业正式任命的人员属于企业职工范畴

(10) 以下项目应在"应付职工薪酬"核算的有（　　）

A. 企业为职工支付的养老、医疗等社会保障费

B. 企业以商业保险形式提供给职工的各种保险待遇

C. 因解除与职工的劳动关系给予的补偿

D. 非货币性福利

(11) 下列有关职工薪酬表述正确的有（　　）

A. 职工薪酬是指为获得职工提供的服务而给予的各种形式的报酬或补偿

B. 职工薪酬是指为获得职工提供的服务而给予的工资福利

C. 为获得职工提供当前服务而在其离职后给予的报酬不属于职工薪酬

D. 因解除与职工的劳动关系给予的补偿属于职工薪酬

(12) 以下与职工薪酬有关的信息需要披露的有（　　）

A. 应当支付给职工的工资、奖金等以及期末应付未付金额

B. 应当为职工缴纳的医疗、养老保险费以及期末应付未付金额

C. 为职工提供的非货币性福利以及计算依据

D. 应当支付的因解除劳动关系给予的补偿以及期末应付未付金额

(13) 下列在会计处理时形成一项流动负债的事项有（　　）

A. 股东会决议分派的现金股利

B. 股东会决议分派的股票股利

C. 计提到期一次还本付息的长期借款利息

D. 计提应计入本期损益的短期借款利息

(14) 下列不属于长期应付款核算内容的有（　　）。

A. 以分期付款方式购入固定资产、无形资产等发生的应付款项

B. 应付融资租赁款

C. 矿产资源补偿费

D. 职工未按期领取的工资

(15) 企业发行普通债券的核算，以下表述正确的是（　　）。

A. 将应付债券在其存续期间的未来现金流量折现为该债券当前账面价值所使用的利率为实际利率

B. "应付债券——利息调整"科目反映的是债券折价与债券面值的差额

C. "应付债券——利息调整"科目反映的是实际收到的款项与面值的差额

D. 每期票面利息和实际利息的差就是当期摊销的"利息调整"数

三、判断题（判断每题的陈述正确与否：如果正确，在题目的括号中画"√"；如果错误，在题目的括号中画"×"）

（1）负债是企业未来的交易或事项形成的现时义务。（   ）

（2）流动负债的偿还期限通常是1年以内。（   ）

（3）短期借款的利息均应按月计提，计入当期管理费用。（   ）

（4）应付票据的承兑人是出票人，对于计提的应付票据的利息应增加应付票据的账面价值。（   ）

（5）应付账款的入账时间原则上应以货物所有权转移为标志确定。（   ）

（6）预收账款账户的贷方登记应收的货款，预收账款不多的企业，可不设"预收账款"科目，而将预收的货款直接记入"应收账款"账户的贷方。（   ）

（7）应付职工薪酬包括短期薪酬、离职后福利、辞退福利和其他长期职工福利。（   ）

（8）并非所有的税费都通过"应交税费"账户核算，企业代扣代缴的个人所得税通过"其他应付款"账户核算。（   ）

（9）长期负债包括长期借款、应付债券和长期应付款。（   ）

（10）债券的发行价格受票面利率、市场利率和债券期限影响。（   ）

（11）应付债券的利息调整应在债券存续期内采用直线法进行摊销。（   ）

（12）长期应付款的特点包括数额大、偿还期限长和具有分期付款性质。（   ）

（13）应付引进设备款的偿还方式通常是分期偿还。（   ）

（14）企业以其生产的产品作为非货币性福利发放给职工时，应当按照该产品的成本根据职工提供劳务的受益对象进行分配。（   ）

（15）应付账款的入账金额按发票上的应付金额的总价入账。（   ）

（16）应付债券的利息调整应在债券存续期内采用实际利率法进行摊销。（   ）

（17）长期借款的利息支出应计入当期损益（财务费用）。（   ）

（18）"应付股利"科目核算的内容包括现金股利和股票股利。（   ）

（19）"应付债券——利息调整"科目反映的是实际收到的款项与债券面值的差额。（   ）

（20）在资产负债表上，列示在流动负债中的只包括作为流动负债核算的有关账户余额。（   ）

四、简答题

（1）简述负债的定义及其特征。

（2）流动负债和非流动负债的区别是什么？

（3）短期借款的会计处理包括哪些内容？

(4) 应付票据的分类及其会计处理是什么？
(5) 应付账款的入账时间如何确定？
(6) 预收账款的账户结构及其会计处理是什么？
(7) 应付职工薪酬包括哪些内容？如何进行会计处理？
(8) 应交税费账户核算的税金有哪些？如何进行会计处理？
(9) 长期负债包括哪些内容？如何进行会计处理？
(10) 应付债券的发行价格如何确定？如何进行会计处理？

五、综合题

练习一

目的：掌握短期借款的核算。

资料：宜佳公司20×3年1月1日借入短期借款100 000元，年利率6%，借款期6个月，利息按季度支付，付息日为每季度的第1天。

要求：根据上述经济业务，编制该企业20×3年1月1日至7月1日的会计分录。

练习二

目的：掌握短期借款的会计处理。

资料：宜佳公司20×3年1月1日向银行借入120 000元，期限9个月，年利率8%。该借款到期后按期如数归还，利息按月预提，按季支付。

要求：编制借入款项、按月预提利息、按季支付利息和到期时归还本金的会计分录。

练习三

目的：掌握应付账款的会计处理。

资料：宜佳公司为增值税一般纳税人，增值税税率为13%。20×3年6月1日购入材料一批，增值税专用发票上注明价款为200 000元，销售方给予的现金折扣条件为：2/10，1/20，N/30，现金折扣按价款计算，材料已验收入库，企业于20×3年6月10日付款。

要求：根据上述经济业务，编制相关的会计分录。

练习四

目的：掌握应付职工薪酬的会计处理。

资料：宜佳公司外购了每件不含税价格为1 000元的家具作为福利发放给公司每名职工。公司购买的家具已开具了增值税专用发票，增值税税率为13%。企业员工构成如示：车间生产工人400人，车间管理人员40人，企业管理人员60人。

要求：编制宜佳公司上述与职工薪酬有关的会计分录。

练习五

目的：掌握应付职工薪酬的会计处理。

资料：宜佳公司为一家彩电生产企业，共有职工200名。20×3年2月，公司以其生产的成本为 10 000 元的彩电作为福利发放给公司每名职工。该彩电的售价为每台 14 000 元，宜佳公司适用 13% 的增值税税率。假定 200 名职工中 170 名为直接参加生产的职工，30 名为总部管理人员。

要求：编制宜佳公司上述与职工薪酬有关的会计分录。

练习六

目的：掌握应付职工薪酬的会计处理。

资料：宜佳公司为总部部门经理级别以上职工每人提供一辆桑塔纳汽车免费使用，该公司总部共有部门经理以上职工 20 名，假定每辆汽车每月计提折旧 2 000 元；该公司还为其 5 名副总裁以上高级管理人员每人租赁一套公寓免费使用，月租金为每套 8 000 元（假定上述人员发生的费用无法认定受益对象）。

要求：编制宜佳公司上述与职工薪酬业务有关的会计分录。

练习七

目的：掌握辞退福利的会计处理。

资料：宜佳公司由于销售状况不佳，制订了一份辞退计划，拟从 20×3 年 1 月 1 日起，企业将以职工自愿方式选择是否接受裁减。辞退计划的详细内容均已与职工沟通，并达成一致意见，所有辞退人员预计的补偿金额为 600 万元。辞退计划已于 20×2 年 12 月 10 日经董事会正式批准，并将于 20×3 年度内实施完毕。

要求：根据上述经济业务编制相关的会计分录。

练习八

目的：掌握长期借款的会计处理。

资料：宜佳公司向银行借入为期 3 年的长期借款 2 000 0000 元，年利息率 8%，每年计息一次，到期本息一次归还。该项借款用于购建公司一大型设备，该设备于第二年末建成投产。

要求：根据上述经济业务编制相关的会计分录。

练习九

目的：掌握公司债券平价发行的处理。

资料：宜佳公司于 20×3 年 1 月 1 日发行 3 年期债券，面值 1 000 万元，票面利率 8%，发行该债券时市场利率 8%，每半年付息一次，付息日为每年的 7 月 1 日和 12 月 31 日。从年金现值表和现值系数表查得利率 4%，期数为 6 的年金现值系数是 5.2421，现值系数是 0.7903。

要求：

（1）计算该债券发行时的价格。

（2）编制债券发行时的会计分录。

（3）计算每期应计利息并编制会计分录。
（4）编制支付利息的会计分录。
（5）编制到期还本的会计分录。

练习十

目的：掌握溢价发行公司债券的核算。

资料：宜佳公司于20×3年1月1日发行3年期债券，面值100万元，票面利率10%，发行该债券时市场利率8%，每年12月31日为付息日。从年金现值表和现值系数表查得利率8%，期数为3的年金现值系数是2.5771，现值系数是0.7938。

要求：

（1）计算该债券发行时的价格。
（2）编制债券发行时的会计分录。
（3）编制溢价额摊销表（采用实际利率法），并作会计分录。
（4）编制支付利息的会计分录。
（5）编制到期还本的会计分录。

练习十一

目的：掌握折价发行公司债券的核算。

资料：宜佳公司于20×3年1月1日发行3年期债券用于扩大生产经营，面值200万元，票面利率10%，发行该债券时市场利率12%，每半年付息一次，付息日为每年的7月1日和12月31日。从年金现值表和现值系数表查得利率6%，期数为6的年金现值系数是4.9173，现值系数是0.7050。

要求：

（1）计算该债券发行时的价格。
（2）编制债券发行时的会计分录。
（3）编制折价额摊销表（实际利率法），并编制会计分录。
（4）编制支付利息的会计分录。
（5）编制到期还本的会计分录。

参考答案

一、单项选择题

（1）B　（2）C　（3）B　（4）B　（5）B　（6）B　（7）C　（8）A
（9）B　（10）D　（11）D　（12）C　（13）B　（14）A　（15）C　（16）A
（17）B　（18）C　（19）B　（20）B

二、多项选择题

(1) ACD　　(2) ABCD　　(3) BC　　(4) ABCD　　(5) ABC
(6) ABC　　(7) ABCD　　(8) ABCD　　(9) AD　　(10) ABCD
(11) AD　　(12) ABCD　　(13) AD　　(14) BCD　　(15) ACD

三、判断题

(1) ×　(2) ×　(3) ×　(4) ×　(5) √　(6) ×　(7) √
(8) ×　(9) √　(10) √　(11) ×　(12) √　(13) √　(14) √
(15) √　(16) √　(17) ×　(18) ×　(19) √　(20) ×

四、简答题（略）

五、综合题

练习一

(1) 20×3年1月1日取得借款：

借：银行存款　　　　　　　　　　　　　　　　　　　　　　100 000
　　贷：短期借款　　　　　　　　　　　　　　　　　　　　　100 000

(2) 20×3年1月31日、2月28日、3月31日，计提当月利息费用：

各月应计提的短期借款利息 = 100 000 × 6% ÷ 12 = 500

借：财务费用　　　　　　　　　　　　　　　　　　　　　　　　500
　　贷：应付利息　　　　　　　　　　　　　　　　　　　　　　　500

(3) 20×3年4月1日，支付第一季度利息：

借：应付利息　　　　　　　　　　　　　　　　　　　　　　　1 500
　　贷：银行存款　　　　　　　　　　　　　　　　　　　　　　1 500

(4) 20×3年4月30日、5月31日、6月30日，计提当月利息费用：

借：财务费用　　　　　　　　　　　　　　　　　　　　　　　　500
　　贷：应付利息　　　　　　　　　　　　　　　　　　　　　　　500

(5) 20×3年7月1日，归还借款本金并支付第二季度利息：

借：短期借款　　　　　　　　　　　　　　　　　　　　　　100 000
　　应付利息　　　　　　　　　　　　　　　　　　　　　　　1 500
　　贷：银行存款　　　　　　　　　　　　　　　　　　　　　201 500

练习二

(1) 取得借款：

借：银行存款　　　　　　　　　　　　　　　　　　　　　　120 000
　　贷：短期借款　　　　　　　　　　　　　　　　　　　　　120 000

(2) 按月计提利息：

借：财务费用 800
　　贷：应付利息 800
(3) 按季度支付利息：
借：应付利息 2 400
　　贷：银行存款 2 400
(4) 到期归还本金：
借：短期借款 120 000
　　贷：银行存款 120 000

练习三

(1) 购入材料：
借：原材料 200 000
　　应交税费——应交增值税（进项税额） 26 000
　　贷：应付账款 226 000
(2) 付款（享受2%折扣）：
借：应付账款 226 000
　　贷：银行存款 222 000
　　　　财务费用 4 000

练习四

(1) 借：应付职工薪酬 565 000
　　　贷：库存商品 500 000
　　　　　应交税费——应交增值税（进项税额转出） 65 000
(2) 借：生产成本 452 000
　　　制造费用 45 200
　　　管理费用 67 800
　　　贷：应付职工薪酬 565 000

练习五

(1) 借：应付职工薪酬 3 164 000
　　　贷：主营业务收入 2 800 000
　　　　　应交税费——应交增值税（销项税额） 364 000
(2) 借：主营业务成本 2 000 000
　　　贷：库存商品 2 000 000
(3) 借：生产成本 2 689 400

管理费用	474 600	
贷：应付职工薪酬		3 164 000

练习六

(1) 借：管理费用　　　　　　　　　　　　　　　80 000
　　　　贷：应付职工薪酬——职工福利　　　　　　　　　　　80 000
(2) 借：应付职工薪酬——职工福利　　　　　　　80 000
　　　　贷：累计折旧　　　　　　　　　　　　　　　　　　40 000
　　　　　　银行存款　　　　　　　　　　　　　　　　　　40 000

练习七

借：管理费用　　　　　　　　　　　　　　　　　6 000 000
　　贷：应付职工薪酬——离职补偿　　　　　　　　　　　6 000 000

练习八

(1) 借入款项：
借：银行存款　　　　　　　　　　　　　　　　　2 000 000
　　贷：长期借款——本金　　　　　　　　　　　　　　　2 000 000
(2) 第一年年末，计提利息：
应计利息 = 2 000 000 × 8% = 160 000（元），应计入工程成本。
借：在建工程——固定资产购建工程　　　　　　　160 000
　　贷：长期借款——应计利息　　　　　　　　　　　　　160 000
(3) 第二年年末，计提利息：
借：在建工程——固定资产购建工程　　　　　　　160 000
　　贷：长期借款——应计利息　　　　　　　　　　　　　160 000
(4) 第三年年末，计提利息：
借：财务费用　　　　　　　　　　　　　　　　　160 000
　　贷：长期借款——应计利息　　　　　　　　　　　　　160 000
(5) 归还借款本息：
借：长期借款——本金　　　　　　　　　　　　　2 000 000
　　长期借款——应计利息　　　　　　　　　　　　480 000
　　　贷：银行存款　　　　　　　　　　　　　　　　　　2 480 000

练习九

(1) 债券的发行价格是：
10 000 000 × 8% ÷ 2 × 5.2421 + 10 000 000 × 0.7903 ≈ 10 000 000（元）
(2) 若债券发行时市场利率为 8%，与债券票面利率相等，按平价发行债券：
借：银行存款　　　　　　　　　　　　　　　　　10 000 000

　　　　贷：应付债券——面值　　　　　　　　　　　　　　　　　10 000 000
(3) 20×3年6月30日计算利息费用：
　　借：财务费用　　　　　　　　　　　　　　　　　　　　　400 000
　　　　贷：应付利息　　　　　　　　　　　　　　　　　　　　　400 000
(4) 20×3年7月1日支付第一期利息费用：
　　借：应付利息　　　　　　　　　　　　　　　　　　　　　400 000
　　　　贷：银行存款　　　　　　　　　　　　　　　　　　　　　400 000
(5) 到期还本的会计分录：
　　借：应付债券——面值　　　　　　　　　　　　　　　　10 000 000
　　　　贷：银行存款　　　　　　　　　　　　　　　　　　　　10 000 000

练习十

(1) 债券的发行价格是：
1 000 000 × 10% × 2.5771 + 1 000 000 × 0.7938 ≈ 1 051 510（元）
(2) 发行债券时：
　　借：银行存款　　　　　　　　　　　　　　　　　　　　1 051 510
　　　　贷：应付债券——面值　　　　　　　　　　　　　　　1 000 000
　　　　　　应付债券——利息调整　　　　　　　　　　　　　　51 510

(3)　　　　　　　　　　**债券溢价摊销表（实际利率法）**　　　　　　金额单位：元

付息日期	票面利息 贷：应付利息 100 × 10%	实际利息 借：财务费用 期初债券摊余成本×8%	溢价摊销额 借：应付债券——利息调整 票面利息 - 实际利息	债券摊余成本 期初债券摊余成本 - 溢价摊销额
20×3.1.1				1 051 510
20×3.12.31	100 000	84 120.8	15 879.2	1 035 630.8
20×4.12.31	100 000	82 850.5	17 149.5	1 018 481.3
20×5.12.31	100 000	81 518.7	18 481.3	1 000 000
合计	300 000	248 490	51 510	

每年末计息时（以第一次为例）：
　　借：财务费用等　　　　　　　　　　　　　　　　　　　84 120.8
　　　　应付债券——利息调整　　　　　　　　　　　　　　　15 879.2
　　　　贷：应付利息　　　　　　　　　　　　　　　　　　　100 000
(4) 按期支付债券利息时：
　　借：应付利息　　　　　　　　　　　　　　　　　　　　100 000
　　　　贷：银行存款　　　　　　　　　　　　　　　　　　　100 000

(5) 归还债券本金时：

借：应付债券——面值　　　　　　　　　　　　　　　　1 000 000

　　贷：银行存款　　　　　　　　　　　　　　　　　　　　　　1 000 000

练习十一

(1) 债券的发行价格是：

2 000 000×10%÷2×4.9173＋2 000 000×0.7050≈1 901 730（元）

(2) 发行债券时：

借：银行存款　　　　　　　　　　　　　　　　　　　1 901 730

　　应付债券——利息调整　　　　　　　　　　　　　　　98 270

　　贷：应付债券——面值　　　　　　　　　　　　　　　　　2 000 000

(3) 　　　　　　　　　　　**债券折价摊销表（实际利率法）**　　　　　金额单位：元

付息日期	票面利息额 贷：应付利息 200×5%	实际利息 借：财务费用 期初债券摊余成本×6%	折价摊销额 贷：应付债券——利息调整 实际利息－票面利息额	债券摊余成本 期初债券摊余成本＋折价摊销额
20×3.1.1				1 901 730
20×3.06.30	100 000	114 103.8	14 103.8	1 915 833.8
20×3.12.31	100 000	114 950	14 950	1 930 783.8
20×4.06.30	100 000	115 847	15 847	1 946 630.8
20×4.12.31	100 000	116 797.8	16 797.8	1 963 428.6
20×5.06.30	100 000	117 805.7	17 805.7	1 981 234.3
20×5.12.31	100 000	118 765.7	18 765.7	2 000 000
合计	600 000	698 270	98 270	

每半年计息时（以第一次为例）：

借：财务费用等　　　　　　　　　　　　　　　　　　114 103.8

　　贷：应付利息　　　　　　　　　　　　　　　　　　　　　100 000

　　　　应付债券——利息调整　　　　　　　　　　　　　　　　14 103.8

(4) 按期支付债券利息时：

借：应付利息　　　　　　　　　　　　　　　　　　　　100 000

　　贷：银行存款　　　　　　　　　　　　　　　　　　　　　100 000

(5) 归还债券本金时：

借：应付债券——面值　　　　　　　　　　　　　　　2 000 000

　　贷：银行存款　　　　　　　　　　　　　　　　　　　　　2 000 000

第八章 练习题及参考答案

一、单项选择题（每题只有一个答案是正确的；将正确答案对应的字母填入括号）

（1）甲公司以现金1 500万元向乙企业投资，投资后占乙企业注册资本的15%，乙企业经甲公司出资后的注册资本总额为9 000万元，则对于该项投资，乙公司实收资本应登记的金额为（　　）万元。

　　A. 1 500　　　　B. 1 350　　　　C. 1 010　　　　D. 810

（2）A公司发行普通股1 000万股，每股面值1元，每股发行价格为5元，为发行股票支付佣金、手续费30万元。假定不考虑其他因素，股票发行成功后，A公司记入"资本公积"科目的金额应为（　　）万元。

　　A. 30　　　　　B. 1 000　　　　C. 4 000　　　　D. 3 970

（3）以下事项中，会导致所有者权益减少的是（　　）。

　　A. 盈余公积转增资本
　　B. 股份有限公司发放股票股利
　　C. 股份有限公司股东大会宣告发放现金股利
　　D. 债务重组中，债务人将重组债务转为资本

（4）甲、乙、丙各出资80万元设立A有限责任公司，设立时的注册资本为240万元。两年后，为扩大经营规模，吸收丁投资者加入，丁投资者以现金100万元出资，投资后占A公司注册资本的25%，同时公司的注册资本增资为320万元。则A公司在收到丁投资者出资时应确认的资本公积为（　　）万元。

　　A. 0　　　　　　B. 80　　　　　　C. 20　　　　　　D. 100

（5）下列各项中，属于企业留存收益的是（　　）。

　　A. 投资收益　　　　　　　　B. 公允价值变动损益
　　C. 营业收入　　　　　　　　D. 盈余公积

（6）某公司年初所有者权益总额为500万元，当年实现净利润200万元，提取盈余公积20万元，向投资者分配利润50万元。年末所有者权益总额为（　　）万元。

　　A. 650　　　　　B. 630　　　　　C. 700　　　　　D. 680

（7）企业将资本公积转增资本时，会引起（　　）。

　　A. 资产增加　　　　　　　　B. 负债减少
　　C. 所有者权益总额不变　　　D. 所有者权益减少

（8）企业用盈余公积弥补亏损时，应贷记的科目是（　　）。
  A. 利润分配   B. 资本公积
  C. 盈余公积   D. 股本

二、多项选择题（每题至少有两个答案是正确的；将正确答案对应的字母填入括号）
（1）以下有关股份有限公司各种方式增资的核算中，可能涉及"资本公积——股本溢价"科目的有（　　）。
  A. 盈余公积转增资本   B. 发放股票股利
  C. 可转换公司债券转为股本 D. 重组债务转为资本
  E. 以权益结算的股份支付行权日的处理

（2）资本公积的主要用途不包括（　　）。
  A. 弥补亏损   B. 转增资本
  C. 分配利润或股利   D. 扩大企业生产经营
  E. 反映企业所有者权益变动情况

（3）下列有关资本公积的账务处理，正确的有（　　）。
  A. 长期股权投资采用权益法核算的情况下，企业对于被投资单位实现的净利润，按照持股比例调整长期股权投资的账面价值，同时增加或减少资本公积
  B. 企业以权益结算的股份支付，应在等待期内按照每个资产负债表日的公允价值，借记"管理费用"等相关成本费用科目，贷记"资本公积——其他资本公积"科目
  C. 自用房地产转换为公允价值模式计量的投资性房地产，转换日公允价值小于账面价值的差额记入"资本公积——其他资本公积"科目
  D. 可供出售金融资产除减值损失和外币货币性金融资产形成的汇兑差额外，因公允价值变动形成的利得应计入资本公积
  E. 资产负债表日，满足运用套期会计方法条件的现金流量套期和境外经营净投资套期产生的利得或损失，属于有效套期的，借记或贷记有关科目，贷记或借记"资本公积——其他资本公积"科目

（4）企业所有者权益中，来源于资本增值的有（　　）。
  A. 实收资本   B. 资本公积
  C. 库存股   D. 盈余公积
  E. 未分配利润

（5）以下关于盈余公积核算的说法中，不正确的有（　　）。
  A. A 公司注册资本为 1 000 万元，计提的盈余公积累计额为 300 万元，可以不再提取

B. 公司的法定公积金不足以弥补以前年度亏损的，在提取法定公积金之前，应当先用当年利润弥补亏损

C. 我国外商投资企业的盈余公积包括法定盈余公积、储备基金、企业发展基金

D. 企业发生的经营亏损可在以后年度（5年内）用税前利润弥补

E. 盈余公积和资本公积都可用于转增资本，转增资本后留存的盈余公积不得少于转增前公司注册资本的50%

(6) 关于盈余公积的账务处理，下列说法中正确的有（　　）。

A. 为了总括反映企业各项盈余公积的提取和使用情况，企业应设置"盈余公积"总账科目

B. "盈余公积"科目借方反映盈余公积的提取，贷方余额反映盈余公积的使用

C. 一般企业和股份有限公司以及外商投资企业应设置"法定盈余公积"和"任意盈余公积"两个明细科目

D. 企业经股东大会或类似机构决议，用盈余公积弥补亏损，应借记"盈余公积"科目，贷记"利润分配——盈余公积补亏"科目

E. 企业经股东大会决议，可用盈余公积派送新股，按派送新股计算的金额，借记"盈余公积"科目，贷记"股本"科目，按其差额贷记"资本公积——股本溢价"科目

(7) 下列交易或事项中，会减少企业盈余公积的有（　　）。

A. 企业按规定提取盈余公积　　　B. 企业用盈余公积转增资本

C. 企业用盈余公积弥补亏损　　　D. 企业用盈余公积发放现金股利

E. 企业用盈余公积派送新股

(8) 下列表述正确的有（　　）。

A. 实收资本是投资者实际投入的资本

B. 资本公积可用于转增资本

C. 盈余公积可用于弥补亏损

D. 未分配利润不能用于分配股利

(9) 导致所有者权益总额增加的情况有（　　）。

A. 接受固定资产投资　　　　B. 实现净利润

C. 资本公积转增资本　　　　D. 盈余公积转增资本

(10) 下列属于所有者权益与负债区别的有（　　）

A. 是否需偿还　　　　　　B. 是否参与利润分配

C. 清算时求偿顺序　　　　D. 是否形成企业资产

三、判断题（判断每题的陈述正确与否：如果正确，在题目的括号中画"√"；如果错误，在题目的括号中画"×"）

（1）所有者权益来源于所有者投入的资本、直接计入所有者的利得和损失、留存收益等。　　　　　　　　　　　　　　　　　　　　　　　　　　　　　　（　　）

（2）所有者凭借所有者权益能够参与投资分配。　　　　　　　　　　　（　　）

（3）所有者权益是投资者对企业全部资产的索取权。　　　　　　　　　（　　）

（4）资本公积是企业收到投资者的超出其在企业注册资本（或股本）中所占份额的投资，以及直接计入所有者权益的利得和损失等。　　　　　　　　　　　（　　）

（5）盈余公积是指企业按规定从利润中提取的企业积累资金。　　　　　（　　）

（6）企业当年实现的净利润即为可分配利润。　　　　　　　　　　　　（　　）

（7）提取盈余公积会导致所有者权益总额减少。　　　　　　　　　　　（　　）

四、计算题

2019年1月1日，A、B、C三位股东分别出资600万元、1 000万元、400万元设立甲有限责任公司（以下简称甲公司）。根据出资协议规定，甲公司注册资本为2 000万元，A、B、C三位股东的出资比例分别为30%、50%、20%。假定甲公司为增值税一般纳税人，适用的增值税税率为13%。

① 2019年甲公司实现净利润1 000万元，按净利润的10%提取法定盈余公积。

② 2019年甲公司股东大会决定分配现金股利300万元，计划于2020年3月1日支付。

③ 2020年8月31日，为扩大经营规模，吸收D股东加入公司。D股东以银行存款350万元、价值为117万元（含增值税）的原材料出资。甲公司收到的银行存款为350万元，投资协议规定的原材料价值为100万元（不含增值税）。投资后甲公司的注册资本增加为3 000万元，D股东占注册资本的15%；其余的资本由A、B、C按照原持股比例以银行存款出资。

④ 2020年8月31日，四位股东出资全部到位，D股东已开具增值税专用发票，相关法律手续已经办理完毕。

要求：根据上述资料，不考虑其他因素，计算下列问题。

（1）计算2019年12月31日，甲公司所有者权益总额。

（2）计算甲公司吸收D股东投资产生的资本公积。

（3）计算2020年8月31日，吸收D股东投资后，"实收资本——B"的账面余额。

（4）计算增资后，B股东的持股比例。

五、业务题

（1）甲、乙两个投资者向某有限责任公司投资，甲投资者投入自产产品一批，双方确认价值为180万元（假设是公允的），税务部门认定增值税为23.4万元，并开具了增值税专用发票。乙投资者投入货币资金 9 万元和一项专利技术,货币资金已经存入开户银行,该专利技术原账面价值为 128 万元,预计使用寿命为 16 年,已摊销 40 万元,计提减值准备 10 万元,双方确认的价值为 80 万元(假设是公允的)。假定甲、乙两位投资者投资时均不产生资本公积。两年后,丙投资者向该公司追加投资,其缴付该公司的出资额为人民币 176 万元,协议约定丙投资者享有的注册资本金额为 130 万元(假设甲、乙两个投资者出资额与其在注册资本中所享有的份额相等,不产生资本公积)。

要求:根据上述资料,分别编制被投资公司接受甲、乙、丙投资的有关会计分录。(分录中的金额单位为万元)

(2) 甲股份有限公司 2019 年和 2020 年发生与其股票有关的业务如下:

① 2019 年 1 月 4 日,经股东大会决议,并报有关部门核准,增发普通股 20 000 万股,每股面值 1 元,每股发行价格 5 元,股款已全部收到并存入银行。假定不考虑相关税费。

② 2019 年 6 月 20 日,经股东大会决议,并报有关部门核准,以资本公积 2 000 万元转增股本。

③ 2020 年 6 月 20 日,经股东大会决议,并报有关部门核准,以银行存款回购本公司股票 50 万股,每股回购价格为 3 元。

④ 2020 年 6 月 26 日,经股东大会决议,并报有关部门核准,将回购的本公司股票 50 万股注销。

要求:逐笔编制甲股份有限公司上述业务的会计分录。

参考答案

一、单项选择题

(1) B　　(2) D　　(3) C　　(4) C　　(5) D
(6) A　　(7) C　　(8) A

二、多项选择题

(1) CDE　　(2) ACDE　　(3) DE　　(4) DE　　(5) ACE
(6) ADE　　(7) BCDE　　(8) ABC　　(9) AB　　(10) ABC

三、判断题

(1) √　　(2) ×　　(3) ×　　(4) √　　(5) ×　　(6) ×　　(7) ×

四、计算题

(1) 2019 年 12 月 31 日甲公司所有者权益总额 = 2 000 + 1 000 − 300 = 2 700(万元)

(2) 甲公司吸收 D 股东投资产生的资本公积 = 350 + 113 − 3 000 × 15% = 13(万元)

(3) "实收资本——B" 的账面余额 = 1 000 + (3 000 - 2 000 - 3 000 × 15%) × 50% = 1 275（万元）

(4) 增资后 B 股东的持股比例 = 1 275/3 000 × 100% = 42.5%

五、业务题

(1)

① 被投资公司收到甲投资者的投资时：

借：库存商品　　　　　　　　　　　　　　　　　　　180
　　应交税费——应交增值税（进项税额）　　　　　　23.4
　　　贷：实收资本——甲　　　　　　　　　　　　　203.4

② 被投资公司收到投资者乙的投资时：

借：银行存款　　　　　　　　　　　　　　　　　　　9
　　无形资产　　　　　　　　　　　　　　　　　　　80
　　　贷：实收资本——乙　　　　　　　　　　　　　89

③ 被投资公司收到投资者丙的投资时：

借：银行存款　　　　　　　　　　　　　　　　　　　176
　　　贷：实收资本——丙　　　　　　　　　　　　　130
　　　　　资本公积——资本溢价　　　　　　　　　　46

(2)

① 借：银行存款（20 000 × 5）　　　　　　　　　　100 000
　　　贷：股本　　　　　　　　　　　　　　　　　20 000
　　　　　资本公积　　　　　　　　　　　　　　　80 000

② 借：资本公积　　　　　　　　　　　　　　　　　2 000
　　　贷：股本　　　　　　　　　　　　　　　　　2 000

③ 借：库存股　　　　　　　　　　　　　　　　　　150
　　　贷：银行存款　　　　　　　　　　　　　　　150

④ 借：股本　　　　　　　　　　　　　　　　　　　50
　　　资本公积　　　　　　　　　　　　　　　　　100
　　　贷：库存股　　　　　　　　　　　　　　　　150

第九章 练习题及参考答案

一、单项选择题（每题只有一个答案是正确的；将正确答案对应的字母填入括号）

（1）企业向客户授予知识产权许可，若许可构成有形商品的组成部分且对商品有重大影响，应当作为（　　）。
　　A. 时段履约义务　　　　　　B. 时点履约义务
　　C. 销售费用　　　　　　　　D. 营业外收入

（2）下列不属于损益类账户的是（　　）。
　　A. 投资收益　　　　　　　　B. 公允价值变动损益
　　C. 资产减值损失　　　　　　D. 制造费用

（3）下列事项中，不应确认为营业外支出的是（　　）。
　　A. 对外捐赠支出　　　　　　B. 债务重组损失
　　C. 计提的固定资产减值准备　D. 报废固定资产发生的净损失

（4）企业与客户之间的合同同时满足收入确认条件时，企业确认收入的时点是（　　）。
　　A. 商品运抵客户时　　　　　B. 双方签订合同时
　　C. 客户取得相关商品控制权时　D. 双方制定购销计划时

（5）下列费用中，不应在发生的当期全部转入损益的是（　　）。
　　A. 制造费用　　　　　　　　B. 财务费用
　　C. 管理费用　　　　　　　　D. 销售费用

（6）下列属于合同取得成本的是（　　）
　　A. 投标差旅费　　　　　　　B. 销售佣金
　　C. 合同履约成本　　　　　　D. 客户培训费

（7）下列账户中，不应该在期末结转至"本年利润"的是（　　）。
　　A. 主营业务收入　　　　　　B. 其他业务收入
　　C. 营业外收入　　　　　　　D. 未确认融资费用

（8）下列账户中属于损益类账户的是（　　）。
　　A. 所得税费用　　　　　　　B. 应交所得税
　　C. 制造费用　　　　　　　　D. 盈余公积

（9）下列项目中，不构成营业利润的项目有（　　）。
　　A. 资产减值损失　　　　　　B. 主营业务收入

C. 营业外收入 D. 投资收益

(10) 下列项目中，不构成产品成本的项目是（　　）。
　　A. 直接材料　　　　　　　　B. 直接人工
　　C. 制造费用　　　　　　　　D. 销售费用

二、多项选择题（每题至少有两个答案是正确的；将正确答案对应的字母填入括号）

(1) 计算营业利润应当考虑的项目有（　　）。
　　A. 营业外收入　　　　　　　B. 所得税费用
　　C. 投资收益　　　　　　　　D. 资产减值损失
　　E. 其他业务收入

(2) 关于收入，下列说法中正确的有（　　）。
　　A. 收入是指企业在日常活动中形成的、会导致所有者权益增加的、与所有者投入资本无关的经济利益的总流入
　　B. 企业应当在客户取得相关商品控制权时确认收入
　　C. 符合收入定义和收入确认条件的项目，应当列入利润表
　　D. 收入是指企业在日常活动中形成的、会导致所有者权益或负债增加的、与所有者投入资本无关的经济利益的总流入

(3) 根据企业收入准则，交易价格可能包含（　　）。
　　A. 可变对价　　　　　　　　B. 重大融资成分
　　C. 非现金对价　　　　　　　D. 应付客户对价
　　E. 商业折扣

(4) 时段履约义务的判断标准包括（　　）
　　A. 客户在企业履约的同时取得并消耗经济利益
　　B. 客户能够控制企业履约过程中的在建商品
　　C. 商品具有不可替代用途且有权就累计已完成部分收款
　　D. 商品验收后付款

(5) 收入可能表现为（　　）。
　　A. 企业资产的增加　　　　　B. 企业负债的减少
　　C. 企业资产的减少　　　　　D. 企业负债的增加
　　E. 企业费用的减少

(6) 下列项目中，构成企业营业利润的有（　　）。
　　A. 主营业务收入　　　　　　B. 主营业务成本
　　C. 公允价值变动损益　　　　D. 投资收益
　　E. 资产减值损失

(7) 下列项目中，构成利润总额的项目有（　　）。
　　A. 主营业务收入　　　　　　B. 主营业务成本
　　C. 公允价值变动损益　　　　D. 投资收益
　　E. 资产减值损失
(8) 下列项目中，影响净利润的项目有（　　）。
　　A. 所得税费用　　　　　　　B. 营业外收入
　　C. 公允价值变动损益　　　　D. 投资收益
　　E. 资产减值损失
(9) 下列项目中，构成产品成本的项目有（　　）。
　　A. 直接材料　　　　　　　　B. 直接人工
　　C. 制造费用　　　　　　　　D. 销售费用
　　E. 财务费用
(10) 影响期末在产品成本的因素有（　　）。
　　A. 期初在产品成本　　　　　B. 本期生产费用
　　C. 本期完工产品成本　　　　D. 本期主营业务成本
　　E. 本期管理费用

三、判断题（判断每题的陈述正确与否：如果正确，在题目的括号中画"√"；如果错误，在题目的括号中画"×"）

(1) 收入是指企业在日常活动中形成的、会导致所有者权益增加的、与所有者投入资本无关的经济利益的总流入。（　　）
(2) 利润是企业在日常活动中取得的经营成果，不应包括企业在偶发事件中产生的利得和损失。（　　）
(3) 费用应当会导致经济利益的流出，从而导致资产的减少或者负债的增加。（　　）
(4) 企业应付客户代金券应按公允价值确认为合同负债。（　　）
(5) 企业可以按照自身需求选择提取或不提取盈余公积。（　　）
(6) 收入就是利得。（　　）
(7) 税金及附加是指企业在销售商品和提供劳务等流通环节缴纳的除增值税以外的税金及附加费。包括消费税、城市维护建设税、资源税、房产税、教育费附加等。（　　）
(8) 管理费用是指企业为组织和管理企业生产经营所发生的各种费用。（　　）
(9) 企业为生产一定种类、一定数量产品所支出的各种生产费用的总和，称为产品的生产成本，也称产品成本。（　　）
(10) 合同履约成本减值准备可以转回。（　　）

四、简答题

(1) 收入确认的原则是什么?

(2) 收入确认的前提条件有哪些?

(3) 什么是商业折扣、现金折扣与销售折让?三者的区别是什么?

(4) 什么是成本?什么是费用?两者的联系和区别是什么?

(5) 简述收入确认与计量的五步法模型。

(6) 简述"合同资产"与"应收账款"的核心区别。

(7) 简述产品成本核算的程序。

(8) 简述期间费用包含的内容。

(9) 简述利润的形成。

(10) 简述利润的分配顺序及会计核算。

五、综合业务题

练习一

目的:掌握发出材料的核算。

资料:月末汇总的发出材料汇总表如下:

发出材料汇总表

项目	甲材料 数量(千克)	甲材料 金额(元)	乙材料 数量(千克)	乙材料 金额(元)	丙材料 数量(千克)	丙材料 金额(元)	合计 数量(千克)	合计 金额(元)
A产品	1 000	8 000	800	2 400	2 000	20 000		
B产品	1 000	8 000	600	1 800	1 000	10 000		
小计								
车间一般领用	500	4 000			100	1 000		
管理部门领用			400	1 200				
合计								

要求:填制发出材料汇总表并编制会计分录。

练习二

目的:掌握职工薪酬的核算。

资料：月末工资汇总表如下：

工资汇总表

项 目	工 时	工资（元）	合 计
A产品人员	600		500 000
B产品人员	400		
车间管理人员		10 000	10 000
厂部管理人员		20 000	20 000
在建工程人员		3 000	3 000
合 计	1 000	33 000	533 000

要求：根据上述资料计提工资。

练习三

目的：掌握制造费用的分配。

资料：月末制造费用明细账资料如下：

制造费用明细账

金额单位：元

日 期	职工薪酬	折旧费	保险费	材料费	办公费	合 计
×月1日				2 000		
×月3日					800	
×月15日				1 000		
×月30日	11 400					
×月30日						
×月30日			600			
×月30日		4 000				
合 计	11 400	4 000	600	3 000	800	

要求：根据上述资料计算本月制造费用；根据练习二的资料将制造费用分配给A、B产品，并编制会计分录。

练习四

目的：掌握产品成本的计算和核算。

资料：月末生产成本明细账如下：

金额单位：元

日 期	摘 要	借 方（成本项目）			贷 方	借或贷	余 额
		直接材料	直接人工	制造费用			
6 日	领材料	10 400					
7 日	领材料	20 600					
29 日	分配工资		34 200				
30 日	分配制造费用			12 000			
30 日	生产费用合计						
30 日	在产品成本	5 000	6 000	3 000			
30 日	完工产品成本						

要求：根据上述资料填全表格并做出结转完工产品成本的会计分录。

练习五　成本综合练习

资料：某企业生产 A、B 两种产品。A 产品期初在产品成本为 1 000 元，其中直接材料费用 700 元，直接人工费用 200 元，制造费用 100 元。本月发生材料费用 35 000 元，生产工人工资 5 000 元，月末在产品成本为 1 200 元，其中直接材料费 800 元，直接人工费 300 元，制造费用 100 元。A 产品完工产量为 400 件；B 产品期初在产品为 1 500 元，本月发生材料费用 31 200 元，生产工人工资 4 000 元，月末无在产品，完工产量为 300 件。本月共发生制造费用 4 500 元。

要求：计算 A 完工产品的总成本和单位成本。制造费用按生产工时比例分配法分配（A 产品生产工时为 800 小时，B 产品生产工时为 700 小时），并将计算结果填在下列分配表和明细账中。

制造费用分配表

产品名称	生产工时	分配率	分配额（元）
合　计			

生产成本——基本生产成本

产品名称：A 产品　　　　　　　　　　　　　　　　　　完工产量：400 件

××年		凭证		摘　要	借　方			
月	日	字	号		直接材料费用	直接人工费用	制造费用	合计
				期初在产品成本				
				领用材料				
				分配职工薪酬				
				分配制造费用				
				生产费用合计				
				完工产品成本转出				
				完工产品单位成本				
				期末在产品成本				

练习六　销售、利润实现及利润分配业务的核算

资料：某企业本期发生下列经济业务：

（1）销售商品一批，价款 800 000 元，增值税税率 13%，货款及增值税均存入银行。

（2）销售商品一批，付款期为 1 个月，现金折扣条件为 2/10，1/20，n/30。价款 200 000 元，增值税税率 13%。

（3）用银行存款支付销售费用 5 000 元。

（4）结转已销商品的成本 500 000 元。

（5）收回欠前货款，客户在 20 天内偿还了款项，按销售收入计算现金折扣。

（6）期末该企业应收账款余额 100 000 元，预计可收回金额 95 000 元，本期期初"坏账准备"账户没有余额。

（7）将实现的销售收入结转到"本年利润"账户。

（8）将销售成本、管理费用、营业费用等结转到"本年利润"账户。

（9）计算结转所得税，所得税税率 25%。

（10）按净利润 10%、5% 提取法定盈余公积金和任意盈余公积金。

（11）按净利润 50% 向投资者分配利润。

（12）该企业增值税进项税为 54 000 元，用银行存款支付应交增值税。

要求：根据本期经济业务编制会计分录。

练习七

目的： 掌握生产经营过程的核算。

资料： 某企业20××年1月发生以下经济业务：

(1) 1月2日，用银行存款购入材料一批，价值15 000元，增值税率为13%，已验收入库。

(2) 1月4日，从银行提取现金3 000元备用。

(3) 1月5日，向银行借款60 000元，存入银行，期限6个月。

(4) 1月7日，罗明出差，预借差旅费3 000元，以现金支付。

(5) 1月8日，用银行存款购入计算机一台，作为厂部办公设备，价值10 000元。

(6) 1月9日，用银行存款购入办公用品500元，企业管理部门领用300元，车间领用200元。

(7) 1月10日，从银行提取现金34 200元，备发工资。

(8) 1月10日，用现金34 200元发放职工工资。

(9) 1月11日，收到某购货单位前欠的账款5 000元，存入银行。

(10) 1月12日，罗明出差归来，报销差旅费2 500元，余款退回现金。

(11) 1月13日，购入材料，含税价9 040元，增值税税率为13%，货款暂欠，材料已验收入库。

(12) 1月14日，用银行存款支付电话费1 200元，其中，企业管理部门应负担800元，车间负担400元。

(13) 1月15日，用银行存款支付电费1 000元，企业管理部门耗用300元，车间耗用700元。

(14) 1月16日，分配本月职工工资，生产甲产品工人工资9 120元，乙产品工人工资13 680元，车间管理人员工资3 420元，企业管理部门人员工资7 980元。

(15) 1月18日，计提本月固定资产折旧，车间折旧费2 000元，企业管理部门折旧费1 000元。

(16) 1月20日，支付应由本月负担的财产保险费，车间财产保险费为800元，企业管理部门财产保险费为1 200元。

(17) 1月23日，计提本月应负担的银行借款利息900元。

(18) 1月24日，本月发出材料情况如下：生产甲产品领用4 000元，乙产品领用6 000元，车间一般消耗性领用500元，企业管理部门领用1 500元。

(19) 1月25日，计算并结转本月制造费用，按照甲、乙产品生产工人的工资比例分摊。

(20) 1 月 26 日，本月生产的乙产品 100 件全部完工，计算并结转乙产品的全部生产成本。

(21) 1 月 27 日，销售乙产品 100 件，单价 600 元，增值税税率为 13%，货款尚未收到。

(22) 1 月 28 日，按销售收入的 5%，计算应缴纳的销售税金。

(23) 1 月 28 日，以银行存款支付乙产品的广告费 528 元。

(24) 1 月 29 日，收到购货单位所欠乙产品货款 696 000 元。

(25) 1 月 29 日，月末企业对库存材料进行清查，盘亏材料一批，价值 200 元。

(26) 1 月 29 日，以银行存款支付本月所欠材料款 8 000 元。

(27) 1 月 30 日，没收包装物加收的押金 10 000 元，转为营业外收入（假设不考虑税的因素）。

(28) 1 月 30 日，上述盘亏的材料，属于收发计量差错，经批准计入管理费用。

(29) 1 月 31 日，以银行存款支付企业违约罚款 1 300 元。

(30) 1 月 31 日，结转本月已销售乙产品的生产成本（按本月实际生产成本计算）。

(31) 1 月 31 日，将"主营业务收入""营业外收入"账户余额，结转到"本年利润"账户。

(32) 1 月 31 日，将"主营业务成本""管理费用""销售费用""财务费用""营业外支出"等账户余额结转到"本年利润"账户。

(33) 1 月 31 日，按企业本月实现利润总额的 25%，计算应缴纳的所得税。

(34) 1 月 31 日，将"所得税费用"账户余额结转到"本年利润"账户。

(35) 1 月 31 日，按照税后利润的 10% 提取盈余公积金。

(36) 1 月 31 日，企业决定向投资者分配利润 5 000 元。

(37) 1 月 31 日，将"本年利润"账户余额转入"利润分配"账户。

(38) 1 月 31 日，将"利润分配"账户下其他明细账户的期末余额，转入"利润分配——未分配利润"账户。

要求：根据上述经济业务编制会计分录。

练习八

资料：某电商平台推出"满 300 减 50"优惠券，用户购买价值 800 元的商品（成本 500 元），使用优惠券后支付 750 元，另收取运费 20 元（不参与优惠）。根据平台规则，优惠券成本由商家承担 70%。

要求：

(1) 计算商家实际收入。

(2) 编制商家会计分录。

练习九

资料：天科软件公司与客户签订一项软件开发合同，合同总价 120 万元，具体条款中，合同包含两项履约义务：

一是定制软件开发（单独售价 90 万元）：根据客户需求提供专属系统开发，公司按投入法确定履约进度。

二是 3 年系统维护服务（单独售价 30 万元）：自系统验收后开始计算。

① 合同签订日客户支付预付款 24 万元；

② 2023 年发生成本 40 万元（全部为开发成本），年末测算履约进度 40%；

③ 2024 年 6 月客户要求新增功能模块，合同变更增加对价 20 万元，预计新增开发成本 15 万元；

④ 2024 年实际发生开发成本 45 万元（含新增模块成本），年末原开发部分履约进度达 80%，新增模块进度 30%。

要求：

(1) 计算 2023 年应确认的收入与成本。

(2) 分析合同变更的会计处理类型。

(3) 计算 2024 年应确认的总收入。

(4) 编制 2023 年预收款、收入确认的会计分录。

参考答案

一、单项选择题

(1) A　　(2) D　　(3) C　　(4) C　　(5) A　　(6) B　　(7) D

(8) A　　(9) C　　(10) D

二、多项选择题

(1) CDE　　(2) ABC　　(3) ABCDE　　(4) ABC　　(5) AB

(6) ABCDE　　(7) ABCDE　　(8) ABCDE　　(9) ABC　　(10) ABC

三、判断题

(1) √　　(2) ×　　(3) √　　(4) √　　(5) ×　　(6) ×　　(7) √

(8) √　　(9) √　　(10) √

四、简答题（略）

五、综合业务题

练习一

发出材料汇总表

项 目	甲材料 数量（千克）	甲材料 金额（元）	乙材料 数量（千克）	乙材料 金额（元）	丙材料 数量（千克）	丙材料 金额（元）	合计 数量（千克）	合计 金额（元）
A 产品	1 000	8 000	800	2 400	2 000	20 000		30 400
B 产品	1 000	8 000	600	1 800	1 000	10 000		19 800
小 计								50 200
车间一般领用	500	4 000			100	1 000		5 000
管理部门领用			400	1 200				1 200
合 计		20 000		5 400		31 000		56 400

借：生产成本——A　　　　　　　　　　　　　　　　　　　30 400
　　　　　　　——B　　　　　　　　　　　　　　　　　　　19 800
　　制造费用　　　　　　　　　　　　　　　　　　　　　　5 000
　　管理费用　　　　　　　　　　　　　　　　　　　　　　1 200
　　贷：原材料——甲　　　　　　　　　　　　　　　　　　20 000
　　　　　　　　——乙　　　　　　　　　　　　　　　　　　5 400
　　　　　　　　——丙　　　　　　　　　　　　　　　　　　31 000

练习二

结转工资费用时，记：
借：生产成本——A　　　　　　　　　　　　　　　　　　　300 000
　　　　　　　——B　　　　　　　　　　　　　　　　　　　200 000
　　制造费用　　　　　　　　　　　　　　　　　　　　　　10 000
　　管理费用　　　　　　　　　　　　　　　　　　　　　　20 000
　　在建工程　　　　　　　　　　　　　　　　　　　　　　3 000
　　贷：应付职工薪酬　　　　　　　　　　　　　　　　　　533 000

练习三

制造费用明细账

金额单位：元

日 期	职工薪酬	折旧费	保险费	材料费	办公费	合 计
×月1日				2 000		2 000
×月3日					800	800
×月15日				1 000		1 000

续表

日　期	职工薪酬	折旧费	保险费	材料费	办公费	合　计
×月30日	11 400					11 400
×月30日			600			600
×月30日		4 000				4 000
合计	11 400	4 000	600	3 000	800	19 800

借：生产成本——A　　　　　　　　　　　　　　　　11 880
　　　　　——B　　　　　　　　　　　　　　　　　 7 920
　贷：制造费用　　　　　　　　　　　　　　　　　　19 800

练习四

| 日　期 | 摘　要 | 借　方（成本项目） ||| 贷　方 | 借或贷 | 余　额（元） |
		直接材料	直接人工	制造费用			
6日	领材料	10 400					10 400
7日	领材料	20 600					20 600
29日	分配工资		34 200				34 200
30日	分配制造费用			12 000			12 000
30日	生产费用合计						77 200
	在产品成本	5 000	6 000	3 000			14 000
	完工产品成本	26 000	28 200	9 000			63 200

借：库存商品　　　　　　　　　　　　　　　　　　63 200
　贷：生产成本　　　　　　　　　　　　　　　　　　　63 200

练习五

制造费用分配表

产品名称	生产工时	分配率	分配额（元）
A	800	3	2 400
B	700	3	2 100
合　计	1 500	—	4 500

生产成本——基本生产成本

产品名称：A产品　　　　　　　　　　　　　　　完工产量：400件　金额单位：元

××年		凭证字号	摘要	借方			
月	日			直接材料费用	直接人工费用	制造费用	合计
			期初在产品成本	700	200	100	1 000
			领用材料	35 000			35 000
			分配工资及福利费		5 000		5 000
			分配制造费用			2 400	2 400
			生产费用合计	35 700	5 200	2 500	43 400
			完工产品成本转出	34 900	4 900	2 400	42 200
			完工产品单位成本				105.5
			期末在产品成本	800	300	100	1 200

练习六

(1) 借：银行存款　　　　　　　　　　　　　　904 000
　　　贷：主营业务收入　　　　　　　　　　　　　　800 000
　　　　　应交税费——应交增值税（销项税额）　　　104 000
(2) 借：应收账款　　　　　　　　　　　　　　226 000
　　　贷：主营业务收入　　　　　　　　　　　　　　200 000
　　　　　应交税费——应交增值税（销项税额）　　　 26 000
(3) 借：销售费用　　　　　　　　　　　　　　　5 000
　　　贷：银行存款　　　　　　　　　　　　　　　　　5 000
(4) 借：主营业务成本　　　　　　　　　　　　500 000
　　　贷：库存商品　　　　　　　　　　　　　　　　500 000
(5) 借：银行存款　　　　　　　　　　　　　　232 000
　　　　财务费用　　　　　　　　　　　　　　　2 000
　　　贷：应收账款　　　　　　　　　　　　　　　　234 000
(6) 借：资产减值损失　　　　　　　　　　　　　5 000
　　　贷：坏账准备　　　　　　　　　　　　　　　　　5 000
(7) 借：主营业务收入　　　　　　　　　　　1 000 000
　　　贷：本年利润　　　　　　　　　　　　　　　1 000 000
(8) 借：本年利润　　　　　　　　　　　　　　512 000
　　　贷：主营业务成本　　　　　　　　　　　　　　500 000

资产减值损失	5 000
销售费用	5 000
财务费用	2 000

(9) 主营业务利润 = 1 000 000 − 500 000 = 500 000（元）

营业利润 = 500 000 − 5 000 − 5 000 − 2 000 = 488 000（元）

利润总额 = 488 000（元）

所得税 = 488 000 × 25% = 122 000（元）

借：所得税费用	122 000
贷：应交税费——应交所得税	122 000
借：本年利润	122 000
贷：所得税费用	122 000

(10) 净利润 = 488 000 − 122 000 = 366 000（元）

提取法定盈余公积 = 366 000 × 10% = 36 600（元）

提取任意盈余公积 = 366 000 × 5% = 18 300（元）

借：利润分配——提取盈余公积	36 600
贷：盈余公积	36 600

(11) 应付利润 = 366 000 × 50% = 183 000（元）

借：利润分配——应付利润	183 000
贷：应付利润	183 000

(12) 应交增值税 = 130 000 − 54 000 = 76 000（元）

借：应交税费——应交增值税（已交税金）	76 000
贷：银行存款	76 000

练习七

(1) 借：原材料	15 000
应交税费——应交增值税（进项税额）	1 950
贷：银行存款	16 950
(2) 借：库存现金	3 000
贷：银行存款	3 000
(3) 借：银行存款	60 000
贷：短期借款	60 000
(4) 借：其他应收款	3 000
贷：库存现金	3 000
(5) 借：固定资产	10 000

	贷：银行存款	10 000
（6）借：管理费用		300
	制造费用	200
	贷：银行存款	500
（7）借：库存现金		34 200
	贷：银行存款	34 200
（8）借：应付职工薪酬		30 000
	贷：库存现金	30 000
（9）借：银行存款		5 000
	贷：应收账款	5 000
（10）借：管理费用		2 500
	库存现金	500
	贷：其他应收款	3 000
（11）借：原材料		8 000
	应交税费——应交增值税（进项税额）	1 040
	贷：应付账款	9 040
（12）借：管理费用		800
	制造费用	400
	贷：银行存款	1 200
（13）借：管理费用		300
	制造费用	700
	贷：银行存款	1 000
（14）借：生产成本——甲		9 120
	——乙	13 680
	制造费用	3 420
	管理费用	7 980
	贷：应付职工薪酬	34 200
（15）借：制造费用		2 000
	管理费用	1 000
	贷：累计折旧	3 000
（16）借：制造费用		800
	管理费用	1 200
	贷：银行存款	2 000

(17) 借：财务费用 900
　　　贷：应付利息 900
(18) 借：生产成本——甲 4 000
　　　　　　　——乙 6 000
　　　　制造费用 500
　　　　管理费用 1 500
　　　贷：原材料 12 000
(19) 借：生产成本——甲 3 208
　　　　　　　——乙 4 812
　　　贷：制造费用 8 020
(20) 借：库存商品——乙 24 492
　　　贷：生产成本——乙 24 492
(21) 借：应收账款 696 000
　　　贷：主营业务收入 60 000
　　　　　应交税费——应交增值税（销项税额） 9 600
(22) 借：税金及附加 3 000
　　　贷：应交税费 3 000
(23) 借：销售费用 528
　　　贷：银行存款 528
(24) 借：银行存款 696 000
　　　贷：应收账款 696 000
(25) 借：待处理财产损溢 200
　　　贷：原材料 200
(26) 借：应付账款 8 000
　　　贷：银行存款 8 000
(27) 借：其他应付款 10 000
　　　贷：营业外收入 10 000
(28) 借：管理费用 200
　　　贷：待处理财产损溢 200
(29) 借：营业外支出 1 300
　　　贷：银行存款 1 300
(30) 借：主营业务成本 24 492
　　　贷：库存商品——乙 24 492

(31) 借：主营业务收入　　　　　　　　　　　　　60 000
　　　　营业外收入　　　　　　　　　　　　　　10 000
　　　　贷：本年利润　　　　　　　　　　　　　　　　70 000
(32) 借：本年利润　　　　　　　　　　　　　　　46 000
　　　　贷：管理费用　　　　　　　　　　　　　　　　15 780
　　　　　　主营业务成本　　　　　　　　　　　　　　24 492
　　　　　　营业外支出　　　　　　　　　　　　　　　 1 300
　　　　　　销售费用　　　　　　　　　　　　　　　　　 528
　　　　　　财务费用　　　　　　　　　　　　　　　　　 900
　　　　　　营业税金及附加　　　　　　　　　　　　　 3 000
(33) 借：所得税费用　　　　　　　　　　　　　　 6 000
　　　　贷：应交税费　　　　　　　　　　　　　　　　 6 000
(34) 借：本年利润　　　　　　　　　　　　　　　 6 000
　　　　贷：所得税费用　　　　　　　　　　　　　　　 6 000
(35) 借：利润分配——提取盈余公积　　　　　　 1 800
　　　　贷：盈余公积　　　　　　　　　　　　　　　　 1 800
(36) 借：利润分配——应付利润　　　　　　　　 5 000
　　　　贷：应付利润　　　　　　　　　　　　　　　　 5 000
(37) 借：本年利润　　　　　　　　　　　　　　　18 000
　　　　贷：利润分配——未分配利润　　　　　　　　　18 000
(38) 借：利润分配——未分配利润　　　　　　　 6 800
　　　　贷：利润分配——应付利润　　　　　　　　　　 5 000
　　　　　　　　——提取盈余公积　　　　　　　　　　 1 800

练习八

(1) 交易价格分摊：
商品公允价值 = 800 ÷ (800 + 20) × 770 = 755.56（元）
运费公允价值 = 20 ÷ (800 + 20) × 770 = 14.44（元）
商家承担优惠券 = 50 × 70% = 35（元）
(2) 会计分录：
借：银行存款　　　　　　　　　　　　　　　　　770
　　合同负债 – 优惠券　　　　　　　　　　　　　 35
　　贷：主营业务收入　　　　　　　　　　　　　　　755.56
　　　　其他业务收入　　　　　　　　　　　　　　　 14.44
　　　　预计负债　　　　　　　　　　　　　　　　　 35

练习九

（1）2023 年收入与成本计算：

交易价格分摊：

开发服务占比 $=90\div(90+30)=75\%\to 120\times75\%=90$（万元）

维护服务占比 $=30\div(90+30)=25\%\to 120\times25\%=30$（万元）

当期开发收入 $=90\times40\%=36$（万元）

维护服务收入暂不确认（服务未开始）

当期成本结转 $=40\times40\%=16$（万元）

（2）合同变更类型判断：

新增模块与原合同不可明确区分，作为原合同组成部分进行修订。

调整履约义务：将新增对价 20 万元加入合同总价，按修订后交易价格 140 万元重新分摊。

（3）2024 年收入计算：

修订后开发服务占比 $=(90+20)\div(90+20+30)=110\div140\approx78.57\%\to 140\times78.57\%=110$（万元）

原开发部分收入 $=110\times80\%-$ 已确认的 36 万元 $=52$（万元）

新增模块收入 $=20\times(30\%\div100\%)=6$（万元）

当期开发总收入 $=52+6=58$（万元）

（4）2023 年会计分录：

收到预付款：

借：银行存款　　　　　　　　　　　　　　　　　　240 000

　　贷：合同负债　　　　　　　　　　　　　　　　　　240 000

确认开发收入：

借：合同资产　　　　　　　　　　　　　　　　　　360 000

　　贷：主营业务收入　　　　　　　　　　　　　　　　360 000

结转成本：

借：主营业务成本　　　　　　　　　　　　　　　　160 000

　　贷：合同履约成本　　　　　　　　　　　　　　　　160 000

第十章 练习题及参考答案

一、单项选择题（每题只有一个答案是正确的；将正确答案对应的字母填入括号）

（1）下列不属于财务报告内容的是（　　）。
  A. 资产负债表　　　　　　　　B. 成本核算表
  C. 现金流量表　　　　　　　　D. 所有者权益变动表

（2）资产负债表中资产和负债项目顺序的排列依据是（　　）。
  A. 流动性水平　　　　　　　　B. 重要性程度
  C. 随机排列　　　　　　　　　D. 项目金额大小

（3）下列报表项目中，可以根据总账账户余额直接填列的是（　　）。
  A. 存货　　　　　　　　　　　B. 货币资金
  C. 短期借款　　　　　　　　　D. 固定资产

（4）以下资产负债表项目，可以根据总账科目余额直接填列是（　　）。
  A. 实收资本　　　　　　　　　B. 长期借款
  C. 预收账款　　　　　　　　　D. 应收账款

（5）在资产负债表中，"预付账款"科目贷方余额应在（　　）项目列报。
  A. 应收账款　　　　　　　　　B. 预收款项
  C. 应付账款　　　　　　　　　D. 其他应付款

（6）某企业"库存现金"总账账户余额1 500元，"银行存款"总账账户余额为300 000元，"其他货币资金"账户余额为50 000元。如果不考虑其他因素，该企业资产负债表中"货币资金"项目应当填列的金额是（　　）元。
  A. 301 500　　　B. 300 000　　　C. 351 500　　　D. 251 500

（7）某企业"应收账款——应收甲公司账款"明细账借方余额1 200万元，"应收账款——应收乙公司账款"明细账借方余额600万元，"应收账款——应收丙公司账款"明细账贷方余额200万元。如果不计提坏账准备，资产负债表中"应收账款"项目的金额为（　　）万元。
  A. 1 800　　　B. 1 200　　　C. 1 600　　　D. 2 000

（8）某企业"应收账款"总账科目月末借方余额300万元，其中："应收甲公司账款"明细科目借方余额350万元，"应收乙公司账款"明细科目贷方余额50万元，"预收账款"科目月末贷方余额300万元，其中："预收A工厂账款"明细科目贷方余额500万元,"预收 B 工厂账款"明细科目借方余额 200 万元。与应收账款有关的"坏账准备"明细科目贷方余额为 10 万元,与其他应收款有关的"坏账准备"明细科目贷方余额为 5 万元。该企业月末资产负债表中"预收款项"项目的金额为（　　）万元。

  A. 300   B. 590   C. 550   D. 585

（9）某企业"原材料"总账借方余额 1 200 万元,"生产成本"总账借方余额 300 万元,"在途物资"总账借方余额 200 万元,"库存商品"总账借方余额 800 万元。如果不考虑其他因素的影响,该企业资产负债表中"存货"项目的填列金额为（　　）万元。

  A. 2 000 B. 2 800 C. 2 300 D. 2 500

（10）企业"原材料"科目借方余额 300 万元,"生产成本"科目借方余额 200 万元,"库存商品"科目借方余额 500 万元,"存货跌价准备"科目贷方余额 80 万元,该企业期末资产负债表中"存货"项目应填列的金额为（　　）万元。

  A. 1 000 B. 920   C. 800   D. 720

（11）某企业"固定资产"账户余额为 5 500 万元,"累计折旧"账户余额为 1 500 万元,"固定资产减值准备"账户余额为 550 万元,"在建工程"账户余额为 750 万元。该企业资产负债表中"固定资产"项目列报的金额为（　　）万元。

  A. 3 450 B. 4 000 C. 4 200 D. 5 500

（12）某公司利润表"本期金额"栏有关数字如下：主营业务收入为 60 000 元,其他业务收入 5 000 元,主营业务成本为 40 000 元,其他业务成本 3 000 元,销售费用为 5 000 元,管理费用为 3 000 元,财务费用为 2 000 元,投资收益为 20 000 元,营业外收入 5 000 元,营业外支出 50 000 元。G 公司 1 月份利润总额为（　　）元。

  A. -32 000 B. 32 000 C. 13 000 D. -13 000

（13）某企业 20×4 年发生的营业收入为 200 万元,营业成本为 100 万元,销售费用为 10 万元,管理费用为 20 万元,财务费用为 5 万元,投资收益为 20 万元,资产减值损失为 10 万元（损失）,公允价值变动损益为 30 万元（收益）,营业外收入为 8 万元,营业外支出为 7 万元,该企业 20×2 年的营业利润为（　　）万元。

  A. 108   B. 105   C. 85   D. 100

（14）下列属于"现金等价物"的是（　　）。

  A. 3 年前购买的债券在 3 个月之内将到期

  B. 银行存款

  C. 从购入至变现短于 3 个月的债券投资

  D. 企业持有的可以随时出售的但市价不确定的上市公司的股票

（15）资产负债表中货币资金项目中包含的项目是（　　）。

  A. 银行本票存款   B. 银行承兑汇票

C. 商业承兑汇票　　　　　　D. 交易性金融资产

(16) 在下列各项税金中，应在利润表中的"税金及附加"项目反映的是（　　）。

A. 增值税　　　　　　　　　B. 城市维护建设税

C. 企业所得税　　　　　　　D. 进口关税

(17) 下列各项不属于现金及现金等价物的是（　　）。

A. 现金　　　　　　　　　　B. 随时用于支付的银行存款

C. 3个月内到期的债券投资　　D. 准备近期出售的股票投资

(18) 下列项目中，不属于流动负债的有（　　）。

A. 应付职工薪酬　　　　　　B. 预收款项

C. 一年内到期的非流动负债　　D. 预付款项

(19) 如果流动比率过高，下列分析不正确的是（　　）。

A. 存在闲置现金　　　　　　B. 存在存货积压

C. 应收账款周转缓慢　　　　D. 偿债能力很差

(20) 某企业20×0年营业收入为6 000万元，平均流动资产为400万元，平均固定资产为800万元。假定没有其他资产，则该企业20×0年的总资产周转率为（　　）。

A. 10　　　　B. 15　　　　C. 7.5　　　　D. 5

二、**多项选择题**（每题至少有两个答案是正确的；将正确答案对应的字母填入括号）

(1) 编制财务会计报告的目的之一是满足会计信息使用者的需要，会计信息使用者有（　　）。

A. 投资者　　　　　　　　　B. 债权人

C. 政府监管部门　　　　　　D. 企业内部管理人员

E. 社会公众

(2) 资产负债表中，需要根据有关科目余额减去其备抵科目余额后的净额填列的项目是（　　）。

A. 应收账款　　　　　　　　B. 固定资产

C. 存货　　　　　　　　　　D. 无形资产

E. 长期股权投资

(3) 资产负债表的下列项目中，可以根据总账科目的余额直接填列的有（　　）。

A. 应付账款　　　　　　　　B. 应付票据

C. 交易性金融资产　　　　　D. 资本公积

E. 长期借款

(4) 资产负债表中的"货币资金"项目，应根据（　　）科目期末余额计算填列。

A. 库存现金　　　　　　　　B. 应收账款

C. 银行存款　　　　　　　　　D. 预付账款

E. 其他货币资金

(5) 长期借款不应该按照（　　）方法填列。

A. 根据总账账户期末余额直接填列

B. 根据若干总账账户期末余额加计填列

C. 根据明细账科目余额计算填列

D. 根据总账科目和明细账科目余额分析计算填列

E. 根据有关科目余额减去其备抵科目余额后的净额填列

(6) 资产负债表中的"应收账款"项目的填列依据是（　　）。

A. 应收账款所属明细科目的借方余额

B. 应收账款所属明细科目的贷方余额

C. 预收账款所属明细科目的借方余额

D. 预收账款所属明细科目的贷方余额

E. 按应收账款余额一定比例计提的坏账准备科目的贷方余额

(7) 资产负债表的数据来源，可以通过以下几种方式获得（　　）。

A. 直接从总账科目的余额获得

B. 根据明细科目的余额分析获得

C. 根据几个总账科目的余额合计获得

D. 根据总账科目和明细科目余额分析获得

E. 根据有关科目的余额减去其备抵科目后的净额分析获得

(8) 下列属于资产负债表项目"期末余额"填列方法的有（　　）。

A. 根据总账账户期末余额直接填列

B. 根据若干总账账户期末余额加计填列

C. 根据明细科目的余额计算填列

D. 根据总账科目和明细账科目余额分析计算填列

E. 根据有关科目的余额减去其备抵科目余额后的净额填列

(9) 资产负债表中的"存货"项目，应根据（　　）科目期末余额计算填列。

A. 在途物资　　　　　　　　　B. 库存商品

C. 周转材料　　　　　　　　　D. 生产成本

E. 委托加工物资

(10) 工业企业缴纳的下列各种税金中，可能通过"税金及附加"科目核算的有（　　）。

A. 增值税销项税额　　　　　　B. 消费税

C. 城市维护建设税　　　　　　D. 企业所得税

E. 资源税

(11) 某企业 20×4 年度发生的下列交易或事项中，会引起投资活动产生的现金流量发生变化的有（   ）。

  A. 向投资者派发现金股利 20 万元

  B. 转让一项专利权，取得价款 800 万元

  C. 购入一项专有技术用于日常经营，支付价款 80 万元

  D. 采用权益法核算的长期股权投资，实现投资收益 700 万元

  E. 购买三个月内到期的短期债券

(12) 下列各项中，对资产负债表的作用描述正确的有（   ）。

  A. 可以反映企业资产的构成及其状况

  B. 可以分析企业的偿债能力

  C. 可以分析企业的获利能力

  D. 可以反映企业所有者权益的情况

  E. 流动资产排在左方，非流动资产排在右方

(13) 利润表中的"营业收入"项目应根据（   ）科目的本期发生额计算填列。

  A. 主营业务收入 B. 其他业务收入

  C. 投资收益 D. 营业外收入

  E. 公允价值变动损益

(14) 下列各项中，属于现金流量表中现金及现金等价物的有（   ）。

  A. 库存现金 B. 其他货币资金

  C. 3 个月内到期的债券投资 D. 随时用于支付的银行存款

  E. 3 个月内到期的股票投资

(15) 下列各项不能引起现金流量净额变动的项目有（   ）。

  A. 购入 3 个月内到期的国债

  B. 用银行存款购买短期套利的股票

  C. 用固定资产换取存货

  D. 用存货清偿 20 万元的债务

  E. 将现金存为银行活期存款

(16) 下列各项中，关于现金流量表填列的表述中，正确的有（   ）。

  A. 以现金购买三个月以内到期的债券投资作为投资活动现金流出

  B. 接受捐赠收到的现金记入"收到其他与经营活动有关的现金"项目

  C. 支付的融资租赁固定资产的租金作为"支付其他与筹资活动有关的现金"项目

D. 支付购建固定资产而发生的资本化借款利息费用、费用化借款利息费用作为"分配股利、利润或偿付利息支付的现金"项目

E. 支付分期付款方式购建固定资产的款项作为"支付其他与筹资活动有关的现金"项目

（17）根据企业业务活动的性质和现金流量的来源，现金流量表在结构上将企业一定期间产生的现金流量分为（　　　）。

A. 期初现金及现金等价物余额　　B. 经营活动产生的现金流
C. 投资活动产生的现金　　　　　D. 筹资活动产生的现金流
E. 期末现金及现金等价物余额

（18）下列项目中，属于流动资产的有（　　　）。

A. 长期股权投资　　B. 存货
C. 预付账款　　　　D. 无形资产
E. 应收账款

（19）下列各项中，属于流动负债的有（　　　）。

A. 应交税费　　B. 其他应付款
C. 预付账款　　D. 应付债券
E. 预计负债

（20）如果流动比率过高，意味着企业可能（　　　）。

A. 存在闲置现金　　　　B. 存在存货积压
C. 应收账款周转缓慢　　D. 短期偿债能力很差
E. 短期偿债能力很强

（21）按照《企业会计准则第30号——财务报表列报》的规定，企业的财务报表至少应当包括"四表一注"，这里"四表"是指（　　　）。

A. 资产负债表　　B. 利润表
C. 现金流量表　　D. 利润分配表以及附注
E. 所有者权益变动表

（22）下列项目中，构成营业利润的项目有（　　　）。

A. 主营业务收入　　B. 其他业务收入
C. 营业外收入　　　D. 财务费用
E. 税金及附加

（23）下列项目中，构成利润总额的项目有（　　　）。

A. 营业收入　　B. 资产减值损失
C. 营业外收入　　D. 期间费用

E. 所得税费用

（24）利润表中的"营业成本"项目应根据（　　）科目的本期发生额计算填列。

A. 主营业务成本　　　　　　B. 生产成本

C. 工程成本　　　　　　　　D. 其他业务成本

E. 营业外成本

（25）下列各项中，属于财务报表附注的内容有（　　）。

A. 企业的基本情况

B. 重要会计政策和会计估计

C. 会计政策和会计估计变更以及差错更正的说明

D. 重要报表项目的说明

E. 其他有助于财务报表使用者评价企业管理资本的目标、政策及程序的信息

三、判断题（判断每题的陈述正确与否：如果正确，在题目的括号中画"√"；如果错误，在题目的括号中画"×"）

（1）财务会计报告包含了财务报表和财务报表附注。（　　）

（2）会计期间分为年度和中期，中期一般单指半年度。（　　）

（3）财务报表的编制基础是持续经营。（　　）

（4）披露财务报表时，企业可以根据情况自主选择是否披露报表附注。（　　）

（5）企业不能向管理层和投资者以外的其他主体提供财务报告。（　　）

（6）"应收账款"项目应根据"应收账款"总账的期末余额直接填列。（　　）

（7）企业可以通过在附注进行披露，来代替交易和事项在财务报表中的确认与计量。（　　）

（8）资产负债表中长期借款项目应根据长期借款科目的余额直接填列。（　　）

（9）"利润分配"总账的年末余额不一定与相应的资产负债表中未分配利润项目的数额一致。（　　）

（10）应收票据项目应根据"应收票据"总账余额填列。（　　）

（11）"预收款项"项目应根据"预收账款"和"应收账款"科目所属各明细科目的期末贷方余额合计数填列，如"预收账款"科目所属各明细科目期末有借方余额，应在资产负债表"应付账款"项目内填列。（　　）

（12）增值税应在利润表的税金及附加项目中反映。（　　）

（13）"在建工程"项目应根据"在建工程"科目的期末余额填列。（　　）

四、简答题

（1）什么是财务报告？简述财务报告的构成内容及财务报告编报的要求。

（2）什么是财务报表？财务报表由哪些内容构成？

(3) 说明资产负债表中"货币资金""应收账款""固定资产""未分配利润"项目和利润表中"营业收入""营业成本"项目的填列方法？

(4) 什么是资产负债表？表中项目如何填列？

(5) 什么是利润表？表中项目如何填列？

(6) 什么是现金流量表？现金包括哪些内容？

(7) 现金流量是如何分类的？

五、综合题

(1) 甲上市公司为增值税一般纳税人，适用的增值税税率为13%。存货按实际成本核算，商品售价不含增值税，其销售成本随销售同时结转。20×4年1月1日资产负债表（简表）资料如下：

资产负债表（简表）

编制单位：甲上市公司　　　　　　　20×4年1月1日　　　　　　　　　　金额单位：万元

资产	年初余额	负债和所有者权益	年初余额
货币资金	320.4	短期借款	200
交易性金融资产	0	应付账款	84
应收票据	24	应付票据	40
应收账款	159.2	预收款项	60
预付款项	0.16	应付职工薪酬	4
存货	368	应交税费	9.6
长期股权投资	480	应付利息	40
固定资产	1 442	长期借款	1 008
在建工程	100	实收资本	1 600
无形资产	204	盈余公积	96
长期待摊费用	50	未分配利润	6.16
资产总计	3 147.76	负债和所有者权益总计	3 147.76

20×4年甲上市公司发生如下交易或事项：

① 购入材料一批，开具商业承兑汇票一张，发票账单已经收到，增值税专用发票上注明的货款为30万元，增值税额为4.8万元，材料已验收入库。

② 以银行存款购入公允价值为100万元的股票，作为交易性金融资产核算。期末交易性金融资产公允价值仍为100万元。

③ 计算并确认短期借款利息 5 万元。

④ 计算并计提坏账准备 6 万元。

⑤ 计提行政管理部门用固定资产折旧 20 万元；摊销管理用无形资产成本 10 万元。

⑥ 销售库存商品一批。该批商品售价为 100 万元，增值税为 13 万元，实际成本为 65 万元，商品已发出。甲公司已于上年预收货款 60 万元，其余款项尚未结清。

⑦ 分配工资费用，其中企业行政管理人员工资 15 万元，在建工程人员工资 5 万元。

⑧ 计提应计入在建工程成本的分期付息的长期借款利息 20 万元。

⑨ 确认对联营企业的长期股权投资收益 50 万元。

⑩ 计算并确认应交城市维护建设税 3 万元（教育费附加略）。

⑪ 转销无法支付的应付账款 30 万元。

⑫ 本年度实现利润总额 56 万元，所得税费用和应交所得税均为 14 万元（不考虑其他因素），提取法定盈余公积 4.2 万元。

要求：

① 编制甲上市公司 20×4 年度上述交易或事项的会计分录（不需要编制各损益类科目结转本年利润以及利润分配的有关会计分录，要求写出"应交税费"科目的明细科目）。

② 填列甲上市公司 20×4 年 12 月 31 日的资产负债表。

资产负债表（简表）

编制单位：甲上市公司　　　　　　20×4 年 12 月 31 日　　　　　　　　　　金额单位：万元

资　产	期末余额	负债和所有者权益	期末余额
货币资金		短期借款	
交易性金融资产		应付票据及应付账款	
应收票据及应收账款		预收款项	
预付款项		应付职工薪酬	
存货		应交税费	
长期股权投资		应付利息	
固定资产		长期借款	
在建工程		实收资本	
无形资产		盈余公积	
长期待摊费用		未分配利润	
资产总计		负债和所有者权益总计	

(2) 计算分析题。

甲公司 2024 年 12 月 31 日结账后有关科目余额如下所示：

金额单位：万元

科目名称	借方余额	贷方余额
应收账款	300	20
坏账准备—应收账款		40
预收账款	50	200
应付账款	10	200
预付账款	180	30

要求：根据上述资料，计算资产负债表中下列项目的金额：

① 应收账款；
② 预付款项；
③ 应付账款；
④ 预收款项。

(3) 资料：甲企业为一般纳税企业，增值税税率为 13%，20×4 年 4 月发生下列经济业务：

① 销售甲商品一批，增值税发票注明售价为 300 000 元，增值税额 39 000 元。销售合同中规定按不含税销价计算的现金折扣条件为：2/10、1/20、n/30，款项尚未收到。该批商品的生产成本为 240 000 元。

② 8 天后，购货方付清了货款，甲企业收到 333 000 元，款项存入银行。

③ 将一项专利权的产权转让给外单位，取得转让收入 150 000 元，款项存入银行。该专利权初始成本为 120 000 元，已累计摊销 2 500 元。

④ 因意外事故，经批准报废设备一台，该设备原价为 500 000 元，已计提折旧 420 000 元。用现金支付清理费 600 元，获残料变价收入 5 000 元，经保险公司核定，甲企业可赔偿 70 000 元；该设备已清理完毕，结转清理净损益。

⑤ 企业将持有的，作为交易性金融资产的 D 公司股票，以每股 12.5 元的价格出售 75 000 股，出售中发生相关税费 2 500 元，出售价款存入银行，该股票账面余额为 747 000 元（其中，成本 740 000 元，公允价值变动 7 000 元）。

⑥ 以银行存款支付行政管理部门报纸杂志费为 5 000 元。

⑦ 经计算，本月应交税费 4 000 元，其中：城市维护建设税 2 800 元，教育费附加 1 200 元。

⑧ 以银行存款支付广告费 2 400 元。

⑨ 月末将各损益账户余额结转至"本年利润"账户。

⑩ 按25%所得税税率计算应交所得税（列示计算式）。
⑪ 将所得税转至"本年利润"账户。
要求：根据上述经济业务编制会计分录，并编制利润表。

（4）已知某公司20×4年会计报表的有关资料如下：

金额单位：万元

资产负债表项目	年初数	年末数
资产	8 000	10 000
负债	4 500	6 000
所有者权益	3 500	4 000
利润表项目	上年数	本年数
营业收入	（略）	20 000
净利润	（略）	500

要求：计算下列指标（计算结果保留两位小数）：
① 净资产收益率。
② 总资产增长率。
③ 营业净利率。
④ 总资产周转率。

（5）资料：长江公司属于工业企业，为增值税一般纳税人，适用13%的增值税税率，售价中不含增值税。商品销售时，同时结转成本。本年利润采用表结法结转。20×4年11月30日损益类有关科目的余额如下表所示：

金额单位：万元

科目名称	借方余额	科目名称	贷方余额
主营业务成本	2 000	主营业务收入	3 500
税金及附加	29	其他业务收入	100
其他业务成本	60	投资收益	80
销售费用	80	营业外收入	60
管理费用	500	公允价值变动损益	60
财务费用	40		
资产减值损失	160		
信用减值损失	0		
营业外支出	34		

20×4年12月长江公司发生如下经济业务：

① 销售商品一批，增值税专用发票上注明的售价400万元，增值税52万元，款项尚未收到。该批商品的实际成本为240万元。

② 本月发生应付职工薪酬300万元，其中生产工人工资200万元，车间管理人员工资20万元，厂部管理人员工资50万元，销售人员工资30万元。

③ 本月收到增值税返还100万元。

④ 本月摊销自用无形资产成本40万元。

⑤ 本月主营业务应交城市维护建设税10万元、教育费附加1万元。

⑥ 12月31日，某项交易性金融资产公允价值上升4万元。

⑦ 12月31日，计提坏账准备10万元，计提存货跌价准备20万元。

⑧ 该公司适用所得税税率为25%，假定本年应纳税所得额为1 000万元，没有纳税调整项目。

要求：

① 编制长江公司20×4年12月相关业务的会计分录。

② 编制长江公司20×4年度利润表。

参考答案

一、单项选择题

(1) B　(2) A　(3) C　(4) A　(5) C　(6) C　(7) C　(8) C
(9) D　(10) B　(11) A　(12) D　(13) B　(14) C　(15) A　(16) B
(17) D　(18) D　(19) D　(20) D

二、多项选择题

(1) ABCDE　(2) ABCDE　(3) BCD　(4) ACE　(5) ABCE
(6) ACE　(7) ABCDE　(8) ABCDE　(9) ABCDE　(10) BCE
(11) BC　(12) ABD　(13) AB　(14) ABCD　(15) ACDE
(16) BCDE　(17) BCD　(18) BCE　(19) AB　(20) ABCE
(21) ABCE　(22) ABDE　(23) ABCD　(24) AD　(25) ABCDE

三、判断题

(1) √　(2) ×　(3) √　(4) ×　(5) ×　(6) ×　(7) ×
(8) ×　(9) ×　(10) ×　(11) ×　(12) ×　(13) ×

四、简答题（略）

五、综合题

（1）

1）

① 借：原材料　　　　　　　　　　　　　　　　　　30
　　　　应交税费——应交增值税（进项税额）　　　　4.8
　　　贷：应付票据　　　　　　　　　　　　　　　　34.8

② 借：交易性金融资产　　　　　　　　　　　　　　100
　　　贷：银行存款　　　　　　　　　　　　　　　　100

③ 借：财务费用　　　　　　　　　　　　　　　　　5
　　　贷：应付利息　　　　　　　　　　　　　　　　5

④ 借：信用减值损失　　　　　　　　　　　　　　　6
　　　贷：坏账准备　　　　　　　　　　　　　　　　6

⑤ 借：管理费用　　　　　　　　　　　　　　　　　30
　　　贷：累计折旧　　　　　　　　　　　　　　　　20
　　　　　累计摊销　　　　　　　　　　　　　　　　10

⑥ 借：预收账款　　　　　　　　　　　　　　　　　113
　　　贷：主营业务收入　　　　　　　　　　　　　　100
　　　　　应交税费——应交增值税（销项税额）　　　13
　借：主营业务成本　　　　　　　　　　　　　　　　65
　　　贷：库存商品　　　　　　　　　　　　　　　　65

⑦ 借：管理费用　　　　　　　　　　　　　　　　　15
　　　在建工程　　　　　　　　　　　　　　　　　　5
　　　贷：应付职工薪酬　　　　　　　　　　　　　　20

⑧ 借：在建工程　　　　　　　　　　　　　　　　　20
　　　贷：应付利息　　　　　　　　　　　　　　　　20

⑨ 借：长期股权投资　　　　　　　　　　　　　　　50
　　　贷：投资收益　　　　　　　　　　　　　　　　50

⑩ 借：税金及附加　　　　　　　　　　　　　　　　3
　　　贷：应交税费——应交城市维护建设税　　　　　3

⑪ 借：应付账款　　　　　　　　　　　　　　　　　30
　　　贷：营业外收入　　　　　　　　　　　　　　　30

⑫ 借：所得税费用　　　　　　　　　　　　　　　　14
　　　贷：应交税费——应交所得税　　　　　　　　　14

借：利润分配——提取法定盈余公积 4.2
　　贷：盈余公积 4.2
（注：结转损益后的会计利润是56万元，净利润是42万元。）

2)

资产负债表（简表）

编制单位：甲上市公司　　　　　20×4年12月31日　　　　　　　　　金额单位：万元

资产	期末余额	负债和所有者权益	期末余额
货币资金	220.4(320.4-100)	短期借款	200
交易性金融资产	100(0+100)	应付票据应付账款	74.8(40+34.8)+54(84-30)
应收票据及应收账款	24+206.2(159.2-6+53)	预收款项	0(60-60)
预付款项	0.16	应付职工薪酬	24(4+20)
存货	333(368+30-65)	应交税费	34.8(9.6-4.8+13+3+14)
长期股权投资	530(480+50)	应付利息	65(40+20+5)
固定资产	1 422(1442-20)	长期借款	1 008
在建工程	125(100+5+20)	实收资本	1 600
无形资产	194(204-10)	盈余公积	100.2(96+4.2)
长期待摊费用	50	未分配利润	43.96(6.16+56-14-4.2)
资产总计	3 204.76	负债和所有者权益总计	3 204.76

【解析】关于应收账款和预收款项项目的计算思路如下：年初预收账款有贷方余额60万元，本期有借方发生额113万元，因此年末预收账款有借方余额53万元，具有应收性质。因此应反映在应收账款项目中，预收款项项目年末余额为0。

(2)

① "应收账款" 项目金额 = 300 + 50 - 40 = 310（万元）

② "预付款项" 项目金额 = 10 + 180 = 190（万元）

③ "应付账款" 项目金额 = 200 + 30 = 230（万元）

④ "预收款项" 项目金额 = 20 + 200 = 220（万元）

(3)

① 借：应收账款　　　　　　　　　　　　　　　　339 000
　　贷：主营业务收入　　　　　　　　　　　　　　300 000
　　　　应交税费——应交增值税（销项税额）　　　　39 000

借：主营业务成本	240 000	
贷：库存商品		240 000
② 借：银行存款	333 000	
财务费用	6 000	
贷：应收账款		339 000
③ 借：银行存款	150 000	
累计摊销	2 500	
贷：无形资产——专利权		120 000
资产处置损益		32 500
④ 借：营业外支出	5 600	
贷：固定资产清理		5 600
⑤ 借：银行存款	935 000	
贷：交易性金融资产——成本		740 000
——公允价值变动		7 000
投资收益		188 000
⑥ 借：管理费用	5 000	
贷：银行存款		5 000
⑦ 借：税金及附加	4 000	
贷：应交税费——应交城市维护建设税		2 800
——应交教育费附加		1 200
⑧ 借：销售费用	2 400	
贷：银行存款		2 400
⑨ 借：主营业务收入	300 000	
资产处置损益	32 500	
投资收益	188 000	
贷：本年利润		527 500
借：本年利润	263 000	
贷：主营业务成本		240 000
税金及附加		4 000
销售费用		2 400
管理费用		5 000
财务费用		6 000
营业外支出		5 600

⑩ 借：所得税费用　　　　　　　　　　　　　　　　　　64 725
　　　贷：应交税费——应交所得税　　　　　　　　　　　　　64 725
⑪ 借：本年利润　　　　　　　　　　　　　　　　　　　64 725
　　　贷：所得税费用　　　　　　　　　　　　　　　　　　　64 725

利润表

编制单位：甲企业　　　　　20×4年4月　　　　　金额单位：元

项　　目	本期金额
一、营业收入	300 000
减：营业成本	240 000
税金及附加	4 000
销售费用	2 400
管理费用	5 000
财务费用	6 000
资产减值损失	0
加：公允价值变动收益（损失以"-"号填列）	
投资收益（损失以"-"号填列）	188 000
资产处置收益（损失以"-"号填列）	32 500
二、营业利润（亏损以"-"号填列）	264 500
加：营业外收入	
减：营业外支出	5 600
三、利润总额（亏损总额以"-"号填列）	258 900
减：所得税费用	64 725
四、净利润（净亏损以"-"号填列）	194 125

(4)

① 净资产收益率 = 500 ÷ [(3 500 + 4 000) ÷ 2] × 100% = 13.33%

② 总资产增长率 = (10 000 - 8 000) ÷ 8 000 × 100% = 25%

③ 营业净利率 = 500 ÷ 20 000 × 100% = 2.5%

④ 总资产周转率 = 20 000 ÷ [(8 000 + 10 000) ÷ 2] = 2.22

(5)

1)

① 借：应收账款　　　　　　　　　　　　　　　　　　　452
　　　贷：主营业务收入　　　　　　　　　　　　　　　　　400
　　　　　应交税费——应交增值税（销项税额）　　　　　 52
　 借：主营业务成本　　　　　　　　　　　　　　　　　　240
　　　贷：库存商品　　　　　　　　　　　　　　　　　　　240
② 借：生产成本　　　　　　　　　　　　　　　　　　　　200
　　　 制造费用　　　　　　　　　　　　　　　　　　　　 20
　　　 管理费用　　　　　　　　　　　　　　　　　　　　 50
　　　 销售费用　　　　　　　　　　　　　　　　　　　　 30
　　　贷：应付职工薪酬　　　　　　　　　　　　　　　　　300
③ 借：银行存款　　　　　　　　　　　　　　　　　　　　100
　　　贷：营业外收入　　　　　　　　　　　　　　　　　　100
④ 借：管理费用　　　　　　　　　　　　　　　　　　　　 40
　　　贷：累计摊销　　　　　　　　　　　　　　　　　　　 40
⑤ 借：税金及附加　　　　　　　　　　　　　　　　　　　 11
　　　贷：应交税费——应交城市维护建设税　　　　　　　 10
　　　　　　　　——教育费附加　　　　　　　　　　　　　 1
⑥ 借：交易性金融资产——公允价值变动　　　　　　　　 　4
　　　贷：公允价值变动损益　　　　　　　　　　　　　　 　4
⑦ 借：信用减值损失　　　　　　　　　　　　　　　　　　 10
　　　 资产减值损失　　　　　　　　　　　　　　　　　　 20
　　　贷：坏账准备　　　　　　　　　　　　　　　　　　　 10
　　　　　存货跌价准备　　　　　　　　　　　　　　　　　 20
⑧ 借：所得税费用　　　　　　　　　　　　　　　　　　　250
　　　贷：应交税费——应交所得税（1 000×25%）　　　　 250

2)

利润表

编制单位：长江公司　　　　　20×4年　　　　　　　金额单位：万元

项　　目	本期金额
一、营业收入	4 000
减：营业成本	2 300

续表

项　　目	本期金额
税金及附加	40
销售费用	110
管理费用	590
财务费用	40
资产减值损失	180
信用减值损失	10
加：公允价值变动收益（损失以"-"号填列）	64
投资收益（损失以"-"号填列）	80
二、营业利润（亏损以"-"号填列）	874
加：营业外收入	160
减：营业外支出	34
三、利润总额（亏损总额以"-"号填列）	1 000
减：所得税费用	250
四、净利润（净亏损以"-"号填列）	750

模拟试卷（一）

一、单项选择题（本题共 10 分，每题 1 分。请将正确答案对应的字母填入括号中）

（1）我国会计准则规定，企业会计核算应当以（　　）为基础。
　　A. 权责发生制　　　　　　B. 永续盘存制
　　C. 收付实现制　　　　　　D. 实地盘存制

（2）会计是以（　　）为主要计量单位，反映和监督一个单位经济活动的一种经济管理工作？
　　A. 实物　　　B. 货币　　　C. 数量　　　D. 劳动时间

（3）企业对于已经发出但不符合收入确认条件的商品，其成本应贷记的科目（　　）。
　　A. 在途物资　　B. 发出商品　　C. 库存商品　　D. 主营业务成本

（4）通过"累计折旧"账户对"固定资产"账户进行调整，反映固定资产的（　　）。
　　A. 原始价值　　B. 折旧额　　C. 净值　　D. 增加价值

（5）股本等于（　　）乘以股份总数。
　　A. 每股的市价　　　　　　B. 每股的公允价值
　　C. 每股的暂估价值　　　　D. 每股的面值

（6）某企业年初未分配利润的贷方余额为 200 万元。本年度实现的净利润为 100 万元，分别按 10% 和 5% 提取法定盈余公积金和任意盈余公积金。假定不考虑其他因素，该企业年末未分配利润的贷方余额应为（　　）万元。
　　A. 285　　　B. 270　　　C. 255　　　D. 205

（7）"生产成本"账户期初余额 2 000 元，本期借方发生额 9 000 元、贷方发生额 10 000 元，该账户期末余额是（　　）元。
　　A. 8 000　　　B. 3 000　　　C. 1 000　　　D. 都不对

（8）将现金存入银行时，应填（　　）记账凭证。
　　A. 汇总凭证　　B. 付款凭证　　C. 收款凭证　　D. 转账凭证

（9）下列错误中会影响本期发生额借贷平衡关系的是（　　）。
　　A. 漏记或重记某一项经济业务　　B. 颠倒记账方向
　　C. 金额无误，但所用科目有误　　D. 借方金额数字错位

（10）某企业将不用的一台设备出售，该设备的原始价值为 30 000 元，累计折旧为 14 000 元，出售中发生清理费用 800 元，出售所得价款 15 500 元，该项固定资产清理完毕

后应记入（　　）元。

    A．"资产处置损益"账户1 300　　B．"营业外支出"账户1 300

    C．"其他业务收入"账户1 300　　D．"其他业务成本"账户1 300

二、多项选择题（本题共10分，每题2分。请将正确答案对应的字母填入括号中）

（1）会计主体可以是（　　）。

    A．独立法人　　　　　　　　　B．非法人企业

    C．单一企业　　　　　　　　　D．多个企业组成的企业集团

（2）固定资产加速折旧的方法有（　　）。

    A．工作量法　　　　　　　　　B．年数总和法

    C．双倍余额递减法　　　　　　D．年限平均法

（3）下列各项中影响企业营业利润的有（　　）。

    A．管理费用　　　　　　　　　B．所得税费用

    C．财务费用　　　　　　　　　D．营业外收入

（4）按照《企业会计准则第30号——财务报表列报》的规定，企业的财务报表至少应当包括"四表一注"，其中的"四表"包括（　　）。

    A．资产负债表　　　　　　　　B．利润分配表

    C．利润表　　　　　　　　　　D．所有者权益变动表

    E．成本费用表　　　　　　　　F．现金流量表

（5）目前，我国企业会计准则允许采用的存货发出的计价方法包括（　　）。

    A．先进先出法　　　　　　　　B．后进先出法

    C．加权平均法　　　　　　　　D．直线法

三、判断题（本题共5分，每题1分。请将判断的结果写在题后括号中，正确的画"√"，错误的画"×"）

（1）设置账户是会计的一种专门方法，账户的开设应与会计科目的设置相适应。

    （　　）

（2）一般来说法律主体均可作为会计主体，会计主体不一定是法律主体。（　　）

（3）现金折扣和销售折让，均应在实际发生时计入当期财务费用。（　　）

（4）年数总和法作为加速折旧法，在计算折旧额时不考虑固定资产的残值收入。

    （　　）

（5）资产负债表提供企业某一会计期间的经营成果的信息。（　　）

四、简答题（本题共20分，每小题10分）

（1）简述借贷记账法的概念及基本内容。

（2）什么是账簿的平行登记？账簿的平行登记有哪些要求？

五、会计实务题（本题共 55 分。其中，第 1 题 6 分，第 2 题 11 分，第 3 题 14 分，第 4 题 24 分）

（1）资料：甲企业月末的银行存款日记账余额为 260 000 元，银行对账单的余额为 247 700 元，经核对发现有下列未达账项：

① 企业将收到销售货款的转账支票 12 000 元送存银行，企业已记银行存款增加，但银行尚未记账；

② 银行代企业收到购货款 1 600 元，银行已收妥入账，企业尚未收到收款通知，所以尚未记账；

③ 企业已开出转账支票 5 600 元。企业已记银行存款减少，但持票人尚未到银行办理转账，银行尚未入账；

④ 银行代企业支付的电费 7 500 元，银行已记账，企业尚未收到银行的付款通知，所以尚未记账。

要求：根据上述资料，编制银行存款余额调节表。

（2）资料：某项固定资产原值 100 000 元，预计净残值 4 000 元，预计使用期限 5 年。

要求：计算直线法、年数总和法和双倍余额递减法中各种折旧方法下的年折旧金额。

（3）资料：某企业生产过程中发生如下经济业务：

① 生产 A 产品领用甲材料 200 000 元，乙材料 160 000 元，生产 B 产品领用甲材料 120 000 元，乙材料 40 000 元。车间领用甲材料 12 000 元，厂部领用乙材料 400 元。

② 分配工资：应付 A、B 产品人工工资共计 120 000 元，按 A、B 产品生产工时分配生产工人工资。A 产品生产工时 1 000 小时，B 产品生产工时 2 000 小时。车间管理人员工资 60 000 元，行政人员工资 10 000 元。

③ 通过银行转账发放工资。

④ 计提折旧，车间 16 000 元，厂部 6 000 元。

⑤ 以银行存款支付水电费，车间 2 000 元，厂部 1 000 元。

⑥ 按生产工时分配制造费用（写出计算过程）。

⑦ 期初没有在产品，A 产品当月全部完工，结转 A 产品完工产品成本。

要求：根据以上经济业务编制相应会计分录，写出生产成本、原材料、库存商品账户的明细科目。

（4）资料：某企业为增值税一般纳税人，增值税税率为 13%，所得税税率为 25%。本期发生以下经济业务：

① 销售一批产品，价款为 500 000 元，增值税 65 000 元，款项尚未收到。

② 厂长预支差旅费 1 000 元，付现金。

③ 盘亏的固定资产 29 600 元经上级主管部门批准转入"营业外支出"账户。

④ 厂长报销差旅费 800 元，退回 200 元现金。
⑤ 预提短期借款利息 300 元。
⑥ 支付产品广告费 10 000 元，开出转账支票支付。
⑦ 开出转账支票支付行政管理部门电脑修理费 200 元。
⑧ 结转已销产品成本 380 000 元。
⑨ 结转销售收入至本年利润账户。
⑩ 结转销售成本、管理费用、财务费用、销售费用和营业外支出至本年利润账户。
⑪ 计算应交所得税，并结转所得税费用至本年利润账户。

要求：根据以上业务编制会计分录。

模拟试卷（一）答案

一、单项选择题

(1) A　　(2) B　　(3) C　　(4) C　　(5) D　　(6) A　　(7) C

(8) B　　(9) D　　(10) A

二、多项选择题

(1) ABCD　　(2) BC　　(3) AC　　(4) ACDF　　(5) AC

三、判断题

(1) √　　(2) √　　(3) ×　　(4) ×　　(5) ×

四、简答题（略）

五、会计实务题

(1) 每个空1分，共6分

银行存款余额调节表

项　目	金　额	项　目	金　额
企业银行存款日记账余额	260 000	银行对账单余额	247 700
加：银行已收，企业未收	1 600	加：企业已收，银行未收	12 000
减：银行已付，企业未付	7 500	减：企业已付，银行未付	5 600
调整后余额	254 100	调整后余额	254 100

(2) 每个空1分，共11分

折旧计算表

年次	直线法年折旧额	年数总和法年折旧额	双倍余额递减法年折旧额
1	19 200	32 000	40 000
2	—	25 600	24 000
3	—	19 200	14 400
4	—	12 800	9 300
5	—	6 400	9 300

(3) 每个分录 2 分，共 14 分

①

借：生产成本——A　　　　　　　　　　　　　　360 000
　　生产成本——B　　　　　　　　　　　　　　160 000
　　制造费用　　　　　　　　　　　　　　　　　12 000
　　管理费用　　　　　　　　　　　　　　　　　　　400
　贷：原材料——甲材料　　　　　　　　　　　　332 000
　　　原材料——乙材料　　　　　　　　　　　　200 400

②

借：生产成本——A　　　　　　　　　　　　　　 40 000
　　生产成本——B　　　　　　　　　　　　　　 80 000
　　制造费用　　　　　　　　　　　　　　　　　60 000
　　管理费用　　　　　　　　　　　　　　　　　10 000
　贷：应付职工薪酬　　　　　　　　　　　　　 190 000

③

借：应付职工薪酬　　　　　　　　　　　　　　 190 000
　贷：银行存款　　　　　　　　　　　　　　　 190 000

④

借：制造费用　　　　　　　　　　　　　　　　 16 000
　　管理费用　　　　　　　　　　　　　　　　　 6 000
　贷：累计折旧　　　　　　　　　　　　　　　　22 000

⑤

借：制造费用　　　　　　　　　　　　　　　　　2 000
　　管理费用　　　　　　　　　　　　　　　　　1 000
　贷：银行存款　　　　　　　　　　　　　　　　3 000

⑥

借：生产成本——A　　　　　　　　　　　　　　 30 000
　　生产成本——B　　　　　　　　　　　　　　 60 000
　贷：制造费用　　　　　　　　　　　　　　　　90 000

⑦

借：库存商品——A　　　　　　　　　　　　　 430 000
　贷：生产成本——A　　　　　　　　　　　　 430 000

(4) 每个分录 2 分，共 24 分

①
借：应收账款　　　　　　　　　　　　　　　　　　　565 000
　　贷：应交税费——应交增值税（销项税额）　　　　　　65 000
　　　　主营业务收入　　　　　　　　　　　　　　　　500 000
②
借：其他应收款　　　　　　　　　　　　　　　　　　　1 000
　　贷：库存现金　　　　　　　　　　　　　　　　　　　1 000
③
借：营业外支出　　　　　　　　　　　　　　　　　　　29 600
　　贷：待处理财产损溢　　　　　　　　　　　　　　　　29 600
④
借：管理费用　　　　　　　　　　　　　　　　　　　　800
　　库存现金　　　　　　　　　　　　　　　　　　　　200
　　贷：其他应收款　　　　　　　　　　　　　　　　　　1 000
⑤
借：财务费用　　　　　　　　　　　　　　　　　　　　300
　　贷：应付利息　　　　　　　　　　　　　　　　　　　300
⑥
借：销售费用　　　　　　　　　　　　　　　　　　　　10 000
　　贷：银行存款　　　　　　　　　　　　　　　　　　　10 000
⑦
借：管理费用　　　　　　　　　　　　　　　　　　　　200
　　贷：银行存款　　　　　　　　　　　　　　　　　　　200
⑧
借：主营业务成本　　　　　　　　　　　　　　　　　　380 000
　　贷：库存商品　　　　　　　　　　　　　　　　　　　380 000
⑨
借：主营业务收入　　　　　　　　　　　　　　　　　　500 000
　　贷：本年利润　　　　　　　　　　　　　　　　　　　500 000
⑩
借：本年利润　　　　　　　　　　　　　　　　　　　　420 900
　　贷：主营业务成本　　　　　　　　　　　　　　　　　380 000
　　　　管理费用　　　　　　　　　　　　　　　　　　　1 000

　　　　财务费用　　　　　　　　　　　　　　　　　　　　　　300
　　　　销售费用　　　　　　　　　　　　　　　　　　　　　10 000
　　　　营业外支出　　　　　　　　　　　　　　　　　　　29 600
⑪
　借：所得税费用　　　　　　　　　　　　　　　　　　　19 775
　　　　贷：应交税费——应交所得税　　　　　　　　　　　19 775
　借：本年利润　　　　　　　　　　　　　　　　　　　　19 775
　　　　贷：所得税费用　　　　　　　　　　　　　　　　　19 775

模拟试卷（二）

一、单项选择题（本题共 10 分，每题 1 分。请将正确答案对应的字母填入括号中）

(1) 企业的会计核算方法在前后各期保持一致，不得随意变更的会计原则是指（　　）。
　　A. 一致性原则　　　　　　　B. 可比性原则
　　C. 及时性原则　　　　　　　D. 配比性原则

(2) 确定会计核算空间范围的会计假设是（　　）。
　　A. 持续经营　　　　　　　　B. 会计主体
　　C. 会计分期　　　　　　　　D. 货币计量

(3) 企业购进材料入库前的挑选整理费应（　　）。
　　A. 计入营业外支出　　　　　B. 计入管理费用
　　C. 计入购进材料的采购成本　D. 计入销售费用

(4) 会计等式的基本形式是（　　）。
　　A. 资产 = 负债 + 所有者权益　　B. 收入 – 费用 = 利润
　　C. 资产 + 负债 = 所有者权益　　D. 资产 = 负债 – 所有者权益

(5) 某企业 2020 年初未分配利润的贷方余额为 200 万元。本年度实现的净利润为 100 万元，分别按 10% 和 5% 提取法定盈余公积金和任意盈余公积金。假定不考虑其他因素，该企业 2017 年末未分配利润的贷方余额应为（　　）万元。
　　A. 205　　　　B. 255　　　　C. 270　　　　D. 285

(6) 某企业在 2020 年 7 月 8 日销售商品 100 件，增值税专用发票上注明的价款为 10 000 元，增值税额为 1 300 元。企业为了及早收回货款而在合同中规定的现金折扣条件为：2/10，1/20，n/30。假定计算现金折扣时不考虑增值税。如买方 2020 年 7 月 28 日付清货款，该企业实际收款金额应为（　　）元。
　　A. 11 466　　　　　　　　　B. 11 200
　　C. 11 583　　　　　　　　　D. 11 600

(7) 企业预付下一年的保险费，应计入的账户是（　　）。
　　A. 预付账款　　　　　　　　B. 应付账款
　　C. 管理费用　　　　　　　　D. 其他应付款

(8) 下列属于费用的是（　　）。
　　A. 购买设备的支出　　　　　B. 支付管理人员工资

C. 股东追加投资　　　　　　　　D. 偿还银行贷款

（9）单位应当定期和不定期地进行现金盘点，以确保（　　）。

A. 现金账面余额与银行对账单相符

B. 现金账面余额与实际库存相符

C. 银行存款账面余额与银行对账单相符

D. 银行对账单与实际库存相符

（10）某项固定资产原始价值为 280 000 元，估计使用年限为 20 年，已使用 20 年，账面余额为 8 000 元，决定清理报废，发生清理费用 4 000 元，固定资产残值变卖收入为 11 000 元，其清理损失为（　　）元。

A. 11 000　　　B. 7 000　　　C. 1 000　　　D. 4 000

二、**多项选择题**（本题共 10 分，每题 2 分。请将正确答案对应的字母填入括号中）

（1）下列属于流动资产的有（　　）。

A. 库存现金　　　　　　　　B. 应收账款

C. 三年期国债投资　　　　　D. 存货

（2）复式记账法的特点包括（　　）。

A. 每一笔交易至少影响两个账户　　B. 借贷必相等

C. 仅记录现金收支　　　　　　　　D. 体现经济业务的双重影响

（3）会计期末，企业结转"本年利润"的贷方余额时，应（　　）。

A. 贷记"本年利润"账户

B. 贷记"利润分配——未分配利润"账户

C. 借记"利润分配——未分配利润"账户

D. 借记"本年利润"账户

（4）下列选项中属于期间费用的有（　　）。

A. 制造费用　　B. 管理费用　　C. 财务费用　　D. 长期待摊费用

（5）在编制试算平衡表时，账户记录出现错误，但又不影响借贷双方平衡的有（　　）。

A. 某项业务全部被漏记　　　　　B. 某项业务被重复记录

C. 应借应贷方向相互颠倒　　　　D. 借贷双方均多记相同金额

三、**判断题**（本题共 5 分，每题 1 分。请将判断的结果写在题后括号中，正确的画"√"，错误的画"×"）

（1）年数总和法计提折旧时，最后两年的折旧额需改用直线法计算。（　　）

（2）现金折扣和销售折让，均应在实际发生时计入当期财务费用。（　　）

（3）采用预收货款方式销售商品，应在预先收到货款当时确认收入实现。（　　）

（4）研发阶段的支出均需费用化，开发阶段的支出均需资本化。（　　）

(5)采用定期盘存法时，平时只记录存货购进的数量和金额，不计存货发出的数量和金额，期末通过实地盘点确定存货的实际结存数量，并据以计算出期末存货的成本和当期耗用或已销售存货的成本，这一方法通常也称为"以存计销"。（　　）

四、简答题（本题共 20 分，每小题 10 分）

(1) 简述会计科目和会计账户的区别和联系。

(2) 财务报表主要包括哪几类？简要说明其作用。

五、会计实务题（本题共 55 分。其中，第 1 题 6 分，第 2 题 8 分，第 3 题 6 分，第 4 题 35 分）

(1) 资料：甲公司从 20×3 年 12 月 31 日起采用应收账款余额百分比法计提坏账准备，企业确定坏账准备的计提比例为 5%。20×3 年末应收账款余额为 300 000 元，坏账准备贷方余额为 15 000 元，发生坏账损失 8 000 元。

要求：计算发生坏账损失后的坏账准备余额以及应补提的坏账准备，并写出计算过程。

(2) 资料：某企业对存货采用永续盘存制度。甲商品收入发出的资料如下：

3 月初结存数量 300 件，单价 10 元；

3 月 2 日，发出存货 200 件；

3 月 5 日，购进存货 200 件，单价 12 元；

3 月 7 日，发出存货 200 件；

3 月 10 日，购进存货 300 件，单价 11 元；

3 月 27 日，发出存货 300 件。

要求：根据上述资料，分别采用"先进先出法"和"加权平均法"列式计算 3 月甲种存货发出成本和月末结存成本。

(3) 资料：某企业购入生产用设备一台，增值税专用发票上注明设备价款为 40 000 元，增值税税率为 13%，支付运杂费 500 元，安装调试费 2 700 元，该设备预计净残值收入为 2 000 元，预计使用年限为 5 年。

要求：

① 计算该设备的原始成本。

② 采用双倍余额递减法计算该项设备前 3 年的年折旧额。

③ 编制第一年末（按整年计提）计提累计折旧的会计分录。

(4) 资料：某企业为一般纳税人，增值税税率 13%，本期内发生下列经济业务。

① 销售甲商品一批 300 件，单位售价 500 元（不含增值税，下同），款项已收。用支票支付代垫运费 500 元。当天向银行办理了托收手续。

② 结转本期已销商品的成本，单位成本 200 元。

③ 分配本期职工薪酬 9 000 元，其中，生产工人工资 4 000 元，车间管理人员工资 1 000 元，厂部管理人员工资 2 500 元，销售人员工资 1 500 元。

④ 计算本期应交税费 2 000 元，其中：城市维护建设税 1 400 元，教育费附加 600 元。

⑤ 本期因发生非正常损失盘亏材料一批，其实际成本为 900 元（增值税税率为 13%），后经领导批准，该笔业务已转账处理完毕。

⑥ 借入短期借款 100 000 元，年利率 6%，本月计提利息。

⑦ 通过银行支付产品展销费 5 947 元。

⑧ 经批准将确实无法支付的应付账款 10 000 元转作营业外收入处理。

⑨ 因未对已签约的供销合同履约，以银行存款支付违约金 2 000 元。

⑩ 收到投资者投入的货币资金 100 000 元，款项已存入银行。

⑪ 将损益类账户转入"本年利润"账户。

⑫ 分别列式计算当期利润总额和应纳税所得额，并按照 25% 的税率计算应交所得税费用（列示计算过程）。

模拟试卷（二）答案

一、单项选择题
(1) B　　(2) B　　(3) C　　(4) A　　(5) D　　(6) B
(7) A　　(8) B　　(9) B　　(10) C

二、多项选择题
(1) ABD　　(2) ABD　　(3) BD　　(4) BC　　(5) ABCD

三、判断题
(1) ×　　(2) ×　　(3) ×　　(4) ×　　(5) √

四、简答题
(1) 略
(2) 资产负债表：反映企业特定日期的财务状况（资产、负债、所有者权益）；

　　利润表：反映企业一定期间的经营成果（收入、费用、利润）；

　　现金流量表：展示企业现金流入与流出情况；

　　所有者权益变动表：说明所有者权益的增减变动原因。

五、会计实务题

(1)
① 发生坏账损失后坏账准备余额 = 15 000 − 8 000 = 7 000（元）。
② 年末应有的坏账准备余额 = 300 000 × 5% = 15 000（元）。
③ 应补提的坏账准备 = 15 000 − 7 000 = 8 000（元）。

(2)
先进先出法：
发出存货成本 = 200 × 10 + 100 × 10 + 100 × 12 + 100 × 12 + 200 × 11 = 7 600（元）
结存成本 = 1 100（元）
加权平均法：
平均单位成本 = (3 000 + 2 400 + 3 300) ÷ 800 = 10.875（元）
发出存货成本 = 10.875 × 700 = 7 612.50（元）
结存成本 = 1 087.5（元）

(3)
① 原始成本 = 40 000 + 500 + 2 700 = 43 200（元）

②

第一年折旧额 = 17 280（元）

第二年折旧额 = 10 368（元）

第三年折旧额 = 6 220.80（元）

③

借：制造费用　　　　　　　　　　　　　　　　　　17 280
　　贷：累计折旧　　　　　　　　　　　　　　　　　　17 280

(4)

① 借：银行存款　　　　　　　　　　　　　　　　　170 000
　　贷：主营业务收入　　　　　　　　　　　　　　　150 000
　　　　应交税费——应交增值税（销项税额）　　　　19 500
　　　　银行存款　　　　　　　　　　　　　　　　　　　500

② 借：主营业务成本　　　　　　　　　　　　　　　 60 000
　　贷：库存商品　　　　　　　　　　　　　　　　　 60 000

③ 借：生产成本　　　　　　　　　　　　　　　　　　4 000
　　　制造费用　　　　　　　　　　　　　　　　　　1 000
　　　管理费用　　　　　　　　　　　　　　　　　　2 500
　　　销售费用　　　　　　　　　　　　　　　　　　1 500
　　贷：应付职工薪酬　　　　　　　　　　　　　　　 9 000

④ 借：税金及附加　　　　　　　　　　　　　　　　　2 000
　　贷：应交税费——城市维护建设税　　　　　　　　 1 400
　　　　　　　　——教育费附加　　　　　　　　　　　 600

⑤ 借：待处理财产损溢　　　　　　　　　　　　　　　1 017
　　贷：原材料　　　　　　　　　　　　　　　　　　　 900
　　　　应交税费——应交增值税（进项税额转出）　　　 117
　借：营业外支出　　　　　　　　　　　　　　　　　 1 017
　　贷：待处理财产损溢　　　　　　　　　　　　　　 1 017

⑥ 借：财务费用　　　　　　　　　　　　　　　　　　　500
　　贷：应付利息　　　　　　　　　　　　　　　　　　 500

⑦ 借：销售费用　　　　　　　　　　　　　　　　　　5 947
　　贷：银行存款　　　　　　　　　　　　　　　　　 5 947

⑧ 借：应付账款　　　　　　　　　　　　　　　　　 10 000
　　贷：营业外收入　　　　　　　　　　　　　　　　10 000

⑨ 借：营业外支出 2 000
　　贷：银行存款 2 000
⑩ 借：银行存款 100 000
　　贷：实收资本 100 000
⑪ 借：主营业务收入 150 000
　　　营业外收入 10 000
　　贷：本年利润 160 000
　借：本年利润 75 464
　　贷：主营业务成本 60 000
　　　　税金及附加 2 000
　　　　管理费用 2 500
　　　　销售费用 7 447
　　　　财务费用 500
　　　　营业外支出 3 017
⑫ 利润总额 = 160 000 − 75 464 = 84 536（元）
　应交所得税 =（84 536 + 2 000）× 25% = 21 634（元）
　　借：所得税费用 21 634
　　　贷：应交税费——应交所得税 21 634
　　借：本年利润 21 634
　　　贷：所得税费用 21 634

模拟试卷（三）

一、**单项选择题**（本题共 10 分，每题 1 分。请将正确答案对应的字母填入括号中）

（1）企业对可能发生的资产减值损失计提资产减值准备，这体现的会计信息质量要求是（　　）。

　　A. 可比性　　　　　　　　B. 实质重于形式
　　C. 谨慎性　　　　　　　　D. 重要性

（2）明确界定会计核算空间范围的基本假设是（　　）。

　　A. 持续经营　　B. 会计分期　　C. 会计主体　　D. 货币计量

（3）企业为销售商品而专设的销售机构发生的职工薪酬、业务费等费用，应计入（　　）。

　　A. 管理费用　　B. 销售费用　　C. 主营业务成本　　D. 其他业务成本

（4）下列各项中，会导致企业资产总额和所有者权益总额同时减少的是（　　）。

　　A. 从银行借入短期借款　　　　　B. 以银行存款偿还前欠货款
　　C. 以资本公积转增资本　　　　　D. 企业向股东发放已宣告分派的现金股利

（5）阳光公司年初未分配利润贷方余额为 120 万元，本年实现净利润 80 万元，按 10% 提取法定盈余公积，按 5% 提取任意盈余公积，向投资者分配利润 20 万元。该公司年末未分配利润为（　　）万元。

　　A. 168　　　　B. 172　　　　C. 180　　　　D. 188

（6）阳光公司于 5 月 10 日销售一批商品，开具的增值税专用发票上注明售价为 20 000 元，增值税税额为 2 600 元。合同约定的现金折扣条件为 2/10，1/20，n/30（计算现金折扣时不考虑增值税）。买方于 5 月 18 日付款，则该公司实际收款金额为（　　）元。

　　A. 22 200　　　B. 22 340　　　C. 22 400　　　D. 22 600

（7）阳光公司在进行财产清查时，发现盘亏一台设备，该设备的账面原值为 80 000 元，已计提折旧 20 000 元。经查明，该设备盘亏是由于管理不善造成的，应由责任人赔偿 10 000 元。不考虑相关税费，该公司应计入"营业外支出"的金额为（　　）元。

　　A. 50 000　　　B. 60 000　　　C. 70 000　　　D. 80 000

（8）阳光公司"生产成本"账户的期初余额为 15 000 元，本期借方发生额为 30 000 元，期末余额为 10 000 元，则本期完工产品成本为（　　）元。

　　A. 35 000　　　B. 40 000　　　C. 45 000　　　D. 50 000

（9）汇总记账凭证账务处理程序的特点是根据（　　）登记总分类账。

  A. 记账凭证　　　B. 汇总记账凭证　C. 科目汇总表　　D. 原始凭证

（10）阳光公司出售一项专利权，该专利权的账面余额为 50 000 元，已累计摊销 10 000 元，未计提减值准备。出售时取得价款 45 000 元，不考虑相关税费。则该公司出售该项专利权应计入"资产处置损益"的金额为（　　）元。

  A. -5000　　　　B. 5000　　　　C. -10000　　　D. 10000

二、多项选择题（本题共 10 分，每题 2 分。请将正确答案对应的字母填入括号中）

（1）下列各项中，属于企业存货的有（　　）。

  A. 原材料　　　　B. 在产品　　　C. 低值易耗品　　D. 工程物资

（2）下列各项中，影响企业营业利润的有（　　）。

  A. 营业收入　　　B. 营业外收入　　C. 税金及附加　　D. 所得税费用

（3）下列关于会计等式"资产＝负债＋所有者权益"的表述中，正确的有（　　）。

  A. 是编制资产负债表的理论依据　　B. 反映了企业某一时期的财务状况

  C. 表明了企业一定时期的经营成果　　D. 是复式记账法的理论基础

（4）下列各项中，属于原始凭证基本内容的有（　　）。

  A. 凭证的名称　　　　　　　　　　B. 填制凭证的日期

  C. 经济业务内容　　　　　　　　　D. 接受凭证单位名称

（5）下列各项中，会引起留存收益总额发生增减变动的有（　　）。

  A. 提取法定盈余公积　　　　　　　B. 盈余公积转增资本

  C. 向投资者宣告分配现金股利　　　D. 本年度实现净利润

三、判断题（本题共 5 分，每题 1 分。请将判断的结果写在题后括号中，正确的画"√"，错误的画"×"）

（1）企业采用的会计政策，在每一会计期间和前后各期应当保持一致，不得随意变更。（　　）

（2）企业发生的所有经济业务事项都需要进行会计记录和会计核算。（　　）

（3）记账凭证账务处理程序的优点是登记总分类账的工作量较小。（　　）

（4）企业在财产清查中盘盈的固定资产，应作为前期差错处理，通过"以前年度损益调整"科目核算。（　　）

（5）企业用当年实现的净利润弥补以前年度亏损，不需要进行专门的会计处理。（　　）

四、简答题（本题共 20 分，每小题 10 分）

（1）简述财务报告的作用。

（2）简述会计账簿的分类及各类账簿的用途。

五、会计实务题（本题共 55 分。其中，第 1 题 8 分，第 2 题 8 分，第 3 题 39 分）

（1）资料：企业购入一台需要安装的设备，取得的增值税专用发票上注明的设备买价为 40 000 元，增值税税额为 5 200 元，支付的运输费为 1 000 元，安装设备时，领用原材料一批，成本为 3 000 元，购进该批原材料时支付的增值税税额为 390 元，支付安装工人工资 2 000 元。该设备预计使用年限为 5 年，预计净残值为 1 000 元。

要求：

① 计算该设备的入账价值。

② 采用年数总和法计算该设备前三年的年折旧额。

（2）资料：企业采用月末一次加权平均法核算甲材料的收发情况。3 月初甲材料结存数量为 200 千克，单价为 10 元/千克；3 月 5 日购入甲材料 100 千克，单价为 12 元/千克；3 月 10 日发出甲材料 150 千克；3 月 15 日购入甲材料 200 千克，单价为 13 元/千克；3 月 20 日发出甲材料 200 千克。

要求：计算 3 月份甲材料的加权平均单价、发出成本和月末结存成本。

（3）资料：

① 用银行存款支付行政管理部门的水电费 2 500 元。

② 销售产品一批，售价为 150 000 元，增值税税率为 13%，款项已收存银行。

③ 购入一批原材料，取得的增值税专用发票上注明的价款为 30 000 元，增值税税额为 3 900 元，材料已验收入库，款项尚未支付。

④ 计提本月固定资产折旧，其中生产车间固定资产折旧 3 000 元，行政管理部门固定资产折旧 1 500 元。

⑤ 分配本月职工薪酬，其中生产工人薪酬 40 000 元，车间管理人员薪酬 10 000 元，行政管理人员薪酬 15 000 元。

⑥ 以银行存款支付产品展览费 4 000 元。

⑦ 收到客户支付的前欠货款 50 000 元，存入银行。

⑧ 向银行借入期限为 6 个月的短期借款 80 000 元，款项已存入银行账户。

⑨ 因企业经营需要，用银行存款购买一项专利技术，支付价款 60 000 元（不考虑增值税）。

⑩ 结转本月已销售产品的成本 80 000 元。

⑪ 将本月的损益类账户余额转入"本年利润"账户。

⑫ 按 25% 的税率计算本月应交所得税，并将所得税费用转入"本年利润"账户。

要求：根据上述经济业务，编制会计分录。

模拟试卷（三）答案

一、单项选择题

(1) C　　(2) C　　(3) B　　(4) D　　(5) A　　(6) A　　(7) A

(8) A　　(9) B　　(10) B

二、多项选择题

(1) ABC　　(2) AC　　(3) AD　　(4) ABCD　　(5) BCD

三、判断题

(1) √　　(2) ×　　(3) ×　　(4) √　　(5) √

四、简答题（略）

五、会计实务题

(1)

① 设备入账价值 = 40 000 + 1 000 + 3 000 + 2 000 = 46 000（元）

② 第一年折旧额：(46 000 - 1 000) × 5 ÷ 15 = 15 000（元）

　第二年折旧额：(46 000 - 1 000) × 4 ÷ 15 = 12 000（元）

　第三年折旧额：(46 000 - 1 000) × 3 ÷ 15 = 9 000（元）

(2)

加权平均单价 = (200 × 10 + 100 × 12 + 200 × 13) ÷ (200 + 100 + 200) = 11.6（元/千克）

发出成本 = (150 + 200) × 11.6 = 4 060（元）

月末结存成本 = (200 + 100 + 200 - 150 - 200) × 11.6 = 1 740（元）

(3)

① 借：管理费用　　　　　　　　　　　　　　　　　　　2 500

　　贷：银行存款　　　　　　　　　　　　　　　　　　2 500

② 借：银行存款　　　　　　　　　　　　　　　　　　169 500

　　贷：主营业务收入　　　　　　　　　　　　　　　150 000

　　　　应交税费——应交增值税（销项税额）　　　　19 500

③ 借：原材料　　　　　　　　　　　　　　　　　　　30 000

　　　应交税费——应交增值税（进项税额）　　　　　3 900

　　贷：应付账款　　　　　　　　　　　　　　　　　33 900

④ 借：制造费用 3 000
    管理费用 1 500
    贷：累计折旧 4 500
⑤ 借：生产成本 40 000
    制造费用 10 000
    管理费用 15 000
    贷：应付职工薪酬 65 000
⑥ 借：销售费用 4 000
    贷：银行存款 4 000
⑦ 借：银行存款 50 000
    贷：应收账款 50 000
⑧ 借：银行存款 80 000
    贷：短期借款 80 000
⑨ 借：无形资产 60 000
    贷：银行存款 60 000
⑩ 借：主营业务成本 80 000
    贷：库存商品 80 000
⑪ 借：主营业务收入 150 000
    贷：本年利润 150 000
  借：本年利润 103 000
    贷：主营业务成本 80 000
      管理费用 19 000
      销售费用 4 000
⑫ 应纳税所得额 = 150 000 − 103 000 = 47 000（元）
  应交所得税 = 47 000 × 25% = 11 750（元）
  借：所得税费用 11 750
    贷：应交税费——应交所得税 11 750
  借：本年利润 11 750
    贷：所得税费用 11 750

模拟试卷（四）

一、**单项选择题**（本题共 10 分，每题 1 分。请将正确答案对应的字母填入括号中）

(1) 企业对应收款项计提减值准备体现的会计信息质量要求是（　　）。
  A. 可靠性　　　　　　　　B. 实质重于形式
  C. 谨慎性　　　　　　　　D. 决策有用观

(2) 企业进行会计确认、计量和报告的基础是（　　）。
  A. 收付实现制　　　　　　B. 权责发生制
  C. 历史成本　　　　　　　D. 货币计量

(3) 下列账户中，期末余额一般在借方的是（　　）。
  A. 累计折旧　　B. 短期借款　　C. 实收资本　　D. 库存商品

(4) 企业期初资产总额为 1 200 000 元，本期期末负债总额减少 300 000 元，本期期末所有者权益总额增加了 700 000 元，该企业本期期末资产总额是（　　）元。
  A. 800 000　　　　　　　　B. 1 500 000
  C. 1 600 000　　　　　　　D. 1 900 000

(5) 企业通过银行存款支付前欠供应商企业欠款，对该业务应填制的记账凭证是（　　）。
  A. 收款记账凭证　　　　　　B. 付款记账凭证
  C. 转账记账凭证　　　　　　D. 科目汇总表

(6) 下列项目中，属于流动负债的是（　　）。
  A. 预付账款　　B. 长期借款　　C. 短期借款　　D. 应付债券

(7) 以下各项中，属于留存收益的是（　　）。
  A. 实收资本与资本公积　　　B. 实收资本与盈余公积
  C. 资本公积与盈余公积　　　D. 盈余公积与未分配利润

(8) 下列各项中，属于订本式账簿的优点的是（　　）。
  A. 可以根据需要随时增添账页　B. 保证账簿的安全完整
  C. 便于分工记账　　　　　　　D. 使用起来不够灵活

(9) 反映企业在某一特定日期财务状况的财务报表是（　　）。
  A. 资产负债表　　　　　　　B. 现金流量表
  C. 利润表　　　　　　　　　D. 所有者权益变动表

(10) 12 月 31 日，企业"固定资产"账户借方余额 1 000 万元，"累计折旧"账户贷方余额 400 万元，该公司资产负债表中"固定资产"项目期末余额应列报的金额为（　　）万元。

  A. 1 000　　　　　　　　　　B. 400

  C. 1 400　　　　　　　　　　D. 600

二、多项选择题（本题共 10 分，每题 2 分。请将正确答案对应的字母填入括号中）

(1) 以下说法中，符合借贷记账法记账规则的有（　　）。

  A. 一项所有者权益增加，另一项所有者权益减少

  B. 一项资产增加，一项所有者权益减少

  C. 一项负债增加，另一项负债减少

  D. 一项所有者权益增加，一项负债减少

  E. 一项资产增加，另一项资产减少

(2) 下列符合可比性会计信息质量要求的是（　　）。

  A. 同一企业同一会计期间的会计信息必须可比

  B. 不同企业同一会计期间会计信息必须可比

  C. 不同企业不同会计期间的会计信息必须可比

  D. 同一企业不同会计期间会计信息必须可比

  E. 任何企业任何会计期间的会计信息必须可比

(3) 下列各项中，属于企业存货采购成本的有（　　）。

  A. 购货价格　　　　　　　　　B. 入库后发生的储存费用

  C. 入库前发生的挑选整理费　　D. 采购过程中发生的装卸费用

  E. 增值税

(4) 下列各项中，属于产品成本核算内容的有（　　）。

  A. 直接材料　　　　　　　　　B. 直接人工

  C. 管理费用　　　　　　　　　D. 制造费用

  E. 销售费用

(5) 下列项目中，构成营业利润的项目有（　　）。

  A. 主营业务收入　　　　　　　B. 其他业务收入

  C. 营业外收入　　　　　　　　D. 财务费用

  E. 所得税费用

三、判断题（本题共 5 分，每题 1 分。请将判断的结果写在题后括号中，正确的画"√"，错误的画"×"）

(1) 货币是企业会计核算中唯一的计量单位。　　　　　　　　　　　　（　　）

(2) 若试算平衡检验通过，就可以肯定账簿记账没有错误。　　　　　　（　　）

(3) 记账凭证一般由会计人员填制，不需要审核。　　　　　　　　（　　）
(4) 使用寿命不确定的无形资产，其价值可以不需要计提摊销。　　（　　）
(5) 盈余公积转增资本，所有者权益总额不变。　　　　　　　　　（　　）

四、简答题（本题共 20 分，每小题 10 分）
(1) 简述会计对账的概念及内容。
(2) 什么是所有者权益？相对于企业的债权人权益，所有者权益具有哪些特征？

五、计算题（本题共 55 分。其中，第 1 题 10 分，第 2 题 10 分，第 3 题 9 分，第 4 题 26 分）

(1) 12 月 5 日，某企业购进一台需要安装的设备，买价为 460 000 元，增值税专用发票注明的增值税额为 46 800 元，款项已通过银行存款支付。企业在安装设备时，领用原材料 25 000 元，支付安装人员工资 15 000 元。12 月 31 日，该设备达到预定可使用状态。该设备预计使用年限为 5 年，预计净残值率为 4%。

要求：采用双倍余额递减法计算固定资产使用期间各年度的折旧额。

(2) 某企业于 20×4 年 6 月 1 日向银行借入短期借款 1 000 000 元，用于补充日常生产资金不足。借款期限为 3 个月，年利率为 6%，借款合同规定借款利息随本金到期时一并付清。

要求：根据上述经济业务，编制相关的会计分录。

(3) 20×4 年 12 月 31 日，某企业相关会计科目余额如下：主营业务收入为 3 000 万元，主营业务成本为 2 000 万元，税金及附加为 150 万元，销售费用为 350 万元，管理费用为 120 万元，财务费用为 80 万元，营业外收入为 25 万元，营业外支出为 5 万元。企业所得税税率为 25%。

要求：
① 结转公司当年实现的各项收入和各项费用。
② 请计算公司 20×4 年的净利润。

(4) 资料：某企业发生下列经济业务：
① 购入材料一批，货款 30 000 元，增值税 3 900 元，材料已验收入库，款项未支付。
② 购入需要安装的生产用设备一台，买价 75 000 元，增值税 9 750 元，运输费和包装费 5 000 元，款项通过银行存款支付。
③ 支付商品广告费 3 000 元，通过银行付款。
④ 为满足零星开支需要，从银行提取现金 1 000 元备用。
⑤ 用银行存款偿付前欠货款 30 000 元。
⑥ 计提当期固定资产折旧，其中生产车间折旧费 10 000 元，厂部折旧费 5 000 元。
⑦ 收到客户企业交来 6 个月期限、面值 50 000 元的商业汇票一张，抵付前欠货款。

⑧ 计提本月应付职工工资 40 000 元。其中，生产 A 产品工人工资 15 000 元，生产 B 产品工人工资 10 000 元；车间管理人员工资 5 000 元，厂部管理人员工资 10 000 元。

⑨ 以银行存款支付水电费 1 300 元，车间应负担 500 元，管理部门应负担 800 元。

⑩ 销售产品一批，价款 350 000 元（不含税），增值税税率 13%，未收款。

⑪ 结转销售成本 132 000 元。

⑫ 在库存现金清查中发现短款 240 元的原因已查明，应由出纳员赔偿。

⑬ 将资本公积 200 000 元转增资本。

模拟试卷（四）答案

一、单项选择题

(1) C   (2) B   (3) D   (4) C   (5) B   (6) C

(7) D   (8) B   (9) A   (10) D

二、多项选择题

(1) ACDE   (2) BD   (3) ACD   (4) ABD   (5) ABD

三、判断题

(1) ×   (2) ×   (3) ×   (4) √   (5) √

四、简答题（略）

五、计算题

(1) 固定资产的入账价值 = 460 000 + 25 000 + 15 000 = 500 000（元）

年折旧率 = 2/5 × 100% = 40%

第一年应提的折旧额 = 500 000 × 40% = 200 000（元）

第二年应提的折旧额 = (500 000 − 200 000) × 40% = 120 000（元）

第三年应提的折旧额 = (500 000 − 200 000 − 120 000) × 40% = 72 000（元）

从第四年起改按年限平均法（直线法）计提折旧：

第四、第五年应提的折旧额 = (500 000 − 200 000 − 120 000 − 72 000 − 500 000 × 4%) ÷ 2 = 44 000（元）

(2)

① 6月1日借入款项

借：银行存款   1 000 000

  贷：短期借款   1 000 000

借款利息 = 1 000 000 × 6% × 1/12 = 5 000（元）

借：财务费用   5 000

  贷：应付利息   5 000

② 7月份借款利息

借：财务费用   5 000

  贷：应付利息   5 000

③ 8 月份偿还本息

借：短期借款 1 000 000
　　财务费用 5 000
　　应付利息 10 000
　　　贷：银行存款 1 015 000

（3）

① 结转乙公司实现的各项收入和各项费用：

借：主营业务收入 30 000 000
　　营业外收入 250 000
　　　贷：本年利润 30 250 000

借：本年利润 27 050 000
　　　贷：主营业务成本 20 000 000
　　　　　税金及附加 1 500 000
　　　　　销售费用 3 500 000
　　　　　管理费用 1 200 000
　　　　　财务费用 800 000
　　　　　营业外支出 50 000

② 利润总额 = 30 250 000 − 27 050 000 = 3 200 000（元）

公司当期企业所得税 = 3 200 000 × 25% = 80 0000（元）

2024 年乙公司净利润 = 3 200 000 − 80 0000 = 2 400 000（元）

（4）

① 借：原材料 30 000
　　　应交税费——应交增值税（进项税额） 3 900
　　　　贷：应付账款 33 900

② 借：在建工程 80 000
　　　应交税费——应交增值税（进项税额） 9 750
　　　　贷：银行存款 89 750

③ 借：销售费用 3 000
　　　　贷：银行存款 3 000

④ 借：库存现金 1 000
　　　　贷：银行存款 1 000

⑤ 借：应付账款 30 000
　　　　贷：银行存款 30 000

⑥ 借：制造费用 10 000
　　　管理费用 5 000
　　贷：累计折旧 15 000
⑦ 借：应收票据 50 000
　　贷：应收账款 50 000
⑧ 借：生产成本——A 产品 15 000
　　　　　　——B 产品 10 000
　　　制造费用 5 000
　　　管理费用 10 000
　　贷：应付职工薪酬 40 000
⑨ 借：制造费用 500
　　　管理费用 800
　　贷：银行存款 1 300
⑩ 借：应收账款 39 5500
　　贷：主营业务收入 350 000
　　　　应交税费——应交增值税（销项税额） 45 500
⑪ 借：主营业务成本 13 200
　　贷：库存商品 13 200
⑫ 借：其他应收款 240
　　贷：待处理财产损溢 240
⑬ 借：资本公积 200 000
　　贷：实收资本 200 000

参考文献

[1] 财政部. 企业会计准则（2024年版）[M]. 上海：立信会计出版社，2024.

[2] 财政部. 企业会计准则——应用指南（2024年版）[M]. 上海：立信会计出版社，2024.

[3] 财政部. 企业会计准则应用指南汇编（2024）[M]. 北京：中国财政经济出版社，2024.

[4] 财政部. 会计基础工作规范（2019年修订），财政部令第98号.

[5] 财政部. 关于印发《会计人员职业道德规范》的通知，财会〔2023〕1号.

[6] 财政部. 关于印发《企业数据资源相关会计处理暂行规定》的通知，财会〔2023〕11号.

[7] 财政部. 关于征求《会计基础工作规范（征求意见稿）》意见的函，财办会〔2024〕27号.

[8] 陈国辉，迟旭升. 基础会计（第7版）[M]. 大连：东北财经大学出版社，2021.

[9] 陈信元. 会计学（第六版）[M]. 上海：上海财经大学出版社，2021.

[10] 韩传模，于德惠，赵书和. 会计学（第二版）[M]. 北京：经济科学出版社，2008.

[11] 刘永泽，陈文铭. 会计学（第7版）[M]. 大连：东北财经大学出版社，2021.

[12] 陆正飞，祝继高，许晓芳. 会计学（第五版）[M]. 北京：北京大学出版社，2023.

[13] 威廉·R.斯科特. 陈汉文，鲁威朝，黄轩昊，肖彪，译. 财务会计理论（第7版）[M]. 北京：中国人民大学出版社，2020.

[14] 魏明海，龚凯颂. 会计理论（第四版）[M]. 大连：东北财经大学出版社，2020.

[15] 徐经长，孙蔓莉，周华. 会计学（第7版）[M]. 北京：中国人民大学出版社，2023.

[16] 阎达五，于玉林. 会计学（第五版）[M]. 北京：中国人民大学出版社，2014.

[17] 赵德武. 会计学（第九版）[M]. 成都：西南财经大学出版社，2018.